KB203969

미국

BUDDHISM IN AMERICA
불교

역사 및 주요 종파와 전통에 대한 성찰

리처드 휴지스 시거 지음 | 장은화 옮김

운주사   미주현대불교

머리말

일반적으로 모든 책이 저자의 경험, 관심, 배움의 산물이듯, 이 책도 역시 예외가 아니다. 일반 대중 독자를 대상으로 한 책에서 이전 학자들의 학문적 방법론을 폭넓게 성찰한다거나 장황하게 고찰할 필요는 없을 것이다. 그러나 지난 수십 년 동안 미국 불교에 대한 연구가 어떻게 전개되었는지 간략하게나마 주의를 기울인다면 이 책 전체에서 필자가 다루고 있는 그 기본적 역사 및 해석 문제들을 균형 있게 보는 데 도움이 될 것이다.

20년 전 종교학과 대학원생이었던 필자는 힌두교와 불교를 여러 해 동안 공부하고 난 후 동서양의 종교 전통들이 접촉하게 된 역사에 흥미를 가지게 되었다. 이러한 흥미를 추구해 가기 위해서 필자는 하버드 대학교의 새로운 박사과정 프로그램에 입학했다. 거기서는 현대 서양의 종교, 특히 미국 종교사를 중점적으로 연구했다. 처음 몇 해 동안 프로그램 참여자 중에는 동양의 종교, 특히 불교에 관심을 가진 사람들이 여럿 있었지만, 우리는 곧 미국 불교의 역사에 대한 연구가 거의 이루어지지 않았다는 것을 알게 되었다. 당시 이 분야는 그 중요성이 부각되기 시작하던 때였다.

초창기에 우리는 새로운 해석을 시도한 몇 편의 연구에 의존하였는데, 이를테면 주로 반문화(counterculture) 시대에 나온 연구성과를 다루고 있는 로버트 엘우드Robert S. Ellwood의 『대안적 제단들: 미국의 이색적인 동양 영성』(*Alternative Altars: Unconventional and Eastern Spirituality in America*, 1979)과 초창기 일본인 이민자들의 정토진종淨土眞宗 역사를 다룬 테츠덴 카시마Tetsuden Kashma의 『미국 불교』(*Buddhism in America*, 1977)가 그것이다. 현대의 상황을 보다 포괄적으로 다룬 책은 엠마 래이맨Emma Layman의 『미국 불교』(*Buddhism in America*, 1976)와 찰스 프레비쉬Charles Prebish의 『미국 불교』(*American Buddhism*, 1979)가 있었다.

1981년 릭 필즈Rick Fields가 『이야기 미국불교사』(*How the Swans Came to the Lake*, 운주사, 2009)를 출간함으로써 많은 변화가 일어났다. 이 책은 미국 초절주의자들이 보여준 아시아 영성에 대한 관심과 신지학theosophy 같은 대중운동의 출현처럼 익히 알려진 19세기의 동서양 만남들과 20세기 초·중반의 개척적인 선사들에 대한 새로운 연구를 결합했다. 필즈는 이런저런 발전상을 60년대 반문화 시대의 불교에 대한 관심 급증과 연계시켜서 타당하면서도 수월하게 읽을 수 있는 이야기로 역사를 서술하고 있다. 나는 이 책의 발간이 이 방면에 관심을 가지고 있던 소수의 미국인들을 얼마나 흥분시켰는지 아직도 기억하고 있다. 뿐만 아니라 우리 자신의 연구를 진척시키고자 새로운 자료와 단서를 찾아서 이 책의 내용을 여러 차례 샅샅이 살펴본 기억도 난다. 물론 이 책이 비록 한 상업출판사에 의해 일반대중 독자를 대상으로 출간되었기 때문에 미국 역사협회(American Historical Association)가 정한 공식적 학술기준을 충족시키지 못한다고 해도 말이다.

그런데 여러 해가 지난 후에 릭 필즈의 저서에서 중요한 결함들이 드러났다. 특히 필즈는 대안적인 영성을 탐구하고 있던 한 세대의 문화혁명가들이 어떻게 불교를 발견하게 되었는지 설명하면서 책 내용 전체를 할애하고 있다. 실제로 그는 반문화 불교도들만의 고유한 계보가 있다는 느낌을 제시했다. 그러나 1980년 중반에 이르러서야 비로소 1965년의 이민법 개정이 중요한 사건이었음이 분명해졌다. 이를 계기로 아시아인 이민자들이 급격히 유입되었고 새로운 이민 공동체 내에서 광범위한 불교 전통들이 뿌리내리기 시작했기 때문이다. 나중에 개정판에서 내용이 수정되었음에도 불구하고 필즈의 미국 불교 이야기는 이 새롭고도 복합적인 불교집단의 도래가 어떤 의미를 가지는지 만족스럽게 설명하지 못했다.

그 시기에 반문화적 불교 공동체의 지식인들과 아시아 불교사를 공부한 학자이자 수행자이기도 했던 사람들이 미국 불교의 평론가로 등장했다. 1980년대뿐 아니라 90년대에 접어들어서도 그들은 프레비쉬가 맨 처음 제기했던 일련의 질문들을 탐구했는데, 그것은 스스로를 미국 불교도라고 부르려면 어떤 열성이 필요한가, 아시아의 불교 전통을 미국에 적용하기 위해서는 어떤 변화가 필요한가, 미국 불교는 유럽계 미국인의 불교와 이민자의 불교 두 가지인가 등의 질문이다. 이 시기에는 주로 현대 유럽계 미국인의 불교와 관련된 발전상에 지속적인 관심을 기울인 책들이 여러 권 출간되었다. 그 중에는 제인 허스트Jane Hurst의 『미국의 일련정종과 창가학회: 신종교 운동의 풍조』(*Nichiren Shoshu Buddhism and the Soka Gakkai in America: The Ethos of a New Religious Movement*, 1992)와 헬렌 투워코프

Helen Tworkov의『미국의 선』(*Zen in America*, 1989)이 포함된다. 이와 동시에 대중적인 불교 서적이 잇따라 100여 권 출간된 것을 보면, 불교에 대한 미국인들의 관심이 점차 높아지고 있음을 알 수 있다.

　현대불교에서 이런 발전상이 전개되고 있는 동안, 이른바 미국문화 연구가들은 미국 종교사라는 보다 더 확립된 분야에서 불교 관련 주제에 대한 새로운 연구서적들을 출간했는데, 이들은 주로 19세기에 초점을 맞추었다. 예를 들어 토머스 트위드Thomas Tweed는 1992년에『미국과 불교의 만남』(*The American Encounter with Buddhism*, 1844~1912)을 발간하여 그 당시의 미국인들이 철학적 불교를 어떻게 생각하고 있었는가라는 물음에 답하고 있다. 동서양 간 만남의 역사에서 많은 호평을 받았음에도 불구하고 미국에서는 거의 연구되지 않았던 사건인 '1893년 시카고종교의회'를 다룬 두 권의 책을 필자도 출간했다. 한 권은 1993년에, 또 한 권은 1995년에 내놓았다. 1996년 스티븐 프로테로Stephen Prothero는『백인 불교도: 헨리 스틸 올코트의 아시아 오딧세이』(*The White Buddhist: The Asian Odyssey of Henry Steel Olcott*)를 발간했는데, 이 책은 미국인들이 아시아에 매료되었던 초기시대에 주요한 한 인물의 불교관과 불교에 대한 공헌을 처음으로 비판적으로 연구했다. 미국 종교사를 전공한 학자가 현재의 불교도 이민을 연구한 최초의 단행본인『신세계로 온 옛 지혜: 두 곳의 상좌부 이민 불교사원의 미국화』(*Old Wisdom in the New World: Americanization in Two Immigrant Theravada Buddhist Temples*)도 역시 같은 해에 폴 넘리치Paul Numrich에 의하여 발간되었다.

이 책에서 말하고자 하는 바는 미국 불교가 지난 수십 년 동안 크게 발전했고 그에 대한 비판적 성찰도 역시 늘어났지만, 이것이 아주 불규칙적인 방식으로 진행되었다는 점이다. 이 책에는 유럽계 미국인의 불교, 그중에서 특히 선禪과 국제창가학회(Soka Gakkai International: SGI)에 관해서는 다량의 학문적 주석이 달려 있지만 미국의 티베트 불교와 환태평양 연안의 이민 불교 전통들에 대해서는 주석이 거의 없다. 미국에 불교도의 수가 얼마나 되는지에 대해 전적으로 믿을 만한 통계도 없다. 대다수의 불교 관련 쟁점들은 1980년대 초부터 미국 불교의 장래에 관한 오랜 논쟁에 참여해 온 유럽계 미국인 불교도들에 의해 밝혀졌다. 그런데 이러한 논쟁들은 주로 1960년대 정치상황의 측면에서 형성되었을 뿐, 불교 공동체의 가장 많은 부분을 차지하고 있던 이민 불교도에 대한 언급은 거의 없이 진행되었다. 이 때문에 논쟁은 때때로 현실과 동떨어지기도 하면서, 양성평등이나 승가와 재가의 역할 같은 중요한 문제들은 이념적이고 이상적이며 계획된 의제에 휩쓸려서 사라지곤 했다. 이런 문제들 중 많은 것들은 아직 공정한 관찰자들에 의해 체계적으로 검토되지 못하고 있다.

많은 미국 불교 공동체들이 어느 정도 안정을 이루어 새로운 연구성과가 잇따라 출간되면서 이러한 상황은 곧 바뀔 것 같다. 트위드와 프로테로는 남북전쟁 이전부터 현재까지의 자료를 바탕으로 엮은 문헌선집인 『미국의 아시아 종교들: 기록자료의 역사』(*Asian Religions in America: A Documentary History*)를 출간했다. 이것은 요즘 불교의 급성장을 보다 더 복합적인 미국사의 관점에서 분석함으로써 릭 필즈가 제시했던 연대기를 바로잡는 데 도움이 될 것이다. 프레비쉬는 두 권의 책을 내놓고 있는데, 그 중 하나는 케네스 타나카Kenneth Tanaka와 공동 편집한 『미국 불교의 얼굴들』(*The Faces of Buddhism in America*)이다. 이 책은 미국의 다양한 불교 전통을 연구하고 있는 여러 저자들의 논문을 모은 것이다. 다른 하나인 『빛나는 길: 미국 불교의 수행과 연구』(*Luminous Passage: The Practice and Study of Buddhism in America*)는 지난 30년 동안 미국 불교의 주요 발전상을 프레비쉬가 직접 해석해 놓은 것이다. 후자는 불교학자들이 제시하는 문제를 중심으로 구성되었으며, 미국의 불교 전통이 어떤 식으로 그 형태를 갖추어 가고 있는지를 이해하고 또 그러한 전통들을 비교적 불교의 관점에서 구명하고자 하는 노력을 진척시킬 것이다. 아시아 근대불교에 관한 서적을 출간한 바 있는 크리스 퀸Chris Queen 과 젊은 불교학자 던캔 윌리엄스Duncan Williams는 『미국 불교, 최근 학문의 방법과 연구성과』(*American Buddhism: Methods and Findings in Recent Scholarship*)를 공동 편집했다. 수록된 논문들은 미국 불교 연구에 깊이와 복합성을 더하는 데 꼭 필요한 발전상을 선별하여 섬세하게 연구한 것들이다.

이런저런 새로운 연구성과를 통해서 미국 불교에 대한 연구는 상당히 발전될 전망이다. 그러나 독자들은 이러한 연구 결과가 서로 다른 학문분야로부터 나왔고, 명확하면서도 공통적인 문제들이 결여되었기 때문에 이러한 책을 가지고 공부할 경우 갈피를 잡지 못하는 경우가 많다. 그런데 이 저작물들은 미국 불교가 새로운 학문분야로서, 즉 미국 종교사와 세계 불교사의 접점에 있는 분야로서 부상하는 데 중요한 발전을 이루었음을 보여준다. 경제·정치·종교적 측면의 세계화가 많은 학자와 논평가의 주목을 받고 있는 시기에 이 새로운 학문분야의 출현은 미국 불교가 다문화적이고 다종교적인 미국에서 활기차고 생동감 넘치게 발전하고 있다는 것을 보여준다.

여러 해 전, 일반 독자를 대상으로 책을 집필해 달라는 부탁을 받고서 착수했던 집필 작업은 나에게 보람과 도전과 좌절을 안겨주었다. 나의 일차적인 목표는 관심 있는 사람들에게 지난 50년 동안 미국 불교도들에 의해 창안된 매혹적인 세계를 소개해줄 흥미롭고 유익한 교재를 만드는 것이었다. 나는 이 책을 미국 불교의 풍경에 대한 안내지도라고, 즉 종종 당혹감이 들 정도로 복잡한 발전상들을 이해하기 위해 역사, 공동체, 제도, 개인들이 서로 의미 있는 관계를 맺으며 펼쳐져 있는 그런 풍경에 대한 안내지도라고 생각한다. 논의를 풍요롭게 전개하기 위해 다큐멘터리 영화, 신문기사, 학술자료, 현대적 논평, 인터넷 상의 방대한 현대불교 관련 정보를 활용했다.

많은 상이한 부분들을 일관성 있게 모으기 위한 시도로서 나는 구조적으로 미국에 불교가 들어올 수 있게 만들어준 이민, 망명, 개종, 종파의 분립 같은 대규모의 발전상을 강조했다. 이러한 작업을 위해서 아시아 근대불교에 대한 역사적 배경지식을 그 내용에 포함시키기도 했다. 대다수의 불교도들은 종교적 신념을 해탈, 깨달음, 자각, 이기주의의 극복, 집착 버리기, 그리고 자비의 중요성에 대한 일반적인 개념들과 결부시켜서 표현하는 경향이 있다. 불교도 간의 실질적 차이를 알아볼 수 있는 방법은 그들이 어떤 식으로 불교를 실천하는지 살펴보는 것이므로, 나는 대다수의 공동체에서 널리 사용되고 있는 수행 용어들도 주의를 기울여 정리해보았다.(이 번역에서는 이러한 용어들은 따로 제시하지 않고 본문 내용에 역주 등의 형식으로 삽입했다 – 역자)

필자는 미국 불교에서 논의되고 있는 철학적 문제들은 다루지 않았으며, 불교와 심리치료의 관계라는 매우 중요한 문제도 역시 탐구하지 않았다. 이런 논제들은 드문드문 해설을 제시했을 뿐이다. 또한 미국화의 진행방식을 두고 다각적으로 이루어진 논의에서도 나는 이런저런 단체의 편에 서지 않았다. 하와이 불교의 경우 독특한 환경에 있기 때문에, 논의의 범위를 미국 본토의 발전상을 논하는 것으로 국한했다. 다루고 싶었지만 그러지 못한 여러 가지 주제가 있는데, 이를테면 대중문화, 문학, 회화, 조각, 무예와 불교의 관계가 그런 것들이다. 연구를 진행해 가면서 나는 미국의 많은 수행 공동체에 대한 지속적인 논의를 전개하는 것이 매우 어렵다는 것을 알게 되었다.

논의의 구성은 미국의 불교 공동체들에서 많은 다양한 방식으로 표출되고 있는 전통과 혁신 간의 역동적 긴장을 제시하도록 하였다. 그러나 이 책 전체의 주제는 불교의 형태가 매우 많고 또 미국화의 길도 매우 다양하기 때문에 전형적으로 미국적인 것이라고 할 수 있는 특징적인 형태가 출현했다고 표명하기에는 시기상조라는 것이다. 어떤 불교 형태는 이런저런 미국적 이상과 확연히 잘 어울린다고 공공연하게 소문나 있다. 하지만 그렇다고 그런 불교 형태들이 보다 더 미국적이라거나 미국 불교의 장기적 발전에 항구적 요소가 되기 쉽다는 증거가 되지는 않는다.

제1부에서는 아시아와 미국의 종교사와 관련된 배경을 다루었다. 1장에서는 미국 불교의 특징에 관한 몇 가지의 윤곽을 간략히 소개했다. 보다 더 심층적인 내용을 다루기 전에 논의를 시작하는 단계로 볼 수도 있다. 2장과 3장에서는 불교사에서 핵심적인 사상과 역사적 발전을 간략하게 스케치해 보았다. 그 주요한 까닭은 독자들로 하여금 아시아 불교의 기본 어휘와 전반적 지형에 익숙해지도록 만들기 위해서인데, 이것은 또한 미국 불교의 이해에도 반드시 필요하다. 여러 곳에서 기독교와의 비유를 제시했는데, 이것은 불교와 기독교가 서로 환원될 수 있다는 것을 보여주기 위해서가 아니라 단지 독자들의 이해를 돕기 위해서다. 4장에서는 미국에 불교가 전달된 초기역사 동안에 일어났던 주요 발전상을 개략적으로 소개하면서, 지난 반세기 동안 불교가 급성장한 현상을 역사적 관점에서 바라보고자 했다. 이 장에는 현재 불교도 이민과 그것의 장기적 영향에 대해 생각해보는 방법으로서 과거 미국의 종교사에서 이민이 어떤 역할을 했는지에 대한 몇 가지 사항을 고찰해 보았다.

제2부는 이 책의 핵심이며 여섯 개의 장으로 이루어져 있다. 그 내용은 여섯 가지 유형의 불교를 선정한 후 각 유형이 미국에 소개될 때 작용했던 독특한 세력에 대한 설명이다. 처음 세 장은 일본의 전통을 서술하는 데 할애하여, 근대 일본 불교사와 관련된 배경들을 다양하게 고찰해 보았다. 그렇지만 나는 각 전통으로 하여금 미국에 적응할 수 있도록 만들어준 핵심적 발전상을 중점적으로 다루었다. 5장에서는 정토진종 계열의 미국불교단(Buddhist Churches of America, 美國佛教團)와 그것이 이민자들의 역동성을 통해서 미국 종

교 체계의 일부가 된 경위를 기술했다. 6장에서는 일련종 전통, 특히 국제창가학회와 그것이 미국 주류의 가치 및 기풍과 잘 조화되며, 독립적이고 재가신자를 기반으로 하는 인간적 불교로서 출현하게 된 경위를 다루었다. 7장에서는 미국 불교에서 가장 다양하게 분화된 형태 중 하나인 禪의 발전을 다루었다. 선이 1950년대와 60년대에 종교제도와 분리된 일련의 사상으로서 도입된 경위를 부각했지만, 이어서 일련의 제도적 형태들, 다시 말해서 선이 미국에서 가장 인기 있는 불교 형태가 되게 해준 적응성과 유연성을 제공한 그런 제도적 형태들을 다루어 보았다.

이어지는 세 장에서는 아시아의 다른 여러 전통에서 나타나는 발전상을 선별해서 고찰했다. 8장에서는 미국의 티베트 불교를 다루었는데, 구체적으로 티베트 불교가 미국에 도입되고 수용된 것은 중국의 티베트 점령 후 티베트 망명정부의 설립, 그리고 정치적인 관심, 티베트 문화와 종교를 보존하려는 노력, 미국의 대중문화와 연예계의 지원이 계기가 되었음을 고찰했다. 9장에는 유래 없이 복잡한 남아시아와 동남아시아의 테라와다 불교 전통의 풍경을 담았다. 테라와다 불교는 다른 어떤 불교 전통보다도 개종과 이민에 의한 재편이 활발하게 진행되고 있다. 나는 이 공동체 내에서 매우 전통적인 것으로부터 당혹스러울 정도로 혁신적인 것에 이르기까지 일련의 발전상을 강조했다. 10장에서는 중국, 한국, 베트남 이민과 관련된 발전상들을 기술했는데, 대부분은 지난 30년 동안에 일어난 일이다. 이러한 전통들이 어떤 식으로 미국화를 겪어 가고 있는지 파악해 보기 위해서 이 발전상들을 이민자들의 적응 패턴이라는 맥락에서 다루어 보았다. 그러나 각 전통에서 선별된 지도자들과 선생들이 미국 불교 공동체라는 더 넓은 영역 속에서 어떤 영향을 주었는지도 역시 지적했다.

제3부는 최근 수십 년 동안 일어난 세 가지의 중요한 발전상을 고찰함으로써 미국화를 보다 더 주제에 맞게 다루었다. 대체로 이 논의의 초점은 상당히 분명한 일련의 정치적 이상을 가지고 60년대부터 출현한 유럽계 미국인 불교도들에 맞추어져 있다. 이 정치적 이상이 1980년대 이래로 미국화 과정을 고취해왔다. 유감스럽게도 나는 이민자들 사이에서도 이것과 비교할 만한 발전상들이 있는지 적절한 관심을 기울이지 못했다. 아시아 언어를 잘 모르고, 또 여러 이민 공동체를 대상으로 이런 문제들을 다루고 있는 이차적 문헌들이 없다는 것이 주된 이유였다. 11장에서는 양성평등의 이상이 진보적 유대교 및 기독교의 사례와 유사한 방식으로 미국 불교에서도 표출된 경위를 기술했다. 12장에서는 몇몇 유명인과 유명단체가 사회변화에 헌신하는 진보적 미국 불교를 만들기 위해 어떤 노력을 기울이고 있는지 다루었다. 13장에서는 미국 불교 공동체 내에서 현재 진행되는 불교 내적 대화와 종교 간 대화를 기술했다. 마지막 장에서는 1990년대 말의 미국 불교 상황을 전반적으로 평가해 보고 아울러서 21세기를 맞이하면서 몇 가지 제안을 제시해 보았다.

역사적 관점에 대한 단상

서로 다른 전통에 소속된 미국 불교도들끼리 많은 협력이 이루어지고 있지만, 많은 논쟁, 이를테면 서양의 승가제도는 앞으로 어떻게 될 것인가부터 미국의 재가 불교도들에게 적절한 성적 표현은 무엇일까에 이르는 다양한 문제들에 대한 논쟁도 있었다. 개종자 공동체 소속의 몇몇 논평가들은 마치 이런 문제들이 이미 해결되어서 이제는 미국 불교가 어느 정도 실체가 있는 것처럼 말하기도 한다. 또 어떤 사람들은 뚜렷하게 미국 불교라고 말할 수 있는 형태는 이제 얼마간 형성되고 있을 뿐이라고 힘주어 말한다. 그러나 대다수의 불교도들은 공개적으로 자신들의 희망과 열망을 영어로 표현하지 않고 있는데, 이것을 보면 미국 불교의 현재와 미래에 대한 지나친 추측은 시기상조라는 것을 알 수 있다.

미국화에 대해 어떤 생각을 가지고 있는가의 문제는 이것을 역사적 관점에서 어떻게 이해하고 있는가와 크게 관련되어 있다. 릭 필즈의 『이야기 미국불교사』는 미국 불교에 대한 역사적 탐구의 길을 열어놓는 중요한 역할을 했다. 초판에서 필즈는 하버드 대학교의 마스 나가토미Mas Nagatomi 교수와 함께 연구조사를 진행하며 그로부터 조언과 도움을 받아가면서 함께 나누었던 대화를 소개했다. 나가토미는 비판적 미국 불교사를 쓸 수 있을 만큼 문헌자료가 충분한지 확신하지 못하겠다고 말했다는 것이다. 이 말을 듣고 필즈는 틀림없이 낙담했을 것이다. 그렇지만 정말 다행스럽게도 그는 많은 관련 자료들을 계속 찾아냈고, 그 중에는 당시 미국 불교사에서 미지의 영역이었던 1930년에서 1950년 사이의 발전상과 관련된 것들도 있었다.

나가토미 아래서 수학했고, 동서양의 만남의 역사에 오랜 세월 관심을 가지고 있었던 나는 그 이야기에 대해 여러 차례 생각해 보았다. 특히 이 책을 쓰기 위한 자료조사를 시작하고 현재 미국 불교의 특징에 대한 많은 자료를 발굴하고 나서 그랬다. 곰곰이 생각해본 결과 나는 나가토미의 언급이 문헌자료 자체도 부족하지만, 그보다는 미국에서 불교에 대한 역사적 관점이 결여되어 있다는 점이 더 큰 문제라는 것을 의미하지 않았을까 생각해보게 되었다.

나가토미는 아시아 불교의 역사에 관한 2학기 연속강의를 진행하곤 했다. 그 멋진 강의는 붓다의 가르침으로부터 시작하여 그것이 인도에서 발전한 이후 스리랑카, 티베트, 중국, 일본, 한국으로 전개되는 과정을 가르쳐 주었다. 그는 불교의 철학과 수행이 수세기에 걸쳐서 발전해가는 모습을 역사적 맥락 속에서 잘 전달하면서도, 불교에 매번 혁신과 장기적 연속성이 있었다는 점에 면밀한 주의를 기울였다. 당시 그의 강의를 나는 '아시아 불교사라는 파이프오르간의 연주'라고 생각하고 있었는데, 그는 그 연주에 더없이 능숙했다. 학생들은 두 학기에 걸쳐서 아시아에서 이천 년이 넘는 세월 동안 불교가 어떻게 시작되고, 진화되고, 분화되고, 각 지역으로 전파되면서 재구성되었는지에 대해서 어지러웠지만 잊히지 않는 인상적인 강의를 들었다.

이제 생각해보니 나가토미가 필즈에게 해준 말의 의미는 미국 불교의 역사가 아마도 그의 특기인, 일종의 권위 있는 해석을 내놓을 만큼 충분하지는 않다는 것일 수도 있겠다. 그리고 이러한 상황은 지금까지도 어느 정도 계속되고 있다는 생각이 든다. 미국에서 불교는 1세기여의 역사를 가지고 있지만, 불교가 광범위한 미국의 기관들로 나타나 이른바 대중운동으로 꽃피게 된 것은 불과 수십 년밖에 되지 않았다. 이제 연구할 것은 아주 많지만, 나카토미가 가르치던 방식의 역사를 쓴다는 것은 시기상조다. 비록 시도해볼 만한 재능이 충분하다 할지라도 말이다. 현대 미국 불교의 많은 발전상에 대해 논의하는 것은 가능하지만, 이 중에서 어떤 발전상이 '지속가능성을 가지고 있어서' 미국에서 살아있는 불교 전통이 되는 데 필요한 시간의 시험대를 통과할 것인가는 평가가 불가능하다. 그러나 미래의 불교도와 불교사가들은 지난 반세기를 회고하면서 아시아의 위대한 전통과 비교할 만한 독특한 미국 불교의 원천을 찾아낼 것이라고 나는 확신한다.

수많은 사람들이 이 책의 집필에 도움을 주었지만 그중 몇 분에게나마 이 지면을 통해 고마움을 표시하고자 한다. 찰스 프레비쉬, 크리스 퀸, 폴 넘리치, 스테펜 프로테로는 나에게 그들 각자의 식견과 학문분야의 관점으로 문제를 살펴보도록 촉구함으로써 매우 유용한 도움을 주었다. 다른 사람들도 역시 이 책의 일부를 읽고 유용한 비판을 제시해 주었다. 케네스 타나카, 롭 엡스타이너 Rob Eppsteiner, 존 다이도 루리John Daido Loori, 주디스 심머-브라운Judith Simmer-Brown, 피터 그레고리Peter Gregory, 아놀드 코틀러Arnold Kottler가 그들이다. 어느 날 오후, 헬렌 투워코프Helen Tworkov와 한 차례의 대화를 가진 후에 나는 비로소 펜을 들고 원고를 쓸 수 있는 방식으로 문제를 보기 시작했다. 하버드 대학교 종교다원주의 프로젝트(Pluralism Project) 소속팀이 자료실, 사진, 학생 연구조사 자료들을 이용할 수 있도록 도와주었으며, 팀원 중 스튜

어트 챈들러Stuart Chandler의 도움은 특히 유용했다. 타니싸로 비구 Thanissaro Bhikkhu에게도 고마움을 전한다. 그는 초청자, 비판자, 친구로서 내가 실질적인 문제를 다뤄야 한다는 점과 대중 독자를 위한 개설서를 쓴다는 독특한 요구 사이에서 균형을 유지하도록 특히 인내심을 가지고 도와주었다.

불교 출판계, 티베트 지원단체, 다양한 불교 공동체에 소속된 많은 사람들이 장시간의 전화통화를 통해서 내게 많은 정보를 제공해주었다. 그들 가운데 래리 거스타인Larry Gerstein, 론 키드Ron Kidd, 버지니아 슈트라우스Virginia Straus, 아사요 호리베Asayo Horibe, 데니스 겐포 메르젤Dennis Genpo Merzel, 니콜리 지쿄 밀러Nicholee Jikyo Miller, 테레세 핏제랄드Therese Fitzgerald가 있다. 여러 공동체를 찾아다니는 과정에서 너그럽게 시간을 할애해준 로스앤젤레스의 마사오 코다니Masao Kodani, 샴발라 로키마운틴 센터Shambhala Rocky Mountain Center의 조애너 파긴Joanna Fagin, 콜로라도 크레스톤의 마크 엘리엇Mark Elliott, 캘리포니아 마운틴뷰의 세이센Seisen과 텐신Tenshin, 샌프란시스코 지역의 마티 베르호에벤Marty Verhoeven과 비구 헹슈어Heng Sure, 뉴욕 우드스톡의 사라 스미스Sarah Smith, 미국 창가학회(SGI-USA) 산타모니카 본부의 알 앨버게이트Al Albergate 및 여러 사람들에게 감사드린다. 캘리포니아 오렌지 카운티 유역의 많은 불교센터들에 대한 유용한 안내자가 되어 주었던 베트남 상공회의소(Vietnamese Chamber of Commerce)의 데이브 뇨겐Dave Nyogen에게도 고마움을 전한다. 줄리아 하디Julia Hardy, 웬디 캐프너Wendy Kapner, 파멜라 몽고메리Pamela

Montgomery의 지원과 도움에 대해서도 감사를 전한다.

연구와 여행을 든든하게 지원해준 해밀톤 대학(Hamilton College)과 에머슨 재단(Emerson Foundation)에도 역시 감사를 보낸다. 3년 넘게 이 책의 자료들을 나와 함께 연구하면서 책의 내용을 크게 향상시켜 준 해밀톤의 학생들에게 깊이 감사한다. 특히 자이메 타케트 Jaime Tackett과 매튜 버만Matthew Berman에게 감사하고 싶다. 컬럼비아 대학교 출판부의 레슬리 크리셀Leslie Kriesel은 편집과정에서 예리한 통찰력을 보여주었으며, 엘리세 리더Elyse Rieder는 사진 연구원으로서 자신의 역할을 창의적으로 해주었다. 집필원고를 읽고, 조언과 의견을 제시해주고, 수많은 간행물에 실린 글을 모아줌으로써 내가 불교계의 빠른 발전상황을 잘 파악할 수 있게 해준 내 아내 앤 캐슬Ann Castle의 인내와 많은 공헌에도 공적을 돌리고 싶다.

차 례

일러두기

1. 이 책은 Richard Hughes Seager, *Buddhism in America*, Rev. and expanded ed. New York: Columbia University Press, 2012.의 온전한 번역이다.
2. 일본어, 중국어 인명과 사찰명의 경우, 우리말 발음보다는 가능한 한 원지음을 우선하여 표기했으며 필요한 경우 한자를 병기했다. 예컨대 Nichiren은 니치렌(日蓮)으로, Hsing Yun은 싱윤(星雲)으로, Fo Kuang Shan Monastery는 포쿠왕샨(佛光) 사원으로 표기했다. 그러나 인명 등이 포함된 용어에서 일반적으로 우리에게 잘 알려진 것일 경우 우리말 발음으로 표기했다. 예컨대 Nichiren Buddhism은 일련종으로, Nichiren Shoshu Temple은 일련정종 사원으로, Fo Kuang Buddhism은 불광불교 등으로 표기했다.
3. 중국어, 일본어에서 유래한 용어 가운데 서양사회에 비교적 잘 알려진 용어는 원래 발음대로 표기했으며 필요한 경우 한자를 병기했다. 예컨대 kosen-rufu는 코센루푸(広宣流布)로, shakubuku는 샤쿠부쿠(折伏)로, daimoku는 다이모쿠(題目) 등으로 표기했다. 그러나 중국어, 일본어에서 유래한 용어로서 우리에게 이미 알려진 것은 우리말 발음으로 표기했다. 예컨대 Nembutsu는 염불로 표기한 경우가 그 예다.

제1부

종교사적 배경

제1부 서문

2009년 11월의 어느 황량한 아침, 추모객들이 긴 행렬을 이루어 뉴욕 캐츠킬 산에 있는 젠마운틴 사원(ZMM) 뒤편 언덕으로 오르고 있었다. 우리는 미국 신불교운동의 지도자로서 1980년대에 등장한 유럽계 미국인 선생들 가운데 하나인 존 다이도 루리(John Daido Loori, 1931~2009)의 유해를 안장하기 위해 모였다. 1931년생인 루리는 이른바 비트 세대였다. 루리는 30대 후반에 마이너 화이트Minor White에게서 사진을 배웠고, 여러 선생들 아래서 불교수행을 시작했다. 60년대 미국의 문화혁명 중에 나타난 중요한 수행센터인 로스앤젤레스 선 센터(Zen Center of Los Angeles)의 설립자 타이잔 마에즈미Taizen Maezumi는 그의 가장 중요한 스승이었다. 언젠가 루리는 내게 말하기를, 자신은 '급진적 보수주의자'라는 것이었다. 이 말은 곧 그가 일본의 승가 전통을 미국 선 수행자의 필요에 맞게 철저히 재해석했다 해도 그 전통적인 면을 존중했음을 함축하고 있다.

다이도의 삶은 미국 불교에서 지워지지 않는 자취를 남긴 비트 세대와 히피 세대에 걸쳐 있었다. 그의 장례식 참석을 계기로 나는 1990년 무렵부터 미국 불교가 전개된 과정을 자연스럽게 성찰하게 되었다. 그때는 이 책의 초판을 쓰기 위한 자료조사에 몰두하기 시작하던 시절이었다.

그 당시 불교의 중요한 화제는 이것이었다. 즉 주로 책을 통해 전파되면서 응집력이 없는 영적 관심사에 불과했던 불교가 아시아 선생들과 미국인 제자들이 서로 직접 대면한 이후로 어떻게 수십 년 만에 대중운동으로 변모할 수 있었는가라는 것이다. 적어도 19세기 이래로 불교는 폴 캐러스Paul Carus의 『붓다의 복음』(*Gospel of Buddha*)과 드와이트 고다드Dwight Goddard의 『불교 성경』(*Buddhist Bible*) 같은 문헌을 통해 자유롭게 떠다니는 설법의 형태로 미국문화 속에 서서히 흘러들고 있었다. 미국인들은 또한 하이쿠(俳句: 일본의 전통 단시短詩) 같은 문학적 표현, 무술과 다도茶道 같은 수행, 건축, 미술 등을 통해서 불교, 특히 선에 친숙해지기도 했다. 1950년대에는 D. T. 스즈키, 잭 케루악Jack Kerouac, 앨런 와츠Alan Watts, 그리고 불교에 매료되었던 비트 세대의 저서들이 나오면서 불교가 크게 발전했다. 역사가들이 빅토리아 시대의 불교 및 시카고 세계종교 의회에 참가한 불교 대표단, 그리고 몇 명의 매우 선구적인 선생들의 책을 발견하기 이전만 해도, 많은 관측자들은 비트 시인들을 미국 불교의 전형으로 여기고 있었다.

그러다가 급작스럽게 1960년대 말부터 미국인들은 니치렌(日蓮, 1222~1282) 식의 염불이든, 일본선의 좌선이든, 테라와다 불교든, 티베트 불교든 불교수행에 큰 관심을 가지게 되었다. 돌연히 미국의 영적 풍경에 새로운 것이 나타났는데, 많은 수의 다양하고 활기찬 불교기관들이 그것이었다. 이 기관들은 아시아의 다르마 전통들과 미국의 열정, 이상, 혁신이 혼합된 신생 영성운동에 구체적이고 사회적인 토대를 제공해주었다.

약하게 눈이 내리는 가운데 백여 명의 추모객이 언덕 정상 근처의 소나무 숲으로 향했고, 숲속에는 젠마운틴 사원의 묘지, 설법하는 석가모니상, 그리고 사원의 첫 주지 타이잔 마에즈미의 사리탑이 있었다. 대중들의 우울한 분위기는 이 장례식이 다이도의 많은 제자들인 마운틴스 앤드 리버스 종단(Mountains and Rivers Order)의 회원들과 제휴단체들의 동문회이기도 하다는 느낌과 교차했다. 이 단체는 점증하는 미국 불교도들이 회원으로 가입해 있으며, 미국에서 생겨난 많은 계보들 중 하나다.

여러 해 동안의 공부와 수행을 거친 후 루리와 같은 많은 신불교도들은 가르침을 펼 수 있는 인가를 받았는데, 루리 자신은 1986년 타이잔 마에즈미로부터 인가받았다. 이들이 직접 수행센터를 세워가면서 미국 불교는 급격히 발전했고, 그 과정에서 '개종불자 공동체'도 생겨났다. 이 새로운 공동체의 특징은 '다르마센터'라는 기관인데, 이곳은 사회적 기관이라기보다는 수행센터이며, 여기서는 아시아의 승가 전통 스타일로 명상을 할 수 있었다. 아시아의 승가 전통은 직업을 갖고 중산층 가정을 꾸리기 시작하던 베이비붐 세대의 요구에 맞게 현저히 변형되고 있었다. 1980년대에 연속적으로 닥쳐왔던 지도층의 위기를 무사히 극복해낸 개종불자 공동체는 1990년대에 이른바 가장 미국적이라고 간주되는 불교를 주장하기 시작했다. 그 당시 미국에서 불교는 새로운 것이라고, 즉 아시아 불교보다도 더 평등하고 민주적이며, 더 사회참여 지향적이고 여성들의 관심과 열망에도 개방적인 것이라고 환호를 받았다. 그것은 아시아의 사물화된 의례주의로부터 벗어났고, 아시아의 승가제도에 구애받지 않고, 미국 재가자의 사회적 정서적 요구에 완전히 개방된 것이라고 간주되었다.

오늘날에는 불교에 대한 수사修辭가 미세하지만 의미심장하게 바뀌었다. 미국 불교의 독특한 특징에 대한 이야기는 줄었고, 변화 및 변용이라는 보편적 과정들을 추진하는 서양화와 세계화의 깊은 흐름에 대한 이야기는 더 많아졌다. 현대불교에서 나타나는 많은 근대적 양상들은 19세기와 20세기 동안 서양의 침략에 대응하여 아시아에서 처음 일어난 것이라고 이제는 이해되고 있다. 이 근대화된 불교는 이후 아시아 불교 선생들에 의해 서양으로 수출되었으며, 서양에서 이것은 서양인에 적합하게 재포장되면서 더욱 변형되었다. 이 중으로 근대화된 서양 불교는 이제 다시 동양으로 되돌아가면서 아시아와 전 세계의 불교를 더욱 더 변용시키고 있다.

수사법이 이렇게 바뀐 것은 미국적 편협성이 없어지고 개종 불교도의 자각이 성숙했음을 보여준다. 미국의 불교운동은 25년 전보다 더 크고, 깊고, 안정되었으며, 그 방향과 목표가 더 확실해졌다. 성취에 대한 자화자찬식의 경이감이 줄었고, 아시아 불교로부터의 독립을 내세울 필요성도 줄었다. 그 대신 인간의 고통을 줄일 지속가능한 사회적 가치와 종교수행의 측면에서 볼 때, 현대세계가 직면한 위기 속에서 불교도의 유익한 역할이 있다는 성숙한 확신은 더 늘었다. 개종불자 공동체는 30년 넘게 근실하게 수행에 전념하면서 기관을 세워 자금을 지원하고, 동료, 제자, 친구 간의 국내외 네트워크도 구축하면서 본격적으로 나아가기 시작한 것 같다. 자녀와 손주들이 태어나면서, 이들은 엄밀히 말해서 더 이상 개종자 공동체가 아니고 미국과 서양의 영적 풍경에 토착화되었다고 할 수 있다.

그러나 개종자 불교와 이민 불교라는 '두 개의 미국 불교'가 있다는, 수십 년 전의 문제들이 이 공동체의 현저하고도 지속적인 특징으로서 상존하고 있다. 유럽계 미국인 개종불자와 마찬가지로 대다수의 아시아계 미국인 불교 공동체들도 1960년대라는 그 결정적인 10년의 기간에 뿌리를 두고 있다. 1965년 이민법이 개정되면서 아시아 이민이 급증했고, 1980년대에 이르러서는 많은 국가 및 지역 전통에서 유래한 불교 공동체들이 뉴욕뿐 아니라 캘리포니아, 텍사스, 일리노이에서 번창했다.

20년 전에 그랬던 것처럼 오늘날에도 유럽계 미국인 공동체와 이민자 공동체 사이에는 실질적인 교통이 없는 상태다. 두 집단의 종교적 감수성이 전혀 다르기 때문에 서로 공통의 기반이 거의 없다는 사실을 둘 다 인정하고 있는 것처럼 보인다. 유럽계 미국인들은 전형적인 개종자의 열정을 가지고 불교를 혁명적인 영적 대안으로서 받아들인 후 세상을 변화시킨다는 측면에서 불교를 실천한다고 계속 생각해왔다. 그러나 이민자들의 민족불교는 민족과 언어와 조상이 동일하다는 기반 위에서 회고, 위안, 영적 수행 같은 보다 친밀한 관심사에 고무되는 경향이 있는데, 이러한 경향은 이 민족 공동체들이 미국의 주류사회에 접근하는 데 깊은 영향을 주고 있다. 이 민족 불교 공동체는 엄밀히 말해서 더 이상 이민자가 아닌 2세, 3세들이 등장하는 상황에서도 현재 아시아와 강한 연계를 유지하고 있다.

성격이 아주 다른 이 두 불교 공동체는 자주는 아니지만 서로 가까워져 간다는 징후가 보인다. 관측자들은 이민 재가 불교도들이 서양화된 불교를 받아들이고 있다는 점, 그리고 일부 개종자들이 너무 아시아적이고 의례적이라고 과거에 무시했던 예배의식을 인정하고 있다는 점에 주목하고 있다. 그러나 미국 불교에서는 유럽계 미국인들의 목소리가 압도적으로 크며, 이들은 종종 이민자들이 신생 미국불교의 고유한 일부라는 점을 망각한 것처럼 행동한다. 이 두 공동체가 서양화되고 미국화한 미래의 불교에서 어떤 식으로 교류해갈 것인지는 앞으로 몇십 년이 더 지나야만 알 수 있을 것이다.

루리는 미국의 선불교 상황에 대해 내게 많은 것을 알려준 사람이었기에, 나는 그를 추모하기 위해 산타페로부터 젠마운틴 사원으로 찾아갔다. 그러나 그 혹독하게 추운 아침에 사원에 모인 많은 사람들과 어울리면서, 내가 그를 친구로 여기고 있었음을 새삼 깨닫게 되었다. 여러 해에 걸쳐서 다이도와 나는 그 자신의 발전뿐 아니라 21세기의 미국 불교에 대한 그의 희망에 대해서도 자주 대화를 나누었다. 우리는 서로 공유하고 있던 로마 가톨릭 스타일에 대해 논의했는데, 이것은 그가 일요일 아침마다 젠마운틴 사원의 선방을 찾아오던 우드스톡 관광객들에게 좌선을 지도할 때, 지도법사로서의 고상함을 풍기게 해준 스타일이기도 했다. 나는 장인의 손으로 지은 인상적인 석조 선방에서 매우 두드러져 보였던 십자가 위의 예수가 틀림없이 보살일 것이라는 루리의 견해를 존중했다. 이 선방은 과거에 뉴욕 시의 청소년 캠프용 가톨릭 성당이었다. 루리와 나는 또한 내 아내 앤의 죽음을 계기로 절친한 사이가 되었다. 아내가 갑작스럽게 세상을 떠나고 일주일이 지난 후 함께 저녁을 하는 자리에서 루리가 일본 조동종의 창시자 도겐(道元, 1200~1253)의『정법안장』「현성공안現成公案」권卷에 나오는 생사와 무상에 대한 이야기를 잔잔하게 들려주었던 기억이 아직도 애틋하다.

　매장 의식이 끝난 후에 모여 있던 추모객들은 식사와 사후 논의를 위해 근처의 한 여관으로 갔지만 나는 참석하지 않고, 대신 우드스톡으로 차를 몰고 카르마 트리야나 다르마차크라(KTD)에 잠시 들렀다. 거기서도 여러 시간 연구조사를 한 적이 있었다. 젠마운틴 사원과 마찬가지로 케이티디 사원도 크게 발전하여 이제는 미국의 어마어마한 불교기관으로서 티베트 불교 카규파의 수장인 걀와 카르마파Gyalwa Karmapa가 북미지역에서 상주하는 곳이 되었다. 내가 케이티디를 처음 방문했을 때는 16대 카르마파인 랑중 릭페Rangjung Rigpe가 1981년 시카고 교외에서 입적한 후 그의 뒤를 이어 걀와 카르마파 직위의 계승자를 정하는 문제로 논란이 있었다. 두 명의 어린 후보들이 동시에 인정과 추대를 받으면서 전 세계의 카규 공동체에 분열의 조짐이 일어났다. 케이티디 사원은 네팔의 티베트 공동체에서 망명생활을 하다가 2008년에 마침내 우드스톡으로 오게 되었던 오겐 트린레이 도르제Ogyen Trinley Dorje를 지지하고 있었다. 그의 도미는 서양 불교의 역사 속에서 카규파 공동체가 맞이한 결정적 순간이었다.

　사원 건립 운동의 결과 산 정상에 지어진 케이티디 사원의 경내를 거닐면서 나는 미국 불교가 어떻게 이토록 급속하게 발전하고 그 기관들이 이렇게 다양하게 생기게 되었는지 확인하고 다시 한 번 놀랐다. 열성이 넘치던 90년대에는 불교가 미국에 도래한 것을 두고, 붓다가 깨달음을 이룬 후 처음으로 설법한 초전법륜初轉法輪 이후 또 한 번의 '전법륜'이라고 종종 말해졌다. 이러한 비유는 아시아 불교의 긴 역사에서 몇 번의 주요한 전환점을 가리킬 때 사용된다. 고대 불교의 역사를 연구하는 학자들은 문헌, 문학, 예술, 고고학의 발굴을 통해서 불교가 아시아의 문화에 맞게 변용되어 온 과정을 오랫동안 연구해왔다. 이 학자들은 그러한 변용과정이 신세계에서 온전히 새롭게 표출되는 것을 직접 흥미진진하게 목격했다. 미국의 종교를 연구하는 역사가들이 볼 때, 서양에 도래하는 불교는 뉴잉글랜드의 초절주의자들(Transcendentalists)이 동양의 대안적 영성을 찾아 나섰던 이래로 150년간 지속되었던 구도여정의 종착지였다. 수십 개에 이르는 각 지역 및 국가의 불교 전통들이 미국 땅에 거의 동시에 도래하고, 전통의 전달과정에서 아시아 정치의 영향, 고답적 교리논쟁과 제도의 변용 같은 발전상들은 양 진영의 학자들이 보기에는 놀랄만한 대 장관이었다.

『미국 불교』(*Buddhism in America*) 초판에서 나는 미국 땅에 뿌리를 내리고 있는 불교 전통들이 다양하고 풍요롭기 때문에 미국 불교가 무엇이고 그것이 앞으로 어떻게 될 것인가에 대해 명확히 말하기가 어렵다고 쓴 적이 있다. 지난 20여 년 동안 중요한 발전이 있었지만, 그럼에도 불구하고 이러한 상황은 여전히 마찬가지인 것 같다. 그래서 이 2판에서는 내용을 아주 조금만 수정하고자 한다. 수십 년 전 미국 불교의 주된 화제는 앞서 언급한 책과 예술 위주의 불교처럼 자유롭게 떠다니는 설법이 어떻게 광범위한 새로운 불교기관들로 정착해갔는가에 대한 것이었다. 그렇기 때문에 나는 선별된 전통들 간의 차이, 각 전통의 독특한 특징, 수행, 용어, 그리고 이 전통들이 어떻게 기관의 형태를 갖추기 시작했는지를 강조했었다. 오늘날 이러한 제도화 과정은 빠르게 지속되고 있지만, 강력하고 자유롭게 떠다니는 설법의 전파도 역시 마찬가지다. 2부, 3부의 첫 부분에 '서문'으로 추가한 두 편의 새로운 글은 기관불교 내의 발달뿐 아니라 문화 전반에서 현재 진행되고 있는 설법의 역할에도 관심을 기울이면서 오늘날 미국 불교의 상황을 정선해서 담아본 최신정보이다.

제1장

미국 불교의 풍경

로스앤젤레스의 일요일 아침나절, 북소리와 종소리가 울리면서 미국 최고最古 불교기관인 미국불교단(Buddhist Church of America, BCA)의 한 법당에서 예불이 시작된다. 이곳에서는 예불시간에 북과 종을 사용하기는 하지만, 논평가들은 이곳에서 이루어지는 찬불가와 설법이 미국 개신교의 그것과 닮았다고 자주 말한다. 이것은 미국불교단이 미국 사회의 주류로 동화되었다는 증거로 볼 수 있다. 대체로 이 말은 맞다. 역사가 백년이 넘는 미국불교단은 신도들 대다수가 일본계 미국인들이고, 이들은 소수인종이자 소수종교인으로서 미국화 문제들을 해결해나가기 위해 여러 가지로 애써왔다. 그러나 대충 훑어보더라도 이 법당과 개신교 교회 사이에는 상당한 차이가 있음을 알 수 있는데, 가장 눈에 띄는 차이는 불단이다. 불단에는 교회에 없는 아미타불상이 광택을 내며 정중앙에 놓여 있다.

경전 읽기, 고인이 된 신도 추모, 어린이의 생일 축하 등 예배의 익숙한 형식들을 면밀히 관찰해보면 몇 가지 더 중요한 철학적인, 혹

은 기독교식으로 말하자면 신학적인 차이가 드러난다. 가장 두드
러진 차이는 세 차례의 신도 염송 중 첫 번째이다. 이 염송은 의식
집전자가 먼저 하고 이어서 신도석에 앉은 신자들이 부드럽고 단
조로운 음조로 따라하는데, '세 가지 공경의 초대(Three Respectful
Invitations: 三奉講)'라고 불린다.

아미타여래께서 이 도량에 들어오시기를 삼가 청합니다.
석가모니께서 이 도량에 들어오시기를 삼가 청합니다.
시방의 여래께서 이 도량에 들어오시기를 삼가 청합니다.[1]

이 염송에 이어서 '나무아미타불'이라는 어구가 들어간 낭송이 또
한 번 뒤따른다. 이것은 일본정토진종의 수행에서 핵심적인 요소이

샌프란시스코에 있는
미국불교단 본원.

며, '염불念佛'이라고 불린다. 종
교학자들은 의례를 한 공동체
의 더 큰 종교적 세계관을 들여
다보는 창문이라고 간주한다.
이 의례는 미국 불교의 풍경 속
에 있는 한 장면으로서 미국 불
교의 많은 전통 중 하나인 13세
기 일본의 종교개혁가 신란(親鸞,
1173~1263)이 창건한 정토진종
淨土眞宗에서만 볼 수 있는 장면
이기도 하다. 여러 형태의 미국

불교와 여러 다른 불교의례들이 있고, 그 중 대부분은 아시아에서 유래했지만 이러한 의례들은 미국에 이식되면서 개조되고 있는 중이다.

그 일요일 밤 늦은 시간, 로스앤젤레스 월셔Wilshire 지역의 한 아파트 거실에서 약 20명의 신도들이 신발을 벗고 거실 마루에서 가부좌를 틀고 있다. 대다수가 백인이지만 라틴계와 아프리카계 미국인도 여럿이다. 그들은 미국불교단 사원의 불단을 축소해놓은 것 같은 작은 불단 앞에 모여 있다. 그런데 이 제단에는 아미타불상이 아니라 일본어로 고혼존(ご本尊)이라고 쓰인 두루마리 하나가 걸려 있다. 국제창가학회國際創價學會 소속의 신도들인 이들은 1960년대 이래로 미국에서 번창해온 일본 법화계 불교의 일련종 전통에 속한 재가불자 수행자들이다.

염송을 이끄는 공식 의식집전자는 없지만 모임을 주도하고 있는 여성이 작은 종을 울린 후 '남-묘호-렝게-쿄(南無妙法蓮華經)'라는 어구를 읊조림으로써 의식을 시작한다. 잠시 후 대중들이 염송에 합류하면서 전체가 『법화경』 구절들을 빠르고도 아주 힘차게 낭송한다. 이 경전은 동아시아 대승불교 전통에서 가장 중요한 문헌 중 하나다. 30분 정도 염송을 하고 난 다음 한 신도가 나머지 인원들을 인도하여 니치렌의 사상을 공부하는데, 그 사상의 많은 부분은 그가 쓴 편지들인 고쇼(御書: 종파의 창시자가 쓴 글 모음)에 포함되어 있다. 그런 다음 여러 회원이 니치렌 수행을 통해서 자신들의 삶이 어떻게 바뀌었는지를 격의 없이 증언한다.

이러한 의례는 사원에서 행해지든, 가정에 마련된 불단에서 행해지든 붓다의 가르침, 즉 붓다 다르마의 기본적인 표현이며, 수백 년 동안 이어져왔다. 많은 불교도들은 이런 의례를 그들의 수행이라고 말한다. 여기서 수행이란 그 의례들이 반복적인 성격을 지니고 있을 뿐 아니라 그것의 기법들이 종종 여러 시간에 걸쳐서, 그리고 나날이 실행되고 있다는 점을 가리키는 용어다. 불교도들이 말하는 이른 바 불심 혹은 불성이라는 깨달음을 이루기 위해서 행해지는 좌선수행이 특히 그렇다.

좌선은 선, 티베트 바즈라야나(금강승 불교), 동남아시아의 테라와다(상좌부 불교) 전통처럼 승가적 요소가 강한 모든 불교 전통의 중심적인 수행법이다. 그런데 만일 이러한 각 전통의 수행자들이 나란히 앉아서 명상하는 모습을 지켜본다면, 좌복(방석)의 색깔과 모양 혹은 좌복의 사용 유무와 같은 사소한 면들을 제외하고는 주목할 만한 차이가 거의 없음을 알게 된다. 명상수행법들은 의식을 변화시키기 위해 고안되었으며, 대다수의 경우 들숨과 날숨에 대한 면밀한 주의집중에 기반을 두고 있다. 모든 명상수행법은 2천 5백 년 전 인도에서 붓다가 달성한 의식 상태를 함양하기 위해 사용된다. 외부에서 볼 때는 하나같이 비슷해 보이지만 그 기법과 방식에 있어서는 서로 의미심장한 차이가 있다.

많은 미국인들은 불교에 대한 지식이 거의 없다 해도 선과 선 명상에 대해서는 아주 일반적으로라도 알고 있다. 선도 역시 정토진종과 니치렌 불교처럼 일본의 전통이며, 세부적인 많은 의례들, 이를테면 불단, 불상, 종, 염불 등도 다른 전통들과 같다. 그러나 선이 가진 성향은 아주 다르다. 아시아에서 선 명상은 그 역사의 대부분 기간 동안 주로 승려들에 의해 수행되었던 반면, 정토진종과 니치렌 불교는 재가자의 종교생활과 더 많이 관련되어 있다. 승가의 좌선 및 다른 명상수행법들이 아시아, 유럽, 미국에서 재가자들에 의해 널리 행해지게 된 것은 바로 전 세기인 19세기가 되어서였다.

많은 미국인들은 선을 정식 의례가 없는 불교 전통이라고 알고 있지만 실제로는 그렇지 않다. 선이 책을 통해서 미국에 처음 소개되었고, 그 때문에 많은 미국인들은 선을 종교 전통보다는 철학이라고 생각하게 되었다. 또한 사람들은 여러 시간 동안 벽을 향하거나 시선을 내리고 앉아 있는 좌선명상을 의례적 활동이라고 생각하지 않는 경향이 있다. 그러나 하루 한 차례나 심지어 두 차례씩 수행자가 자기 마음의 움직임에 주목하면서 행하는 좌선수행은 많은 미국 불교도들이 삶을 살아가는 데 도움을 준다. 이런 점은 의례의 주요한 기능 중 하나다. 좌선은 두 손을 모아 예를 표하는 가쇼(合掌), 혹은 불상 앞에 물, 음식, 향을 공양하는 것 같이 더 사소한 다른 의례들에도 역시 배어 있다.

선 명상은 오료키(應量器) 식사법 같은 다른 의례에도 배어 있는데, 명상을 하면서 단체로 식사하는 이 의례에서 참가자는 나무 숟가락, 발우, 잘 접은 냅킨을 능숙하게 사용할 줄 알아야 한다. 오료키를 잘하기 위해서는 수행이 필요하다. 오랜 세월 동안 선을 수행해 온 미국인 로렌스 샤인버그Lawrence Shainberg는 뉴욕 시 외곽의 캐츠킬 산에 있는 한 사찰에서 오료키 스타일의 식사를 처음 접했을 때의 불편했던 마음을 이렇게 표현하고 있다. "식기 사용이 서툴러서 나는 방안에 있는 모든 참가자들이 내는 소리를 다 합친 것보다 더 큰소리를 내는 것 같았다. 냅킨을 접었다가 펴고, 발우를 쌓았다가 빼내는 복잡한 절차를 까맣게 잊고 말았다. …… 잘하려고 하면 할수록 더 서툴러졌다. 이 의례가 합리적일지 모르지만 지금 나에게는 아주 끔찍해 보인다. 평범한 것을 복잡하게 만드는 선의 무한한 능력을 보여주는 또 한 가지 사례다."[2]

이와 대조적으로, 티베트의 많은 금강승 불교 명상은 선과는 아주 다른 명상기법인 관상(觀想, visualization) 수행에 기반을 두고 있다. 관상을 하는 동안 수행자는 다른 사람에게는 그저 호흡을 관찰하고 있는 것처럼 보일지도 모르지만, 사실상 자신의 몸, 말, 마음을 티베트의 전통에서 발견되는 많은 붓다의 이미지 중 하나에 합치시키고자 노력하고 있다. 붓다의 이미지를 마음속으로 관觀하기 위해서는 지속적인 집중이 필요한데, 그 장소는 화려하게 치장된 버몬트의 다르마센터든, 로키산맥의 단출한 안거처이든, 애틀랜타에 있는 호텔의 임대 회의실이든, 아니면 가정이든 어디라도 괜찮다. 그러나 어떤 경우라도 티베트 관상은 숙달하는 데 여러 해가 걸리는 힘든 명상법이고, 또 그렇기 때문에 불교도들은 이것을 수행이라고 부르는 것이다.

테라와다 명상기법도 역시 많은 미국 불교도들이 수행하고 있다. 아래의 발췌문에서는 다수의 미국인에게 위빠사나(통찰명상)를 가르쳐준 아시아인 스승 마하시(Mahasi, 1904~1982) 사야도가 미국 전역의 다르마센터의 기초수행법인 '주목하기', '이름 붙이기', 혹은 '라벨 붙이기(labeling)'라고도 불리는 방법을 이용하여 통찰력을 계발하는 방법을 설명해주고 있다. 이 명상법의 요점은 끊임없는 마음

작용과 신체적 본능들로부터 분리되기 위해서 생각, 의도, 인식 같은 정신적 과정에 대한 통찰과 무의식적인 신체 움직임에 대한 통찰을 강화하는 것이다. 사야도는 수행자가 여러 시간 동안 좌선하고 난 다음, 목이 말라 물마시기 위해 자리에서 일어날 때도 통찰력을 어떻게 지속적으로 계발할 수 있는지를 설명하고 있다.

> 여러분이 수도꼭지나 물그릇을 확인한 다음 물 마실 곳에 도달하게 되면, '바라본다', '본다'라고 마음속으로 주목합니다.
> 걸음을 멈출 때, '멈춘다.'
> 손을 내밀 때, '내민다.'
> 손을 컵에 댈 때, '댄다.'
> 손으로 컵을 집을 때, '집는다.'
> 손으로 컵을 입술로 가져갈 때, '가져간다.'
> 컵이 입술에 닿을 때, '닿는다.'
> 닿아서 차가운 느낌이 있을 때, '차갑다.'
> 목구멍으로 넘길 때, '넘긴다.'
> 컵을 제자리에 놓을 때, '놓는다.'[3]

다르마를 미국화하기 위한 노력으로 일부 개종 불교도들은 명상을 아시아 불교와 관련된 다른 의례와 분리해야 한다고 주창한다. 그들은 이러한 의례가 아시아의 문화이므로 불필요한 요소라고 본다. 그러나 또 다른 개종자들은 그러한 의례를 유지하면서 미국상황에 맞게 변화시킨다. 캘리포니아의 한 사원에서는 아시아 이민과 백인 개종 불교도들로 구성된 한 소집단이 아침마다 초창기 불교에서 유래된 의례를 재현하고 있다. 동이 튼 직후 그들은 작고 간소한 주방에서 사원의 승려들을 위한 아침을 준비하느라 분주하다. 재가 불교도로서 그들은 승가의 규율을 지켜가고자 하는 생각은 거의 없지만, 공부와 가르침과 명상에 삶을 헌신하는 승려들을 부양하면서 다르마에 대한 신심을 보여주고 있다. 약 30분 뒤에 네 사람, 즉 미국인 한 명과 아시아인 세 명이 수행처에서 주방으로 줄지어 내려온다. 그들은 동남아시아 테라와다 승려들의 황토색 법의를 입고 있었다. 거기서 재가자들이 그들에게 식사의 상징이자 일종의 종교적 공양으로서 몇 숟가락의 밥을 대접한다. 그러고 나서 승려들은 언덕 위의 전각에서 자신들을 위해 마련된 아침을 먹는다. 이어서 재가자들과 승려들은 함께 모여서 염불하거나 상담을 진행하고, 그 후에 재가자들은 마저 식사를 한다.

미국에서 이런 식의 활동은 대부분의 대도시에 위치한 많은 불교 사원에서 종종 확인할 수 있다. 이러한 의례는 아시아계 미국인 이민 불교도 사이에서 특히 중요한 역할을 한다. 이들은 자신들이 물려받은 종교 전통을 이민 공동체에서 재현하고 있기 때문이다. 절을 하고, 공양(puja)을 올리고, 베삭(Vesak: 붓다의 탄신·성도·열반 기념제)을 축하하고, 귀의하는 등의 의례적 행위는 미국 기독교인들이 세례와 일요예배에 참석하는 것처럼 많은 미국 불교도들의 종교생활에서 일상화되었다. (이런 의식에 대해서는 다음 장에서 논의할 예정이다.) 그러나 종교적 실험의 결과로 미국에서 이제야 형성되고 있는 새로운 의례들도 있다. 유럽계 미국인뿐 아니라 아시아계 미국인도 포함된 일부 불교도들은 현재 미국에서 전개되고 있는 아시아의 여러 전통들로부터 이끌어온 수행의 요소들을 혼합하기 시작하고 있다. 주로 유럽계 미국인들로 이루어진 또 다른 불교도들은 위카(wicca: 서양 마법), 고대 여신의 영성, 아메리카 원주민의 샤머니즘 관습, 유대교, 혹은 기독교 등 타 종교의 요소들을 다르마 수행에 첨가하여 새로운 불교의례의 창안을 실험하고 있다.

염불을 하든, 좌선을 하든, 승려를 부양하든 이 모든 의례들은 미국 불교의 풍경에서 볼 수 있는 장면들이다. 많은 미국인들의 기준에서 본다면 이것은 이국적인 영역에 속하는 낯선 종교적 신념과 외래의 관습이겠지만, 모두 다 현재 진행 중인 다문화적이고 다종교적인 미국 사회의 일부다. 역사적 관점에서 볼 때 미국 불교는 미증유의 사건이기도 하다. 바로 아시아의 거대한 종교 전통들 중 하나인 불교가 서양으로 이동하고 있는 것이다. 4백 년 동안 서양의 선교사들, 탐험가들, 학자들, 구도자들이 아시아를 탐험하며, 불교를 탐구하고 연구해왔다. 그 중 몇 사람은 불교를 실천하기까지 했다. 서양에 다르마를 전달하기 위한 토대는 많은 사람들이 오랜 세월을 거쳐서 준비해왔지만, 다르마가 미국 종교의 중요요소로서 등장한 것은 비교적 아주 최근의 일이다.

미국 불교란 무엇일까? 1980년대와 90년대에 많은 미국인들은 미국에서 불교란 무엇이며, 또 불교가 어떻게 되기를 바라는지에 대해 서로 논쟁을 벌였다. 그들은 미국식의 다르마를 어떻게 창안할 것인가에 대한 많은 다양한 생각들을 제시했다. 그러므로 그 질문에 대한 단일한 해답이란 없고, 또한 앞으로도 없을 것 같다. 하나의 미국 불교라는 것이 존재하지 않는 것은 하나의 미국 유대교, 미국 이슬람교, 미국 기독교가 존재하지 않는 것과 마찬가지다.

누가 미국 불교도인가? 여기에 대한 답이 제시될 수도 있겠지만, 아주 개괄적일 수밖에 없다. 한편으로는 미국에 불교도의 '유형'이 없다고 할 수도 있다. 불교도들은 아주 다양한 인종과 민족적 출신 배경을 가지고 있고, 화이트칼라 불교도들도 있다. 불교도 택시 운전사, 기계공, 요리사가 있고, 불교도 예술가와 음악가들도 있다. 어떤 미국인들은 불교도라는 것에 대해 남의 시선을 많이 의식하기도 하지만, 또 어떤 이들은 불교도라는 사실을 당연하게 여긴다. 처음부터 전제로 해야 할 점은 모두 스스로를 불교도라고 여기는 많은 다양한 부류의 미국인들이 있다는 것이다.

다른 한편으로는 미국 불교 안에는 대략적으로 경계를 지어볼 때 적어도 세 개의 단체들이 있다. 한 단체는 지난 50여 년의 세월 동안 붓다의 가르침을 받아들여 왔으며, 미국에서 태어난 다양한 부류의 미국인들로 이루어져 있다. 이들은 1940년대와 50년대에 기원을 두고 있고, 1960년대에 급격히 인기를 끌었으며, 20세기말까지 지속적으로 추진되었던 폭넓은 운동의 한 부분이다. 그들은 서양 불교도 혹은 유럽계 미국인 불교도라고 종종 불리지만 여기에는 아시아인, 아프리카인, 아메리카 원주민도 포함되어 있다. 나는 불교 공동체에서 교육받으면서 성장한 주로 아시아계의 미국인들과 서로 구별하기 위해서 이들을 총체적으로 개종 불교도라고 부를 것이다. 여기서 개종자(convert)란 종교제도 전체를 받아들인 사람이라기보다는 이 말의 원래의 의미와 보조를 맞추어, 일련의 종교적 가르침으로, 즉 여기서는 붓다의 가르침으로, 마음을 돌린 사람들을 뜻한다.

두 번째 집단은 일련의 아시아 국가들에서 온 이민 불교도와 망명 불교도로 이루어져 있으며, 이들은 자신들이 고국에서 가져온 전통을 미국에 이식하고 맞추어가는 과정에 있다. 이러한 발달도 역시 1960년대와 연계되어 있다. 1965년에 개정 법률안이 국회를 통과되자 아시아로부터 들어오는 이민들의 수가 급격히 증가하게 되었다. 대다수의 미국 불교도들은 아시아인 공동체에 소속되어 있으며, 이들은 일반적으로 개종자들과 구분하기 위해 이민 불교도 혹은 민족 불교도라고 불린다. 그런데 50여 년에 걸쳐서 이민 불교도들이 미국 땅에서 태어난 미국인들을 가르쳐왔고, 또 개종 불교도 공동체를 만든 사람들도 아시아 출신 이민자가 많았다.

세 번째 집단은 주로 중국계와 일본계들인 아시아계 미국인으로 구성되어 있는데, 이들은 4~5세대 간 미국에서 불교를 실천해왔다. 이 집단에서 가장 잘 알려진 형태의 제도종교는 일본의 정토진종 불교인 미국불교단(BCA)이다. 미국불교단의 불교도들은 개종자들처럼 불교를 처음 알게 되었을 때의 들뜬 마음을 지니고 있는 것은 아니다. 그들은 또한 최근의 이민자와 망명객처럼 공동체의 기반을 세우는 데에 몰두하지도 않는다. 그들은 20세기말 불교의 풍경에서 이것도 저것도 아니고, 개종자도 이민자도 아닌, 미국의 구세대 불교도들이다.

20세기의 마지막 수십 년 동안 개종 불교도들과 이민자들은 미국 불교에서 그 중심을 차지하고 있으면서, 미국의 다르마를 매우 활기차고도 복잡하게 만들어왔다. 그러나 그들이 아시아의 전통을 미국에 맞추어나가는 방법은 그들이 불교와 맺고 있는 관계 및 그들이 미국 사회에서 차지하는 위치로 인하여 서로 근본적으로 다르다. 많은 개종자들은 책을 통해서 불교를 처음으로 발견했다. 그런 다음 어떤 이는 불교를 더 배우기 위해 아시아로 찾아갔다. 또 어떤 이는 미국 내에서 스승을 찾아 나서기도 하는데, 이런 일은 불과 30~40년 전만 해도 쉽지 않았다. 1980년대에 이르러 미국에서 나고 자란 미국인 세대가 학자로서, 법사로서, 공동체의 지도자로서 두각을 나타내면서 개종 불교도들은 자신만의 목소리를 내기 시작했다. 그즈음 개종자들은 미국의 주류문화에서 낳고 자란 사람들에게 적합한 토착적 다르마를 창안하기 위해서 더없이 진지하게 탐구하기 시작했다.

같은 시기에 이민 불교도들도 역시 미국에 적합한 다르마를 창안하고 있었지만, 서로 다른 사회적 위치에서 그랬다. 1~2백 년 전에 유대인과 가톨릭이 그랬던 것처럼, 그들도 발전해가고 있는 미국 불교를 이민자 경험의 일부로서 접근했는데, 이를테면, 그들에게는 종교를 미국에 맞추어가는 문제와 광범위한 경제적, 문화적, 언어적 사안들은 서로 밀접하게 연관되어 있었다. 이민 1세대는 일자리를 찾고, 자신들의 전통적 종교생활을 재현하고, 빠르게 미국화하고 있는 자녀들에게 자신들의 종교를 설명해주어야 했다. 미국 불교에 이민자들이 장기적으로 기여한 점은 평가하기가 매우 어렵다. 이민 경험의 성격상, 적응이란 여러 세대가 지난 다음에야 비로소 나타나는 것이기 때문이다.

미국 불교에 대한 몇 가지 통계는 얻을 수 있지만 그 내용은 매우 다르다. 한 자료에는 수행하는 불교도의 수가 1990년에 1백만 정도였지만, 또 다른 자료에는 그보다 몇 년 후의 통계가 5~6백만이라고 적혀 있다. 보다 더 최근의 추정치는 대략적이기는 하지만 현재 얻을 수 있는 가장 나은 것으로 보인다. 1997년에 독일의 종교학자 마틴 바우만Martin Baumann이 미국의 불교도 수가 서양 국가들의 그것 중에서 가장 많은 3~4백만에 이른다고 내세운 것이 바로 그것이다. 그가 추정한 바에 따르면 미국에 비해 프랑스에는 65만, 영국에는 18만 명의 불교도가 있다는 것이다. 그는 또한 제시하기를, 개종자들이 이민자보다 일관되게 적었다는 것이다. 같은 해에 프랑스에서는 개종 불교도가 15만 명 정도였지만 이민 불교도는 50만 명이었으며, 또 영국에서도 각각 5만과 13만 명이었다는 것이다. 미국의 경우, 80만 명의 개종 불교도와 220만에서 320만 명의 이민 불교도가 있다고 그는 추정했다.[4]

그러나 이러한 수치는 신중하게 다루어야 한다. 같은 해인 1997년 미국 시사주간지 『타임』에는 미국인 개종 불교도 수가 "10만 명 정도"라고 제시되어 있다. 거기에는 이민 불교도의 수에 대해서는 언급조차 없었다.[5] 결과적으로, 미국 불교도가 실제로 몇 명이나 되는지에 대한 명확한 정보가 없는 상태로 논의를 진행해야만 하겠다. 지금으로서는 그 수가 매우 많고, 또 무엇보다도 이들이 매우 다양한 매력적 방식으로 다르마를 실천하는 데 참가하고 있다고만 말해 두자.

제2장

초보적인 불교

미국에 불교가 전래된 것은 획기적인 사건이다. 2천 5백 년 동안 불교는 아시아의 종교생활에서 중심적 역할을 해왔다. 불교학파, 불교기관, 불교의례, 불교예술은 이란고원으로부터 일본까지, 티베트로부터 인도네시아까지 수많은 사람들의 삶에 영향을 주었다. 수백 년 동안 줄곧 불교는 많은 다양한 문화와 종교에 맞게 적응해가면서 흥미진진하게도 다양한 형태를 띠게 되었다. 이러한 과정은 불교가 서쪽으로 이동하여 미국에 들어오면서 반복되고 있다. 이 과정을 이해하는 데 꼭 필요한 것은 붓다의 가장 기초적인 가르침과 미국 불교단체 안에서 사용되는 용어를 파악하는 것이다.

붓다의 가르침

역사적인 붓다인 고타마 싯다르타는 기원전 6세기에 오늘날의 네팔에서 태어났다. 전설에 의하면 그는 아버지의 왕위를 승계하여 석가

부족의 통치자가 되도록 예정되어 있었지만, 29세의 나이에 왕궁의 안락한 삶을 버리고, 자신의 유산을 포기하고, 가족을 떠나서 광야로 들어갔다. 인간의 고통을 없앨 길을 찾기 위해서였다. 싯다르타는 인도에서 영적인 대 격변기에 탐구의 길을 나섰다. 그 당시 고행하는 철학자들과 유행하는 현자들은 이후 수백 년에 걸쳐서 인도의 종교 전통에서 핵심이 되는 근원적인 문제들에 관해 논쟁을 벌이고 있었다. 인간의 행동, 즉 카르마karma의 성격은 무엇인가? 카르마는 사람의 삶과 운명의 형성에 어떤 역할을 하는가? 죽음 이후에 재생은 있는가? 재생이 있다고 가정한다면, 죽음과 재생을 끝없이 반복하는 윤회를 벗어나는 것은 가능한가? 이러한 질문에 대한 싯다르타의 답변은 아시아 전역에서 불교가 발달하는 데 영향을 주었고, 오늘날 미국에서도 이런 상황은 계속되고 있다.

출가 이후 6년 동안 싯다르타는 유행 중에 만난 스승들에게서 배운 혹독한 고행을 연구하고 실천했다. 그러나 35세의 나이에 보리수 아래에 앉아서 밤새도록 명상하고 있던 어느 날 밤, 그는 자신의 길을 발견했다. 전설에 따르면 그는 깊은 선정(禪定, dhyana) 상태에 들어갔고, 그 선정 중에 자신의 많은 전생이 펼쳐지는 것을 목격하고 나서 죽음과 재생의 질문들에 대한 답을 얻었다고 한다. 그는 또한 현재의 순간뿐 아니라 미래에, 현생에서뿐 아니라 미래의 생에서, 여러 가지 사건이 일어나는 데 카르마가 어떤 영향을 주는지 보았다. 무엇보다도 싯다르타는 카르마가 어떻게 인간을 윤회에 빠지게 하는지 분석해냈으며, 또한 해탈, 즉 일반적으로 니르바나(열반)라고 말하는 그런 경험을 얻기 위해 따라야 할 길 혹은 방법을 발견했다.

니르바나라는 말은 원래 고대 인도의 물리학에서 유래했으며, 불을 끈다는 의미다. 글자 그대로의 의미는 "속박에서 풀어주기"인데, 이러한 개념은 불이 타고 있는 동안에는 연료 속에 갇혀 있지만 연료가 다 소진될 때 불은 그 속박에서 자유로워지거나 풀려난다는 생각이 반영되어 있다. 이 용어에 내포된 자유와 차가움을 통해서 알 수 있는 사실은 싯다르타가 이해한 해탈의 길은 허상에 대한 격렬한 집착의 제거라는 것이다. 그는 이 허상들이 인간을 계속 고통 속에 빠지게 한다고 보았다. 그는 자신의 해탈도를 '중도', 즉 자신이 젊었을 때 아버지의 집에서 빠져 있었던 감각적인 탐닉과 그의 스승들의 혹독한 고행 사이에서 균형을 이루는 지점이라고 보았다.

싯다르타는 이와 같은 발견의 결과, 붓다(즉 깨달은 자)라고 알려지게 되었다. 나중에 그의 길을 좇았던 많은 사람들도 역시 깨달음을 얻었으며, 또 어떤 불교의 전통에 따르면 많은 붓다들이 나왔다고 한다. 그는 또한 석가 부족의 성자를 뜻하는 석가모니라고 불리기도 하고 또 '여래如來' 혹은 '여거如去'를 의미하는 한편, 고타마라는 사람이 완전한 해탈을 이루었음을 보여주기도 하는 타타가타 Tathagatha라고 불리기도 한다. 깨닫고 나서 얼마 후 그는 이른바 다르마dharma를 가르치기 시작했는데, 그것은 '교리' 혹은 '자연법'을 의미한다. 그는 또한 신앙심이 가장 깊은 제자들을 위해 규율, 즉 계율(vinaya)을 만들기도 했다.

붓다는 불교도(Buddhist)가 아니었다. 이 불교도라는 용어는 수백 년의 세월이 흐르고 나서야 비로소 서양의 관측자들이 붓다의 가르침으로부터 나왔던 많은 전통들을 지칭하는 용어로서 사용되었기 때문이다. 붓다는 자신이 제시한 길을 다르마비나야(dharma-vinaya, 法律), 즉 교리와 계율이라고 불렀고, 그것을 45년 동안 수많은 제자들에게 가르쳤다.

수많은 수트라sutra, 즉 경전들은 다방면에 걸친 붓다의 가르침을 담고 있는 것으로 생각된다. 많은 경전들은 깨달음을 이룬 후 붓다로서의 권위를 지니고 구술한다고 주장한 후대 불교도들에 의해 쓰였다. 어쨌든 다르마는 붓다의 개인자산이 아니라 중도를 실행하고 중도를 통해서 깨달은 모든 사람들에게 열려 있었다. 하지만 전통에 따르면 석가모니 붓다는 바라나시 시市에서 몇 마일 바깥에 위치해 있는 사르나스의 녹야원에서 그의 가르침의 정수를 설교의 형태로 처음 전달했다고 한다. 이 가르침 중에서 가장 근원적인 것이 사성제四聖諦라고 알려져 있는데, 그는 인간이 처해 있는 상황의 진단으로서뿐 아니라 치료법의 형태로서 경청자들에게 이것을 제시했다. 기독교 전통에서 예수의 산상수훈과 마찬가지로 사성제는 아시아 불교의 수많은 주석서들이 다루었던 주제가 되었으며, 미국 불교 공동체에서는 대다수 불교수행자들의 척도가 되었다.

첫 번째 성제(聖諦: 거룩한 진리)는 삶이 두카(dukkha, 苦)를 특징으로 한다는 것이다. '두카'란 고통, 불만족, 스트레스, 혹은 일상적 표현에서 "탈구(脫臼: 뼈마디가 제 위치를 벗어남)된 상태"로 번역되는 용어이다. 고는 윤회하는 삶의 근원적 특징을 보여준다. 그것은 개인의 육체적, 정신적 고통과 비탄, 절망, 고뇌, 그리고 상실과 이별의 고뇌, 그리고 저지당한 욕구와 결부된 좌절을 의미한다. 가장 미세한 수준에서 볼 때, 고는 늙고, 병들고, 죽을 수밖에 없는 것들 혹은 일반적으로 변화와 흐름 속에 있는 것들에 집착할 때 겪게 되는 고통을 의미한다. 삶에서 가장 항구적인 것이라고 알고 있는 자아조차도 고정된 특성을 가지고 있지 않고 고를 겪게 되어 있다. 불교도들은 고에 이렇게 초점을 맞추는 것이 비극적이거나 비관적이지도 않고, 오히려 인생의 중심적인 문제에 대한 현실적이고 올바른 진단이라고 간주한다.

두 번째 성제는 갈애(渴愛, tanha)가 고의 원인이라는 것이다. 붓다는 지적하기를, 사람들은 가장 기본적인 수준에서 볼 때 자신이 가지고 있지 않은 것을 항상 가지고 싶어 하고, 또 자신이 가지고 있는 것을 잃을까봐 그것에 집착한다는 것이다. 이것이 고의 근본 원인이다. 붓다는 가르치기를, 보다 더 복잡한 수준에서 볼 때 갈애는 무명無明에 뿌리를 두고 있다는 것이다. 무명이란 실재의 무상한 성격을 이해하지 못하고 끊임없이 변하고 있는 사물에서 변함없는 행복을 찾으려 하는 것이다.

세 번째 성제는 고의 소멸이 갈애를 버릴 때 다가온다는 것이다. 수십 년 동안 서양의 주석가들은 첫 번째와 두 번째 성제를 강조하면서, 붓다의 가르침이 부정적이며 서양의 인간주의적 정신과 상반된다고 보았다. 그런데 불교도들은 고가 소멸될 수 있고, 또 고요, 평정, 기쁨, 심지어 윤회로부터 해탈까지도 실제로 이루어낼 수 있다는 진리를 강조한다.

네 번째 성제는 팔정도八正道다. 이것은 우리가 어떻게 윤회를 넘어서 열반으로, 고통을 넘어서 해탈로 갈 수 있는 행위(카르마)를 실천할지를 정해놓은 것이다. 간략하게 서술된 팔정도는 올바른 행동의 목록과 매우 비슷해 보인다. 그렇지만 팔정도는 붓다의 중도의 핵심을 담고 있으며, 불교적 지혜(慧), 윤리적 가르침(戒), 명상수행(定)의 토대를 이루고 있다.

팔정도의 첫 번째 두 단계인 정견正見과 정사유正思惟는 지혜의 형태들이다. 정견(올바른 견해)은 선하고 악한, 건전하고 불건전한 행동들이 실제로 결과를 초래한다는 확신을 가지면서 시작된다. 사람들은 스스로 행위를 선택함으로써 선한 카르마와 악한 카르마를 만들어가기 때문에 자신의 운명은 스스로 만들어가는 것이다. 구체적으로 보자면 정견이란 삶을 사성제에 의거해서 보는 것을 의미한다. 정사유(올바른 생각)란 이러한 이해를 기반으로 하면서, 해탈에 방해가 되는 악의, 해악, 감각적 욕망 같은 정신적 태도를 버리기로 결심하는 것이다.

다음 세 단계인 정어正語, 정업正業, 정명正命은 윤리와 관련된다. 정어(올바른 말)란 자신뿐 아니라 다른 존재들까지도 해칠 수 있는 언어의 힘을 인식하는 것이다. 이간질, 욕설, 쓸데없는 잡담, 진실하지 못한 말은 파괴적이고 나쁜 카르마를 만들어내기 때문에 피해야 한다. 정업(올바른 행위)은 살생, 도둑질, 방탕하거나 해로운 성행위를 피하는 것을 의미한다. 정명(올바른 직업)은 불교도로서 정직하고, 착취하지 않으며 공정한 방법으로 생계를 유지하기를 요구한다.

마지막 세 단계인 정정진正精進, 정념正念, 정정正定은 명상수행과 보다 더 직접적으로 관련되어 있다. 정정진(올바른 노력)은 올바른 정신 상태를 참을성 있고 끈기 있게 배양하는 것이다. 정념(올바른 마음챙김)을 위해서는 명상 중에 몸, 느낌, 마음, 마음상태에 주의하고, 또 일상생활에서는 마음의 현존을 유지하는 것이 필요하다. 정정(올바른 선정)이란 붓다가 명상 중에 경험했던 그러한 해탈의 통찰로 인도해주는 선정 상태에 마음과 정신을 내적으로 집중하는 것을 의미한다.

현대 미국에서 사성제는 현재적, 인간적, 그리고 종종 세속적인 의미로 빈번하게 해석된다. 그러나 아시아 역사를 통틀어서 사성제는 마땅한 용어가 없지만, 전통적 혹은 과학 이전이라고 부를 수 있는 복합적인 세계관 안에서 작용해왔다. 붓다 자신뿐 아니라 틀림없이 그 이후의 불교도들도 사성제 및 다른 가르침들이 개인적 차원뿐 아니라 우주적 차원에서도 작용하는 것으로 이해했다. 윤회는 존재의 개인적 사실이면서 우주적 과정이라고 간주된다. 카르마는 단순히 인간 심리의 한 부분일 뿐 아니라 자연계에 작용하는 힘이기도 하다. 재생은 모든 형태의 유정물有情物 사이에서 일어난다고 생각되며, 존재들이 재생할 수 있는 세계에는 일련의 천국과 지옥들이 포함되어 있다. 무상無常은 단지 자아 및 개인적 성취 개념과 관련된 진리만이 아니고 우주의 자연질서가 지닌 근원적 특성이기도 하다.

그 결과 아시아 불교는 현대까지 성행하는 엄청나게 풍요로운 철학적, 우주론적, 신화적 전통을 개발했다. 현대의 많은 기독교인들이 신, 예수의 신성, 기적과 천사에 대한 믿음을 세속적 혹은 과학적 관점과 어려움 없이 균형을 맞추고 있는 것처럼, 현대의 많은 불교도들도 전통종교의 세계관에 뿌리박은 강한 신념을 유지하고 있다. 현대 불교도들 중에는 하늘나라와 지옥의 거주자들을 상징적인 것이라고 이해하는 사람도 있지만, 이들을 실제 존재하는 것이라고 생각하는 사람도 있다. 윤회, 카르마, 재생 같은 개념이 그들의 종교적 상상 속에서 계속 중요한 역할을 하고 있거나 그렇지 않을 수도 있다. 사성제 및 불교의 기본 가르침들은 세속적이고 인간적인 견해와 융합될 수도 있지만, 그것들은 보다 더 전통적인 우주론과 세계관과 직접 관련되어 있다고 간주될 수도 있다.

이 모든 것들이 말해주는 바는 미국과 서양으로 불교가 도입되었다는 사실이 단순히 멋진 종교나 윤리체계의 수입 이상이라는 것이다. 흔히 불교적 세계관의 일부라고 생각되는 광범위한 영적, 우주적, 신화적 차원도 존재하기 때문이다. '바람직한 미국 불교'에 대한 논쟁 가운데 일부는 전통불교의 사상과 신념이 현대 미국의 전혀 다른 풍토에 맞추어 재구성되어야 하는지, 만일 그렇다면 어떻게, 얼마만큼 재구성되어야 되는지에 대한 의구심이 바탕에 깔려 있다.

상가의 형성

붓다가 사르나스에서 첫 설법을 한 후 그의 추종자들은 최초의 불교 공동체인 상가sangha를 형성하기 시작했다. 처음부터 그의 제자 중에는 붓다의 사례를 본받아서 안정된 삶을 뒤로하고 다르마와 계율을 지키면서, 탁발과 명상을 수행하면서 살고자 한 사람이 많았다. 이러한 남자 승려(비구)와 여자 승려(비구니)는 훗날 불교 승가 공동체의 기반을 형성했다. 스승으로서 붓다가 보여준 사례는 소중히 간직되어 승가의 전통에서 영원히 지속되었다. 이 전통에서 스승과 제자의 관계는 계보로서 제도화되었다. 이러한 계보들은 이후 아시아 전역으로 다르마가 전승되는 데 중요한 역할을 했으며 오늘날 미국의 많은 공동체에서도 그 중요성은 지속되고 있다.

이와 동시에 재가자의 역할이 커지기 시작했다. 어떤 사람들은 붓다와 그의 헌신적인 제자들을 최고로 예우하면서도 그들의 특별한 수행의 삶을 따르고자 하는 생각은 전혀 없었다. 이러한 남자(우바새)와 여자(우바이)는 돈과 물품을 기부하여 비구와 비구니를 부양하였으며, 훗날 재가 불교도의 전형이 되었다. 승가와 재가의 이러한 상보적 역할은 나중에 불교가 아시아 전역으로 퍼져나가면서 반복적인 패턴이 되었다. 비구와 비구니는 해탈이라는 특별한 종교적 목표를 추구한 반면, 우바새와 우바이는 그들을 지원하고 부양했는데 이러한 행위는 공덕을 쌓는 것이라고 간주되었다. 재가신자들의 이러한 공덕행은 자신 또는 사랑하는 사람을 위해 선업을 쌓는 방법이라고 이해되었으며, 그 자체로 중요한 종교적 수행이라고 생각되었다.

석가모니가 입적하고 백년이 지나자, 승가와 재가를 위한 불교수행의 패턴이 나타나기 시작했다. 최초의 불교의례는 귀의였는데, 이 의례는 아시아와 미국 전역에 있는 불교 공동체들의 수계의식에서, 일상적 명상수행에서, 식사 전 기도에서 여전히 반복적으로 행해진다. 그 형식은 "붓다에 귀의합니다. 다르마에 귀의합니다. 상가에 귀의합니다"라는 간단한 정형구이다. 그러나 이른바 불교도들이 말하는 이 삼보三寶는 이렇게 단순히 표현되어 있기 때문에 잘못 이해되기도 한다. 사실상 오랜 세월에 걸쳐서 붓다, 다르마, 상가라는 말은 광범위하게 다양한 의미로 사용되었다. 붓다라는 말은 석가모니 혹은 또 다른 깨달은 존재를 가리킬 수도 있다. 다르마에 대해서는 수백 년에 걸쳐서 철학적 및 종파적 해석이 매우 많았다. 상가라는 말은 어떤 불교 형태에서는 구체적으로 승려 공동체를 가리킨다. 어떤 불교 형태에서는 불교 승려들을 가리킨다. 또 어떤 불교 형태에서는 모든 불교도들을 지칭하는 아주 포괄적 용어이기도 하다. 미국에서 상가라는 말은 함께 모여서 명상하는 비공식적인 수행집단, 동일한 전통이나 스승 아래 모인 특정한 공동체, 혹은 미국 불교 공동체 전체를 의미하기도 한다. 사이버 상가라는 말은 웹사이트들과 불교 리스트 서버들과 다르마 채팅 동호회들에 의해 가상 공동체를 이루고 있는 모든 불교도들의 총체인데, 미국 불교에서는 중요한 요소가 되었다.

일찍부터 모든 불교도들은 다섯 가지 기본 계율, 즉 살생, 도둑질, 성적 비행, 거짓말, 음주를 삼가는 오계를 따르게 되어 있었다. 그러나 그 이후에 남녀 승려들은 훨씬 더 엄격하고 광범위한 규율을 개발했는데, 이것이 승가 계율의 핵심을 이루는 것으로 불교경전에 나와 있다. 승가 계율은 남녀 승려에 적합한 의식주, 개인행동, 공동체의 평화로운 운영을 확립하기 위한 방법에 관한 포괄적인 규칙들을 포함하고 있다. 근대 시대에 이르기까지 불교 승단은 관례대로 독신을 지키게 되어 있었는데, 이 독신 규율은 어떤 공동체에서는 약화된 반면 어떤 공동체에서는 엄격하게 유지되어 왔다. 전통적인 승가에서 의무적으로 지키게 되어 있는 규율은 2백 가지가 넘으며, 이 모든 규율은 붓다의 원래 가르침을 자연스럽게 확장한 것이라고 간주된다.

얼마 지나지 않아 불교의 신앙적 상징물들이 등장했고, 이것들은 승가와 재가 모두에 의해서 사용되었다. 불교도들은 붓다가 깨달음을 얻었던 밤을 기념하기 위해 보리수 아래서 함께 모이곤 했다. 그리하여 이 나무는 보리(bodhi, 깨달음)의 나무라고 알려지게 되었으며, 불교의 주요한 상징물이 되었다. 붓다의 유물이 간직된 봉분인 스투파는 아시아 불교에서 주요한 예배 장소가 되었다. 미국에도 현재 많은 스투파가 있는데, 큰 규모로 축조된 것들이 아마 50개 정도 될 것이다. 붓다는 또한 빈 왕좌 혹은 발자국에 의해 상징되기도 한다. 이러한 도상들은 비록 붓다의 다르마가 이 땅에 남아 있다고 할지라도 석가모니는 자신은 궁극적인 해탈을 얻었다는 것을 상징한다. 진흙 속에 깊이 뿌리내리고 있는 아름다운 연꽃이 일깨워주고 있는 것은, 니르바나가 비록 초월적인 목표이기는 하지만 인간의 고苦의 영역 안에서 이루어낼 수 있다는 점이다. 기원전 1세기에 이르러서 붓다의 형상이 널리 사용되게 되었는데, 이런 불상은 오늘날 거의 모든 불교 형태에서 발견된다. 석가모니 혹은 또 다른 붓다의 입상, 좌상, 와상은 그 색깔, 수인手印, 장식물 등이 모두 심오한 의미를 간직하고 있는 복잡한 상징들인 경우가 많다.

불교에 등장한 승가와 재가의 일반적 패턴은 중세기 동안 서양에서 등장한 그것과 다르지 않았다. 수도승과 수녀는 종교적 엘리트 계층을 이루고 있었다. 그들은 공동체의 공식적인 핵심에 있던 지식인, 철학자, 선생, 시인, 종교 수행자로서 자신들의 역할을 때로는 뛰어나게 때로는 부주의하게 수행했다. 어떤 수도승은 외교관으로서, 법정의 자문으로서 세속적인 역할을 맡았다. 비록 재가신도와 수도승 간의 관계가 종종 긴장과 복잡한 문제들로 가득 찼을지라도 재가자들은 비천한 평민이든, 왕실의 후원자든 그들을 존경했다. 그러나 한 가지 중요한 측면에서 이런 관계는 서양의 그것과 달랐다. 즉 아시아 불교의 많은 종파들은 임시적 수계受戒의 전통을 개발함으로써 재가자들이 얼마 동안 승가의 역할을 맡다가 다시 이전의 생활방식으로 쉽게 되돌아갈 수 있지만, 대부분의 기독교 수도승 제도에서는 이런 일을 쉽게 할 수 없다.

게다가 불교의 수계식을 '성직 서품'(ordination)이라는 용어로 표현함으로써 혼란은 더 가중된다. 서양에서는 일반적으로 성직 서품식은 교육과정을 끝마친 다음 시행되며, 사제, 수도승, 수녀, 랍비, 혹은 목사 같은 종교적 직책에 정식으로 입문한다는 것을 표시한다. 그러나 불교적 맥락에서 수계는 종종 장기간의 공부와 수행에 정식으로 입문하는 것을 의미한다. 따라서 수계를 받은 수행자는 정식 비구, 비구니, 혹은 다른 유형의 상급 수행자가 되기 위한 더 높은 계율인 "구족계具足戒"를 받을 수도 있고 그렇지 않을 수도 있다. 대부분 재가자로 구성된 서양으로 승가 전통이 옮겨가면서 이 용어는 아주 다양하고 모호하게 사용되고 있다.

석가모니 입멸 후 4~5백 년이 지나자 인도에서는 매우 복잡한 불교 전통이 생겼다. 승가 제도뿐 아니라 재가 불교도 더불어 번창했다. 붓다의 가르침을 위주로 발전했던 구전전승이 문자로 쓰인 경전으로 변화되었고, 불교철학 학파들이 번성했다. 불교의 경건함을 나타내는 의례, 도상, 음악적 표현들은 잘 통합되었다. 불교가 대체로 무슬림의 침략을 받은 결과 12세기 이후 인도에서 소멸했다고 할지라도, 불교 역사에서 대부분의 발전상 중 전부 혹은 일부는 그 기원이 인도 아대륙으로 거슬러갈 수 있다. 이런 이유 때문에 현재 서양에 이식되고 있는 붓다의 가르침은 수세기에 걸쳐서 스리랑카로부터 한국에 이르는 다른 아시아 문화들에 맞게 변용되면서 재구성되었다.

제3장

세 가지 전통의 불교

미국 불교는 아시아 불교의 다양한 국가적, 지역적, 종파적 전통들에 기초하고 있다. 아시아에는 매우 많은 불교 형태가 있지만, 세 개의 큰 전통들이 수백 년 동안 불교사상과 수행을 형성해왔다. 서양에서도 이와 견줄 만한 발달상이 발견되는데, 그것은 예수의 가르침이 기독교에서 일반적으로 정교회(Orthodox), 가톨릭, 프로테스탄트(개신교) 전통으로 표현되는 것이다. 미국 불교를 이해하기 위해서는 아시아의 역사와 지리 속에서 이 세 가지 불교 전통이 가지고 있는 주요한 원칙과 전반적인 위상을 개괄적으로 파악하는 것이 중요하다.

이 세 가지 전통은 종종 삼승三乘이라고 불리는데, 여기서 승(乘, yana)이란 윤회에서 열반으로 사람들을 운반해주는 탈것이라는 뜻이다. 이 승은 사람들을 강의 한쪽 언덕에서 다른 쪽 언덕으로, 즉 고로부터 해탈로 운반해주는 뗏목에 비유되기도 한다. 이런 의미에서 볼 때 삼승의 불교는 공통의 목적을 가지고 있기는 하지만, 아시아의 여러 다른 지역에서 역사적으로 발전해왔기 때문에 서로 다르다. 세 전통 모두 현재 미국에서 번성하고 있지만, 아시아로부터 전승된 민족적, 종파적 차이뿐 아니라 개종 불교도와 이민자를 분리시키는 경향으로 인하여 그들 서로간의 교류는 제한되어 있다. 많은 미국 불교도들은 미국에 이러한 많은 다양한 전통들이 존재함으로써 이 모든 전통들이 상호 이해를 증진할 수 있고, 또 미국인과 미국 사회의 필요에 부응하는 새로운 형태의 불교가 출현할 수 있는 기회가 되기를 희망하고 기대한다.

테라와다 불교

삼승의 전통 가운데 테라와다Theravada는 가장 전통적이고 정통적이다. '상좌부上座部'를 뜻하는 테라와다는 여러 세기 전 초기불교의 여러 학파들 중 하나였다. 서기 2세기 무렵에 비판자들은 이 초기불교 학파를 일괄적으로 히나야나Hinayana, 즉 소승小乘이라고 폄하하여 부르게 되었다. 이 경멸적인 용어는 초기불교 학파들의 전통주의를 또 하나의 거대한 전통이자 광범위하고 혁신적인 정신을 가졌던 마하야나Mahayana, 즉 대승大乘과 대조시켜 만들어낸 것이다. 이후로 소승의 교단들은 테라와다를 제외하고 모두 소멸했다. 테라와다 교단과 대승 전통 사이의 오래된 긴장관계는 근래 수 세기 동안 줄어들었지만, 두 전통 간의 대조적인 면은 그대로 남아 있다. 불교 전통에서 서로 다른 종교적 주안점을 부각하는 것은 중요한 방식이다.

　테라와다 불교는 2천 년 전 고대 인도의 언어인 빠알리어로 쓰인 불교정전에 기반을 두고 있다. 고대 인도의 또 다른 언어인 산스크리트어로 기록된 초기 고문헌들도 있기는 하지만, 많은 학자들은 빠알리어 정전을 석가모니의 가르침과 가장 근접한 문헌이라고 간주하고 있다. 번역을 할 때 불교 개념들은 이 두 언어 중 하나로 제시되는 경우가 많다. 두 언어가 서로 관련되어 있기 때문이다. 예를 들어 '다르마dharma'는 빠알리어 '담마dhamma'로, '니르바나nirvana'는 빠알리어 '닙바나nibbana'로 표기된다. 오랜 세월 동안 테라와다 교단의 남녀 승려들은 역사적 붓다인 석가모니의 삶을 엄밀하게 본받으면서, 빠알리어 정전에 보존된 대로 다르마와 계율을 지키려고 노력해왔다. 그들은 팔정도와 승가 계율이 엄격한 권위를 지니고 있다고 생각한다. 이러한 규율에서 일탈하면 그것은 미혹이자 해탈도의 장애라고 간주되었는데, 지금도 그렇다.

테라와다 경전에는 다르마, 계율, 우주론, 인간 심리에 관한 다량의 정교한 성찰이 담겨있지만, 수백 년 전의 전통에서 형성된 승가의 길은 비교적 직접적이고도 단순했다. 승가에서 가족생활, 음행, 세속적 집착은 해탈의 장애물로 간주되었다. 시간이 지나면서 승가 공동체 내부에서는 깨달음에 대한 일련의 단계가 인정되었다. 도를 얻은 '예류預流'와 한 번의 재생만을 남겨둔 깨달음 단계인 '일래一來'가 있었다. 그러나 이 전통의 중심에 있으면서 가장 존경받는 수행자는 아라한, 즉 '응공應供'이었는데, 응공이란 망상과 이기적인 집착이 소멸했다는 확신을 가지고 있어서 인천人天의 공양을 받을 만한 사람이라는 뜻이다. 아라한은 이생에서 아무런 집착도 없으며 더 이상 재생하지도 않는다. 테라와다의 승가불교는 오늘날에도 어느 정도는 이와 동일한 개념들을 지향하고 있다.

테라와다 불교에서 상가란 승가 공동체를 말하며, 재가자는 상보적이면서도 다소 부차적인 역할을 한다. 재가불교는 주로 의례, 신앙 활동, 그리고 종종 통과의례의 역할을 하는 단기 수계에 열중하기도 하는데, 이러한 신행활동은 모두 공덕을 쌓아가는 행위라고 이해된다. 승가와 재가 사이의 관계에는 그 자체의 설득력 있는 논리가 있다. 만일 어떤 사람이 승려가 되어 해탈을 추구하며 나아간다면, 이것은 과거 생의 선업 때문에 그런 것이다. 만일 어떤 사람이 가정과 가족의 평범한 목표를 추구해간다면 그것도 역시 업의 결과다. 공덕을 쌓는 것은 니르바나라는 고원한 목표를 추구할 수 있는, 더 나은 재생을 확보하는 것이라고 생각되기 때문에 중요한 종교활동이다. 어떤 의미에서 테라와다 전통은 성직 엘리트주의의 특징이 있지만, 또 어떤 의미에서 테라와다 불교의 재가신도들은 신앙심이 돈독하고 매우 영적이면서도 수녀, 사제, 목사가 지는 성직 의무는 없이 정기적으로 예배에 참석하는 기독교인들과 비교될 수 있다.

옛날 소승 교파들에서 유래한 요소들이 아시아 전역에서 발견되고 있기는 하지만, 오늘날 테라와다 전통은 스리랑카, 태국, 버마, 캄보디아, 그리고 동남아시아의 대다수 나라에서 주도적인 불교 형태다. 이 불교 국가들은 모두 의례적 생활, 미적인 정서, 제도적 방식 등에서 강한 가족유사성을 지니고 있다. 그런가 하면 이 국가들의 전통은 서로 다르다. 테라와다 불교는 남아시아와 동남아시아의 촌락에서 중요한 역할을 해온 그 지역의 정령신앙을 흡수해왔고, 또한 그 지역의 정치와 역사에 의해 재편되어왔기 때문이다. 테라와다 전통에서는 비구니 계보가 전쟁의 와중에서 소멸되면서 10세기부터 여성 승단이 자취를 감추었지만, 몇몇 나라에서는 비공식적으로 조직된 여성들이 승가 수행을 하고 있다. 이러한 비공식적 계보들이 재정립될 수 있을지의 여부 및 그 방법에 대한 문제들은 오늘날 테라와다 불교계의 주요한 논쟁거리다.

테라와다 불교는 미국에서 매우 밝은 미래가 열려 있는 것처럼 보인다. 이 전통은 아시아계 미국인 이민 공동체의 주요한 불교 형태일 뿐 아니라 테라와다 전통들에서 유래한 명상기법들은 개종 불교도 공동체에서도 가장 인기 있는 재가자 수행의 형태 중 하나이기 때문이다.

대승불교

대승불교는 붓다의 가르침을 해석할 때 독특하게 역점을 둔 일련의 내용들로서 서기 100년경에 등장하기 시작했다. 수백 년 동안 전통 불교도와 대승불교도는 인도아대륙의 사원에서 함께 공부와 수행을 해왔다. 이윽고 그들 사이에 벌어진 격차는 주로 지리적 산물이었다. 대승불교의 중심을 이루고 있는 혁신들이 나중에 중국, 베트남, 일본, 한국에서 지배적이게 되었기 때문이다. 이 전통이 대승이라는 이름을 가지게 된 까닭은 그 지지자들이 상좌부의 정통적인 주장을 너무 편협하다고 보았기 때문이다. 대승이 별개의 전통으로서 발전하게 된 것은 인도 대승불교도들이 당시 인도의 지배적인 전통이었던 힌두교로부터 철학과 신앙 관습을 빌려와서 다르마 안에 포함시킨 것이 계기가 되었다. 대승불교는 인도아대륙 밖으로 확산되면서 북아시아와 동아시아 문명에서 발견되는 도교, 유교, 신도, 그리고 다른 토착 전통의 요소들을 더 많이 편입했다. 개종 불교도, 이민 불교도, 구세대 민족 불교도를 포함해서 많은 미국 불교도들은 대승불교 전통에 속해 있다.

아라한과 보살은 상좌부 불교와 대승불교를 구별하는 주요한 방법 중 하나이다. 기원후 수 세기가 지나자, 인도에서 일부 불교도들은 다르마와 계율의 이상적 수행자였던 아라한에 대한 비판의 목소리를 내기 시작했다. 그들은 남녀 승려의 개인적 해탈 추구를 근원적으로 이기적인 것으로 보았다. 대승불교사상가들은 이와는 다른 이상, 즉 불성을 열망하는 보살을 부각하기 시작했다. 불성이란 모든 존재들에 대한 자비심이 동반된 지혜, 즉 최고의 깨달음을 이루는 것이다. 실천적인 측면에서 볼 때, 보살에 대한 강조로 인해 보살 서원이 나오게 되었다. 이것은 승가든, 재가든 수행자가 다른 모든 사람들이 고통에서 벗어나는 그날까지 자신의 궁극적인 해탈을 미루겠다는 서원이다. 보다 더 높은 차원에서 볼 때, 이로 인하여 문수, 아발로키테슈와라, 관음 같은 우주적 보살의 등장이 촉진되었다. 이들은 모든 중생들에게 지혜, 자비, 해탈을 가르치기 위해 수많은 생을 윤회하면서 니르바나에 들지 않고 있다고 생각되었다. 보살의 이상은 대승불교의 사상과 수행에서 중심적이며 대승불교의 도상과 예술에서도 중요한 역할을 하고 있다.

다르마에 대한 이해가 이렇게 바뀐 점은 그 영향력이 지대했던 새로운 철학 학파들에서 표출되기도 했다. 대승불교도들은 윤회와 열반의 대비를 부정하면서, 이 둘을 뚜렷하게 구별되는 존재양태가 아니라 상호 침투적이라고 보았다. 실재에 대한 이와 같은 통합적 관점을 그들은 불이不二에 의거해서 표현했다. 열반도 없고 윤회도 없으며, 이승도 없고 저승도 없으며, 이런 모든 구분은 개념, 생각, 허망한 분별에 기반을 두고 있다는 것이다. 철학자들은 이 불이를 공(空, shunyata 혹은 emptiness)에 의거하여 표현했다. 공이란 우주만물이 고정성과 영원성이 없다는 사상이다. 그렇지만 공은 또한 허망한 분별을 넘어서서 '우주적 지혜와 자비'라는 더없이 행복한 명료함을 뜻하기도 한다. 넓은 의미에서 볼 때 대승불교는 보편 구제성을 지니고 있다. 몇몇 학파에서는 모든 중생들이 불심佛心을 자각할 잠재력을 지니고 있다고 주장한다. 만물은 궁극적으로 불성을 지니고 있다고 생각된다. 기독교 용어와 유비해본다면, 대승불교철학자들은 매우 세련된 변증법을 사용하여 마치 하늘이 땅이고, 영원이 현재이고, 신의 영광이 모든 창조물 안에서 시현되어 있다고 주장하고 있는 것 같다. 이런 식으로 해석을 바꾼 결과, 대승불교도들은 완전한 해탈의 성취보다는 불심 혹은 불성의 깨달음을 말하는 경향이 있다.

대승불교의 세계관은 『금강경』, 『반야심경』, 『화엄경』, 정토삼부경(『대무량수경』, 『관무량수경』, 『아미타경』)과 같은 새로운 경전들에 잘 표현되어 있었다. 불성이 보편적이라는 대승불교의 견해를 고려해보건대, 이 경전들 중 이를테면 『법화경』 등에 나오는 가르침은 석가모니 붓다에서 기인한다고 쉽사리 간주되었다. 그러나 대승불교의 문헌에는 많은 붓다와 보살이 존재한다. 아미타불과 미륵불 같은 불보살은 구세주들로 간주되며 신앙불교에서 중요한 역할을 한다. 다른 불보살들은 지혜롭고 자비로운 스승이자 총명한 전도자들이다. 대승경전들은 시간과 공간이 광활하고, 우주적 불보살들의 에너지가 스며있으며, 많은 불국佛國과 불토佛土로 분할된 우주를 즐겁게 묘사하기도 한다.

이렇게 확장된 우주관에서 대승불교는 초기불교로부터 물려받은 모든 존재의 상호의존성(緣起)에 관한 사상들을 부각시키기도 했지만, 그것을 새롭게 변용하기도 했다. 옛 불교학파들에서 삼사라(윤회 혹은 생사)의 상호의존적 성격은 무상, 집착, 고와 불가피하게 결부되어 있었다. 그러나 대승불교의 불이사상에 비추어볼 때, 상호의존성은 상호연관성 혹은 상호관계성으로, 그렇기 때문에 (고통이 아니라) 즐거운 것이라고, 보다 더 긍정적으로 해석되었다. 대승불교도들은 누가 혹은 무엇이 우주를 창조했는지에 대한 사변적인 문제들에는 관심을 두지 않으면서 연기를 처음부터 끝까지 도덕적 목적에 의해 추동되면서 끝없이 흘러가는 인과관계로 발전시켜 나갔다. 대승불교도들은 모든 존재의 상호의존성을 종종 인드라망에 비유한다. 인드라는 고대 인도의 신이었으며, 그의 망網은 상호 연관된 우주를 상징하고 있는데, 여기서 생명의 각 지점은 불성이라는 보석이다. 이 보석은 언제 어느 부위에서 일어나는 그 어떤 깨달음의 움직임에도 민감하게 반응하는 잠재적 깨달음의 그물코다. 불교수행의 요체는 이것을 깨닫는 것이었다. 많은 미국 불교도들은 이제 모든 존재의 상호의존성에 대한 대승불교사상을 환경과 사회문제에도 적용해가면서 이러한 사유 속에서 현대과학의 생태와 천체물리

이론들을 영성적으로 보완하는 방법을 찾고 있다.

대승불교는 미국에 큰 영향을 주고 있지만, 대승의 전통 안에는 서로 구별되는 많은 계보, 종파, 운동이 존재하는데, 그 중 몇 가지는 미국 불교의 토착화를 일궈내는 데 특히 중요한 역할을 하고 있다. 중국의 대승불교에는 많은 철학적 체계와 지역 전통들이 존재한다. 그러나 승려와 재가자로 이루어진 불교는 수행과 사상 면에서 절충적인 경향이 있어서 여러 요소들을 끌어들이게 되는데, 이것은 나중에 일본과 한국에서 종파적 운동들의 형태로 나타나기도 했다. 그 결과 미국에서 전개되는 중국 불교는 주로 중국인 이민자와 민족 공동체 사이에서 번창하고 있는데, 그 양상이 다양하고 복잡한 것으로 잘 알려져 있다. 중국의 영향은 베트남계 미국 불교 공동체에서도 역시 강하게 드러난다.

한국과 일본의 불교는 원래 중국으로부터 수입되었다. 그러나 오랜 세월이 흐르면서 그들은 자국의 토착전통으로부터 많은 요소들을 흡수하며, 중국 불교의 요소들을 특정 종파와 운동으로 새롭게 만들어가는 경향이 있었다.

미국에서 한국 불교의 재가신행은 주로 한국계 미국인 이민자들의 불교사원에서 행해지고 있는 반면, 승가 전통은 개종 불교도 공동체 내 여러 개의 번창하는 센터에 확립되었다.

일본의 세 가지 대승불교 전통은 미국에서 특히 중요하다. 이 전통들은 매우 독특하기 때문에 이 장에서는 간단히 소개하고 뒷장에서 추가적으로 설명해야 하겠다. 대체로 세 전통은 모두 13세기 무렵 일본 불교에서 서로 별개의 형태로, 그리고 승가 공동체의 부패에 대한 항거로 등장했다. 이 중 두 전통의 창시자들인 신란과 니치렌은 불교수행의 신앙적 요소들을 강조했다. 그것이 다르마가 타락한 시대에 재가 수행자에게 맞는다고 보았기 때문이다. 세 번째 전통의 창시자인 도겐은 승가 공동체 안에서 행해지던 명상수련에 새로운 활력을 불어넣는 데 더 많은 관심이 있었다.

진종

일본의 진종眞宗은 아미타불과 아미타불의 극락세계인 정토에 중심을 둔 동아시아 불교의 넓은 흐름으로서 정토종의 전통에 속한다. 일본의 강력한 승가제도 아래서 승려였던 신란은 신불교新佛敎의 가장 영향력 있는 창시자 중 하나였다. 타락한 시대에 평범한 사람들이 해탈을 얻을 수 없다고 확신했던 그는 자신의 승가서약을 포기하고 결혼해서 대처승이 되었는데, 당시 이러한 행동은 혁명적이라고 간주되었다. 그가 선언한 교리는 정토불교라는 오래된 전통을 특별히 강조했다. 대승불교의 보편적 불성론과 상당히 일치하는 방식으로, 그는 모든 사람들이 아미타불의 은혜와 자비를 통해서 정토왕생이 보장되었다고 가르쳤다. 그가 가르쳤던 수행법은 존경, 경외, 감사의 마음으로 아미타불의 명호를 염송하는 것이었다. 진종은 마침내 여러 종파로 나뉘었으며 일본에서 매우 대중적이고 영향력 있는 불교 형태가 되었다. 19세기에는 그 중 하나인 정토진종淨土眞宗파가 일본 이민자들에 의해 미국으로 도입되었는데, 오늘날 이것은 미국 불교에서 가장 오래된 제도불교 형태다.

일련종

신란과 마찬가지로 니치렌도 승가제도를 떠나서 종교개혁가가 되었다. 일본의 다르마가 타락했다는 강한 확신을 그가 가지고 있었고, 또 그러한 상황에서 그가 정치를 중요하게 생각했기 때문에 많은 주석가들은 그를 마틴 루터에 비유하기도 한다. 신란은 다른 불교 형태들을 편파적이고 불완전하다고 간주하는 경향이 있었는데, 이와 달리 니치렌은 그것들을 거짓되고 기만적이라고 보았다. 니치렌은 신란과 마찬가지로 염송이 가장 효험이 있는 수행 형태라고 널리 알렸지만, 아미타불과 정토보다는 대승불교의 가장 중요한 문헌이라고 널리 알려진 『법화경』에 자신의 신앙을 집중했다. 니치렌은 열성적인 전도사였으며, 일본이 자신의 교리를 전 세계로 확산할 수 있는 중심지라고 생각했다. 비록 그는 빛을 보지 못하고 죽었지만, 그의 개혁운동은 번창해서 마침내 다양한 종파적 전통으로 발전했다. 미국에는 다수의 일련종 종파들이 있지만, 가장 유명한 것은 일련정종日蓮正宗 사원과 국제창가학회이며, 이 둘은 20세기 중엽에 미국에 도입되었다. 이 두 종파는 주요한 재가 신앙불교 형태라는 특징을 가지고 있으며 미국의 개종 불교도 공동체 내에도 상당수의 신도들이 있다.

조동선과 임제선

젠Zen이란 대승불교의 일파인 중국 선불교 계보가 일본에 전개된 형태를 가리킨다. 도겐은 일본에서 가장 중요한 선사들 중 하나였다. 그는 1220년 무렵 중국으로 들어갔다가 일본에 돌아와 선을 부흥시켰으며, 조동선曹洞禪의 창시자로 기억되고 있다. 선을 가리키는 중국어 '찬'과 일본어 '젠'은 디야냐dhyana라는 용어와 관련되어 있는데, 이 말은 인도에서 정신집중을 의미했다. 이러한 기원을 보면 이 전통이 명상에 주안점을 두고 있음을 알 수 있다. 일본에서 주요한 명상의 형태는 좌선이다. 조동선 수행자들은 지관타좌只管打坐, 즉 '그냥 앉아 있기'를 강조한다. 이 명상법에서 마음은 밝게 깨어있는 주의의 상태에 머무르며, 모든 생각에서 벗어나 있으면서 특정 대상으로 향하지 않는다. 그런데 조동종에서는 승려들이 재가자를 위한 의례도 행하면서, 테라와다 불교와 다르지 않은 승려-재가자 관계를 형성하기 때문에 일본에서 매우 인기가 있었다.

또 하나의 일본선 종파인 임제선臨濟禪도 대략 비슷한 시기에 일본에서 뚜렷하게 그 모습이 드러났다. 임제선은 조동선보다는 그 형식과 의례가 덜 하다고 종종 말해진다. 임제종은 또한 짤막한 이야기나 설화의 형태로 된 공안(화두)을 체계적으로 탐구하고 참구할 것을 강조하는데, 공안이 지니고 있는 '알 수 없는' 속성이 수행자를 깨달음에 이르게 해준다고 한다. 임제종은 20세기 초부터 미국 불교에 등장했지만, 조동종은 1960년대에 들어서 두각을 나타내기 시작했다. 현재 미국의 많은 선 수행자들은 조동종과 임제종 양쪽에서 이끌어온 요소들을 활용하고 있다.

금강승 불교

금강승(Vajrayana) 불교는 대승불교가 확장된 것이라는 견해도 있지

로스앤젤레스에 있는 조동종 사찰.

만, 이 둘은 서로 다른 것이라는 견해도 있다. 금강승은 탄트라라고
불리는 문헌들에서 유래했기 때문에 탄트라 불교라고도 불린다. 금
강승은 북인도에서 일어났으며, 중국과 일본의 불교사에도 절충적
으로 혼합됨으로써 중요하게 되었다. 그러나 금강승은 중앙아시아
의 티베트와 그 주변 지역들에서 크게 발전했는데, 수백 년 전 그 지
역들의 토착적 샤머니즘 신앙들과도 융합되었다. 금강승 불교는 오
랫동안 학자들과 다른 관측자들에 의해 타락한 다르마라고 무시당
해왔다. 그러나 지난 몇십 년 동안 금강승은 붓다의 가르침이 독특
한 환경에서 발전하여 찬란히 표출된 것이라는 인식이 일어났다. 금
강승에 대한 평가가 이렇게 크게 뒤바뀐 까닭은 미국 내의 티베트인
뿐 아니라 미국인 학자들의 연구 덕택일 것이다.

　금강승은 더 오래된 소승불교 학파들의 가르침과 명상기법들, 대
승불교 우주론, 그리고 힌두교의 의례형식을 이끌어왔다. '바즈라
Vajra'라는 말은 다이아몬드 혹은 금강석을 의미하며, 우주의 본질인

밝고 텅 빈 상태를 분명하고도 변함없이 경험하는 것을 나타낸다. 그러나 금강승 수행자들은 금강승이야말로 가장 완전한 형태의 다르마라고 이해하고 있는데, 그 까닭은 금강승을 열심히 수행할 경우 단 한 번의 삶에서 완전한 해탈에 이를 수 있다고 보기 때문이다. 30년이 지나면서 이 전통은 미국의 불교 공동체에서 점차 중요한 역할을 하게 되었고, 바즈라야나, 탄트라, 티베트 불교라는 말들은 종종 동의어로 사용되기도 한다.

금강승에서 명상수행자는 자신의 몸과 말과 마음에다 깨달은 존재들의 몸과 말과 마음을 불어넣기 위해 다음과 같은 관상(觀想, visualization)을 이용하기도 한다. 의례적 손 모양새를 가리키는 무드라(手印)의 경우 수행자가 관상하는 특정 불보살의 덕성을 표현하는 데 사용되고, 염송하는 음절이나 어구를 가리키는 만트라(眞言)는 언어를 해탈도와 연결하는 데 활용되며, 만다라는 우주의 힘을 신성한 존재들의 형태로 상징화한 표상으로서 관상의 보조도구로 사용된다. 초기 탄트라에서는 성적인 수행도 역시 신체를 영적 변화에 활용하는 데 일정한 역할을 했다. 오늘날의 티베트 불교에서 이런 식의 수행은 주로 예술과 도상으로 표현된다. 여기서 남성상은 자비, 그리고 여성상은 지혜를 상징한다. 성적 합일을 이루어 서로 결합하는 것을 얍윰yab-yum이라고 하는데, 이 말은 글자 그대로 '아버지-어머니'를 의미하고, 둘 사이의 통합을 상징하며, 이러한 통합이 우주의 본질이라고 이해된다.

티베트 불교의 지도자들은 라마, 즉 스승이라고 불린다. 오랜 기간의 공부를 끝마친 사람들에게는 종종 린포체, 즉 '귀중한 사람'이

샌프란시스코 지역에 위치한 티베트 사찰, 약사사.

라는 존칭이 주어지기도 한다. 이 린포체들 가운데 많은 사람들은
툴쿠라고 간주되기도 하는데, 이 말은 특출하면서도 고도로 성숙
한 라마의 환생이라는 뜻이다. 티베트 불교의 주요한 기관들은 사
캬Sakya, 겔룩파Gelugpa, 카규Kagyu, 닝마Nyingma라는 네 유파 혹
은 종단에 소속되어 있다. 이 종단들에는 많은 계파와 하위계파들
이 있는데, 모두 영웅적인 창시자들과 스승들의 모범에 의해 생겨
난 특유의 전통과 수행법을 가지고 있다. 각 계파는 서로 다른 붓다,
보살, 악귀를 막아주는 보호자, 수호신을 가지고 있다. 그러나 티베
트 불교도들은 선과 비슷하면서도 보다 엄격한 명상기법들을 가르
치기도 한다. 그 중 하나가 '큰 인상印相'이라는 뜻을 지닌 마하무드
라Mahamudra인데, 이것은 카규파 사이에서 최고의 수행방식이라고

간주된다. 닝마 전통에도 이와 비슷한 '위대한 완성'이라는 뜻을 지닌 족첸Dzogchen 수행이 있는데, 족첸은 그 수행자들 사이에서 석가모니 붓다의 결정적이고 비밀스런 가르침이라고 간주된다. 티베트 불교에서는 정식 승가기관들이 중요한 역할을 하지만, 결혼한 승려의 전통도 활발하고 영향력이 있다. 티베트에서 이러한 기관뿐 아니라 다른 기관들의 힘은 20세기 중엽에 들어서도 막강했다.

이런 전통과 기관은 서로 공유하고 있는 국가 역사 속에 그 기원이 있다는 공통점을 가진다. 티베트인들은 또한 다수의 국가적 인물들을 공유하고 있다. 서사시와 노래를 통해서 찬양되는 위대한 전사이자 왕이며 다르마 영웅이기도 한 게사르 오브 링Gesar of Ling, 그리고 티베트의 악마들을 조복하여 불교에 귀의시켰다고 전해지며 '연꽃에서 태어난 자'라는 뜻을 지닌 파드마삼바바Padmasambhava가 바로 그들이다. 티베트인들은 파드마삼바바를 제2의 붓다로 여긴다. 겔룩파 종단의 수장인 달라이 라마는 17세기 이래로 티베트의 국가원수이기도 하다. 이 모든 전통은 1950년대에 중국이 티베트를 침략하고 나서 심각한 위기에 처하게 되었으나, 오히려 이로 인하여 티베트의 다르마는 빠르게 서양으로 전승되었다. 티베트인들이 망명 공동체를 이루고 있다는 사실은 이들이 미국에 적응해가는 과정에도 독특한 모양새를 지니게 해주었다.

삼승(소승, 대승, 금강승)의 전통으로 표출된 붓다의 가르침은 지난 1~2세기 동안 유럽 제국주의로부터 산업화, 도시화, 세속화, 1·2차 세계대전에 이르는 발전상에 대응하여 더욱더 변용되었다. 이러한 변용 및 다른 발전상들이 나라에 따라 다르고 지역에 따라 다른 아시아 불교의 풍경을 형성해왔다. 그러나 근대화가 아시아 불교에 가져다준 전반적인 충격은 서양에서 일어난 보다 더 익숙한 결과들과도 비슷하다. 일반적으로 중세 아시아에서 번창했던 강대한 승가 전통은 수백 년이 흘러가면서 그 영향력이 감소했다. 아시아 국가들에서 민주주의가 부상하면서 재가불교가 촉진되는 추세가 일기도 했다. 많은 나라에서 특히 일본에서 새로운 종교운동이 활발하게 일어났는데, 이러한 운동은 과거의 영향이 크지만 그 분위기와 주안점은 두드러지게 현대적이다. 이러한 모든 변화에도 불구하고 기본적인 불교용어와 많은 전통들은 불가분하게 역사에 뿌리를 두고 있다. 현대 유대교와 기독교의 경우처럼 말이다. 미국에서 불교사상과 수행의 미국화가 일어났지만 이러한 용어들은 오늘날 미국 불교의 풍경을 논의할 때에도 반드시 필요하다.

제4장

미국 불교의 역사적 배경

붓다에 의해 설파된 해탈의 길은 아시아 전역으로 확산되면서 여러 차례 변용되었으며, 오늘날 미국의 활기찬 불교 공동체들에서 이것은 새롭고 토착적인 형태로 변모해가고 있다. 다르마를 새로운 문화에 적응시키는 과정은 매우 복잡하며, 여기에는 종교적 수행들을 새로운 환경에 적응시키기, 이전에 서로 관련이 없었던 사상들과 교류하기, 수용된 가치들을 새로운 윤리적 언어로 재구성하기 등이 포함된다. 다르마가 새로운 환경에 완전히 토착화하기까지는 여러 세기가 걸린다. 문화와 문화 사이의 변화라는 방대한 작업은 개인들의 창의성이 요구되는 것이기도 하지만 동시에 그것은 근원적으로 집단적인 작업이기 때문이다. 불교가 미국에서 중요한 종교적 존재가 된 것은 불과 수십 년 밖에 되지 않았고, 또 그렇기 때문에 엄밀히 말하자면 현재 미국에 하나의 미국 불교가 있다기보다는 여러 개의 미국 불교들이 있다고 말하는 편이 더 타당하다.

그러나 두 가지의 일반적인 발달상이 현재 불교의 풍경을 밝혀주면서, 미국적 유형의 다르마를 창안하는 데 작용하고 있는 몇몇 세력을 제시해주고 있다. 첫 번째 발전의 면모를 살펴보면 불교를 미국에 도입하는 데 필수적 역할을 했던 특정한 사람과 사건이 포함된다. 그들은 미국 불교의 몇 가지 중요한 내용이 형성되는 데 기여했을 뿐 아니라 불교 개종자들에게도 역사 및 토착적 영적 계보를 제공해주었다.

두 번째 발전의 면모인 이민은 훨씬 더 간접적인 측면에서 미국 불교의 이해를 도와주며, 미국 종교사에서도 강력한 역할을 해왔다. 장기간에 걸쳐서 이민은 모든 공동체와 그들의 종교 전통을 재구성해왔고, 그 과정에서 미국의 민족적, 정치적, 영적 풍경을 변화시켜왔다. 과거에 이민이 어떻게 이루어졌는지를 파악하게 되면 이민 불교가 미국에 어떻게 적응해갈 것인가에 대한 통찰을 얻을 수도 있다. 비록 이러한 적응 형태가 21세기의 미국식 다르마에 어떻게 이바지할 것인가를 적절히 평가하기에는 너무 이르다고 할지라도 말이다.

초기 미국 불교사

많은 개종 불교도들은 스스로를 남북전쟁(1861~1865) 이전의 수십 년까지 거슬러가는 하나의 대안종교적인 혹은 영적인 전통의 일부라고 생각하고 있다. 이러한 주장이 개종 불교도에게 일련의 전례를 만들어주고 또 자신들도 고유의 계보를 가지고 있다는 느낌을 만들어주었다는 사실을 고려한다면 그 주장의 역사적 정확성은 그다지 중요하지 않다. 일반적으로 볼 때, 이러한 주장은 또한 개종 불교도들을 미국의 문화 및 역사와 연결해줌으로써, 새로운 형태의 다르마를 형성할 때 그들이 미국의 과거로부터 요소들을 선별할 수 있게 해주기도 한다. 보다 더 엄밀한 역사적 관점에서 볼 때, 이러한 토착 계보는 미국인들의 불교 이해방식이 낭만적이면서도 무지했던 단순함으로부터 오늘날의 공동체에서 발견되는 복합성으로 발전해가는 모습을 어렴풋이 알 수 있게 해준다.

이 계보의 원천은 종종 초절주의자들과 미국 초기 낭만주의자들, 이를테면 랄프 왈도 에머슨(1803~1882), 월트 휘트먼(1819~1892), 헨리 데이비드 소로(1817~1862)까지 거슬러간다. 유럽의 낭만주의자들과 마찬가지로 이들은 아시아 종교에 매료되었으며, 그 열성은 수십 년 동안 미국인들이 그러한 종교를 대중적으로 수용하는 데 도움을 주었다. 이 사람들은 학자들이 여러 세대에 걸쳐서 번역해왔던 힌두교와 불교의 문헌들을 자유롭게 이용할 수 있었던 제1세대의 서양인 저자들이자 지식인들이기도 했다. 이 낭만주의자들은 불교를 접할 수 있는 기회가 종종 아주 제한적이었지만, 부족한 불교지식을 열성과 창의성을 가지고 보완했다.

에머슨, 소로, 휘트먼, 그리고 그들의 동시대인들은 아시아 종교의 중요성을 과대평가하는 경향이 있었다. 동양으로부터 영감을 받은 창의적 작가이자 대안적 종교사상가의 본보기였던 그들은 진정으로 이 계보의 선두에 서 있었다. 미국 불교에서 그들의 중요성은 우선적으로 그들이 1세기 이후에 출현하게 되는 또 한 세대의 미국인 구도자들, 즉 잭 케루악, 개리 스나이더, 알렌 긴스버그, 앤 왈드

맨 같은 비트 세대 시인과 작가들에게 영감을 주었다는 사실에 있다. 비트 세대의 시인들은 미국인들이 불교에 관심을 가지도록 만들고 또 개종자 공동체 내의 많은 사람들에게 영감을 줄 수 있도록 다르마를 창의적으로 전유하는 중요한 역할을 했다. 초절주의자들, 비트 세대, 그리고 일련의 다른 작가들은 문학이라는 방법을 통해서 다르마를 토착화하는 데 도움을 주었다. 오늘날 불교의 이미지와 사상은 미술과 대중예술 분야에서 광범위하게 표현되고 있으나, 불교 전통 중에서도 특히 선은 여러 세대에 걸쳐서 미국문학에, 특히 시에 많은 영향을 끼쳐왔다.

1870년대에 뉴욕 시에서 창설된 신지학회(Theosophical Society)는 이러한 미국 계보에서 중요한 또 하나의 발전상이다. 신지학회의 창설자들인, 불만족한 장로교인 헨리 스틸 올코트(Henry Steel Olcott, 1832~1907)와 러시아로부터 귀화한 이민자 헬레나 페트로브나 블라바츠키(Henena Petrovna Blavatsky, 1831~1891)는 아마도 미국 최초의 개종 불교도들일 것이다. 그들은 뉴욕을 출발하여 남아시아로 간 다음, 스리랑카에 도달하여 불법승 삼보에 귀의했다. 그 이후 올코트는 스리랑카의 불교 지도자들로 하여금 기독교 선교사들에 맞서서 스스로를 지켜갈 수 있도록 도와준 것을 계기로 유명해졌다. 유럽제국주의 시대에 불교가 기독교에 잠식되는 것을 막기 위해 그는 남아시아, 동남아시아, 북아시아의 테라와다 불교와 대승불교의 지도자들을 연합하여 통일전선을 구축하고자 힘쓰기도 했다. 그 결과 올코트는 스리랑카의 민족영웅으로 간주되고 있다. 블라바츠키와 그녀의 후계자로서 신지학회의 회장을 맡았던 애니 베산트

(Annie Besant, 1847~1933)는 혁신적인 영적 지도자로서, 그리고 아시아 종교 전통의 위대한 동조자로서 기억되고 있다.

동서양 간 실제 교류가 거의 없었던 시대에 일종의 동서양 융합이었다는 점에서 신지학은 미국 불교의 계보 중 19세기와 빅토리아 시대의 발전상을 특징적으로 보여주고 있다. 신지학회는 가장 중요한 접촉 지점 중 하나가 되었으며, 수십 년 동안 이러한 역할을 계속했다. 많은 신지학회 회원들은 신지학이 불교의 한 형태라고 주장하지만 이것은 신비주의, 과학사상, 기독교와 유대교의 요소, 힌두교와 불교 등에서 끌어온 현대적 혼합영성이라고 이해하는 것이 가장 알맞다. 신지학의 많은 특징들은 오늘날 불교와 완전히 구별되는 뉴에이지 종교운동에서 발견되기도 한다. 나이든 개종 불교도 중에는 신지학 회원이었다가 나중에 더 정통적이고 아시아적인 형태의 불교를 받아들인 사람들도 있었다.

1893년 시카고에서 열린 세계종교의회(World's Parliament of Religions)는 일반적으로 미국 불교의 계보에서 중요한 운동으로 간주되고 있다. 이 종교의회는 콜롬비아 세계박람회(World's Columbian Exposition)와 연계하여 개최되었으며, 그 당시 전 세계에서 열 개의 서로 다른 종교 전통을 대표하는 대표단들이 모인 역사상 가장 포괄적인 종교 간 회합이라고 일컬어진다. 여러 가지 면에서 볼 때, 시카고 종교의회는 미국 국내의 종교행사로서는 가장 중요했다. 이것은 유대교도와 가톨릭교도들이 개신교도들과 동등한 자격으로 미국 종교의 주류로서 등장했다는 점, 그리고 미국의 종교적 페미니스트의 첫 번째 물결이 장성했다는 점을 특징적으로 보여주었다. 이 종교의회는 영광스럽게도 동서양 간 만남의 역사에 기여했다는 점에서 주로 기억되는데, 이 점은 다소 아이러니하다. 왜냐하면 의회에 참석한 대다수의 유대교도와 기독교도는 아시아 종교에 대해서 무지하였고 또 업신여기는 태도를 보였기 때문이다. 그러나 이 의회는 아시아 종교들, 특히 힌두교, 불교, 이슬람교가 미국에 정식으로 첫 선을 보인 계기가 되었다. 시카고 종교의회의 100주년을 기념하여 1993년에 더욱 복합적인 회합이 더 큰 규모로 시카고에서 열렸던 것은 충분히 큰 의미가 있었다.

1893년의 종교의회에서 불교는 다소 부차적인 역할에 그쳤을지라도, 미국 불교사에서 이 의회를 의미 있는 사건으로 보는 데에는 적어도 네 가지 이유가 있다. 우선 대체로 호의적이었던 청중 앞에서 아시아 불교도들이 테라와다, 선, 니치렌 등의 여러 불교 형태를 소개함으로써 미국인들이 불교가 단일한 것이 아니고 매우 다양한 복합적 전통이라는 사실을 인식하기 시작했다는 점이다. 또한 이 종교의회는 불교를 현대라는 맥락 속에서 이해하기 시작한 시점을 나타내기도 했다. 테라와다 불교도이자 올코트의 제자이기도 했던 아나가리카 다르마팔라(Anagarika Dharmapala, 1864~1933)와 임제선 승려이자 사제였던 샤쿠 소엔(Shaku Soyen, 1860~1919)은 근대 아시아 불교의 중요한 지도자였다. 대다수의 서양인들이 불교를 이국적이고 고색창연하며 불가해한 신비주의의 형태로 간주하고 있던 시대에 그들은 다르마를 완전히 현대적이고 살아있는 전통으로 제시했다. 뿐만 아니라 이 아시아의 지도자들은 불교가 무신론적이고 또 근원적으로 심리학적인 성향을 가지고 있기 때문에 불교야말로 과학과 종교의 불일치가 심화되던 현상에 대해 기독교보다도 더 잘 대처할 수 있다는 주장을 펴기도 했다. 이런 주장은 오늘날의 많은 불교도들에 의해서도 계속 강조되고 있다.

다음으로 시카고 종교의회는 근대의 종교 간 대화 운동의 시작이라고 간주되기도 한다. 세계 종교 간의 이해를 넓히는 데 전념하고 있는 다수의 단체들은 이 종교의회에서 그 기원을 찾을 수 있다. 이러한 대화는 20세기에 중요한 역할을 하게 되는데, 그 까닭은 세월이 흘러갈수록 세계화와 다양한 종교를 가진 사람들 간의 친밀한 접촉이 증가되었기 때문이다. 개종자들과 광범위한 전통의 이민자들이 어떤 점에서 다르고 또 어떤 점에서 같은지에 대해 논의를 진행 중인 현대 미국 불교의 풍경에서 대화는 필수적인 요소이기도 하다. 불교도, 기독교도, 유대교도 간의 대화는 이해력을 더 넓혀주면서 불교도들이 미국의 종교적 주류로 진입하는 데 도움을 주고 있다.

그러나 다른 무엇보다도 시카고 종교의회는 불교를 미국에 최초로 포교했다는 점에서 역사적인 이정표가 되고 있다. 이 종교의회 이후 다르마팔라는 미국 여행을 여러 차례 했으며, 그때마다 불교에 관심을 가지고 있는 진지하고 지적인 사람들을 많이 만났다. 비록 미국인 구도자들이 안락한 신비주의를 자기 방종적으로 탐구하고 있는 모습을 보고 그가 신물을 느꼈을지라도 말이다. 샤쿠 소엔도 역시 여러 차례 미국을 방문했지만, 보다 더 중요한 점은 소케이안, 센자키 뇨겐, 스즈키 다이세츠와 같은 여러 일본인 동료와 제자들이 그의 발자취를 따랐다는 것이다. 20세기 초 수십 년에 걸쳐서 그들이 이룬 업적은 미국 선불교의 토대를 효과적으로 닦아놓았다.

1893년 시카고에서 열린 세계종교의회.

소엔은 또한 일리노이의 과학적 자연주의자 폴 캐러스(Paul Carus, 1852~1919)에게 미국 최초의 불교문헌 기획자이자 출판인이 되도록 고무하기도 했다.

19세기 말경에는 많아야 1~2천 명 정도의 소수 미국인들이 주로 출판물의 형태로 대화에 참가했으며, 그 내용은 미국적 환경에서 요구되는 일, 그리고 그 안에서 불교의 생존가능성에 대한 것들이었다. 그들은 다르마를 미국인의 관용어로 옮기는 의도적 과정이 실제로 시작되기 전에 반드시 제기되어야만 했던 근원적인 문제들에 대한 질문을 던졌다. 무아라는 붓다의 가르침은 미국의 개인주의와 조화될 수 있을까? 명상을 강조하는 불교 전통이 외향성과 실천주의로 잘 알려진 문화 속에서 번성할 수 있을까? 미국인들이 무신론 전통을 받아들일까? 삶이 고통이라고 전제하고 있는 불교가 낙천적 태도로 잘 알려진 미국인들을 매료하기에는 지나치게 부정적이고 속세를 벗어난 것이 아닐까? 80년이 흘렀지만 여전히 미국인 개종 불교도들 사이에서, 그리고 이민자 불교 공동체 내에서는 이런 문제들에 대한 광범위한 답변들이 나오고 있다.

샤쿠 소엔의 임제선 동료들과 제자들이 일본에서 미국으로 들어왔던 20세기 초 수십 년 동안 미국 불교계보의 성격과 미국인들이 불교를 접할 기회는 크게 변했다. 소케이안은 소엔의 법형제로서 두 사람은 같은 스승 아래서 배웠다. 소케이안은 1906년 미국에 도착하여 마침내 뉴욕 시에 거처를 정했지만, 다시 일본으로 돌아가서 얼마 동안 수행에 참여하고 끝마친 다음, 1929년이 되어 비로소 제자들을 배출할 수 있는 권한을 인가받았다. 그 후 그는 선승의 계를 받았다. 그 이후 뉴욕에 돌아온 그는 1931년에 미국불교협회(Buddhist Society of America)를 창설했다. 나중에 퍼스트 젠 인스티튜트First Zen Institute로 그 명칭을 바꾼 이 단체는 미국인에게 선을 가르치기 위해 세워진 최초의 불교기관 중 하나였다. 루스 풀러(Ruth Fuller, 1892~1967)는 이 불교협회의 주요 인물 중 하나였다. 그녀는 나중에 소케이안과 결혼했고 마침내 일본의 한 사원에서 선을 공부하기도 했으며, 이제는 미국의 선구적 여성 불교도 중 한 명으로 칭송받고 있다.

이즈음 소엔의 제자 센자키 뇨겐(千崎如幻, 1876~1958)이 미국 서부해안에 도착했다. 소엔의 지시에 따라서 그는 17년 동안 미국에서 불교를 가르치지 않고 미국의 규범과 관습을 익히면서 보냈다. 그는 얼마 동안 남의 집 하인 생활을 하기도 했고, 샌프란시스코에서 농장과 호텔사업에 손을 대기도 했다. 스승과 서약한 17년이 되던 해인 1922년에 비로소 그는 불교 공부와 수행을 위한 비공식적 모임을 열고, "떠다니는 선방(the floating zendo)"이라는 이름을 붙였다. 모임의 정해진 본부가 없었기 때문에 이런 이름을 붙이게 된 것이다. 떠다니는 선방은 처음에 샌프란시스코에서 운용되다가 이후 로스앤젤레스로 옮겨졌는데, 이 모임에서 그는 일본계 미국인들과 유럽계 미국인들에게 선 명상과 일본문화를 가르쳤다. 센자키의 시에는 그가 초기 이민자로서 불교를 가르치던 경험이 사무치게 묘사되어 있다. 1945년 소엔의 기일에 지은 다음의 시에는 이러한 감정이 잘 드러나 있다.

> 샤쿠 소엔 스승을 뵙지 못한 지 어언 40년이다.
> 스승의 선을 빈주먹에 지니고서,
> 이 낯선 땅을 여태까지 유랑했다.
> ....
> 오늘 이 커다란 로스앤젤레스 시에
> 찬비가 내려 대지의 만물을 정화해준다.
> 주먹을 펴고 손가락을 펼쳐본다.
> 오후의 러시아워에 길모퉁이에 서서.[1]

소케이안과 센자키 뇨겐에 의해 조직된 초기 선 단체들은 20세기 초기에 다르마에 관심을 보였던 소수의 미국인들을 위한 개척적인 전초기지가 되었다. 그들이 공유했던 불교의 접근법은 훗날 개종 불교도 공동체 안에서 반복적으로 나타나게 되는 하나의 패턴을 예고하기도 했다. 즉 소케이안과 센자키는 둘 다 선 승가단체의 엄격한 체제 안에서 훈련을 받았지만, 그들은 단체의 제도적인 형식들에 대해서는 비판적인 태도를 공유하고 있었다. 이 두 사람은 또한 선의 전통과 그것의 오랜 제도의 역사에 대해서 전혀 알지 못했던 미국인 재가 수행자에게 다르마와 다르마의 수행을 가르치는 모험에 마음이 끌렸다. 승가교육을 받은 일본 선생들과 재가자의 신분과 생활방식을 가진 미국 수련생들의 이와 같은 결합은 미국의 개종불교에서 흔하게 나타나는 현상이 되었다. 이러한 현상은 미국인들이 일본의 역사와 전통을 훨씬 더 정교하게 이해하게 되면서도 마찬가지였다.

대다수의 미국인 개종 불교도들은 이 '개종자'라는 용어가 지니고 있는 어떤 형식적이고 전통적인 의미에도 불구하고, 오늘날 불교 승려가 되지 않았다. 대체로 그들은 아시아의 사원에서 발견되는 그 어떤 식의 제도적인 엄격함도 받아들이려고 하지 않는다. 대다수는 독신자가 아니기 때문에 자신들의 수행과 핵가족의 요구 사이에서 균형을 맞출 필요가 있다. 대다수는 또한 아시아의 재가 불교도가 행하는 '승가 공양'이라는 종교활동의 형식을 수용하지 않았다. 그 결과, 대다수의 개종 불교도들은 승려도 아니고, 그렇다고 전형적인 재가 불교도도 아니게 되었고, 개종자 불교에는 아직 강력하고 전통적인 승가 공동체가 발전되지 않은 상태다. 오늘날 많은 개종 불교도들은 미국에 불교승가 전통이 없다는 사실을 환영하고 있으며, 불교수행을 재가자들의 필요에 맞게 변경하는 것을 대체로 긍정적으로 보고 있다. 그렇지만 또 다른 사람들은 장기적으로 볼 때 미국에 강력한 승가 전통이 없게 된다면 다르마의 발전에 해가 되고, 또 붓다의 가르침의 완전함도 저해될 것이라는 우려를 표현하기도 한다.

이러한 문제는 미국 토박이였던 드와이트 고다드(Dwight Goddard, 1861~1939)라는 제3의 인물에 의해 초창기에 예견되었다. 그는 1920년대에 다르마에 처음으로 마음이 이끌렸던 개신교 선교사였으며, 그 당시 교토의 한 사원에서 한동안 거주하면서 수행하기도 했다. 고다드는 재가자 방식의 불교가 미국 다르마를 형성하는 데 부적합하다고 확신하고 있었다. 그는 이렇게 쓰고 있다. "이 방법은 일주일에 딱 두세 시간 정도만 불교의 영향을 받고, 그런 다음에는 세상살이의 근심과 산만함으로 되돌아가기 때문에, 그들(재가자들)이 세속의 삶으로 다시 떨어진다는 약점을 가지고 있는 것처럼 보인다."[2] 고다드는 이 점을 개선하고자 1934년에 붓다를 따르는 사람들(Followers of Buddha)이란 단체를 설립하였고, 이 조직을 미국 승가 운동으로 만들고자 했다. 버몬트와 캘리포니아에 각각 하나씩 두 곳의 사원을 구상한 그는 그 사원들을 미국 재가 불교도들의 공양을 받으면서 다르마에 평생을 바치게 될 독신 출가자들의 처소로 만들 생각이었다. 고다드의 구상은 실현되지 못했지만, 1932년 그는 테라와다와 대승불교의 자료집인 『불교성전』(The Buddhist Bible)을 발간했는데, 그로부터 수십 년 후 비트 세대인 잭 케루악 등은 이 서적을 중요한 불교경전이라고 소개하기도 했다.

1950년대의 '선의 대유행(Zen Boom)'은 이 미국 불교의 역사와 계보에서 주요한 분수령으로 간주된다. 두 사람, 즉 샤쿠 소엔의 재가제자였던 스즈키 다이세츠D. T. Suzuki와 영국 성공회 사제이자 동양종교의 전파자였던 앨런 와츠Alan Watts는 불교, 특히 선 전통을 미국에 도입하는 데 기여했다. 비트 세대의 작가들과 더불어 그들은 불교를 미국의 주류사회에 진입시키는 데 도움을 주었다. 1950년대 이전과 그 기간 내내 다르마는 자유분방한 예술가나 방랑자들인 보헤미안 진영에 다소간 국한되어 있었으며, 극소수의 영적 구도자들만이 심취해 있었다. 그러나 그 이후 10년 동안 불교는 대중적 종교운동으로 변해가기 시작했다.

스즈키는 젊은 시절이었던 1897년에 미국에 첫발을 내디딘 후 11년 동안 폴 캐러스가 운영하고 있던 오픈코트 출판사(Open Court Publishing)에서 불교문헌 번역가로 일했다. 20세기 초에 스즈키는 일본과 뉴욕의 소케이안 단체를 오가며 지냈다. 그러다가 1950년대에 그는 콜롬비아 대학교에서 6년간 불교를 가르쳤으며, 거기서 그의 강의는 많은 문학인과 학자, 그리고 비트 운동의 핵심에 있던 뉴욕의 젊은 시인들과 보헤미안들의 관심을 끌었다. 스즈키의 콜롬비아 대학 강의는 또한 『보그』(Vogue)와 『타임』 같은 정기간행물의 주목을 받기도 했는데, 이것은 선이 주류사회로 진입하는 데 도움이 되었다. 1954년 『타임』은 다음과 같이 보도했다. 스즈키의 콜롬비아 대학 강의에 "전후戰後의 매우 다양하고 많은 학생들의 관심이 끌리고 있다. 그 중 화가들과 정신과 의사들이 특히 선에 관심이 있는 것 같다고 스즈키는 말한다. 날개 같은 양 눈썹 밑으로 작은 두 눈을 깜빡이면서 스즈키 박사는 말하기를, 정신분석학자들이 선에서 배울 게 많다는 것이다."[3] 스즈키는 20세기 중엽의 미국 불교에서 두드러진 인물이 되었다. 그는 또한 정신치료와 불교 사이에 대화가 개시되는 데 도움을 주기도 했는데, 이러한 대화는 다르마가 미국화하는 데 때로는 논란의 여지가 있지만 점점 중요한 역할을 해왔다.

4년 후인 1958년, 『타임』은 앨런 와츠에 대한 기사를 내면서 선의 대유행 과정을 기록하고 있는데, 거기서는 "선불교가 시시각각 세련되어가고 있다"고 쓰고 있다.[4] 영국인이었던 와츠는 처음에 영국에서, 그 다음에는 뉴욕에서, 그리고 그 후에는 캘리포니아에서 오랜 세월 불교를 연구해왔었다. 1950년대와 60년대 초 그는 불교, 기독교 신비주의, 정신치료, 영성에 관한 저서를 내놓으면서 많은 독자들을 거느리고 있었다. 1959년에 출간된 『비트 선, 스퀘어 선, 선』(*Beat Zen, Square Zen, and Zen*)은 1960년대 개시 이전의 미국 불교를 일견할 수 있는 소중한 자료다. 와츠는 잭 케루악 같은 비트 세대의 불교도들을 방종한 불교애호가들이라고 무시하는 경향이 있었다. 그는 일본 이민자들과 일본의 승가 공동체들, 그리고 그들을 따르는 소수의 미국인 추종자들이 신봉하던 불교를 의미하는 스퀘어 선에 대해서만 비판적 태도를 조금 자제했을 뿐이다. 그러나 와츠는 이른바 자신이 선의 진정한 정신이라고 간주했던 것에 대해서는 찬양하고 있는데, 그것은 창의적 잠재성이 고취된 자유로운 형식의 인간주의적 영성 같은 것이라고 그는 제시했다. 다르마를 대중화하기 위한 그의 노력은 크게 성공을 거두었다. 개인주의적이고, 낙관적이고, 인간주의적인 특징을 지닌 그의 방식의 불교, 그리고 창의적인 자기 표현을 강조했던 그의 불교관이 1960년대 초의 포괄적 이상주의와 잘 어울렸기 때문이다.

비트 운동은 불교의 대중화에 중요한 역할을 했지만, 이러한 역할에 대해서는 논란의 여지가 매우 많기도 하다. 케루악, 긴스버그Ginsberg, 개리 스나이더Gary Snyder와 같은 초창기 비트 문학가들은 시뿐 아니라 다른 문학에 불교를 창의적으로 활용함으로써 다르마의 미국화에 도움을 주었다. 케루악은 전형적인 영적 반항아가 되었고, 긴스버그는 황홀경에 빠진 아이러닉한 성자가 되었으며, 개리 스나이더는 케루악의 영향력 있는 소설 『다르마의 방랑자들』에 나오는 중심인물인 재피 라이더Japhy Ryder의 실제 모델이었으며, 이제 비트 세대에서 가장 높은 평가를 받고 있다. 비트 세대의 여타 인물들과 다르게 스나이더는 선을 일관성 있게 수행하고자 일찍부터 작정했고, 그렇기 때문에 일본의 한 사찰에서 수행하면서 1960년대의 많은 시절을 보냈다. 일본에 체류하고 있는 동안 그는 결혼하고 가족을 부양하면서 자신의 첫 시집 두 권을 출간하기도 했다. 나중에 출간한 시와 에세이에서 스나이더는 불교와 미국의 신화, 자연, 생태 같은 광범위한 미국적 주제를 연계시킨 선구자가 되었다.

비트 세대는 스스로를 초절주의자 세대와 선별적으로 동일시하면서, 그들의 역할모델인 초절주의자들이 그랬던 것처럼 그들이 썼던 많은 글도 정치적 색채를 띠면서 영적 저항을 표출했다. 이러한 저항을 불교용어로 표현했을 정도로, 그들은 다르마와 사회정치적 비판을 동일시하기 위한 길을 닦았는데, 이러한 추세는 그 이후 수십 년에 걸쳐서 몇몇 진영에서 더욱 두드러지게 된다. 예를 들어 케루악은 대체로 정치 사상가는 아니었지만, 1954년 무렵 쓴 다음 글에 나타난 것처럼 불교를 순응에 저항하는 도구로 여기고 있었다.

자신을 등불로 삼고/ 자신을 안내자로 삼아라 -
그렇게 여래는 말하며,

어느 날

다가와,

남들의

기계적인 말들을

듣게 만들곤 하던

라디오를 조심하라 하네.[5]

　스나이더는 서양으로 전승되는 다르마의 사회적 의미에 대해 쓴
몇 편의 글에서 더욱 직설적이고, 자유주의적이고, 몽상적인 태도를
보였다. 1961년 스나이더는 이런 글을 썼다. "서양의 자비는 사회
혁명이었고, 동양의 자비는 근본자아/공에 대한 개인적 통찰이었
다. 우리에게는 둘 다 필요하다." 스나이더에게 불교의 도덕성이란
이런 것을 의미했다.

　(불교의 도덕성이란) 자유롭고, 국제적이고, 계급 없는 세상을 분
　명히 지향해가는 모든 문화·경제적 혁명을 지지하는 것이다. 그
　것은 이를테면 어떤 충동적인 정치꾼을 제지할 때 시민 불복종,
　직설적인 비판, 저항, 평화주의, 자발적 빈곤, 심지어 유순한 폭
　력 같은 방편을 사용하는 것을 의미한다. 그것은 남에게 해가 되
　지 않는 개인행동을, 말하자면 대마초를 피우거나, 페요테 마약
　을 하거나, 일부다처, 일처다부 또는 동성애를 할 개인의 권리를,
　가능한 한 광범위하게 긍정해주는 것을 의미한다. 이러한 권리는
　유대교-자본주의-기독교-마르크시즘의 서양사회에서 오랫동안

금지되었던 행동과 관습의 세계들이다.[6]

스나이더의 말에서 제시된 것처럼, 비트 세대는 깨달음의 추구와
마약 사용을 연계시키기도 했다. 아시아에서 그 전례가 전혀 없지도
않았던 이러한 연계는 1960년대의 반문화 속에 확산되었다. 이제
는 개종 불교도 공동체에서 구세대에 속한 사람들에게, 물론 전부는
아니고 많은 사람들에게 지워지지 않는 자국을 남겼다. 평판이 높
은 불교평론지이며 개종불교계의 비트-히피적 요소와 관련성을 지
니고 있는 『트라이시클』(Tricycle)은 1996년에 불교와 환각제 사용의
연관에 대해 여론조사를 했다. 응답자 1,454명 가운데 89퍼센트가
불교수행에 참여하고 있다고 했으며, 83퍼센트는 환각제를 복용한
적도 있다고 했다. 40퍼센트 이상의 응답자는 엘에스디(LSD)나 메
스칼린을 복용함으로써 불교에 대한 흥미가 유발되었다고 말했다.
통계에서는 대다수의 응답자가 마약을 더 이상 사용하고 있지 않다
는 것을 보여주었지만, 71퍼센트는 "환각제가 수행의 길이 아니지
만, 불교수행이 지향하는 실재를 일견하게 해준다"고 생각하고 있었
다. 51퍼센트는 불교와 환각제 사이에 어떠한 근원적 대립도 없다고
생각했지만, 49퍼센트는 마약 사용과 불교가 서로 어울리지 않는다
는 확신을 표명하기도 했다.[7]
　스즈키, 와츠, 비트 세대는 독특한 미국식 불교를 만드는 데 도움
을 주었는데, 많은 사람들은 이런 식의 접근법이 매우 창의적인 동
시에 깊은 문제도 지니고 있음을 뒤늦게 알게 되었다. 그런데 이러
한 불교는 베이비붐 세대의 많은 개종자들에게 영향을 주었다. 말하

자면 그들은 주로 책을 통해서 다르마를 접하였고, 또한 그들은 깨달음의 추구가 매우 개인화 및 개별화될 수 있고, 인본심리학을 통해서 이루어질 수도 있고, 마음을 변화시키는 물질을 사용함으로써 보강될 수도 있고, 지속적인 단련 없이 추구될 수도 있고, 수행기관들과 별개로 이루어질 수도 있다는 결론을 책으로부터 이끌어냈다. 1960년대에 불교를 받아들인 많은 미국인들은 자신들이 몰두하고 있는 불교에 대해서 거의 모르고 있었다. 불교수행을 지속적으로 심도 있게 해왔던 대다수의 사람들은 마침내 1950년대에 촉진되었던 자유로운 정신의 극단적 표출과는 거리를 두게 되었다.

대략 1963년부터 70년대 중엽까지의 기간을 일반적으로 가리키는 용어인 '60년대'라는 말은 당분간 미국 불교의 역사에서 가장 중요한 전환점으로 간주될 것 같다. 대략 그 무렵에 미국의 개종불교는 주로 선에 몰두해 있던 소수의 구도자 공동체로부터 훨씬 대규모로 더 많이 분화된 공동체로 성장했다. 급증하는 반문화 속에서 사람들은 영적인 대안을 찾아 나섰다가 선, 니치렌, 티베트, 테라와다 등의 불교형태에서 그것을 발견하게 된 것도 그 즈음이었다. 그들은 미국에 정착한 이민자 가운데서, 그리고 해외에서 스승을 찾아냈다. 남북전쟁 이전부터 1950년대에 이르기까지 희박하게 이어져오던 역사적 선례들이 이 기간 동안 급격하게 늘어나면서 소위 오늘날 미국 개종자 불교에서 나타나는 활기찬 복합성의 토대가 형성되었다.

60년대는 또한 이민자들의 불교형태에 극적인 영향을 준 시기이기도 하다. 1965년 이민법 개정 이후 아시아로부터의 이민자가 급증했기 때문인데, 이러한 현상은 1980년대가 될 때까지 대다수의 관측자들이 파악하지 못했던 사실이다. 일찍이 1840년대에 중국 불교도와 일본 불교도가 서부해안에 도달했던 시절에 이민자들은 미국 불교의 형성에 도움을 준 적이 있었다. 그러나 1965년 이후에는 아시아의 이민자들이 이보다 훨씬 더 큰 규모로 몰려오면서 미국 불교에 광범위한 전통들이 유입되었다. 이러한 현상이 장기적인 영향을 줄 것은 확실하지만 현재로서는 측정하기가 매우 어렵다.

이민에 대한 단상

미국 불교에서 이민의 중요성은 아무리 강조한다 해도 지나치지 않을 것이다. 미국 최초의 선 스승들인 소케이안과 센자키 뇨겐은 이민자들이었으며, 오늘날 개종자 공동체의 가장 유명한 지도자들을 가르쳤던 상당수의 테라와다 비구, 선사, 티베트 라마들도 마찬가지로 이민자들이었다. 미국의 대다수 불교 진영에서는 미국과 아시아 사이의 교류가 활발하게 이루어지고 있는 채널들이 있으며, 이러한 채널은 이민자, 난민, 망명자와 개종 불교도 공동체 내의 선생들과 수행자들에 의해 유지되고 있다. 아시아 출신의 불교도 이민자들을 살펴보면 선생들도 있고 일반대중들도 있는데, 이들은 계속해서 미국에 유입되면서 새로운 피와 사상을 더해준다. 이민자들이 미국 불교에 미친 영향을 넓게 살펴보기 위해서는 과거 이민자들이 미국의 타종교들에 어떤 영향을 주었는지를 알아보는 것도 도움이 된다.

　이민이 언제나 극적인 결과를 수반하는 대규모의 현상만은 아니다. 그것은 때로 아주 소수의 신입자들이 소수 개인들의 종교생활에 작은 영향을 주는 것이기도 하다. 예를 들어 식민 시대 말기에 가톨릭 공동체는 비교적 소수였으며, 주로 메릴랜드에 국한되어 있었다. 이 영국 가톨릭교도들은 개신교도들에 의해 부과된 법적, 종교적 제약들로 인하여 종교적으로 거의 주목받지 못했었다. 가톨릭교도들은 미사를 종종 집에서 행했으며, 장식 없고 소박한 신앙형식들을 발달시켰다. 그들은 영국 계몽주의 운동의 합리성과 자신들이 속한 영어 사용 공동체의 귀족적 특징을 반영한 방식으로 종교생활을 해나가고 있었다. 그러다가 1790년대에 접어들어 다수의 사제들이 프랑스 혁명의 혼란을 피해서 도달하자 이러한 현상은 바뀌기 시작했다. 일단 미국에 오자 그들은 미국 가톨릭교도들에게 색다르면서도 보다 바로크적인 대륙적 의례를 가르쳐주었다. 미국 가톨릭교도들은 바로크식 교회를 짓거나 전반적으로 프랑스 가톨릭을 받아들이는 것에서 끝나지 않고, 그들의 종교생활을 미세하게 변화시켰다. 그 결과 미국 가톨릭에서는 19세기 초 수십 년 동안 앵글로-프랑스적 신앙 형태가 두드러지게 되었다. 이러한 현상은 규모가 더 큰 가톨릭 이민자들이 그 이후 수십 년에 걸쳐서 아일랜드와 독일로부터 유입되기 시작하면서 비로소 사라졌다.

이민은 미국 불교 공동체 전체에도 이렇게 소규모로 영향을 미치고 있는데, 이 공동체에서는 중국인, 티베트인, 태국인, 일본인 및 다른 나라의 불교수행자들이 미국인의 수행방식뿐 아니라 서로간의 수행방식에도 다양한 방법으로 영향을 끼치고 있다. 여러 해 전에 남캘리포니아의 산중에 자리 잡은 한 선 센터에서 있었던 일을 그 사례로 들어볼 수 있겠다. 그곳의 젊은 수련생들은 체력단련실과 운동센터를 만드는 것을 허용해달라고 요구하면서, 좌선 혹은 무술의 일종인 태극권보다는 더 격렬한 활동을 하고 싶다는 의견을 미국인 선생들에게 내놓았다. 심사숙고 끝에, 선생들은 스태어마스터와 노틸러스 같은 헬스기구가 명상에 적합하지 않다고 판단하여 그들의 요구를 거절했다. 그러나 그로부터 얼마 지나지 않아, 미국에 도착한 지 얼마 되지 않은 일단의 젊은 한국 승려들이 이 선 센터를 방문하게 되었다. 그들은 매일 한 시간씩 힘든 절 수행을 반복했다. 수행 과정 중에 에너지를 발산해주고 신체에 자극을 주기 위한 방법으로 인식된 절 수행법은 얼마 후 학생들에 의해 그 선 센터의 수행일과에 편입되었다. 불교 전통이 이런 식으로 상호 교류하는 현상은, 비록 확인하기가 어려워 관측자들이 지속적인 관심을 기울이기는 어렵지만, 미국 전역에서 이루어지고 있다. 머지않아 이런 식의 전통 간 혼합으로부터 독특하게 미국적인 수행 형태가 출현할 가능성도 있다.

대규모의 이민은 또한 미국의 종교 역사에 매우 극적인 영향을 미치기도 했다. 이민은 미국 유대교의 경우에서처럼 모든 공동체의 종교적 구조를 변화시켰다. 19세기를 통틀어서 독일계 미국인 유대교도 사이에서 진보적 개혁 운동이 대두되었는데, 이 개혁파가 미국 유대인 공동체에서 다수를 점유하고 있었다. 개혁 운동은 독일에서 기원했지만 미국에서 특히 강력하게 개혁이 진행되었다. 지도자들은 유대교에 주류 개신교와 유사한 종교 스타일을 부여하려고 하면서 전통적인 유대교의 신앙과 수행을 많이 버렸다. 랍비들은 찬송가를 채택하고 설교도 시작했다. 일부는 예배시간을 금요일 밤에서 일요일 아침으로 옮기기도 했다. 많은 지도자들은 유대인들이 신과 특별한 관계를 가지고 있다는 전통적 사상을 덜 중요하게 다루었고, 이스라엘로 돌아갈 수 있다는 희망도 버렸다.

19세기 말에 이르러 이런 식의 혁신에 대한 의문이 일어났는데, 그 당시는 개혁보다 전통 종교적 성향이 더 강했던 엄청난 수의 유대인 이민자들이 러시아와 동유럽으로부터 밀물처럼 미국으로 유입되기 시작하던 때였다. 수십 년에 걸쳐서 이 두 공동체 간에는 첨예한 긴장이 흘렀다. 이것은 오늘날 개종 불교도와 이민 불교도를 분리시키는 그것과도 다르지 않다. 그러나 20세기 초 이러한 긴장감은 두 공동체들이 잘 어울리며 상호간에 영향을 주고받기 시작하면서 줄어들기 시작했다. 마침내 미국의 유대교는 거대하게 확대된 유대인 공동체 안에서 종교적·정치적 차이를 수용한 여러 전통들로, 즉 개혁파, 오도독스파, 보수파, 재건파 전통들로 재구성되었다.

이와 같은 대규모의 변화는 미국 불교의 정토진종 전통에서도 이미 일어났다. 이 전통에는 일본에서 계속 들어오는 이주민들이 전통 요소들을 가지고 와서 미국화한 정토진종 집단에 지속적으로 유입시키고 있기 때문이다. 그러나 이런 과정을 관찰하기 위해서는 긴 시간이 필요하고, 또 이러한 대규모의 과정들이 어떻게 토착적인 다르마를 형성해가고 있는가를 현재로서는 구별해내기 어렵다. 그렇지만 아시아 이민자들이 줄지 않고 불교도들이 끊임없이 새롭게 유입되는 현상은 제1세대의 이민자들과 그들의 미국화한 자녀들에게도 확실하게 영향을 끼칠 것이다.

이민은 또한 불교가 어느 날 어떻게 미국 전체에 강력한 영향을 줄 것인지를 암시적으로 보여주면서 미국을 변화시키기도 했다. 1세기여의 과정을 거치면서 광범위한 인종 및 민족적 단체들을 대표하는 유대교도와 가톨릭교도는 둘 다 미국 사회의 주변으로부터 그 주류로 이동했다. 그 과정에서 발생하는 많은 법률적, 정치적, 문화적 발전상들이 미국 종교사의 많은 부분을 차지하는 실체들이다. 그러한 발전 중 대부분은 오늘날 대체로 당연한 것으로 간주되고 있다. 그러나 이민이 어떻게 미국과 해외 공동체들 간에 활발한 연계를 형성하고 있는지 파악하기 위해서는 미국 가톨릭교에 대해서 교황이 행사하고 있는, 혹은 미국 유대교에 대해서 이스라엘이 행사하고 있는, 혹은 이 두 집단에 대해서 민족적 정체성이 행사하고 있는 복합적인 역할에 대해 생각해볼 필요가 있다.

이런 식의 연계는 미국 불교의 개종자 공동체뿐 아니라 이민자 공동체에서도 형성되고 있다. 비록 그들이 매우 다르게 작용하고 있다고 해도 말이다. 개종자들 사이에서 많은 상호작용이 있기는 하지만, 대다수의 개종자들은 단일한 전통에서, 즉 테라와다, 선, 니치렌, 금강승 혹은 무엇이든 단일한 전통에서 자신들의 일차적인 영감을 얻는다. 이러한 전통들은 이른바 '담론 공동체들' 안에서 아시아와의 접촉 지점들로 작용하는 경향이 있다. 모든 불교 전통들에는 독특한 문헌과 철학적 유산, 다양한 다르마 수행법들, 서로 다른 아시아 언어의 용어들이 있다. 이러한 전통들은 다양한 방법으로 미국에 도입되었고, 또 매우 다양한 방법으로 특정 집단들의 역사, 제도적 표현, 아시아와의 지속적인 관계에 영향을 주어 왔다. 이와 대조적으로, 이민자 (그리고 망명자) 불교도들은 디아스포라 공동체들 안에서 이러한 아시아와의 연계를 형성하고 있다. 디아스포라는 미국 내에서 민족적으로, 문화적으로, 종교적으로 구별되는 그룹들을 말하며, 이들은 가족관계, 종교기관, 정치적 신념, 지속적인 문화적 및 민족적 정체성을 포함한 유대관계를 고국과 유지하고 있다. 가톨릭교도 및 유대교도의 경우와 마찬가지로, 이러한 유대관계의 강점은 여러 세대를 거쳐 가면서 흥하기도 하도 이울기도 하겠지만, 이 집단들은 미국화가 완료되었을 때조차도 완전히 분리되는 경우가 드물다.

다음에 이어지는 여섯 장에서는 선별된 미국 불교 공동체 안에서 전개되는 역사적이고 현대적인 발전상들을 탐구해보았다. 각 장은 따로 떼놓을 수 있으며 약간 다르게 구성되어 있다. 각 공동체에서 독특한 발전상과 쟁점들이 있기 때문이다. 미국 불교에 대한 일종의 로드맵을 제시하는 것이 나의 의도이지만, 독자들은 처음부터 이 이야기가 전혀 포괄적이지 않다는 것을 이해해주길 바란다. 미국에는 이 책에 언급되지 않은 수많은 불교 전통과 단체가 있다. 그렇지만 필자는 이 이야기가 독자들 주변에서 진행되고 있는 극적이고 복합적인 중대사건을, 즉 아시아로부터 미국으로의 다르마 전승을 조금이라고 파악할 수 있는 풍요로운 것이 되기를 바란다.

Buddhism in America

제 2 부

주요 불교 전통

제2부 서문

1960년대가 한참 진행되면서 불교는 정보에 밝으면서도 대중적인 집단들 사이에서 아시아 혹은 동양 종교의 일반화된 모습으로 종종 제시되었다. 이전 세대의 다르마 담론을 통해서 힌두교, 불교, 도교 같은 종교 전통과 요가, 선, 기타 명상 같은 수행법들에 서로의 특징이 매우 잘 스며들어 있다는 점이 밝혀지면서 서양에서는 일종의 범아시아적 영성이 조성되었다. 이것은 길고도 복잡한 역사를 지니고 있다. 면밀히 고찰해보면 이러한 초창기 다르마 담론의 많은 부분은 독일, 영국, 미국의 낭만주의로부터 깊은 영향을 받았음을 알 수 있으며, 그 담론의 주안점은 철학, 문학, 시각예술로 표현된 영적 자아에 있었다.

이러한 다르마 담론이 대중운동으로 변화하여 급격한 제도화를 거치면서 미국 불교의 풍경은 크게 변했다. 미국인 구도자들이 여러 나라와 학파와 계보와 문화로부터 온 아시아인 선생들과 직접 대면한 상태로 불교수행을 하게 되면서 아시아에 대한 일반화된 이미지는 희미해지기 시작했다. 100만 명이 넘는 미국인들 사이에서 불교 지식이 급속히 늘어나면서 선의 종파, 금강승의 계보, 위빠사나 명상기법, 그리고 아시아의 타 종파에 대한 지식체계가 미국 불교도의 상상 속에서 점차 세분화되었다. 이러한 과정은 '불교'와 '선' 같은 용어들이 서양과 미국의 대중문화에서 강력하지만 애매하고도 종교적인 특징을 지속적으로 유지하고 있던 1990년에도 활발하게 진행되고 있었다.

이 책의 초판에서 필자는 일반 독자들이 수행 공동체의 내부와 주변에서 표출된 새로운 복합성을 이해할 수 있도록 다수의 다양한 불교 전통들이 미국에 정착하면서 겪었던 독특한 종교적, 사회적 경험들을 강조했다. 초판의 목표는 일반 독자들에게 적절하면서도 대학생의 교재로도 유용하도록, 부상하는 불교적 풍경의 주요 윤곽을 담은 안내서를 내놓는 것이었다. 필자가 초판에서 채택했던 미국불교단(BCA), 일련종, 선, 티베트 불교, 테라와다, 그리고 태평양 주변지역 이민자의 불교라는 범주도 기본적으로 유용하다. 비록 각 범주에 이 책에 나오지 않는 최신 정보를 상당히 추가할 필요가 있다고 해도 말이다.

그렇지만 동료들과의 대화에서, 학술회의에서, 새로 나온 책과 원고를 검토하면서, 나는 이 큰 집단들 안에서 어떤 주목할 만한 변화가 있음을 감지해왔다. 예를 들어 미국불교단의 경우, 민족적이고 기독교화한 형태의 다르마를 영속화하고 있는 일본인 집단이라는 오래된 이미지를 떨쳐내기 위해 노력하고 있지만 그 신도들은 서서히 줄고 있다. 미국불교단에는 현지인과의 결혼 및 정토불교에 대한 관심 증가로 유럽계 미국인들이 이전보다 많아졌다. 미국인들은 정토불교를 대승 전통의 의미심장하고도 복잡한 흐름이라고 이해하고 있으며, 과거보다도 요즘에 그런 이해는 향상되었다. 2006년에는 고든 버만Gordon Bermant 박사가 미국불교단의 단장이 되었고, 그는 이 직책을 맡은 최초의 비 일본계 미국인이 되었다. 혁신은 또한 진보적인 소초(總長)인 코신 오구이Koshin Ogui에 의해 촉진되기도 했는데, 그는 성직자의 조수(Minister's Assistant)라고 불리는 훈련된 재가 지도자를 육성하는 데 많은 관심을 기울였다. 성직자의 조수 프로그램은 미국불교단에 역동적인 에너지를 가져다주고, 또 단체의 미래를 형성해가는 데 일본계뿐 아니라 일련의 비 일본계 재가 신도들에게도 제도상의 역할을 부여한다. 캘리포니아 버클리에 소재한 미국불교단의 성직자 양성 대학인 불교학 연구소(The Institute of Buddhist Studies)는 일반대중에게도 문호를 개방했으며, 이제는 2010년 3월에 열린 '국경 없는 불교: 서양 불교의 현대적 발달상'과 같은 현대 다르마의 논제들에 대한 학술회의도 후원하고 있다.

일련종 전통을 지속적으로 대변하고 있는 가장 잘 알려진 기관은 미국 창가학회(SGI-USA)이다. 이 단체의 회원들은 저돌적인 절복(折伏: 오류에 대한 집착을 꺾고 굴복시킴) 전도운동과 1991년에 일어난 재가자와 성직자의 분열을 겪은 후 안정을 이루었다. 오늘날의 창가학회는 인종과 민족과 계급적 측면에서 가장 큰 다양성을 지니고 있는 미국 불교단체라고 인정받고 있으며, 미래에 이러한 다양성을 증강할 제도적 장치도 구축해왔다. 그 산하에 있는 특별한 모임들, 예를 들면 아프리카계 회원모임(Members of African Descent), 비 영어 사용 단체들, 게이 레즈비언 양성애자 성전환자(GLBT) 단체를 포함한 다양한 청년 단체들이 불교를 공부하고 정체성 문제들을 논의하기 위해 플로리다 자연문화센터(Florida Nature and Culture

Center)에서 매년 모임을 갖는다. 이 책의 초판에서 필자는 창가학회의 역동적인 '아프리카계 미국인 회원모임'의 대표인 린다 존슨과 인터뷰한 적이 있는데, 그녀는 2004년에 여성분과 의장이 되었으며, 여성의 열성적 참여와 특별한 기여 없이는 완전한 평화가 실현될 수 없다는 확신을 가지고 회원들을 독려하고 있다.

미국 창가학회의 현재 회장인 대니 나가시마Danny Nagashima는 일본인 회장으로서는 마지막이 될 것이라는 추측이 있다. 그러나 일본은 이 운동의 정신과 정체성에서 여전히 중요하다. 근년에 창가학회는 두 가지의 상보적인 계획들을 강조해왔는데, 이 계획들은 일본에서 그 선례를 찾아볼 수 있다. 첫 번째는 청년들을 집단적으로 참가시키기 위해 전통적으로 사용되었던 문화축제에 대한 새로운 관심이다. 2010년 대략 3만 명의 젊은이들이 'Rock the Era Festivals'를 조직하여 전국적으로 여러 곳에서 공연을 펼쳤다. 두 번째인 '회원 돌보기'는 개인들을 지향하고 있으며 불교수행에 대한 개인 맞춤형 공부와 성찰을 수반한다.

미국에서 테라와다라는 개념은 남아시아 불교의 독특한 복합성을 설명해주는 유용한 방법으로 남아 있다. 대다수의 테라와다 불교도들은 여전히 이민자 공동체에 남아 있으며 승단과 연계된 사원에서 수행하고 있지만, 테라와다 수행에 기반을 둔 또 하나의 큰 집단이 개종자 공동체 안에서 번창하고 있는데 이들은 기관과 독립되어 있다. 승려의 계를 받은 아시아인과 유럽계 미국인들은 비교적 소수이지만, 이 승려들은 지도자와 선생의 역할을 하면서 이 두 집단을 연계해주고 있다. 이 책의 초판 이후 나온 학술연구에 의하면 이 두 공동체는 각자의 세계관, 인구구성, 제도의 역사 측면에서 상당한 차이가 있지만 그럼에도 불구하고 각자의 미국화 과정이 진행되면서 서로를 향해 다가가고 있는 움직임이 드러난다. 예를 들어 몇몇 개종자들은 좌선 명상을 향상하기 위해 예배에 준하는 의식들을 채택하기 시작했고, 몇몇 이민자들은 이제 그들의 예배에 명상을 포함하고 있다. 양 공동체들은 고학력 고객에 호소하면서 재가자의 지도적 역할을 강조하고, 또 공동체의 종교 및 행정 업무를 영어로 행하는 경향이 있다.

1990년대 중엽에 선은 미국 불교계에서 무대의 중앙을 차지하고 있었다. 한편 티베트 불교수행은 대세가 되어가고 있었는데, 그것은 달라이 라마의 효과적인 홍보활동과 티베트 사태에 대한 할리우드의 관심에 큰 영향을 많이 받았기 때문이라고 할 수 있다. 오늘날 선 전통은 대표적인 선 수행기관들의 산하에 있는 많은 제휴단체들을 통해서 계속 번창하고 있지만, 주요 회원인 비트 세대와 히피 세대가 60대로 접어들면서 '선불교의 고령화'라는 우려가 나오기도 한다. 티베트라는 국가는 비록 그 전통을 보존할 필요성 때문에 여전히 공동체의 많은 종교적, 정치적 생활에 영향을 주고 있다고 해도 더 이상 각광을 받지 못하고 있다. 반문화 내부에서 초걈 트룽파Chogyam Trungpa의 선구적인 업적을 둘러싼 논란들은 사라졌으며, 티베트 전통을 재해석하면서 그가 보여주었던 영특함은 서양에서 가르치고 있는 새로운 세대의 라마들에게 점차 그 가치를 인정받고 있다는 말도 들린다. 이 글에서는 미국 불교에서 가장 두드러진 대중적인 면모를 마음챙김 명상운동(mindfulness movement)이라고 본다. 이것은 넓고도 다채로우며 서구화되고 세속화된 발전상이며, 1970년대의 불교 대중운동에 그 뿌리를 두고 있다. 이 주제에 대해서는 뒷부분에서 다룰 것이다.

태평양 주변지역 이민자 부분은 초판에서 가장 만족스럽지 못한 범주였으며, 이 범주의 사용은 1990년에 이르러 미국의 이민자 불교단체 수가 너무 복잡한 양상을 보였기 때문에 만족스럽게 이해할 수 없었다는 점을 암묵적으로 인정한 것이기도 하다. 그때 이래로, 이 지역은 새로운 연구들에서 서양으로 들어오는 불교도들의 매우 다양한 종교제도와 다방면의 사회적, 계층적 경험에 대한 산발적이지만 통찰력 있는 이야기를 통해서 단편적으로 묘사되었다. 이러한 연구문헌을 읽으면 세계 불교의 복합성, 그 네트워크의 복잡성, 그리고 디아스포라나 이민자 공동체에서의 다르마의 역할을 이해하게 될 것이다.

예를 들어 우리는 이제 자제(慈濟: Tzu Chi Foundation, 자제공덕회)에 대해 훨씬 더 잘 알고 있는데, 이 단체는 중국계 미국 불교의 복잡성을 설명하기 위해 필자가 제시했던 여러 조직들에서 간략히 언급한 바 있다. 최근 한 민족지학의 연구에서는 자제 불교가 경전염송, 절, 성지순례 같은 전통 요소들과 수화手話 노래하기와 현대적 사회참여 같은 혁신적 수행을 어떤 식으로 결합하고 있는지를 아주 상세하게 기술하고 있다. 자제는 쳉옌(證嚴, 1937년생) 스님에 대한 헌신에 기반하고 있는데, 타이완 출신의 이 정력적인 비구니 스님을 신도들은 관음보살과 테레사 수녀에 비유하기도 하면서 '최고의 인간'이라는 애정 어린 호칭으로 부르고 있다. 자제는 설립 이래로 빈민 의료봉사에 초점을 맞추었으며, 또한 수십 년에 걸쳐서 타이완의 민주화에 깊이 관여하고 있는 강력한 비정부기구로 발전했다. 봉사를 지향하기 때문에 자제공덕회는 미국에서 세속적인 조직의 모습을 하고 있으며, 뉴욕에 있는 그 회원들은 수행과 사회화를 위해서 다른 중국 불교단체들과 종종 교류하기도 한다. 국제적인 운동과 타이완 본부의 연계는 이 운동의 매체, 타이완 순례, 쳉옌에 대한 공통의 헌신을 통해서 강력하게 유지되고 있다. 또 다른 연구문헌에서는 미국의 타이완인 공동체들에서 종교가 어떤 기능을 하고 있는지 드러내준다. 이 공동체들에서 종교를 가진다는 것은 미국인임을 표현하는 한 방식으로 간주된다. 타이완 사람 중에는 기독교로 개종하는 사람들도 있지만, 자제공덕회 같은 현대적인 다르마 조직에 가입함으로써 선조들의 불교를 부활시키고 있는 사람들도 있다.

적응과정 중에 있는 종교의 기능에 초점을 맞춘 사회과학 연구에서는 미국의 다른 이민 공동체들의 불교 현황도 부가적으로 기술하고 있다. 그러나 이처럼 매우 다양한 전통들이 어떻게 미국 토착불교의 종교 형성에 함께 기여하고 있는지에 대한 개략적 이해는 거의 없는 상태이다. 이러한 작업은 이 책의 주제뿐 아니라 필자 자신의 지식을 넘어서는 일이기도 하다. '미국 불교' 혹은 '서양 불교'에 대한 종교적 혹은 영적 해석이 여전히 압도적으로 유럽계 미국인 공동체에 의해 규정되고 있다는 사실은 이 책이 처음 출간되었을 때와 마찬가지다. 이 공동체는 다채로운 집단 그 자체이지만, 주로 1960년대와 동일시되는 문화혁명들 속에서 형성된 비트·히피의 다르마 담론을 통해 불교에 입문한 사람들로 구성되어 있다.

초판에서 필자는 미국 불교가 부상하고 있는 풍경을 주요 전통들에 의거해서 기술했는데, 이 때문에 하나의 중요한 발전 양상이 부각되지 못한 경향이 있었다. 그 경향이란 아시아 불교의 다양한 전통 요소들이 이른바 개종자 불교기관 혹은 미국 불교의 주류에 지속적으로 융합된 현상을 말한다. 미국 불교의 중심 집단은 그 인구구성을 볼 때 백인이 압도적으로 많으며, 주로 대학교육을 받은 유럽계 미국인이고, 1960년대에 동양으로 관심을 돌렸던 구도자 집단이다. 이들에 대한 전형적이고도 바탕이 되는 이야기는 릭 필즈 Rick Fields의 『이야기 미국불교사』(How the Swans Came to the Lake)이며, 이 책은 아시아의 선생들이 미국에 오게 된, 일반적으로 잘 알려져 있지 않은 경로를 반反문화 시대의 관점에서 기술하고 있다. 이 개종자 집단이 선택한 수행은 주로 선, 티베트 불교, 테라와다 전통에서 나온 좌선 명상이다. 이 세 전통은 대다수의 비트·히피 시대의 구도자들이 궁극적으로 이끌렸던 네 가지 형태의 다르마에 속해 있다. 나머지 하나는 창가학회創價學會인데, 이 단체는 반문화 지지자들의 초기 핵심세력, 사회참여 성향, 다양성 등을 지니고 있었음에도 불구하고 일반적으로 주류불교에는 속하지 않는 것으로 간주된다. 그 이유는 분명 이 단체가 니치렌의 염불수행을 하고, 또 전후 일본에서 정치에도 참여했기 때문이다.

이 유럽계 미국인 불교 공동체는 인구구성, 반문화의 역사, 수행방식을 공유하고 있으며, 그 핵심에는 선, 티베트 불교, 테라와다의 삼두체제에 느슨한 통합성을 제공하면서 서양에 기반을 두고 있는 몇 가지 폭넓은 경향들이 존재한다. 그 첫 번째는 프로테스탄트 종교개혁을 연상시키는 역사 및 문헌 지향성이다. 역사적 붓다의 회복과 붓다의 최초 가르침이 전통을 회생시키는 데 핵심적이라고 종종 간주되기 때문이다. 프로테스탄트 개혁가와 마찬가지로 미국 불교의 많은 선생과 지도자는 복귀(repristinization) 운동을 조성하는 데 참여하고 있다. 이 운동은 창시자의 진정한 가르침이 가진 활력에 다가가기 위해 종교를 제도나 '주의主義'가 생기기 이전의 최초의 정신으로 회복시키고자 하는 노력이다.

두 번째 성향은 정치적인 진보 좌익적 사회운동 윤리이다. 이것은 다양한 원천에서 나온다고 할 수 있지만, 미국 유대인들의 영향이 큰 것으로 보인다. 많은 유대인들이 세속적, 심리치료적 성향을 가지고 불교로 다가오기 때문이다. 초판을 쓰는 동안에는 유대인 불교도 및 다수를 차지하고 있는 유대인 선생과 지도자에 대한 논의를 많이 했지만, 그 이후로 이러한 현상에 대해 새로운 학술적 논평은 거의 나오지 않은 것 같다. 그럼에도 불구하고 미국 불교에서 유대교가 중요하다는 점은 강조해도 무방할 것이다. 비록 이 점을 명확하게 규명하기는 힘들다고 해도 말이다. 유대교에서 자비를 실천하라는 명령인 '미즈바'(mitzvah)와 세상의 치유를 뜻하는 '틱쿤'(tikkun)은 많은 주류 불교 공동체에서도 친숙한 개념들이다. 이 둘은 불교에 흡수되었으며, 그 중 첫 번째는 계율로, 그리고 두 번째는 세상을 변혁하기 위한 참여불교의 보살행으로 불교에 동화되었다.

세 번째 성향은 보다 폭넓게 봐서 미국적인 것이다. 즉 진보적 프로테스탄트주의에 기반을 둔 실용주의적이고 세속적인 미래지향성이 그것인데, 미국의 주류문화를 오랫동안 고무해왔던 것이기도 하다. 실용주의는 불교의 경험주의적 토대에 대한 전반적인 평가, 명상이 효과적인 도구 혹은 기법으로서 검증된다는 사실, 붓다의 가르침을 따르면서 그것이 효과가 있는지 알아보기 위해 직접 테스트하고자 하는 욕구로 표출된다. 세속성은 붓다의 가르침의 요지라고 간주된다. 윤회에 대한 전통적인 확신의 목소리는 없고, 사회참여가 공동체의 핵심을 차지하고 있다. 유럽계 미국인의 불교는 소비자 문화에 관해서 신체 친화적이고, 과학 친화적이지만 유물주의에는 반대한다. 그것은 환경보호에 민감하고, 암묵적으로 낙관적이며, 전체론적이다. 또한 그것의 사회적 비전은 신비적-영적 세속주의로부터 철저한 세속주의에 이르는 전부를 망라하고 있다. 미래지향성은 영적 수행과 사회변혁의 상호작용에 대한 기획토론에서 암묵적으로 나타나고 있기는 하지만, 이것은 좌선에서 장려하는 '현재에 머물기'라는 마음집중에 의해 강력하게 잠식되고 있기도 하다.

그러나 이러한 경향 중에서 그 어느 것도 이것이 테라와다, 티베트 불교, 동아시아 대승불교의 요소들이 재결합되고 있는 매우 불교적인 운동이라는 사실을 손상시키지 않는다. 비록 이러한 전통들이 서양에 깊이 뿌리내린 폭넓은 문화패턴을 포함하고 있다고 해도 말이다. '연기', '무상', '공' 같은 개념은 아시아의 문헌에 매우 많이 등장하지만, 이것들은 주류 미국 불교에서도 그 세계관의 핵심을 이루고 있다. 사성제와 팔정도와 계율들은 미국인들의 체험에 대한 해석에도, 그리고 불교가 왜, 어떻게 개인과 국가의 위기에 대처할 수 있는지에 대한 논쟁들에도 스며들어 있다. 불교의 세계관과 미국적 정신의 선별적 융합은 1세기 이상 계속되고 있는데, 1950년대와 1960

년대에는 그 속도가 상당히 빨랐고, 그 이후 20년 동안에는 진지하게 제도화되었다. 얼마 지나지 않아 유럽계 미국인 토박이들이 다르마와 그 수행을 미국식으로 재해석한 많은 문헌들을 출간해내는 지적이고도 능숙한 활동에 의해서 미국인들의 불교 지식은 깊어졌다. 그 결과 지난 수십 년 동안 학자, 심리학자, 지지자, 그리고 무엇보다도 선, 티베트 불교, 테라와다 등의 다양한 전통에서 수행해온 다르마 선생들과 많은 재가자들로 이루어진, 상당한 규모의 느슨하게 결합된 미국 불교수행자 계층이 등장했다. 주로 베이비붐 세대인 이 남녀들은 출판물과 온라인 매체에서 영향력 있는 영적 지도자들이며 공동체의 주도적인 이론가들로서 널리 인정받고 있다.

2000년대의 첫 십 년이 끝나갈 즈음, 마음챙김(mindfulness)이란 말은 주류 불교 공동체들의 내부와 주변에서 의미 있는 유행어로서 부상했으며, 이 말이 다각적으로 표출되었다는 것은 본격적인 마음챙김 운동이 일부 공동체들에서 일어났다는 것을 나타낸다. 일반적으로 미국 불교에서 '마음챙김'이란 용어는 마음, 몸, 환경의 상호연관성을 인지하는 것, 그리고 영적 수행과 사회적 행동에서 그러한 인지를 닦는 명상기법을 의미한다. 마음챙김은 대다수의 불교 종파에서 권장되지만, 테라와다 불교에서는 체계적인 철학과 수행으로서 초기에 영향력을 발휘하며 정교한 체계가 갖추어졌다. 이 방법은 통찰명상협회(Insight Meditation Society)와 스피리트 록Spirit Rock 같은 다르마센터들을 통해서 미국에 들어왔다. 틱낫한은 사회참여에 대한 가르침, 마음챙김의 종, 알아차리는 삶의 공동체들(Communities of Mindful Living)을 통해서 마음챙김의 윤리와 수행에 중요한 기여를 했다. 그는 선禪을 활용함으로써 기여했다. 마음챙김이라는 대중 불교적 개념은 오늘날 주로 이러한 테라와다와 대승불교의 토대들에 기반하고 있지만, 다른 종파와 전통에서도 자유롭게 이끌어오고 있다. 이러한 혼합수행의 선호 현상은 신생하는 서양 및 미국 불교의 특징이라고 이십 년 전에 밝혀졌다.

명백히 불교적인 마음챙김의 개념들은 이제 미국문화에 널리 전파되어 있으며 사회적, 윤리적 쟁점의 토론에서 빈번하게 등장한다. 이러한 개념들은 페처 연구소(Fetzer Institute)와 사회 명상심 센터(The Center for Contemplative Mind in Society) 같은 재단들에도 영향을 주고 있는데, 이들은 영적으로 절충적이거나 비종파적인 기반에서 사회변화를 위한 명상수행을 촉진하고 있다. 마음챙김은 또한 의료집단을 본거지로 삼아 세속화되어 표출되고 있으며, 마음챙김의 신경생물학은 연구뿐 아니라 사색을 위한 대상이 되었다. 대중출판 분야는 마음챙김의 원칙들을 사회적 이슈들, 역기능적 개인행동, 심지어 디자인, 요리, 몸단장 같은 생활방식의 문제에까지 적용하는 서적들을 발간함으로써 이 운동을 더욱 더 확장시켜갔다.

2010년에 이르러서 마음챙김은 유럽계 미국인 불교 공동체 내외에서 중요한 가치와 수행으로서 등장했다. 사실상 마음챙김은 아주 다르게 전개되는 새로운 다르마 담론 속에서 중심적인 수사법이 되었다. 주로 책, 예술, 다른 문화적 공예품들에 고정되어 자유롭게 떠돌던 초창기의 담론은 미국인들이 아시아의 선생들 아래서 불교 지식을 심화하고, 또 그것을 새로 설립된 기관들에 정착시키면서 변화해 갔다. 불과 이십 년 만에 상황이 크게 바뀐 것이다. 오늘날의 마음챙김 담론은 이러한 새로운 불교기관들로부터 퍼져나가고 있으며, 이 기관들은 다르마와 다르마의 영향을 받은 사상들을 문화 전체로 확산시키는 데 중심적인 역할을 하고 있다. 이러한 새로운 역동성은 미국 다르마의 한 사례를 만들어내고자 하는 노력뿐 아니라 불교도가 사회적 영향력을 발휘하기 시작한 방식이 성공했다는 증거이기도 하다.

마음챙김에 관한 불교개념들은 CD를 통해서, 오디오 다운로드를 통해서, 남녀 승려, 재가 선생, 유럽계 미국인 및 아시아인에 의해 쓰인 책들을 통해서 확산되고 있다. 또한 이것들은 유튜브, 불교 블로그, 그리고 열성적인 개인, 출판사, 수행센터에 의해 운영되는 웹사이트의 토론방을 통해서 더욱 확산되고 있다. 마음챙김 교재들은 너무 많기 때문에 여기서 일일이 소개할 수는 없지만, 여기에는 샤론 살즈버그Sharon Salzberg의 『자애심』(*Lovingkindness*)과 잭 콘필드 Jack Kornfield의 『마음과 함께하는 길』(*A Path with Heart*)처럼 통찰명상센터(IMS)와 스피리트 록의 초창기 고전들도 포함되는데, 이 둘은 1990년대에 출간되었다. 수잔 스몰리Susan L. Smalley와 다이애너 윈스턴Diana Winston이 쓴 『전적으로 현재에 머물기』(*Fully Present*)는 요사이 대표적인 텍스트들로서, 여기에는 수행과 사회운동이 경험과학들에서 표출되는, 마음챙김에 관한 최근의 관심에서 얻어낸 통찰들과 통합되어 있다.

원래 2002년에 출간되었던 조셉 골드스타인Joseph Goldstein의 『하나의 다르마: 신생하는 서양 불교』(*One Dharma: The Emerging Western Buddhism*)는 오늘날 미국 불교의 중심에 있는 수행센터의 선생들이 마음챙김에 관해 성숙한 성찰을 제시한 책들 중 대표라고 할 수 있다. 골드스타인은 자신의 비전의 핵심을 다음과 같이 간명하게 말하고 있다. 즉 마음챙김이 그것의 방법이고, 자비가 그것의 표현이며, 지혜가 그것의 본질이다. 지혜란 모든 현상이 무상하다는 자각이며 사람들을 고통에서 해방시켜주는 무집착의 태도다. 자비란 세상의 고통에 대한 자연스런 반응이며 그것을 완화하고자 하는 추진력이다. 마음챙김이란 사물을 있는 그대로 파악하기 위해 판단을 가하지 않고 현재에 머물 수 있는 능력이며, 무상의 자각을 촉진하는 수행을 통해 계발되고, 또 자비와 지혜로 진입하는 방식의 역할을 하는 것이기도 하다. 『하나의 다르마』가 명시적으로 사회참여를 주장하는 것은 아니지만, 골드스타인은 마음챙김, 자비, 지혜의 교차점이 개인과 사회의 변화를 위한 토대라고 여기고 있다.

『하나의 다르마』는 다른 여러 가지 면에서도 대표성을 지닌 책이다. 이것은 앞서 언급한 일종의 '기원으로 돌아가기'라는 역사주의의 특징을 줄곧 드러낸다. 즉 정통성을 판단하는 두 가지 기준은 '붓다가 가르친 것인가'와 '그것이 쓸모가 있는가'라는 실용성이다. 골드스타인 자신의 개인적 여정을 성찰한 것이기도 한 『하나의 다르마』는 저자가 비트·히피 세대의 많은 젊은이들이 몰려들었던 선, 티베트 불교, 테라와다 진영의 자료만을 이용했다는 점에서 주류 미국 불교도들의 종파적, 인구통계적 기반을 간접적으로 드러내고 있다. 더욱이 그가 이 책을 쓴 목적은 주류불교의 혼합수행이 지닌 함정들을 확인하고 그것들과 절묘하게 타협하는 것이었고, 또한 그의 가장 중요한 목표는 아시아로부터 물려받은 종파적 차이들을 절충하거나 억누름으로써 서양 불교의 통합(ecumenism)으로 나아가는 것이었다.

마지막으로 골드스타인은 오랫동안 지속적으로 이어진 '두 개의 미국 불교 논쟁'에 새로운 자료를 무심결에 제공해주고 있다. 『하나의 다르마』에서 그는 좌선수행을 하는 유럽계 미국인 불교도의 입장에서 말하면서 그들의 상황을 다루고 있고, 또한 그들과 그들의 수행이 신생하는 서양 불교로서의 표준적인 지위를 갖추고 있음을 내세우고 있다. 이것은 다른 주석가들도 종종 많은 타당한 이유와 함께 내세우는 익숙한 주장이다. 그러나 이렇게 주장함으로써 골드스타인은 또한 미국 불교에서 누가 문화적 권위를 행사하며 대중적인 목소리를 지니고 있는지, 누가 그렇지 않은지에 대한 오래된 의문들을 다시 일으키고 있다. 다시 말해서 그가 주장하는 하나의 다르마란 유럽계 미국인 주류 불교도의 머릿속에 있는 지도가 미국의 복잡한 불교지형의 일부분만 묘사하고 있음을 상기시켜준다는 것이다. 이 점은 우리가 다르마의 서양 진출에 대해 생각할 때 아직 적절하게 다루지 못했던 한계다.

21세기의 첫 십년 동안 한 세대의 젊은 다르마 선생들이 새롭게 등장하기 시작했다. 그들 중 일부는 유럽계 미국인 공동체들에서 자라났고, 또 일부는 보다 더 최근에 불교도가 되었다. 이 젊은 선생들은 자신들을 베이비부머 선생들과 적당히 거리를 두는 것으로부터 다르마를 새롭고, 형식에 구애받지 않고, 때로는 저속한 언어로 다르마를 논의하고자 하는 의식적 노력에 이르기까지 다양한 방식으로 자기 세대의 관점을 표현한다. 그러한 언어 가운데 '히피'라는 말은 종종 우스운 비난조로 사용되며, 그들이 자신들과 자신들의 의제를 밝힐 때 즉각적으로 거부감을 보이는 말이기도 한데, 여기서 그들의 의제는 민감한 영역으로부터 매우 계획적인 영역을 총망라하고 있다. 이 젊은 선생들은 좌선, 마음챙김, 불교와 과학의 융합에 대한 확신과 같은 베이비부머의 근본적 불교규범들에 대한 정면공격을 감행하지 않는다. 이 젊은 선생들은 가르칠 때 자신들이 인정할수 있을 만한 헌신과 자신들이 인정해줄 만한 영향력을 갖춘 나이든 선생들을 종종 칭찬하기도 한다. 비록 이들이 구세대를 가리켜 너무 전통에 얽매여 있다거나 너무 반문화적이라고, 즉 어쨌든 신세대의 욕구와 열망에 부합하는 강한 목소리를 내지 못한다고, 비판한다고 할지라도 말이다.

구세대는 수십 년의 사회변혁 동안 철저하게 대안적일 뿐 아니라 심지어 혁명적이기까지 한 열망을 지니고 불교에 들어왔으며, 이러한 점은 매우 반문화적이고, 때로는 유토피아적인 경향을 주류불교에 제공해주었다. 젊은 세대는 이러한 유산 중 많은 부분을 물려받은 것 같은데, 그들은 자신들의 문제들을 표현할 때조차도 이런 것들을 선별적으로 인정한다. 그들의 관심사를 함축적으로 묘사한 것이 수미 런던 김Sumi Loundon Kim의 『청바지를 입은 부처』(*Blue Jean Buddha*, 2001)와 『붓다의 도제들』(*The Buddha's Apprentices*, 2005)이다. 그녀 자신은 유럽계 미국인의 조동선 공동체에서 성장했다. 김은 한국인 스님과 결혼하여 두 자녀를 두고 있으며, 듀크 대학(Duke University)의 불교 공동체에서 법사로 일하면서 불교도뿐 아니라 비불교도의 젊은이들에게 봉사하고 있다. 최근 한 인터뷰에서 그녀는 말하기를, 오늘날의 젊은이들은 진리, 신, 의미에 대한 의문을 던지면서 다르마로 다가오지만, 베이비부머 불교도들은 이제 "쇠약해져 가는 이 몸을 어떻게 할까요? 과거의 재산손실을 어떻게 할까요? 나는 폐경기에 접어들었는데, 이것을 어떻게 이해할까요?" 등을 묻는다는 것이다. 김은 미국 불교의 상가, 즉 공동체적 측면이 아직 발전되지 않았다고 보고 있다. 이를테면 다르마센터에서는 함께 모임을 가지고, 영화를 보거나 볼링도 하는 비공식적 기회를 거의 제공하지 않는다. 그녀는 다르마센터에서 노인들이 눈에 잘 띈다고 해서 젊은이들이 참가하지 않는 것은 아니라고 말한다. 물론 "그들을 찾아보려면 약간의 노력이 필요하다"고 해도 말이다.[1]

　마음챙김 수행의 주류에 속해 있거나 그 주변에 있는 네 명의 젊은이들의 활동은 신세대가 새로운 스타일과 방식의 수행 및 포교를 탐구해가면서 베이비부머 불교의 유산이 어떻게 재구성되고 있는지를 보여준다. 2007년에 설립된 부디스트 긱스Buddhist Geeks는 디지털 잡지와 주간 팟캐스트의 온라인 프로젝트이며, 이것은 미국 불교의 변방 세대에서 기술적, 수사적, 지적 전략들이 어떤 식으로 전개되고 있는지를 분명히 보여주고 있다. 부디스트 긱스는 형식에 얽매이지 않고, 정보에 밝고, 대학교육을 받은 지적인 목소리로 말하고 또 브리태니커보다는 위키피디어에 더 중요성을 둔다. 그 이름이 암시하고 있듯이, 이것은 스마트하고, 컴퓨터에 능숙한, 사회적 부적응자를 뜻하는 기크geek라는 비유를 통해서 고무되고, 또 정체성의 한 징표로서 되찾은, 포스트부머postboomer 스타일을 열망하고 있다. 20대의 약관인 빈스 혼Vince Horn에 의해 공동 설립되고 관리되고 있는 부디스트 긱스는 신·구세대 선생들의 가르침을 소개하는 공동체 자원이며 문화 정보센터이다. 혼은 비즈니스, 과학, 철학, 기술에 대한 현대적 이론을 가지고 이것을 운용하고 있다. 그것의 취지는 이전 구호였던 '진지하게 불교적이고 진지하게 긱스적인(Seriously Buddhist and Seriously Geeky)'으로부터 새로운 구호인 '떠오르는 불교의 얼굴을 찾아라(Discover the Emerging Face of Buddhism)'로 최근에 바뀐 데서 나타난다.

처음에 『트라이시클』(Tricycle)과 『샴발라 선』(Shambhala Sun) 같은 비종파적인 인쇄 잡지의 영향을 받았던 혼은 관심이 점점 전통 이후로 향하면서 21세기 서양의 다르마와 서양에서 현재 진행 중인 발전양상에 초점을 맞추고 있다. 그의 철학과 수행은 잭 콘필드에 의해 설파된 마음챙김에 기반을 두고 있으며 역사주의와 실용주의가 융합되어 있다. 그러나 혼은 상당히 냉철한 깨달음의 개념을 선호하는데, 이것은 많은 구세대 선생들이 선호하는 '깨달음'(realization), '자각'(awareness), '개방'(openness) 같이 온건하고 심리현상화한 언어에 대한 반란이기도 하다. 박식한 인터뷰 진행자이자 매력적인 연설가이기도 한 혼은 최근에야 선생으로서 대중에게 다가섰으며, 많은 다른 젊은 선생들이 사용하는 격식에 매이지 않고 우스울 정도로 불경한 언어를 사용하여 자신의 입장을 펼쳐놓은 오디오 자료 '실용적 다르마'(Pragmatic Dharma)에서 몇 가지 자신의 확신을 표현하고 있다. 윌리엄 제임스William James 및 실용주의 학설을 논의한 후 혼은 다르마에 대한 한 가지 주장을 직접 활용할 수 있게, 그리고 매력적일 정도로 꾸밈없이 자각시킨다. "저는, 싯다르타 고타마 붓다를 일종의 원조 실용주의자라고 생각하기를 좋아합니다. 말하자면 그렇죠. (일동 웃음) 그 이유는 어떤 면에서 그가 깨달음을 체험한 후 자칭 깨달은 자라고, 즉 '붓다'라고 실제로 부를 정도로 그렇게 염치가 없었으니까요. 그러니까 그는 '이봐, 나는 말이야, 붓다라는 호칭에서도 내가 진짜 중요한 것을 깨달았다고 세상에 말하고 있다네'라고 하면서 돌아다녔던 거죠."[2]

에탄 니히테른Ethan Nichtern과 다니엘 인그램Daniel Ingram의 활동은 혼의 그것과 잘 조화가 되고, 두 사람은 부디스트 긱스에서 인터뷰를 했던 사람들이지만, 부디스트 긱스와 그들은 서로 주파수가 매우 다르다. 2005년에 창설된 니히테른의 온라인 상호의존 프로젝트(Nichtern's online Interdependence Project, IDP)는 "세상을 바꾸려면 당신의 마음을 바꿔라"라는 구호를 내건 대규모 사업체이며 맨해튼에 사무실들을 두고 운영되고 있다. 불교에 대한 세속적인 접근법인 이 프로젝트는 개인의 발전과 사회참여 사이의 간격을 메우기 위해 노력한다. 니히테른은 초감 트룽파에 의해 설립된 샴발라 공동체에서 성장했는데, 트룽파가 티베트 불교와 선을 함께 이용했던 점과 '깨달은 사회의 비전'(vision of an enlightened society)을 제시했던 점이 상호의존 프로젝트에서 운영하는 마음챙김 수행과 사회적 프로그램에 영향을 주고 있다. 요가 수행자이자 샤스트리(샴발라 전통의 고참 선생)인 니히테른이 최근에 쓴 글에 의하면 자신이 수행하던 10대 시절에는 비불교도 친구들과 단절되었을 뿐 아니라 연령 다양성이 거의 없는, 즉 그의 선생들과 동료 수행자들이 그보다 최소 20

년은 연상이었던 공동체에 몰두해 있었다고 한다. "이러한 저의 경험은 1970년 22세에 동일한 공동체에 참여했던 제 아버지의 그것과는 매우 달랐죠"라고 그는 쓰고 있다. 그 당시에도 여전히 샴발라는 젊은이들 사이에서 대체로 조직화된 활동이었다. 2007년에 니히테른은 뉴욕 샴발라센터에서 매주 '30세 이하의 밤' 프로그램을 시작했다. 그것은 청년 불교도들 및 여타 10대에서 20대에 이르는 구도자들에게 사회적 공간을 제공하여, 명상과 철학과 일상생활 간의 연관관계를 그들 자신의 언어로 탐구하도록 하는 세대 간 포럼의 모델로 발전했다.[3]

「욕망을 썩혀서 퇴비로 만들기」라는 오디오 다운로드에서 입증되었듯이, 니히테른은 일상 언어를 사용하여 가르침을 펼치면서 죄책감과 관련하여 불교적으로 마음을 이해하기, 초콜릿, 자연식품 매장의 통로에서 보이는 매력적인 사람들 등의 예시를 통해서 수련생들이 이끄는 대로 따라간다. 그의 말투는 격식에 얽매이지 않지만 권위가 있고, 또 그는 불교용어를 설명할 때와 테라와다와 대승불교의 욕망 해소법을 대조할 때 단호하고, 쉽고, 대화적인 어조로 말한다. 틱낫한의 '퇴비 만들기'라는 개념을 이용하면서 니히테른은 작은 아파트에서 룸메이트들과 함께 벌레를 이용하여 퇴비를 만드는 '역겨운 아름다움'에 대한 이야기로 세상의 분뇨 속에서 보살이 변화를 추구할 필요성이 있음을 설명한다. 부수적인 세부내용에는 벌레를 구입하는 장소인 유니언 스퀘어 생태센터, 악취 풍기는 플라스틱통, 상한 시금치와 아보카도 껍질, 벌레의 똥과 그것의 관리, 공동체의 정원에서 퇴비작업하기 등이 포함되는데, 이것을 통해서 니히테른은 또한 뉴욕 시의 한 젊은 불교도가 몰두하고 있는 생활방식을 보여주고 있다. 그는 "변화될 수 있다는 것이 대승불교가 말하고자 하는 전부입니다"라고 말하면서, 자기주장의 한 단면을 요령 있게 납득시킨다. "우리 경험이라는 벌레 똥 속에는 하나의 씨앗이, 아니 실제로는 하나의 잠재성이 있습니다." 니히테른은 공동체와 학교에서 8년 동안 가르쳤으며, 여러 곳에서 시간강사직을 맡고 있다. 그는 시엔엔(CNN) 방송과 인터뷰도 하고, 『허핑턴 포스트』(*Huffington Post*)에 글을 게재했고, 자신의 첫 번째 책인 『한 도시: 상호의존의 선언』(*One City: A Declaration of Interdependence*)을 최근 출간하기도 했다.[4]

대승불교에 의해 굴절된 상호의존 프로젝트와 대조적으로 다니엘 인그램의 다르마 오버그라운드(Dharma Overground, DhO)는 약 400명의 온라인 회원을 가진 작은 집단인데, 테라와다 계보에 대한 원초적 헌신을 보여준다. 인그램은 자신의 가르침이 '가장 충실한 명상수행'에 관심 있는 사람들을 위해서 단도직입적이고, 철저히 기술적이고, 실용적인 방식으로 설계된 것으로서, 올곧은 옛날 방식의 마음챙김 수행이라고 본다. 깨달음의 추구를 통해서 얻은 영적 경지를 경험적으로 부각시키는 인그램의 가르침은 '젊은이의 수행'을 제시하고 있는데, 이것은 숙련된 다르마의 베테랑들이 볼 때 어설프고, 망상적이며, 심지어 위험스럽기까지 한 견해라고 간주되고 있다. 그러나 인그램은 자신이 테라와다 경전들에 쓰인 대로 마음챙김 수행에 대한 체계적 안내를 단순히 따라가고 있다고 보고 있으며, 수행도의 단계는 수행자가 성취한 내용을 식별해 보면 알 수 있다고 경전에 쓰여 있다는 것이다. 그의 견해에 따르면 주류 다르마센터에서 이러한 수행의 경지와 경험에 대한 논의를 억압하고 있다는 것이고, 또 그렇기 때문에 자신은 다르마 오버그라운드의 지침에 '성취에 대한 이야기를 둘러싼 금기사항들이 없음'을 포함시켰다는 것이다.[5]

다르마 오버그라운드의 정신은 무료 온라인 책자의 형태로, 아라한(성인) 다니엘 인그램The Arhat Daniel M. Ingram이 저술한 『붓다의 핵심적 가르침 습득하기, 이례적으로 본격적인 다르마 서적』(*Mastering the Core Teachings of the Buddha, An Unusually Hardcore Dharma Book*)의 제목에 제시되어 있다. 샌들보다는 군화를, 무디 블루스 Moody Blues보다는 섹스 피스톨스(Sex Pistols. 역주: 펑크 록 밴드)를 더 좋아한다는 그의 말에도 불구하고, 인그램이 최고의 자신감을 가지고 쓴 것인지 아니면 자기비하적인 기지를 발휘해서 쓴 것인지 아니면 둘 다를 가지고 쓴 것인지는 알기기 힘들다. 그러나 「서론 그리고 경고」(Preface and Warning)에서 그는 이 책이 서가에서 발견되는 수백 권의 다른 다르마 서적과는 다르다고 주의를 주고 있다. 왜냐하면 이것이 "일종의 활기 없는 뉴에이지의 경박함이나 대중심리학의 환각 체험보다는 전통적이고도 본격적인 수행도의 단계들을 완전하고도 최고 수준으로 숙달하는 데 전념해온 한 사람의 거침없는 목소리이기 때문이다. 만일 그렇지 않다고 생각한다면, 다른 책 읽기를 고려하기 바란다"고 그는 쓰고 있다.[6]

노아 레빈Noah Levine은 주류 마음챙김 수행에서 아마도 가장 잘 알려져 있고, 가장 폭넓게 존경받는 악동일 것이다. 친구인 니히테른과 마찬가지로 레빈도 유럽계 미국인 불교 공동체에서 성장했다.

그의 아버지 스티븐 레빈Stephen Levine이 저술한 『점진적 깨달음』(*A Gradual Awakening*)은 마음챙김 수행서적의 고전이라고 간주된다. 선을 가르치는 브래드 워너Brad Warner, 그리고 다른 다수의 젊은 선생들과 마찬가지로 레빈도 스스로를 펑크족이라고 생각하면서 성년이 되었다. 그는 첫 번째 책인 『다르마 펑크』(*Dharma Punx*)에서 자신의 건전하지 못했던 아동기, 끔찍했던 사춘기의 음주, 약물, 폭력, 투옥의 경험, 그리고 아버지의 마음챙김 수행을 마침내 재발견하면서 우선 회복되고, 그런 다음 가르치게 된 과정을 이야기한다. 구도여정 중에 레빈은 많은 영향력 있는 불교도들을 만났고, 그들을 자신의 선생이라고 간주하고 있다. 그런데 그의 핵심적인 수행법은 잭 콘필드에게 배운 마음챙김 방식이며, 레빈은 이것을 펑크 미학에 입각하여 제시한다. 이 펑크 미학을 통해서 그는 자기 자신의 경험뿐 아니라 동료들의 경험도 말할 수 있게 된다. 미국에는 레빈의 스타일과 가르침의 영향을 받은 수행집단이 대략 열두 개에 이르며, 이들은 집합적으로 디펑크DPunk, 즉 다르마 펑크 내이션 Dharma Punk Nation이라고 불린다. 그러나 레빈은 현재 캘리포니아 산타 모니카와 할리우드의 다르마센터들에서 가르치면서, 노숙자를 위한 무료급식, 범죄자 및 수감자와 일하기, 회복 공동체를 위한 봉사 등의 사회봉사활동도 한다. 연장자들로 구성된 디펑크 내이션 방식의 수행집단들은 현재 반反주류 불교명상협회(Against the Stream Buddhist Meditation Society)라고 불리는 레빈의 대규모 조직 안에서 일종의 하위문화에 속한다. 이 명칭은 그의 최근 저서의 제목이기도 한데, 책에서 그는 계속해서 반항의 정신을 전달하고 있지만 포용심은 더 커졌다.

레빈의 매력은 정교한 신체예술(문신), 흡연, 고행보다 복싱 링을 떠오르게 하는 삭발 등 그의 외모에서도 찾을 수 있다. 그러한 외모는 진실하면서도 교양 있어 보이며 불교적 태도, 스타일, 수행의 한 유형을 제시해준다. 다르마의 창의적 재구성 역시 레빈의 또 다른 매력이라고 할 수 있는데, 이에 대해 우리는 전화로 대화를 나눈 적이 있다. 그의 부드러운 중간음역의 목소리와 지적인 민첩성도 그의 이미지에 뜻밖의 감성과 깊이를 더해준다.

다르마와 펑크의 통합은 여러 가지 방식으로 행해지는 것 같다. 펑크는 근원적 탈순응의 정신을 다르마에 제공해준다. 이것은 '구덩이'에서 몸부림치다가 고요한 좌선에 드는 문을 찾는 경험에의 접근법, 다시 말해서 실재를 추구한다는 것이 무엇을 뜻하는지에 대해서 영리하면서도 고집불통식의 해석을 찾는 것이다.[7]

레빈의 『다르마 펑크』에서 다르마란 그가 미국 불교센터에서 확인하고 있는 '경전으로 돌아가기' 정신이다. 그는 미국 불교도들이 신세계의 다르마를 계속 만들어갈 수 있고, 또 기본적인 마음챙김 수행이 경험적이고 실용적인 내적 변화의 방법이기 때문에 언제 어디서나 효과가 있음을 확보할 수 있다고 확신하고 있다. 고대의 원천으로 직접 들어감으로써, 미국인들은 티베트 불교나 선의 오래된 실수들에 어설프게 손질을 가하기보다는 차라리 자유롭게 스스로 실수를 저지른다는 것이다. 이러한 전제들을 고려해보건대, 펑크와 다르마는 함께 잘 어울린다. 펑크와 초기 불교도들은 둘 다 기성 체제에 반항하는 탈순응주의자들로 간주된다. 둘 다 강렬하고도 변혁적인 경험에 진정한 자아의 기반을 둔다. 둘 다 실재를 이해할 때 사실상 일종의 기본 뼈대만을 중시한다는 공통점이 있다. 레빈에 의하면 『신앙을 넘어선 불교』(*Buddhism Beyond Beliefs*)와 『한 불교 무신론자의 고백』(*Confession of a Buddhist Atheist*)의 저자인 스티븐 배처러 Stephen Batchelor가 오늘날 다른 어떤 나이든 선생들보다도 그에게 더 설득력 있게 전달되었다고 하는데, 이것을 보면 통합에 대한 그의 생각이 이해가 된다. 배처러의 근대 실존주의적 다르마는 다르마 펑크 반反주류(Dharma Punk—Against the Stream) 형태에 예리하고 지적인 효과를, 그리고 레빈이 계속적으로 추진하고 있는 민감하지만 펑크한 모습에 비판적인 깊이를 더해준다.[8]

레빈은 자신의 책 『흐름을 거스르기』(*Against the Stream*)의 내용을 「신병훈련」, 「신병 훈련소」, 「휴대용 도감」 같은 소절로 나누어놓았다. 이 군대식 은유법을 필자는 징병과 신병훈련소와 베트남전의 혹독한 어둠 속에서 영적 탐구를 해왔던 20대 시절의 경험을 통해 체득한다. 그러나 혼, 니히테른, 인그램, 레빈은 21세기 초에 일어났던 사건들로부터 자신들의 문화적 단서들을 형성해온 다른 부류의 미국인들이다. 그들의 문화적 단서들이 어떤 것과 연관되어 있든 네 사람은 모두 레빈의 군대식 은유법이 미국 사회에 만연한 분노, 폭력, 무지, 탐욕에 맞서는 불교의 투쟁을 의미하는 것이라고 확실하게 여기고 있다. 어떻게든 이 네 젊은이들은 모두 마음챙김 수행을 하면서 사회참여를 실행하고, 2세대 유럽계 미국인 불교도들로서 자신들의 역할을 진지하게 받아들이고 있다. 그들은 그 역사가 아직 50년도 되지 않은, 생동하는 서양 미국 불교의 공동체들에서 자신들의 존재를 알리기 시작한 대규모의 신진 세대를 대표하고 있다.

비트 세대, 히피 세대, 그리고 그 사이와 너머의 여러 세대들은 세상에 참여하기 위한 명시적인 비전을 가지고 수십 년에 걸쳐서 진정한 서양 불교운동의 강력한 철학적, 제도적 토대를 놓아왔다. 인권, 다양성과 포용성, 국내외의 유색인종에 대한 이 공동체의 관심은 그 기원이 20세기 중반의 진보 좌익적 사회운동에 있다는 것과 그것이 세계화를 지향하고 있다는 것을 보여준다. 이 모든 것들은 비록 이 때문에 두 개의 불교 논쟁이 다시 부각된다고 할지라도 매우 환영할 일이다. 소수의 정평 있는 선, 티베트 불교, 테라와다의 선생들을 제외하고, 주류 유럽계 미국인 불교도의 생각 속에 아시아계 미국인 불교도들이 차지할 만한 공간은 거의 혹은 전혀 없는 것 같다. 거기에는 타당한 이유들이 있을 수 있다. 이 두 공동체의 일반 구성원들은 종종 서로 다른 방식으로, 그리고 다른 이유로 수행한다. 두 공동체 간에는 언어장벽이 있다. 모든 사람들이 어디서든 자신이 처한 문제로 너무 바쁘기 때문에 여유를 가지고 이방인들과 대화를 나누지 못한다. 그러나 이론적인 면에서 볼 때, 이와 같은 격차가 상존하는 것은 중요하다. 이것이 유럽계 미국인 불교도들의 근시안적 안목을 나타내줄 수도 있기 때문이다. 다시 말하자면, 이것은 급속하게 성장하고 있는 아시아 공동체들이 서양의 다르마 혼합의 일부로서 증가하고 있는 시대에, 유럽계 미국인 불교도 집단에게 펼쳐진 어두운 면이다. 이것은 단지 공동체들이 자기들만의 관심을 따르면서 어떻게 발전하는지를 자연스럽게 표현하는 것일 수도 있다. 그러나 그것의 규범적인 성격에 의구심을 가져야만 하는 바로 그 순간에도 유럽계 미국인 불교의 주류는 새로운 서양 불교의 강력한 목소리라고 진지하게 받아들이면서, 가까운 미래의 물결이라고 인정받아 마땅하다.

제5장

정토진종, 미국의 구舊불교도

미국불교단(Buddhist Churches of America, BCA)은 미국 최고最古의
주요 제도불교 형태이다. 이 단체의 일본계 미국인 회원들은 미국
불교의 개척자들이며, 미국식 다르마의 창안과 관련된 문제에 대해
서 가장 많은 경험을 가지고 있다. 백여 년 동안 미국불교단의 불교
도들은 이민자들이 겪는 전형적 유형의 종교적 적응과정을 따랐다.
그들은 물려받은 철학, 제도, 의례, 관습을 신세계로 가져온 다음, 이
것들을 선별적으로 보유하고, 버리고, 개선하면서 새로운 문화에 맞
추어나갔다. 가톨릭과 유대교의 경우처럼 그들이 거쳤던 과정도 주
로 시행착오에 의해 결정되었으며, 영어화, 세대 변화, 사회 주변부
로부터 중류층 주류로의 점진적 상승과 같이 계속 반복되는 요소들
에 의해 추진되었다.

그러나 그들의 이민과정에는 중요한 변수들이 작용해왔는데 그것
은 일본불교의 역사, 미국인들의 인종주의 집착, 그리고 일본-미국
의 국제관계에서 일어났던 장기적 긴장과 관련이 있다. 미국불교단

이라는 명칭은 2차 세계대전 중 유타 주 토파즈Topaz 수용소에 억류되었던 일본계 미국인들에 의해 제안되었다. 그로부터 얼마 후 솔트레이크시의 한 회의에서 이 명칭은 태평양을 가로질러 미국의 전시 적대국(일본)과의 연관성을 약화시키기 위해, 그리고 이 기관의 미국적 성격을 강조하기 위해 채택되었다. 2차 세계대전 중 미국에서 불교는 전혀 유행하지 않았고, 그 이후에야 비로소 대중적으로 알려지게 되었다. 뿐만 아니라 불교도인 미국인들은 많지 않았다.

미국불교단의 불교는 인도로부터 중국, 베트남, 한국을 거쳐 일본으로 전파되었던 정토 사상과 수행이라는 넓은 흐름의 일부이다. 정토불교는 일본에서는 진종眞宗이라고 불린다. 일본에서 진종은 13세기에 별개의 운동이 되었으며, 이후 일본불교에서 가장 대중적인 불교형태 중 하나가 되었다. 미국불교단은 신란에 의해 창설되었고 정토진종淨土眞宗이라고 알려진 정토불교의 한 종파다. 더 구체적으로 말하자면, 미국불교단은 정토진종 니시혼간지(西本願寺)의 분파인데, 서본원사파는 많은 일본계 미국인들이 미국으로 이민가기 전 거주하던 일본 지역에 성행하던 정토진종의 일파이다. 약 50년 동안 이 단체는 북미불교포교회(Buddhist Mission to North America: BMNA)라고 불렸는데, 이 이름을 보면 이 단체의 위상이 교토 본부의 하위기관이며, 또 이 단체가 원래 포교의 성격을 지니고 있음을 알 수 있다.

미국불교단의 회원들은 미국에서 역사가 오래된 민족 불교도들이지만 큰 공동체를 이루고 있지는 않다. 한 통계에 의하면 1996년에 미국불교단의 성인회원은 2만 명 정도였다고 한다. 뿐만 아니라 그

뉴욕시 맨해튼에 위치한 정토진종 사찰 법당.

들은 넓은 미국 불교 공동체에서 많은 영향력을 행사하고 있지도 않다. 그러나 그들은 미국 경험이 많은 숙련된 베테랑들이며, 100년이 넘는 동화과정 동안 많은 어려움을 성공적으로 극복해왔다. 그들은 일본계라는 사실 때문에 큰 대가를 지불했을 뿐 아니라 그들만의 독특한 정토불교 형태를 명확히 하고 지켜나가야만 했다. 기독교의 유신론과 쉽게, 그리고 자주 혼동되었기 때문이다. 현재 미국 불교의 풍경에서 그들은 개종자도 아니고 이민자도 아닌 중간범주에 속해 있다. 그러나 다르마의 미국화와 관련된 논제들에 섬세하게 대응해온 덕택에 그들은 현재 미국에서 불교의 미래에 대한 논의를 지배하고 있는 훨씬 더 큰 두 집단 간의 관계를 조정하는 데 도움을 줄 수도 있을 것이다.

100년의 적응기간

미국불교단의 역사는 주로 일본과 미국의 국가적 이해가 오랫동안 상충하면서 형성되었다. 미국 정토진종의 기원은 일본인들이 농업 노동자로 일하기 위해 서부해안에 도착하기 시작한 1870년대로 거슬러 갈 수 있다. 초창기 이민자들은 대부분 일본으로 돌아갈 것으로 생각하고 있었기 때문에 자신들의 종교적, 문화적 전통들을 이식하는 문제에는 큰 관심이 없었다. 그러나 1900년에 이르러 이 공동체의 인원은 2만 4천여 명으로 늘어났기 때문에 북미불교포교회를 세우기에 충분했다. 이 무렵 정토불교, 니치렌불교, 선불교 역시 시카고 세계종교의회를 통해서 미국에 소개되었다. 이 두 가지 발전상은 서로 무관하지는 않았는데, 일본인 이민과 이 종교의회는 둘 다 일본과 미국이 태평양 해역에서 서로 자신들의 정치, 경제, 군사적 이해관계를 탐색하던 일련의 더 큰 사건들의 한 부분이었기 때문이다. 결국 미국 정토진종 불교도들은 두 나라 사이에서 얽히게 된다.

뒤늦게 밝혀진 사실이긴 하지만 미국불교단의 역사에는 긴장이 상존했었는데, 그러한 긴장은 이 단체가 뿌리를 내리기 시작하던 첫해의 사소한 사건들로 거슬러 간다. 최초의 포교법사들이 1898년 일본인 공동체에 봉사하기 위해 샌프란시스코에 도착했는데, 이 해에 미국은 스페인과 전쟁에 돌입했고, 또 푸에르토리코, 괌, 필리핀을 합병했다. 이것은 다음 세기 중엽에 이 공동체를 전시의 재난으로 끌어들일 일련의 불길한 사건이었다. 이 공동체에서 종교적 혁신과 전통의 고수라는 두 요소가 어떻게 그 역할을 하게 될 것인지 암

시해주는 것이기도 했다. 이 법사들은 짧은 체류기간 동안 불교청년
회(Young Men's Buddhist Association: YMBA)를 창설했는데, 이것은
일본 기독교 기관들의 영향을 받은 혁신적인 형태의 재가 불교도 조
직이었다. 그 이듬해 공동체에서는 최초로 하나마츠리(花祭)와 고
탄에(降誕會) 행사들이 각각 붓다와 신란의 탄신일을 기념하여 열렸
다. 불교청년회의 회원들은 곧 미국에 상주 선교사를 배치해달라는
요청서를 서본원파의 교토 본부에 보냈다. 이에 대해 주미 일본영사
는 정치적으로 경솔하고 잠재적으로 선동적이라고 반대했다.

　미국불교단의 공식적 역사는 보통 1899년, 정토진종 최초의 상
주 포교사들인 슈예 소노다(Shuye Sonoda, 생몰 미상)와 카쿠료 니
시지마(Kakuryo Nishijima, 생몰 미상)의 도착으로 거슬러 간다. 그 이
후 수십 년은 이민자 공동체의 개척자 세대에 의해 통상적으로 착수
된 기관 설립이 두드러졌다. 그리하여 서부해안을 쭉 따라서 시애틀
로부터 샌디에이고에 이르기까지 불교청년회와 사원들이 들어섰다.
시골의 농촌지역에 위치한 많은 외딴 공동체들 간의 소통을 원활
히 하기 위해 소식지도 만들어졌다. 불교여성회(Buddhist Women's
Association)가 형성되었고, 이것은 나중에 정토진종의 발전에 중요
한 역할을 하게 된다. 이 시기를 통틀어서 북미불교포교회의 종교활
동은 주로 일본인을 대상으로 행해졌다.

　1900년대 초 최초의 반일시위가 서부해안을 휩쓸면서 일본인 회
사와 건물에 대한 공격이 있었고, 이어서 1905년에는 아시아인 배
척동맹(Asiatic Exclusion League)이 샌프란시스코에 본부를 두고 형
성되었다. 이 시위의 결과로 1907년에는 미국 이민자의 범위를 미

국에 이미 거주 중인 일본인의 아내와 자녀로 한정하는 신사협정 (Gentleman's Agreement)이 맺어졌다. 한편으로 볼 때 이 법은 북미 불교포교회의 발전을 저해했다. 다른 한편으로 볼 때 이것은 정토진 종 사원들이 점차 중요한 역할을 담당하게 되는 안정적이고 가족지 향적인 일본인 공동체의 등장을 촉진하기도 했다. 일본에서와 달리 미국에서 이 사원들은 시장, 댄스파티, 야구게임, 영화, 장례식, 결혼 식, 추도식, 일요법회 등의 광범위한 종교적·사회적 기능을 수행하 는 장소가 되었다. 시골 지역에서 사원들은 공동체의 사회생활을 사 실상 독점하고 있었기 때문에 특히 강력해졌다.

이 기간 동안 교토의 서본원사와의 관계가 정상화되기도 했다. 북 미불교포교회의 지도자는 처음에 칸토쿠(監督), 즉 감독(director) 이라고 불렸으나 1918년에는 소초(總長), 즉 총장(chancellor or bishop)으로 격상되었고 그 본부는 샌프란시스코 사원이었다. 1914 년에 이르러 북미불교포교회는 새로운 건물을 지었으며, 소초는 여 기서 25개 정도의 지부와 사원을 거느린 기관을 관할하였다. 2차 대 전 때까지 북미의 이 기관들은 서본원사의 주지인 몬슈(門主)의 정 신적 지도 아래 있었는데, 이 몬슈는 전통적으로 항상 신란의 직계 제자들 사이에서 선정되었다. 보다 더 일상적인 관리는 교토의 여러 입법 및 행정 부서들에 의해 수행되었다. 아시아에 대한 적대감이 지속되었던 시기였지만, 북미불교포교회는 1915년 샌프란시스코의 파나마 운하 박람회(Panama Canal Exposition)에서 세계 불교도회의 (World Buddhist Conference)를 주최할 정도로 자신감이 넘쳤다. 이 기간에 북미불교포교회의 지도자들은 청년 전도 프로그램을 창안하고 일요학교를 열기로 결정했으며, 정식 법규의 초안을 마련하기 시작했다.

북미불교포교회는 1920년 무렵 또 다른 단계에 진입했는데, 이 단계는 제2차 세계대전이 시작될 때까지 지속되었다. 이 단계의 특징은 지배사회로부터 반일·반불교 압박의 증가, 그리고 일본계 미국인 청년들이 성년이 되면서 제2세대의 이슈들이 등장하였다는 것이다.

주州와 국가의 법률적 결단으로 인하여 일본계 미국인들은 2차 세계대전 때 억류되기 수십 년 전에 실질적으로 고립되기 시작했다. 1920년대 초 태평양에서 일본의 영향력이 증대된다는 우려가 커지면서, 서부의 여러 주들은 일본인의 재산권 제한을 겨냥한 외국인 토지법을 통과시켰다. 1922년 대법원은 귀화와 관련된 예전의 사례들을 검토한 후 미국 시민권은 '자유로운 백인 미국인들'과 아프리카계 사람들을 위해 유보된 특권이라고 판결했다. 동양인 배제법(Oriental Exclusion Act)은 1924년 통과되었다. 이것은 기존에 시민권을 받지 못했거나 미국에서 태어나지 않은 일본인에게는 시민권이 부여되지 않는다는 규정을 포함하고 있었다. 유럽인들에게 압도적으로 유리한 이민 쿼터가 이어서 정해졌다.

이러한 법률적 결단의 결과로 일본인들은 새로운 사원을 지을 토지를 확보하는 데 어려움을 겪는 경우가 많았다. 때때로 백인 기독교인들이 도와주기도 했지만, 이런 일은 지역의 반일 감정을 자극함으로써 그들을 방해하는 때도 있었다. 1920년대에 로스앤젤레스에 있던 다수의 일본인 종교단체들은 불교뿐 아니라 기독교의 경우에도 새로운 사찰과 교회를 짓는 것이 금지되었다.

이 법률의 부당성은 실제로 미국 불교도의 수를 늘리는 데 도움을 주었다. 많은 일본계 미국인들은 스스로를 불교도라고 밝히기 꺼려했지만, 배제를 당했기 때문에 오히려 그들은 복지와 안전을 위해 함께 뭉치게 되었다. 결과적으로 사찰은 일본어 학교로부터 순환학점제에 이르는 일련의 사회문화적 서비스를 제공하는 본부로서, 그리고 일본문화의 지속성이 유지시키는 센터로서 그 중요성도 역시 증가해갔다. 많은 백인들은 일본인의 이러한 내적인 전환을 쇼비니즘의 증거라고 간주했지만 사원들은 육상경기, 보이스카우트단, 미국식 무도회 등을 후원함으로써 사실상 미국화의 도구 역할을 했다. 종교센터의 이러한 이중적 기능, 즉 문화·종교적 지속성뿐 아니라 적응 및 변화의 기제를 제공하는 이 두 기능은 유대교인과 가톨릭교도의 이민사에서도 역시 발견되는 현상이다.

이 시기는 이민 1세대인 일세一世와 미국 태생의 2세대인 이세二世 간의 분열이 시작되었음을 표시해주기도 하는데, 이것은 이민자 공동체 특유의 세대차다. 영어 사용 문제는 2세대의 주요한 관심사이며, 이 문제가 해결되는 방식은 공동체의 종교생활에 장기적인 영향을 주었다. 일본어는 1세대와 북미불교포교회의 법사들에 의해 사용되었으며, 1920년대에 들어서 전체 공동체의 종교생활을 조직화하는 역할을 했다. 정토진종의 교리와 수행의 영어번역 문제는 북미불교포교회가 이민 2세를 일요학교의 교사로 훈련시키기 시작했던 1926년에 부상했다. 그 후 수십 년에 걸쳐서 2세들의 수와 중요성이 증가해가면서, 오랫동안 이 공동체를 규정하는 데 중심적인 역할을 해왔던 종교적 언어를 선별적으로 유지하고, 번역하고, 버릴 수밖에 없게 되었다. 단기적으로 볼 때, 종교언어에서 일어난 변화들은 의도하지 않은 기독교화라는 위협을 초래했다. 그러나 장기적으로 볼 때, 그러한 변화들은 정토진종 공동체에 독특한 민족적, 종교적 특징을 오늘날에도 지속적으로 제공하고 있는 유동적인 어휘를, 즉 어느 정도는 일본어이고 또 어느 정도는 영어인 그런 어휘를 만들어내는 데 도움을 주었다.

　영어 사용으로 인하여 정토진종의 종교적 세계관에 개신교적이라고 간주되는 성향이 생겨나기도 했다. 그리하여 소초는 "bishop(주교)"로, 가타(偈頌)는 "hymn(찬송)"으로, 카이쿄시 또는 주쇼쿠(住職)는 "minister(목사)"로 번역되었으며, 부쿄카이(佛敎會)와 오테라는 "church(교회)" 혹은 "temple(사원)"로, 다나(보시)는 "gift(선물)"로, 그리고 상가sangha는 "brotherhood of Buddhists(불교단체)"로 번역되었다. 이를 대항하는 경향도 역시 나타났다. 그 결과 예배와 관련된 용어들인 소향(燒香: 향 올리기), 주주咒珠 혹은 염주念珠, 코로모(사제의 법복) 등은 유지되었다. 복잡한 추상적이고 역사적인 용어들인 카르마(업), 니르바나(열반), 마하야나(대승), 히나야나(소승) 등은 고대 인도의 산스크리트어를 영어로 옮겨서 표현되었다. 동시에, 초기 개종 불교도들 사이에서 유행하기 시작했던 고대 남아시아의 용어들, 이를테면 다르마에 삶을 바친 사람들을 가리키는 비구bhikkhus와 비구니bhikkhunis 등은 일본인 재가 공동체의 종교적 정신과는 맞지 않는 것으로 보고 사용되지 않았다.

　이미 진행되고 있었던 보다 더 근원적인 제도 변화도 역시 번역어에 표현되었다. 일본의 서본원사파에는 정식교육을 수료한 정도, 주거·비주거의 구분, 수계와 인증의 단계에 따라서 득도得度, 승려僧侶, 주직住職, 교사敎師, 부교사副敎師 등의 다양한 등급의 법사들이 있었다. 이러한 용어들은 'priest(사제)', 'minister(성직자)', 'reverend(목사)'와 같이 그 의미가 비슷한 영어로 번역되면서 이 용어들에 의해 전달되는 미세한 직책의 차이는 모두 사라졌다. 비슷한 변화가 매우 실제적인 측면에도 영향을 주었다. 일본에서 대다수의 정토진종 사원들은 가족 소유이며 세습적인 기반에서 장남들에게 전수되고 있다. 이에 비해 미국의 정토진종 법사들은 신도들에게 봉사하도록 북미불교포교회에 고용된 인사들이었다.

북미불교포교회는 미국화를 향해서 강하게 나아가고 있었지만, 많은 2세들은 전부는 아니었지만 불교를 떠나서 기독교로 개종하기 시작했다. 동시에 1세들은 자신들이 미국에 영주하고 있다는 사실을 인식하기 시작했다. 구세대는 미국에서 편안함이나 안락함을 느낀 것은 아니었으며, 미국이 빈번하게 그들에게 그럴 만한 이유를 주지 않았었다. 그러나 새로운 나라에 대한 그들의 충성심은 그들의 일에서, 그들이 다른 일본계 미국인들과 맺고 있는 정서적 유대감에서, 그리고 철저히 미국인이 되어버린 그들의 2세 자녀들의 삶에서 명백히 드러났다.

이러한 상황은 2차 세계대전이 발발하면서 근본적으로 변화되었다. 1941년 12월 7일, 일본의 진주만 폭격이 있고 나서, 2세 사업가, 종교 및 공동체 지도자, 무술 선생 등은 즉각 체포되었다. 북미불교포교회의 지도층이 공식적인 충성서약서를 발급했음에도 불구하고 미 연방 수사국은 모든 일본계 미국인들을, 특히 불교 공동체 소속의 일본인들을, 조사하기 시작했다. 1942년 여름의 대부분 기간 동안 공동체는 의심을 받았고, 그로 인하여 많은 북미불교포교회의 회원들은 불경을 태우고 집안의 제단을 감추었다. 1942년 2월, 프랭클린 루스벨트 대통령은 행정명령 9066에 서명함으로써 서부해안을 군사지역으로 지정했고, 그곳의 독일인, 이탈리아인, 일본계 사람 등 모든 외국인 체류자들은 다른 곳으로 이동해야만 했다. 이어서 111,170명의 일본인 – 불교도, 가톨릭, 개신교도 – 이 전국 여러 주에 위치한 약 12곳의 캠프에 수용되었다. 이 가운데 61,719명이 불교도였으며, 그 대다수는 정토진종 신도였다.

수용소는 영어화와 미국화를 진전시켰을 뿐 아니라 정토진종 공동체의 지도자들로서 2세의 등장을 가속화했다. 한때 수용소에서는 종교 예불을 영어로 행하도록 요구했는데, 이것이 법회에서 영어를 사용한 시초였다. 다양한 불교 전통 출신의 사람들도 역시 함께 수용되었으며, 이로써 더 큰 규모의 일본계 미국 불교 공동체 안에서 통합적 차원의 성장이 촉진되었다. 샌프란시스코와 로스앤젤레스에서 떠다니는 선방(the floating zendo)을 이끌었던 선의 선구자, 센자키 뇨겐(千崎如幻, 1876~1958)은 미국 불교사의 이 결정적 순간을 시적인 기록으로 남겼다. 1942년 쓰였으며 많은 대승경전의 첫 어구와 마찬가지로 "이와 같이 나는 들었다"로 시작되는 이 시는 "군대의 명령으로 / 모든 일본인들이 / 로스앤젤레스를 떠났다"고 전개된다. 다른 시들에서도 센자키는 자신이 억류되었던 와이오밍의 하트 마운틴Heart Mountain 같은 수용소의 집단적 종교생활에 대한 인상을 전달하고 있다.

수용소에 온 예술가가 아기 붓다의 상을 조각했다.
우리는 한 사람씩 따뜻한 향수를 붓는다.
갓 태어난 붓다의 머리 위에.
이것이 끝나면 추운 계절도 끝나리라.
산봉우리에 흰 구름 장막이
드리웠다 걷히는 동안,
몇 포기의 풀은 더디게 오는 봄에 머리를 내민다.

또 다른 시는 이렇다.

태양의 아들과 딸이 억류되어 있다,
하트마운틴 외곽의 황량한 평원에.
이들은 이곳을 자비의 산, 자애의 산으로 만들었다.
종이꽃을 만들어 붓다의 탄신일, 베삭을 기념하면서.[1]

억류를 계기로 그 당시 네 명뿐이던 2세 법사들이 공동체의 전면에 나서게 되었다. 그들이 영어로 당국과 협상할 수 있었기 때문이다. 2세들은 또한 전시 외국인 격리 기관(War Relocation Authority)이 1943년 일본계 미국인의 충성심을 알아보기 위해 작성했던 설문지의 결과로 주목받기도 했다. 특히 두 개의 설문이 1세와 2세의 사이를 악화시키는 원인이 되었다. 그 중 하나는 억류자들이 미군에 자발적으로 복무할 의사가 있는가를 물었고, 다른 하나는 일본에 대한 모든 충성을 거부할 것인가를 물었다. 이 설문들은 영어를 사용하는 토박이 미국시민인 2세들에게는 문제될 게 없었다. 그러나 법적으로 시민권을 받지 못하게 되어 있던 1세들에게는 문제가 되었다. 설문에 부정적으로 답변했던 1세들은 정부에 의해 고위험군으로 간주되었다. 그들은 캘리포니아 툴레이크Tule Lake에 있는 수용소에 함께 격리되었다. 두 설문에 긍정적으로 답변한 사람들은 다른 곳으로 이송되었으며, 서부해안으로 돌아오지 않는다는 조건하에 조기 석방되었다. 이로써 동부지역에 사원이 설립되게 되었다.

수용소는 정토진종 기관을 재구성하고 미국화하는 데 결정적 역할을 했다. 법사들은 1944년 2월 유타 주 토파즈에 있는 캠프에서 모임을 가졌는데, 거기에는 현재 총장인 료타이 마츠카게Ryotai Matsukage가 억류되어 있었다. 거기서 그들은 단체의 이름을 미국불교단(Buddhist Churches of America)으로 바꾸자고 처음으로 제안했다. 같은 해, 그들은 투표를 통해서 'BCA'로 다시 법인 등록하고, 일본과의 모든 유대를 끊으며, 교토의 서본원사와의 관계를 재정립하고, 미국불교단의 조직구조를 새롭게 고쳐서 2세 쪽으로 더 많은 권한을 이동하기로 했다. 그들은 또한 미국불교단의 총장을 선출직으로 만들었다.

전후 미국불교단의 역사는 일본계 미국인 불교도가 일상으로 복귀하는 과정이다. 그들은 전쟁 중 폐쇄되었던 사원을 재개해야 했다. 기업도 재건해야 했고, 전시의 재정손실도 극복해야만 했다. 수용소에서 조기 석방된 사람들에 의해 세워진 동부의 새 사원들은 미국불교단에 통합되어야만 했다. 얼마 안 되어서 3세三世가 전후 미국에서 성년이 되기 시작했다.

이러한 재건의 시대는 1966년에 캘리포니아 버클리에 불교학 연구소(Institute of Buddhist Studies: IBS)가 설립되면서 끝나게 되었다. 이 연구소의 설립은 초기 미국화 과정의 상징적 정점으로서 종종 인용된다. 예전에는 일본어로 종교교육을 받기 위해 교토로 향했던 미국불교단의 법사 후보자들은 이제 자신들이 태어난 미국에서 영어로 교육받을 수 있게 되었다. 미국불교단에서 지속적으로 중요한 역할을 하는 새로운 1세 후보자들도 유창한 영어실력을 갖추고 미국에 도착하여 불교학 연구소에 다니면서 집중적으로 공부와 수행을 하게 되었다. 1968년에는 캐나다 출신의 2세가 총장으로 선출되었으며, 미국불교단의 역사상 최초로 그 취임식이 교토의 서본원사가 아닌 미국에서 열렸다.

주류에 합류한 정토진종

억류의 트라우마와 굴욕감에도 불구하고, 1960년대에 미국불교단의 일본계 미국인들은 미국 중류층의 소규모 민족종교 집단으로 부상했다. 자신감을 새롭게 다진 그들은 세속적인 영역의 정치적, 종교적 논쟁에서 그 역할을 맡기 시작했다. 미국불교단은 1980년대와 90년대에 캘리포니아에서 있었던 공립학교 교과과정 논쟁에서 영향력을 발휘했는데, 그것은 다문화교육에 대한 국가의 충실성을 시험한 것이기도 했다.

미국불교단의 법회연구위원회 역시 일본계 미국인에 대한 인종편견과 친기독교·반불교적 편향을 보이는 미국 초등학교 교재에 대해 효과적으로 이의를 제기하는 데 도움을 주었다. 미국불교단은 공립학교에서 창조론과 기도를 가르치는 것에 대해 강력한 '분리의 벽'이 필요하다는 입장을 공개적으로 채택하였고, 또한 인종 및 종교 소수자에 의한 헌법소원이라는 오래된 전통에 합류하기도 했다. 그런데 이러한 입장은 불교적인 책략을 포함하고 있으며, 이 점은 '학교 기도 개정안에 반대하는 미국불교단의 결의안'이라는 문서의 여러 핵심단락에서 입증된다.

> (개정안의) 핵심적 종교요소인 기도는 탄원하거나 간청할 절대자 혹은 (유대-기독교 전통의) 신에 의존하지 않는 정토진종에는 적절치 않은 까닭에,
> 그리고 학교와 공공기관에서 어떤 형태의 기도를 허용하는 것은 기도와 '절대자'를 믿는 종교유형을 국가가 승인하는 것이 되며, 국가종교를 세우는 결과가 되므로 불교도의 종교자유에 대한 도전이 되는 까닭에,
> 미국불교단과 그 회원들은, 공립학교와 공공기관에서 현행 헌법에서 허용하는 것을 제외하고, 어떠한 공적 단체에 의해 조직, 감독, 혹은 승인된 그 어떤 형태의 조직화된 기도나 종교예배에 대해서도 강력히 반대함을 결의한다.[2]

이러한 노력들은 미국불교단의 지도자들이 소수 인종·종교단체

로서 지난 100년 동안 미국에서 겪어온 압력에 대해 세심하게 대응하고 있음을 보여준다. 어느 사회에서든 지배집단의 사상, 관습적인 사고방식, 정서 등은 규범적인 성격을 지니면서, 모든 이민자들에게 미세하면서도 거친 많은 압력을 가하기 때문에 소수 이민자 공동체들은 특별한 도전에 직면하게 된다. 이민자들이 순응하고 저항하는 방식에 따라서 공동체의 종교생활에는 독특한 역동성이 나타나게 된다.

미국불교단의 일본계 미국인들에게 가해진 몇 가지 외부압력은 인종주의, 미국과 일본의 경쟁 증가, 제2차 세계대전, 수용소처럼 상례적이지 않은 것들이었다. 그러나 과거부터 오늘날까지도 대다수의 미국인들의 예절로부터 유신론적 종교관에 이르기까지 이보다 훨씬 더 미묘한 압력이 여전히 작용하고 있다.

두 가지 사례가 지배문화의 감성이 정토진종 불교도들에게 미세하지만 구체적으로 영향을 끼치고 있는 은밀한 방식들을 분명히 보여준다. 첫 번째 사례는 1970년대 초 1세대 개교사(開敎師: 일본인 포교 목사)와의 인터뷰에서 발췌된 내용인데, 인터뷰 진행자의 정의와 설명을 여기에 다시 실었다.[3]

진행자: 이민 1세 불교와 2세 불교, 그리고 3세 불교의 차이는 무엇입니까?
응답자: 그러한 정의는 다수 회원을 기준으로, 그리고 그에 따른 심리적 혹은 여타 문화적 차이들을 기준으로 한 것입니다.
진행자: 그런데 그들은 모두 불교도입니까?

응답자: 물론, 모두 불교도입니다.

진행자: 그러면 정토진종에서 이민 1세, 2세, 3세는 서로 다릅니까?

응답자: 그렇지 않다고 봅니다. 물론 교리도 변함없고요. 당신이 알고 있는 불교는 삼보, 즉 붓다, 붓다의 가르침, 상가(불교 교단)로 이루어져 있죠. …… 상가는 변할 수 있습니다. 용어사용에 신중해야 합니다. 우스운 사례이기는 하지만, 일본에서 여성의 가슴은 어머니의 사랑을 상징합니다. 그래서 우리는 종종 "오치치 오노마세루"(글자 그대로, 누구에게 가슴으로부터 마시게 하다)란 말을 하지만, 몇몇 이민 1세 법사들은 미국에 와서 (이 말을) (가슴부위를) 가리키면서 설명함으로써 (일본어를 모르는) 청중의 웃음을 유발하기도 했지요. 그러므로 우리는 언어까지도 이러한 특정한 상황에 맞추어야만 합니다. 그런 관점에서 본다면, 아마도 우리가 제시하는 방법은 변해야만 합니다.

진행자: 교리는 변함없고요?

응답자: 예. 교리는 변함없고요.

두 번째 사례는 미국에서 가장 오래되고 가장 규모가 큰 일본계 미국인을 위한 일간지 『라푸 심포』(Rafu Shimpo)에 1995년 처음으로 실렸던 에벨린 요시무라Evelyn Yoshimura의 「미국에서 불교도, 기독교도 등이 된다는 것의 의미」(The Point of Being Buddhist, Christian or Whatever in America)에 나온다.[4] 그 후 이 글은 곧 남캘리포니아 비스타 불교사원(Vista Buddhist Temple)의 온라인 공동체 뉴스레터인 『호우: 다르마 레인』(*Hou-u: Dharma Rain*)에도 실렸다. 이 기사는 기독교도 친구들의 사회적 압력이 10대 불교도들에게 어떤 영향을 주는가를 다루고 있다.

그 내용의 일부는 지역 청소년을 대상으로 '금요일밤 사교모임'을 후원하고 있는 한 지방 침례교회에서 일어난 사건들을 서술하고 있다. 모임에 참가한 10대 청소년 불교도들은 불교를 지나치게 단순화하면서 (기독교도의 시각으로 볼 때) 고리타분한 사상을 늘어놓는 자극적인 설교를 듣게 되었다. 기독교는 유일한 참 종교라고 홍보되었지만 불교는 "'고苦의 숭배'와 지옥행 급행 승차권"이라는 말로 설명되었다. 침례교도 자녀들은 나중에 학교에서 불교도 학생들에게 공격적으로 기독교 전도를 시작했다. 요시무라에 의하면 이러한 종교적 열의에 대해서 불교도들은 "강압적인 끌어들이기"라고 느꼈다고 한다. 몇몇 10대 청소년 불교도는 개신교로 개종했다고 한다. 이야기의 후반부는 한 불교도 소녀가 자기 집에서 파티를 열었는데, 거기서 기독교도 학생들로부터 개종을 강요받았다는 내용이다. 그녀는 너무 화가 나고 기분이 상해서 자신이 연 파티를 뒤로하고 나왔다고 한다.

그러나 이 모든 이야기의 결말은 다수의 불교도 자녀들이 불교 전통을 더 깊이 탐구하기 시작했다는 것이다. 요시무라는 이렇게 말하고 있다.

불교도 아동들은 자신들이 느끼고 있던 이러한 압박을 서로에게,

부모에게, 그리고 사원의 다른 어른들에게 이야기하기 시작했다. 그리고 이러한 토론을 거치면서 그들은 불교가 애매한 점이 많고, 또 '신앙'에 기반을 두고 있지 않기 때문에 기독교보다도 설명하기가 더 어렵다는 것을 깨달았다. 그 대신 불교는 '진리'를 추구하고 또 다른 사람들, 특히 자기 자신에게 정직하고자 노력하는 데 초점을 맞추었다. 절대자는 없다. 영혼도 없다. 오르지 행동(업)과 행동의 결과만 있을 뿐이다. 25개 내외의 단어로는 이것을 설명하기가 어렵다.

요시무라는 계속해서 보도하기를 남캘리포니아의 다른 지역들에 있는 사원들에서 10대들이 나중에 '토요일 밤의 불교토론그룹'에 참가했다고 말한다.

1세기의 경험을 바탕으로 미국불교단은 이제 이러한 압박에 대해 자신감과 자각을 가지고 접근한다. 최연소 세대들의 일차적 관심사와 그들의 감성에 새롭게 관심을 쏟고 있는데, 이들은 이제 이민 1세대로부터 3세, 4세, 5세까지도 나오고 있다. 종파적 교리와 전통주의는 미국 정토진종에 여전히 중요하지만, 미국불교단은 전혀 획일적이지 않다. 미국불교단 지도자들은 일련의 보수적이면서도 진보적인 방식으로 다르마 중심의 절, 사원, 상가의 부활을 주창하고 있다. 또 어떤 지도자들은 사원 생활의 문화적 차원, 그리고 종교적 정서와 민족 정체성을 유지하기 위해서는 일본어가 중요하다는 점을 강조하기도 한다.

미국 이민 공동체의 역사에서 종종 확인할 수 있듯이, 이민 3세 및 그 이후 세대에서는 전통으로 돌아가자는 운동이 일고 있다. 로스앤젤레스에서 유명한 3세 법사인 마사오 코다니Masao Kodani는 1990년대 중엽에 "전통의례가 새롭게 주목받으면서 많은 정토진종 불교사원들은 미국 종교의 '일요예배 참석' 관습을 유지하면서도 일요예배에 배어 있던 많은 기독교적 요소들을 없앴다"는 글을 썼다.[5] 이것은 또한 사원에서 후원하는 농구대회가 현대 사원 활동의 중요 요소로서 타이코(일본 전통 북치기), 본 오도리(연례적인 춤 행사), 모치츠키(떡 만들기) 같은 일본 문화전통들과 나란히 활발하게 행해지고 있다는 의미하기도 했다.

그러나 미국불교단이 주류가 되는 데에는 부정적인 단면도 있었다. 주류 개신교 교회들과 마찬가지로 미국불교단도 제도적인 무기력, 자금부족, 회원감소 같은 문제들을 가지고 있다. 소수민족인 유대교도와 가톨릭처럼 미국불교단의 회원들도 자신들이 주류세력에 이르게 되면 민족적, 종교적 정체성을 상실해버리는 경우가 많다는 것을 발견했다. 회원의 감소는, 높은 비율의 족외혼과 더불어, 성인교육에 대해서 그리고 일본정토진종 및 다른 정토불교단체와의 국제교류에 대해서 새로운 관심을 불러일으켰다. 동시에 일부 사원들과 스터디그룹들은 더 많은 비일본계 회원들을 끌어들이기도 했는데, 이들은 미국불교단의 회원으로서뿐 아니라 법사로서 오랜 세월 함께해왔음에도 불구하고 이들이 전체 공동체에서 차지하는 비율은 항상 매우 낮았다. 한 법사는 자신이 이끄는 사원들로 좌선단체들을 끌어들였다. 보수적인 회원들은 이러한 조치가 교리적 이유 때문에 논란의 여지가 있다고 생각하는데, 이에 대해서는 뒤에서 고찰할 것이다. 다수의 정토진종 지도자들은 또한 미국 불교 공동체라는 더 넓은 범주 안에서 개종자와 새로운 이민자 간의 의사소통 체계를 세우기 위해 노력해왔다.

미국 정토진종의 수행과 세계관

대다수의 미국인 개종 불교도들은 다르마를 좌선과 동일시하며, 정토진종을 재가 신앙불교의 한 형태라고 무시하는 경향이 있으며, 그 전통에 대해서도 거의 알지 못하고 있다. 그러나 4~5세대를 거치면서 정토진종은 영어화하고 현대화하면서 미국문화에 적응해왔다. 오늘날 미국불교단은 불교 공동체에서 소수자라는 그 지위에도 불구하고 미국화의 선두에 서 있다. 더욱이 정토불교는 일본에서 가장 대중적인 다르마 전통 중 하나이고 또한 다른 아시아계 미국인 불교 공동체들에서, 특히 베트남계와 중국계 공동체에서도 매우 중요하다. 따라서 미국불교단 그 자체는 대다수 개종자의 관심영역 밖에 있는 작고도 독특한 종파이지만, 그 철학, 교리, 수행은 다른 이민자 공동체의 전통에도 영향을 준다.

정토

정토진종淨土眞宗은 글자 그대로 '정토淨土' 불교의 '진정한(眞)' '종파(宗)'라는 뜻이다. 여러 세기 동안 동아시아 정토불교의 수행은 염불, 관상, 서원의 형태로 이루어졌는데, 이 가운데 여러 가지가 여전히 중국 불교에서 행해지고 있다. 정토불교의 수행은 정토에 잠정적으로 재생(왕생)하기 위해 사용되어 왔다. 이 정토는 다음 생에서 깨달음을 이룰 수 있도록 준비하기 위한 이상적인 환경이라고 간주된다. 고대의 경전(역주: 정토삼부경을 말함)에서는 황금의 나무, 보석테라스, 즐거운 음악, 향기로운 바람, 붓다·다르마·상가를 떠올려주며 지저귀는 아름다운 새 등 초월성을 전달해주는 풍성한 언어로 정토를 묘사하고 있다. 정토는 궁극적인 해탈의 힘을 기르기 위해 온전하게 고안된 환경이다.

　오랜 세월 동안 많은 불교도들은 정토를 독립된 별세계의 장소라고 생각해왔으며, 많은 서양인들은 이것을 기독교의 천국에 비유해왔다. 그러나 다른 해석자들은 정토를 하나의 장소라기보다는 초월적인 존재 상태라고 오랫동안 이해해왔다. 고대의 경전들에는 붓다가 정토를 설하기 전에 깊은 선정상태, 즉 삼매(samadhi)에 든다고 기술하고 있는데, 이 때문에 정토를 붓다의 깨어있는 의식의 반영이라고 이해하는 것이 가장 적절하다는 것이다. 붓다가 정토를 설명하는 것은 깨닫지 못한 존재들에게 전달하기 위한 상징적인 방편이라고 종종 간주되기도 한다. 오늘날 일부 정토진종 불교도들은 정토를 사후에 통과하게 되는 해탈의 영역이며, 이곳을 거친 후 모든 존재가 깨달음을 이루도록 돕는 보살도 수행을 위해 윤회의 세계로 되돌아오게 되는 곳이라고 묘사하기도 한다. 또 어떤 이들은 정토를 이승의 갈등과 모순 속에서 경험되는 기쁨, 평화, 희열이라고 이야기하기도 한다.

아미타 붓다

아미타 붓다(阿彌陀佛)를 비불교도들은 서양의 인격신 개념과 직접적인 유사성이 있는 것으로 종종 이해해왔다. 미국의 일부 정토진종 불교도들은 이 둘을 동일시하는 것으로 알려져 있는데, 이것은 영어화와 더불어 발생한 언어의 함정이다. 몇몇 불교 형태에는 많은 신들이 있지만 아미타 붓다는 그런 신이 아니다. 오히려 아미타 붓다는 대승불교 전통의 우주적 붓다들 중에서 가장 위대한 존재 중 하나다.

경전 문헌에 나와 있듯이, 아미타 붓다는 원래 세상을 등지고 깨달음을 얻기 위해 나섰던 다르마카라(Dharmakara, 法藏)라는 사람이었다. 오랜 세월 명상수행을 한 후 그는 가장 완벽한 정토를 만들고자 한 자신의 뜻을 선언하면서, 이 정토의 특징을 48개의 서원으로 묘사했다. 엄격한 신앙과 수행을 통해서 이 서원을 성취함으로써 그는 마침내 완전히 깨달은 붓다가 되었다. 그는 자신이 쌓아온 위대한 공덕장功德藏으로부터 정토를 만들어냈고, 거기서 아미타 붓다로서 살고 있다. 아미타라는 말은 무한한 생명과 빛을 의미하며, 모든 붓다와 보살의 무한한 지혜와 자비를 포함하고 있다.

이 이야기는 철학적인 성찰을 촉진했고 또 수백 년에 걸쳐서 정교한 교리가 되어갔다. 신란의 시대 이래로 정토진종 전통은 다르마카라의 서원을, 특히 18번째의 서원을 강조해왔다. 이 서원에서 다르마카라는 만일 "진심으로 기쁘게 나에게 의탁하며, 나의 땅에서 태어나기를 바라며, 나의 이름을 열 번만이라도 생각하는" 사람들이 정토왕생을 하지 못한다면 자신은 완전한 해탈을 포기하겠다고 말했다.[6] 다르마카라는 마침내 해탈을 얻고 정토에 머무르고 있기 때문에, 이 서원은 모든 사람들이 아미타 붓다의 명호를 부른다면 정토에 들어갈 수 있다는 것을 뜻하게 되었다.

아미타 붓다와 기독교의 신은 둘 다 단순한 인간 이상으로 간주된다는 점에서 어느 정도 비슷하다. 신과 아미타는 또한 둘 다 사랑과 자비의 원천이라고 간주되기도 한다. 정토진종은 '외적인 힘'을 뜻하는 타력他力의 길이며, 이것은 '자기 자신의 힘'을 의미하는 자력自力의 길과 대비된다. 이 문맥에서 '타력'이란 아미타 붓다의 힘과 가피를 통해서 깨달음이 온다는 것이다. 좌선 같은 수행은 자력이라고 간주되는데, 이러한 자력수행의 길은 모두 무익하다는 것이 바로 정토진종의 주장이다. 그러나 기독교의 신과 다르게 아미타 붓다는 전능한 창조자, 심판관, 절대적 지배자라고 이해되지는 않는다. 뿐만 아니라 아미타 붓다는 창조된 우주와 별개의 존재라고 간주되지도 않는다. 아미타 붓다는 오히려 우주에 내재하는 불성佛性을 지칭하기 위해 대승불교의 전통에서 사용하는 '일여一如' 혹은 '진여眞如'가 현상으로 드러난 것이다.

신심

신심信心은 종종 '믿음'이라고 번역되지만 '신심의식'이라는 어구에서처럼 번역하지 않고 사용되기도 한다. 이것은 금생에서 일어나는 영적인 변화를 가리키며 이해, 각성, 통찰도 동시에 포함하는 개념이다. 신심은 이 세상에서 전적으로 새로운 존재양식을 깨닫는 것이며, 자기 자신의 제한된 인간 본성과 모든 존재가 하나라는 사실을 각성하는 것이다. 이러한 변화는 의례 혹은 좌선과 같은 자기주도적 행위에 의해서가 아니라 아미타 붓다의 은총과 자비, 즉 타력을 통해서 일어난다. 신란은 신심이 이른바 테라와다 불교의 '입류(入流, 수다원)', 즉 첫 깨달음 상태와 같다고 말했다. 입류는 모든 번뇌를 다 극복하지는 못했지만 궁극적으로 완전한 해탈을 얻을 수 있다고 확신하는 경지를 말한다. 신심은 또한 우주만물의 상호의존성과 상호연관성에 대한 대승불교의 통찰을 의미하기도 한다. 정토진종 불교도들은 신심의 변화력이 다르마카라에 의해 성취되고 아미타 붓다에 의해 사람들에게 부여된 서원의 공덕에 달려있는 것이라고 이해한다.

염불

'염불念佛'이란 '나무아미타불', 즉 '아미타 붓다의 명호'를 가리키는데, 이것은 정토진종 불교에서 특히 중요한 역할을 한다. 이 염송 어구는 정토불교의 전통 속에서 오랜 역사를 지니고 있지만, 일본 정토종에서는 12세기경에 중심적인 위치를 차지하게 되었다. 일본의 불교개혁가 중 한 명인 호넨(法然, 1133~1212)은 정토왕생의 한 방법으로서 염불을 강조했다. 그의 제자였던 신란은 조촐하지만 중요한 방식으로 이 어구에 대한 자신의 이해를 다시 말했다. 그는 가르치기를, 염불할 때는 정토에 도달하기 위해서가 아니라 정토에 들어갈 수 있도록 이미 허락해준 아미타 붓다에게 감사하는 마음으로 해야 한다는 것이다. 이렇게 함으로써 신란은 아미타 붓다의 타력을 정토

철학의 전면으로 옮겨왔다.

정토진종에서는 염불을 아미타 붓다에 대한 기쁨과 감사의 표현이라고, 즉 신심의식信心意識으로부터 자연스럽게 일어나는 아미타 붓다를 향한 외침이라고 이해하고 있다. 보다 더 현대적이고 일상 언어적 수준에서 볼 때, 염불은 아미타 붓다에게 스스로를 의탁하는 한 방식이다. 사람들이 내적, 외적인 혼돈과 혼란에 직면해 있을 때 아미타 붓다가 그들을 북돋아주기 때문이다. 정토진종 불교도들은 염불이 금강승 불교식으로 깨달음을 유발하거나 아미타 붓다에게 호소하기 위해 사용되는 만트라(진언)와는 다르다고 여긴다. 진언의 염송은 좌선과 마찬가지로 정토진종 불교도들이 무익하다고 여기는 자력수행이기 때문이다.

이와 같은 정교한 교리적 고찰이 중요하기는 하지만, 미국불교단의 종교생활에는 고타마 붓다의 탄신을 축하하는 화제花祭, 신란의 탄신일인 강탄회降誕會, 붓다의 깨달음을 축하하는 성도회成道會 등과 같은 전통의례와 의식도 풍부하다는 사실이 가려져서는 안 된다. 가정에 마련된 제단은 아미타 붓다를 마음에 떠올리고 또 조상을 경배하기 위해 사용되는데, 이 제단은 오랫동안 정토진종의 신앙에서 중요한 역할을 해왔으며 오늘날에도 여전히 그렇다. 장례식과 조상에게 정기적으로 올리는 제사는 수백 년 전에 일본 불교가 죽음 및 그 이후의 생과 결부되게 된 때부터 계승된 관습으로서 미국불교단의 종교생활에서 필수적인 부분을 차지하고 있다. 존경의 표시로 양손을 모아 가볍게 인사하는 합장合掌, 염송할 때 사용하는 묵주 비슷한 구슬 꾸러미인 주주呪珠, 특별한 행사에 맞게 향을 피우는 방식들, 법명 받기 등과 같은 사원 예절들은 정토진종의 정체성, 감성, 신앙에 지속적으로 영향을 주고 있다.

그러나 전통, 교리, 의식이 이렇게 중요하기는 하지만 미국의 정토진종 불교도들은 여러 가지 면에서 교구 기독교인들과 매우 닮았다. 사원의 예배에는 거의 모습을 보이지 않다가 미국불교단의 공동체 활동 중 큰 행사인 연례적 사교모임들에서 비로소 그 모습을 드러내는 '바자회 불교도'가 있다. 종교생활에서 주로 사원의 운영을 도움으로써 공동체에 기여하는 '임원 불교도'도 있다. 그런가 하면 자녀들을 미니 밴에 태우고 이 사원 저 사원의 활동에 참여하면서 많은 시간을 보내는 불교도 '농구팀 엄마들'도 있다. 후진카이(불교 부인회)는 초창기부터 정토진종의 대들보였으며, 지난 수십 년 동안 여성들도 미국불교단의 법사 대열에 합류해왔다.

정토진종 불교도들이 이런저런 면에서 중류층 기독교인들과 비슷한 점이 많지만 주목할 만한 차이도 있다. 미국불교단 공동체는 미국에서 비교적 긴 역사를 거쳐 오면서 두 세계에서, 즉 동아시아에 뿌리를 둔 불교적 세계와 서양 기독교에 의해 주로 형성된 유럽계 미국인의 세계에서 살아가는 방식에 잘 대처해왔다. 로스앤젤레스 센신 사원(Sen-shin temple)의 마사오 코다니Masao Kodani는 자신의 저서 중 한 곳에서, "극동과 미국이라는 이 양립 불가능해 보이는 전통을 우리가 받아들인 방식이 바로 우리의 독특한 점이다. 우리는 일본에 사는 일본인과 같지도 않고, 지극히 미국적인 미국인도 아니며, 이 두 상이한 세계의 장점을 가지고 있는 것도 역시 아니다"라고 말한다. 대부분의 경우 미국불교단 불교도들은 이 중첩되는 두 세계

사이를 쉽게 넘나들지만 "우리가 이러한 대립을 해소하려고 시도할 때는 주기적인 고뇌의 순간들이 있다."[7]고 코다니는 말한다.

코다니가 가리키는 고뇌의 순간들 중 몇 가지는 틀림없이 종교와 관련되어 있다. 미국불교단 불교도들은 자신들의 수동성에 대해서, 행복추구와 성공이 동일하다는 것을 인정하기 싫어하는 것에 대해서, 외향적이고 미국적인 스타일의 긍정적 사고를 받아들이지 않으려고 하는 점에 대해서 스스로를 자주 비판한다. 그러나 코다니는 미국불교단 불교도의 이러한 성격적 특성이야말로 잘 가꾸어서 간직해 할 내성적內省的 불교 가치의 신조라고 여긴다. "우리 자신에 대한 진실이 긍정적인 자기이미지와 긍정적인 사고보다도 더 중요하다. 다르마를 기뻐하는 것은 원하는 바를 얻어서가 아니라 마음이 자신에 대한 진실로 옮겨갔기 때문이다. 원하는 것을 얻는 것은 행복이고, 진실한 것에 인도되는 것은 기쁨이다. 행복과 기쁨은 이러한 맥락에서 서로 관련 없는 두 개의 단어일 뿐이다."[8]

코다니는 보스턴의 더블유지비에이치(WGBH) 교육재단이 제작한 1993년의 다큐멘터리 「로스앤젤레스에서 붓다 되기」(Becoming the Buddha in L.A.)에서 이러한 불교적 사유의 노선을 더욱 발전시켜 나갔다.[9] 그의 말은 여러 세대를 거쳐서 주변부로부터 미국의 주류로 진입하는 데 성공한 한 소수 종교·인종 공동체의 자신감과 집단적 지혜를 나타내준다. "만일 당신이 서유럽 출신이라면, 당신은 하나의 전통을 공유하고 있겠죠"라고 코다니는 인터뷰 진행자인 하버드 대학교의 다이애너 에크Diana Eck에게 말했다.

우리의 전통은 매우 많이 다릅니다. 그것은 아주 다른 견해에 기반을 두고 있지요, 다시 말해서 '당신 자신' 혹은 '당신이 누군가에 대한 당신 자신의 생각'처럼, 어쩌면 근원적으로는 실재하지 않을지도 모르는 것들을 다른 사람에게 강요하지 않는다는 것입니다. 만일 당신이 불교 전통에서 왔다면, 성숙한 사람이란 떠들지 않고 침묵을 배우는 사람입니다. 이 점이 미국의 전통과 완전히 다릅니다. 만일 당신이 불교 전통에서 온 사람이라면, 자신이 누구인지를 안다고 말하는 사람에 대해서 상당히 의구심을 가지게 될 것입니다. 성숙한 사람이란 자신이 누구인지 모른다고 말하는 사람입니다.

전통 기독교의 중심사상일 뿐 아니라 많은 미국인들의 생각에 내재해 있는 한 가지 개념에 대해서 코다니는 이렇게 덧붙인다. "우리의 종교에서는 영혼 같은 것이 없다고 가르칩니다. 뿐만 아니라 영혼의 존재를 믿고자 하는 욕구는 고통을 야기합니다. 이 점이 상당히 근본적으로 다르다고 생각하고요, 이 점이 모든 것을 어떻게 바라보는지에 영향을 주죠."

그러나 그의 생각으로는, 종교적 신념이 이렇게 근원적으로 다르다고 해서 그것이 적대감과 갈등의 원천이 될 필요는 없다는 것이다. "합일이 곧 만장일치를 의미하는 것은 아님을 이해해야 합니다"라고 코다니는 말했다.

불교적 체험은 이것에 기초하고 있습니다. 합일이란 일치를 의미하는 것이 아닙니다. 그것은 모든 사람이 서로 다르다는 것을, 그리고 그것이 우리가 사이좋게 지낼 수 있는 이유라는 것을 의미합니다. …… 사이좋게 지내기 위해서 어떤 일에 대해서든 의견이 일치해야만 한다는 것은 맞지 않습니다. 제 말은, 만일 당신이 영혼 같은 것은 없다는 것을 믿지 않는다고 해도 그것 때문에 내가 피해를 입지는 않는다는 것이죠. 알다시피 그렇다고 내가 하루를 망치는 것은 아니라는 거죠. 내가 영혼이 없다고 주장한다고 해서 당신이 하루를 망치겠습니까? 그렇지 않죠? 이러한 입장은 미국에 아주 중요합니다. 다른 어떤 나라보다도 전 세계가 다 모여 있는 곳이니까요.

대체로 작은 규모와 집단적인 예절감각으로 인해 미국불교단은 이민자와 개종자, 그리고 미국 불교의 미래에 대한 현재의 논의에서 종종 간과되고 있다. 그러나 미국불교단의 회원들은 과거에 상당한 대가를 치렀고, 미국 다르마의 개척자로서 그 위상을 정당하게 확보했다. 미국불교단이 어떤 식으로 현재의 난제를 처리해가든 정토진종 불교도들은 현재 형성과정 중에 있는 미국 불교의 모자이크에서 구세대의 중류층 민족불교 집단이라는 독특한 위치를 비교적 소수의 다른 일본계 및 중국계 미국인들과 함께 공유하고 있다.

제6장

창가학회와 일련종의 인본주의

미국 창가학회(Soka Gakkai International-USA)는 일본에서 시작되어
전 세계로 퍼져나간 일련종日蓮宗 운동의 미국지부이다. 지난 반세
기 동안 이 단체의 독특한 미국화 여정은 매우 전통적인 태도를 지
닌 일련종 승려와 혁신적인 태도를 지닌 재가자 간의 갈등에 깊은
영향을 받아왔다. 수십 년에 걸쳐 승려와 재가자는 함께 미국 일련
정종(美國日蓮正宗, Nichiren Shoshu of America)이라는 단체를 만들
었다. 그러나 1991년 승려와 재가자 양측의 해묵은 갈등이 터져 나
오면서 공식적으로 분리되었다. 그때부터 이 운동은 두 단체로, 즉
승려들이 이끌던 소규모의 일련정종 사원(Nichiren Shoshu Temple)
과 이보다 훨씬 더 큰 규모이고 전적으로 재가자 운동인 미국 창가
학회로 나뉘었다. 미국 창가학회는 재가 단체적 성격, 분열 이후 회
원들이 발휘한 열정, 전쟁 전 일본에서 시작된 진보성향의 전승 등
의 결과로 현재 미국 지역에서 가장 혁신적인 불교 형태 중 하나로
변모했다.

그러나 창가학회가 이렇게 독특하게 변화한 데에는 다른 변수들도 작용했다. 미국 일련정종은 처음에는 많은 미국인들이 아시아 종교를 받아들인 1960년대에 미국에서 번성하기 시작했지만, 그렇다고 선禪만큼 그렇게 친밀하게 반문화와 동일시된 것은 결코 아니었다. 미국 창가학회와 마찬가지로 미국 일련정종은 주로 개종자 불교의 한 형태이다. 비록 일본뿐 아니라 아시아의 다른 지역 출신 이민자가 많이 참가하고 있다고 해도 말이다. 더욱이 일본인 이민자들은 미국에 그 기반을 구축하는 데 중추적인 역할을 했다. 그러나 미국 창가학회도 미국의 여러 도시에 성공적으로 포교한 결과 다른 개종자 불교집단들보다도 더 많은 아프리카계 미국인과 히스패닉계 미국인 회원들을 보유하고 있다. 많은 사람들은 활동적인 아프리카계 미국인 연예인인 티나 터너가 불교도라는 것을 알고 있지만, 그녀가 일련종 불교도로서 미국 일련정종의 전성기 때 다르마를 받아들였다는 것을 아는 사람은 많지 않다.

일련종은 독특하게 일본적인 불교 형태이며, 13세기의 개혁가 니치렌의 이름에서 나왔는데, 그는 이것을 별개의 종교로 구체화했다. 그러나 니치렌의 교리와 수행은 동아시아 전역을 지배하고 있는 광범위한 대승불교 전통 안에 자리 잡고 있다. 다른 많은 대승불교 형태와 마찬가지로 일련종도 역시 『법화경』에서 그 영감을 얻고 있다. 일본에서는 수백 년에 걸쳐서 30개가 넘는 일련종 종파와 운동이 일어났지만, 그 중에서 창가학회가 가지고 있는 가장 독특한 특징들은 20세기 중엽의 일본 종교사에 그 뿌리를 두고 있다.

미국 창가학회는 현재 회원수가 10만에서 30만 사이라고 주장하

뉴욕 창가학회 사무실 풍경.

고 있는데, 오차범위가 이렇게 넓은 것은 이 운동이 가정을 기반으로 하고 있기 때문이기도 하다. 미국 창가학회는 잘 조직된 기구이지만 평신도 가운데 많은 회원들은 자유롭게 들어왔다 나가기도 한다. 다른 개종 불교도들이 받아들인 선 및 여타 불교 전통들과 창가학회는 공통점이 거의 없는데, 그 원인으로는 일련종 교리가 과거에 매우 종파적인 경향이 있었다는 점과 최근까지 매우 열성적인 일련종의 전도방식을 들 수 있다. 다른 개종 불교도들의 태도 역시 창가학회가 다른 개종자 불교 형태와 이렇게 구별되는 데 기여했다. 개종 불교도 중 많은 사람들은 일련종 불교도의 종교성향이 너무 신앙적이고 또 다르마를 물질적, 영적 행복의 수단으로 보는 경향이 있다고 여긴다. 그들은 일련종의 복음주의적 전도방식을 불신하고 있으며 또 일련종이 고도로 제도화된 점은 권위주의를 의미한다고 보고 있다. 그러나 어떤 측면에서 볼 때, 미국에서 선과 일련종 불교도 사이의 틈새는 상호간의 이해가 결여되었기 때문이고, 이것은 또한 이 두 집단이 일본에서 오랜 반목의 역사를 가지고 있다는 사실을 보여준다.

일본에서의 역사적 배경

오늘날 일련종의 미국화에 작용하고 있는 기저의 세력 중 많은 부분은 창가학회의 창시자인 마키구치 쓰네사부로(牧口常三郎, 1871~1944)의 진보사상으로 거슬러 갈 수 있다. 마키구치는 1871년에 일본 북서부의 작은 마을에서 가난한 집안의 아들로 태어났다. 어린 시절에 대해서는 알려진 바가 거의 없지만, 사포로의 한 초등학교에서 감독교사의 직책을 맡았던 1893년 무렵 그가 평생 지니고 있던 진보교육에 대한 열정은 이미 확고해져 있었다. 그 당시 일본의 교육은 매우 엄격했으며 충성스런 시민을 양성해서 일본의 산업화와 근대화에 도움이 되도록 고안되어 있었다. 그러나 20세기 초 일본의 지식인과 교육자는 미국, 영국, 독일로부터 수입된 진보적이고 인본주의적 교육이론들에 많은 관심을 보이고 있었다. 교직을 경험한 결과, 마키구치는 일본의 교육제도를 혹독하게 비판하면서 이러한 진보적 이론들에서 영감을 얻고자 했다.

1901년에 마키구치는 도쿄로 옮겨갔고, 비록 대학교육을 받지 못했지만 교육개혁을 위해 자신이 일할 수 있게 만들어줄 학문적 명성을 쌓기 위해서 그는 책을 출판하고자 했다. 일본의 문화지형과 민속사회들에 관한 책을 펴내 호평을 받았음에도 불구하고 그는 대학에 소속되지 않고 다양한 편집업무에 종사했다. 1913년에 그는 도쿄의 한 초등학교 교장으로서 교육현장에 돌아왔다. 그 이후 20년간 그는 도쿄의 여러 학교에서 교사와 행정가로 일했으며, 그 기간 동안 자료를 수집하여 1930년대 초 4권짜리 『창가교육학체계創價教育

學體系』전집을 발간했으며, 거기에 자신의 진보적 교육이론들을 기술했다.

마키구치의 이론들은 국제창가학회의 토대이며, 세 가지의 다른 세속적 원천들이 그의 창가創價 사상에 영감을 주었다. 그 중 하나는 문화지형, 즉 19세기 말 다수의 저명한 일본인 해석자들이 활동하던 학계를 들 수 있다. 마키구치는 문화와 환경의 상호관계, 그리고 그것이 개인의 발달에 끼치는 영향에 대해서 학자들의 사상을 이용했다. 다음으로는 미국의 실용주의 철학자 존 듀이John Dewey의 저작을 들 수 있다. 듀이는 진보적 교육사상을 내세움으로써 미국에서 널리 칭송받았다. 세 번째 영감의 원천은 근대 사회학이었는데, 특히 레스터 와드(Lester Ward, 1841~1913)의 사상이었다. 마키구치는 와드로부터 가치 및 가치창조와 관련된 기본사상을 이끌어냈다. 마키구치는 개개인의 행복추구, 개인적 이득, 사회적 의무감이 모두 함께 어우러져 조화로운 공동체의 발전을 촉진할 수 있는 교육체계를 구상했다. 그의 사상의 세부내용과 그의 이론의 견실함은 여기서 논의할 대상은 아니다. 다만 어떤 이들은 그를 순진한 이상주의자라고 무시하기도 하고, 또 어떤 이들은 그를 선지자라고 칭찬하기도 했다.

일련종은 1928년에 국제창가학회의 두 번째 토대가 되었다. 그해에 마키구치는 가치창조 교육을 위해서 종교적 영역이 필요하다는 것을 뚜렷이 느끼고서 '니치렌의 바른 종파'라는 일련정종에 가입했다. 그가 『과학과 최상의 종교를 통한 가치창조 교육 방법의 실제적 실험』이라는 제목의 소책자를 발간한 1937년까지는 종교가 그의 사상에 영향을 주었다는 증거가 거의 없다. 이 책의 제목이 암시하듯이, 그는 그 무렵 가치창조와 일련종을 명시적으로 연계시키기 시작했다. 역시 같은 해에 오늘날의 국제창가학회의 전신인 창가교육학회創價教育學會가 형성되었고, 마키구치가 초대회장이 되었다. 1943년 일본정부에 의해 해산될 때까지 창가교육학회는 점점 더 종교에 몰두하게 되었다. 이 기관의 월간지 『가치창조價值創造』에는 일련종 종교수행이 어떻게 물질적, 정신적 혜택을 가져다주었는지에 대한 회원들의 증언들과 더불어 마키구치의 가치창조 사상이 실려 있다.

1943년 7월 마키구치와 창가교육학회의 지도자들이 전부 수감되었다. 일본정부가 그들을 반역죄로 고소했기 때문이다. 그 이유는 일련정종을 다른 일련종 종파들과 통합하려는 전시 정부의 노력에 맞서서 그들이 반대했고, 또 국교인 신도에 대해 그들이 맹렬히 반대했기 때문이었다. 1944년 11월 마키구치는 73세의 나이에 영양실조로 옥사했는데, 수감기간 내내 창가교육학회와 일련종 두 가지에 대한 충직한 마음을 버리지 않았다.

가치창조와 일련정종 사이의 연계는 전후 수십 년이 지나서 마키구치의 후계자이며 오랜 조력자이자 친구였고, 역시 수감생활을 했던 토다 조세이(戶田城聖, 1900~1958)에 의해 강화되었다. 수가모(巢鴨) 구치소의 감방에서 토다는 일련종의 가장 중요한 수행인 다이모쿠(題目: 남묘호렝게쿄南無妙法蓮華経라는 만트라)를 200만 번 넘게 염송했다. 이것은 강력한 종교 체험의 기반이 되었으며 이후에도 평생 그에게 영향을 주었다. 전후에 토다는 창가학회라는 이름으로

이 운동을 부활시켰다. 이전의 명칭에서 '교육'이라는 용어를 뺀 것을 보면 그가 어떤 식으로 이 단체를 세속적인 관심사로부터 더 깊은 종교적 측면에 역점을 두는 쪽으로 이끌고 나갈 것인지가 나타난다. 토다는 창가학회의 소생을 위해 노력을 기울이면서 이 운동이 전쟁 전에는 교리적 명확성과 규율이 결여되었기 때문에 불안정했다고 확신하게 되었다. 그리하여 그는 『법화경』과 니치렌의 저작들을 가르치기 시작했다. 토다는 1951년 창가학회의 2대 회장이 되었다. 1958년 사망할 당시 그는 창가학회를 전후 일본에서 가장 필수적이고 활기찬 신종교 운동 중 하나로 변모시켰으며, 그 회원은 75만여 가구에 이르렀다.

토다의 성공은 일련종과 오랫동안 관련된 전도, 설교, 가르침의 한 방식인 샤쿠부쿠(折伏: 망상을 끊어주고 오류에 대한 집착을 굴복시키는 전도방식)을 능숙하게 실행한 데 있었다. 토다는 전후 일본의 사회적 혼돈을 니치렌 시대의 혼란에 비유하면서 그에 대한 해결방법으로서 샤쿠부쿠 전도방식을 내세웠다. 그의 종교적 비전은 니치렌의 코센루푸(広宣流布: 『법화경』의 한 구절이며, 불법을 세상에 널리 퍼뜨린다는 뜻) 사상의 영향을 받기도 했는데, 이 용어는 세상을 참된 불교로 개종시킨다는 의미뿐 아니라 세계평화와 조화라는 유토피아적 비전도 함께 함축하고 있다. 토다는 개개인의 사적인 삶과 전도활동에 의미를 부여하는 방식으로 이러한 수행과 사상을 가치창조와 연계시켰다. 1951년에 토다는 자신의 신도들에게 이렇게 말했다. "여러분은 확신을 가지고 샤쿠부쿠를 이행하십시오. 지금 하지 않는다면, 제가 말씀드리건대 여러분은 결코 행복할 수 없을 겁니다."[1] 개인이 행복을 얻기 위해서는 전도를 해야 된다는 이런 식의 권유는 1950년대를 통틀어서 일본 창가학회에서 가장 중요했으며, 이후에는 미국에서도 그랬다. "여러분이 왜 샤쿠부쿠를 행해야 하는지 말씀드리죠." 토다는 일본에서 추종자들에게 말했다.

이것은 창가학회를 확장하기 위해서가 아니라 여러분을 더 행복하게 만들기 위해서입니다. …… 세상에는 가난과 질병으로 고생하고 있는 사람들이 많습니다. 이 사람들을 진정으로 행복하게 해주는 유일한 방법은 그들을 샤쿠부쿠시키는 것입니다. 여러분은 가정에서 기도하는 것으로 충분하다고 말할지 모릅니다만, 샤쿠부쿠를 행하지 않는다면 여러분은 그 어떤 신성한 혜택도 받지 못할 것입니다. 샤쿠부쿠를 잊은 신도는 이러한 혜택을 전혀 받지 못합니다.[2]

토다의 종교적 신념은 이 운동의 형성에 크나큰 역할을 했다. 비록 의도치 않게 그가 이후에 일어난 분열의 토대를 놓았다고 해도 말이다. 토다는 창가학회와 일련정종 사이의 제도적 관계를 강화했는데, 이런 일은 마키구치 아래에서는 보다 더 개인적인 차원에서 이루어졌다. 1951년에 토다는 종교단체로서 창가학회에 대한 공식 법인 등록을 요청했다. 그 헌장에 따르면 창가학회와 그 회원들은 일련종 승려의 성스런 지휘권에 종속되게 되었다. 이 승려들에게는 결혼식, 장례식, 성인식, 제사를 행할 수 있는, 그리고 무엇보다도 일련정종의 예배에서 반드시 필요한 신앙적 두루마리인 고혼존(御

本尊)을 발급할 수 있는 권한이 부여되어 있었다. 창가학회는 또한 그 회원들을 지역의 일련정종 사찰에 등록시키고 승려의 전통에 맞게 규정된 교리를 준수할 의무를 가지고 있기도 했다. 토다는 또한 후지산 근처 일련정종의 총본산 타이세키지(大石寺)를 찾아가는 순례 행사인 토잔(登山)을 창가학회 수행의 가장 중요한 요소로 만들었다.

토다가 마키구치의 진보적 이상과 일련정종의 제도를 연계시킨 것은 내적으로는 불안정하긴 해도 매우 효율적인 연대를 창출했다. 하지만 결과적으로 승려와 재가자 사이에는 갈등이 주기적으로 표출되었다. 그러나 이러한 갈등이 전면적인 분열로 끝나게 된 것은 토다의 후계자로서 창가학회의 회장이 된 이케다 다이사쿠(池田大作, 1928년생)에 이르러서였다.

아직도 국제창가학회의 회장을 맡고 있는 이케다 다이사쿠는 비방과 비판을 받기는 해도 많은 사람들에게 가장 위대한 현대 불교 지도자 중 하나로 간주된다. 그는 10대 후반에 창가학회로 개종했으며 긴 세월 동안 청년부장으로 일했다. 그는 토다 아래서 샤쿠부쿠 운동을 하면서 두각을 나타냈으며 토다는 그를 후계자로 지명했다. 1960년, 이케다는 창가학회의 회장이 된 후 계속 연임하면서 40년 가까이 재가자 운동에서 가장 영향력 있는 인물로 남아 있다.

이렇게 긴 세월 동안 회장직을 맡으면서 이케다는 대체적으로 시행착오의 연속이었던 긴 과정을 지나오면서 창가학회를 더욱 온건하고도 인본주의적인 불교운동으로 재편하였다. 전도의 분위기와 기법을 점차적으로 개량하기는 했지만 그는 처음부터 샤쿠부쿠의 중요성을 지속적으로 강조했다. 그는 코센루푸 사상을 수정하여 제시하기도 했는데, 이에 따라서 코센루푸는 세상을 일련종으로 개종시키는 것이 아니라 일련종을 널리 전파시키는 것을 의미하게 되었다. 이 기간 동안 이케다는 또한 창가학회를 모든 대륙에 전국적 조직들을 거느린 세계적인 운동으로 변모시켰다. 그 이전에 창가학회는 일본 국내의 신종교新宗教 가운데 하나였다. 신종교란 전후 일본에서 일어난 여러 종교 운동들을 개괄적으로 가리키는 용어다.

이케다는 토다를 주요한 영감의 원천이라고 하면서 시종일관 치켜세우지만, 그는 또한 창가학회를 마키구치가 강조했던 진보교육으로 되돌려놓았다. 1961년에 이케다는 가치형성을 촉진하는 경제, 언어, 교육, 예술 부서들을 갖춘 창가학회 문화국을 창설했다. 1968년에는 창가 고등학교, 1971년에는 창가 대학교를 설립했는데, 둘다 가치창조 교육을 보여주고자 하는 의도가 있다. 이케다는 1964년에 공명당公明党을 창설함으로써 창가학회를 일본 정치로 끌어들였다. 선거에서 성공하자, 신종교 단체가 정부에 영향력을 행사할 수 있고 또 전후의 정교분리 원칙에 위배될 수 있다는 광범위한 우려가 제기되었으며, 결국 1970년 창가학회와 공명당은 법적으로 분리되었다. 미

미국 창가학회 건물.

국 창가학회에서는 종교와 정치를 직접 연결하려는 이런 식의 시도가 전혀 없었다.

　이케다가 『법화경』과 니치렌의 가르침에 깊이 전념했다고 할지라도 그의 영특함과 성공으로 인하여 창가학회와 일련정종의 분열이 촉진되었다는 것은 의심할 여지가 없다. 이케다는 추종자들에 의해 오랫동안 위대한 선생이라고 간주되어왔다. 그의 카리스마가 그렇게 대단했기 때문에 많은 사람들은 그를 새로운 니치렌에 비유하기도 했는데, 일련정종 승려들은 이 점을 수긍할 수 없었다. 그런데 이보다 더 근원적인 면에서 볼 때, 분열의 원인은 창가학회가 국제적인 운동으로 발전하기 시작하면서 그 역동적인 성장이 일련정종의 권위, 힘, 상상을 넘어서기 시작했기 때문이었다.

미국에서의 초기 발달양상

이케다의 지도 아래 창가학회에서 일어난 점진적 변화는 미국에서 전개된 운동의 발달에서 그대로 나타난다. 1960년에 3대 회장으로 취임한 직후 이케다는 처음으로 미국을 여행했는데, 이것은 전 세계에 샤쿠부쿠 전도방식을 가동할 최초의 범세계적 전도여행이었다. 샌프란시스코에서 행한 연설에서 이케다는 크리스토퍼 콜럼버스를 들먹이며 자신이 신세계에 도착한 것을 미국에 정식으로 샤쿠부쿠를 개시하는 것에 비유했다. "우리는 이제 크리스토퍼 콜럼버스가 그랬듯 이 대륙에 첫발을 내디뎠습니다." 이케다는 말했다. "그러나 우리는 이 여행에서 우리 행동을 개시한다는 점에서 콜럼버스가 했던 것보다 더 위대한 과업을 눈앞에 두고 있습니다. 앞으로 20년 혹은 50년이 지나면 오늘은 매우 중요한 날로 기념될 것입니다."[3]

이 무렵 미국에는 대략 300명의 창가학회 회원들이 있었는데, 대부분이 일본인 이민자들이었으며 그 중 다수는 미군의 일본인 부인들이었다. 이 개척자 여성들의 초창기 활동에 대한 이야기들은 이제 전설이 되었다. 그러나 현재 미국 창가학회가 다양한 구성원을 가지게 된 것은 이 여성들이 다양한 미국인 이웃들에게 용기 있게 샤쿠부쿠 전도방식을 행한 덕택일 수 있다.

미국 최초의 조직은 미국 창가학회(Soka Gakkai of America)라고 명명되었다가 나중에 미국 일련정종(Nichiren Shoshu of America)이라고 불렸는데, 이것은 1960년 이케다에 의해 창설되었다. 영어로 진행된 최초의 모임은 1963년에 이루어졌으며, 이 모임은 참가자가 1천 명에 이른 최초의 전미총회(All-America General Meeting)였다. 1960년과 1965년 사이에는 미국인 회원들이 후지산 근처의 승려 사원인 타이세키지로 네 차례에 걸쳐서 순례를 했다. 1960년대 중엽에 이르러 미국 일련정종의 기관지 『월드 트리뷴』(*World Tribune*)이 발간되었다. 이 기간 내내 미국 일련정종은 공식적인 지도자가 없이 운영되었지만 마사야수 사다나가Masayasu Sadanaga의 비공식적인 지도 아래 발전해갔다. 사다나가는 일본에서 양육되었지만 1957년 미국에 온 한국태생의 이민자였다. 1968년 사다나가는 이케다에 의해 미국 지부장으로 임명되었다. 얼마 후 그는 조지 윌리엄스George Williams로 이름을 바꾸었는데, 이것은 분명 미국 일련정종이 미국화에 얼마나 전념하고 있는지를 강조하기 위한 방법으로서 이케다의 제안이었을 것이다.

1960년대의 사회불안이 정점에 치닫자, 일본계뿐 아니라 비일본계도 포함된 일련종 불교도들은 샤쿠부쿠에 전념하면서 코센루푸의 비전으로 활기에 넘쳐 있었으며 그 수가 점점 늘어갔다. 그들은 미국 도시의 거리에서 힌두교 운동단체인 하레 크리슈나Hare Krishna 및 다른 영적 열광자들과 더불어 눈에 띄기도 했다. 그러나 미국 일련정종의 미국화 노력은 샤쿠부쿠, 미국인의 애국심, 가치창조를 독특하게 합성한 전도방식을 조장하게 되었다.

기본적인 샤쿠부쿠 형태는 길거리 전도, 즉 거리로 나가서 사람들을 불교모임에 데리고 오는 것이었다. 이런 식으로 새로운 사람들을 니치렌 수행의 기본요소인 염송모임에 이끌어왔다. 이어지는 토론시간에는 숙련된 일련종 불교도들이 나서서 그들의 수행이 어떻게 '혜택'을 가져다주는지 증언하곤 했다. 이러한 혜택은 금전적 이득, 건강, 좋은 성적과 같은 구체적인 관심사로부터 인생의 의미에 대한 통찰과 관련된 영적인 문제들에 이르기까지 그 범위가 넓다. 그러나 이 모든 증언의 주요한 취지는 일련종 수행이 자신의 삶과 운명에 대한 책임을 지는 데 도움을 준다는 것이었다. 불교용어로 볼 때, 그들은 수련자들로 하여금 독을 약으로 바꾸도록, 즉 인생의 부정적 요소들을 긍정적인 이득으로 바꾸도록 할 수 있었다.

'문화 축제'라고 불리는 대중적 의식은 이러한 초창기 샤쿠부쿠 운동의 또 다른 중요한 부분으로서 이것은 가치창조의 측면에서 보다 더 공동체적인 요소를 표현했다. 이러한 축제 역시 미국화를 위한 전략적 도구였다. 15년 동안 미국 일련정종의 지도자들은 일련의 청소년 가장행렬과 가두행진을 통해서 일련종과 미국의 가치가 동질감을 가지도록 했고, 그것은 미국독립 200주년 기념제 동안 대대적인 애국행사들에서 정점을 이루었다.

1976년 '미국 일련정종의 미국독립 200주년 대회' 직후에 이 조직은 이른바 제2단계에 진입했다. 이것은 샤쿠부쿠 운동이 매우 적극적이고 대중적인 단계로부터 벗어났음을 보여주는 것이었다. 길거리 전도행위는 그만두었다. 창가학회 회원들이 10년 동안 정신없이 바쁘게 전개해왔던 활동도 느슨해졌다. 조직의 분위기는 샤쿠부쿠의 열정에 의해 추진되었던 집단주의로부터 개인적이고 내부지향적인 방향으로 전환되기 시작하였다. 미국 일련정종의 많은 회원들은 니치렌의 저작과 『법화경』 공부, 개인의 성장, 불교도 가정의 발달로 관심을 돌렸다. 이러한 변화가 일어난 여러 가지 이유가 제기되었다. 그 중에는 미국 일련정종이 광신적 종교집단으로 인식될 수도 있다는 두려움의 증가, 개종자가 줄어드는 우려에 대한 대응, 1960년대 문화적 격변의 종식을 들 수 있다. 어떤 경우에든 제2단계도 역시 1960년 이래로 이케다의 지도 아래서 지속된 점진적이고 광범위한 온건주의와 보조를 맞추어가고 있었다.

1980년대에 진입하면서 미국 일련정종은 회원이 50만 명에 이른다고 주장했지만, 대다수가 이제 인정하듯이 이 수치는 과장되었다. 또한 그 당시에 미국 일련정종은 회원 가운데 25%는 아시아인, 40%는 백인, 19%는 아프리카계 미국인, 그리고 5% 정도는 히스패닉이라고 추산했다.[4] 그러나 1980년대 말에는 승려와 재가자 사이의 장기적인 갈등이 재개되면서 결국 1991년 창가학회는 일련정종으로부터 파문당했다. 그때 재가자 조직은 국제창가학회라는 현재 명칭을 채택했다. 창가학회와의 유대를 버리고 승려와 연대한 사람들은 일련정종 사원(NST)이라는 명칭을 내세웠다.

일련종 수행 및 세계관이 분열된 원인

일련정종과 창가학회는 토다 조세이 아래에서 정식으로 연대가 수립된 이래 상호간에 이득이 되었다. 창가학회는 전후 일본에서 대체로 빈사상태에 있던 일련정종 종파에게 전 세계의 활기찬 신입회원, 상당한 자금원, 영향력과 명성을 안겨주었다. 일련정종은 창가학회에게 정통성, 문화적 권위, 다수의 전통 종교문헌, 교리, 의례를 제공함으로써 창가학회가 전후 일본에서 번창했던 여러 신종교 운동 집단 가운데 두각을 나타내도록 도움을 주었다.

각자가 얻은 이득에도 불구하고 이 연대는 거의 처음부터 갈등이 있었다. 그런데 과거에는 비교적 사소했던 사건들이 1990년대 초부터는 매우 과장된 언어를 사용하여 양측에 의해 다르게 제시되는 경우가 잦았다. 탐욕스런 승려와 불경스런 재가자, 횡행하는 이기심, 교활한 파워 플레이라는 말이 오고가는 험악한 비난과 반격에 대해서 외부 관측자들이 볼 때는 최후의 분열이 그나마 위안이 될 수 있는 것처럼 보였다. 그러나 종종 복잡하고도 쓸데없는 이러한 비난 때문에 니치렌의 가르침에 대한 근본적 논란이 갈등의 핵심에 있었다는 사실, 그리고 양측에게 많은 것들이 위태로워졌다는 사실이 가려져서는 안 될 것이다. 두 집단의 분열이 16세기 유럽 기독교의 종교개혁에 비유된다는 것도 타당성이 없지는 않다.

두 집단은 프로테스탄트와 가톨릭이 그랬던 것처럼 전통적 수행과 종교적 세계관에서 많은 근본요소들을 공유했고 또 계속 공유하고 있다. 그러나 창가학회가 늘어나는 자신감을 가지고 세계무대로 나아가면서, 아래에 논의될 다수의 관심사에 대한 해석을 두고 일련정종의 승려들과 어쩔 수 없는 갈등이 일어나게 되었다.

세 가지 큰 비밀의 법

일련정종 사원과 국제창가학회는 둘 다 이른바 니치렌이 말한 불교의 삼대비법三大秘法, 즉 다르마가 타락하는 말법시대에 나타난다는 '세 가지 큰 비밀의 법'에 호소하고 있다. 두 집단에서는 이 세 가지 법이 일련종의 뼈대라고 여기고 있다. 그 첫째 법은 고혼존, 즉 예배의 주요 혹은 최고 대상이라고 간주되는 두루마리와 관련이 있다. 두 번째는 말법시대에 세워질 것이라고 니치렌이 예언한, 불교의 성스러운 안식처인 계단戒壇과 관련 있다. 세 번째는 일련종의 가장 특징적인 수행인 진정한 염송인 다이모쿠와 관련 있다. 이들을 하나하나 고찰해보면 기본교리, 의례, 제도 문제들의 해석을 두고 일련정종과 창가학회 사이에서 벌어진 근원적 갈등을 분명히 아는 데 도움이 된다.

다이모쿠

다이모쿠에 관해서는 일련정종 사원과 창가학회 간에 문제될 게 거의 없다. 하지만 그것을 음사하는 방식은 서로 다른데, 이러한 의견

충돌은 일부 관측자들에 의해 지나치게 과장된 면이 있다. 한 가지 방식에 의하면 다이모쿠의 염송방식은 '남-묘호-렝게-쿄'인데, 그 축자적 의미는 '묘한 다르마인 『법화경』을 찬양'한다는 것이다. 대중 사원에서든, 공동체 센터에서든, 아니면 가정의 제단에서든 신도들이 모여서 다이모쿠를 염송하는 것은 이 두 집단에서 가장 기본이 되는 요소다. 다이모쿠는 한 목소리로 빠르게 염송하며, 때로는 북소리에 맞추어서 역동적이고 매우 고무된 분위기가 조성되기도 한다. 대부분의 경우 다이모쿠는 15분에서 20분 동안 염송하고, 그 다음에 이어지는 염송은 『법화경』에서 선별해낸 구절을 암송하는 이른바 곤교(勤行)로 바뀌기도 한다. '곤교'라는 말은 '부지런한 수행'을 뜻하며, 이때 부지런한 수행자는 아침저녁으로 서로 다른 염송을 하면서 하루 두 시간씩 보내기도 한다.

다이모쿠는 다양하게 해석된다. 글자 그대로의 의미에 가장 충실해본다면, 이것은 니치렌의 사상에서 『법화경』이 가장 중심이 된다는 것을 단언하고 있다. 보다 비의적인 측면에서 본다면, 이것은 다르마의 본질이라고 간주된다. 일련종 불교도들은 이것을 말법시대에 분명히 나타나는 '묘법妙法'이라고 종종 부르기도 한다. 니치렌은 다이모쿠를 모든 경전의 왕이라고 부르면서 그 안에 모든 현상의 상호의존성이 설명되어 있다고 보고 있다. 현대 해석자들 중에는 이것을 알베르트 아인슈타인의 상대성원리 공식인 $E=mc^2$에 비유하는 사람도 있다. 또 다른 해석자들은 다이모쿠의 각 음절이 풍부하고 다양한 깊이를 가진 종교적 의미를 드러내고 있다고 보기도 한다.

조그마한 차이가 왜 큰 논란의 근원이 될 수 있는가를 알 수 있는 이유이기도 하다.

정토진종의 염불과 마찬가지로 다이모쿠도 이처럼 일본 불교의 특정 종파에서 사용되어 유명해지기 이전에 이미 대승불교에서 사용되어온 긴 역사를 가지고 있다. 그러나 다이모쿠는 감사하는 마음으로 염송하는 것이 아니고 아미타 붓다와도 아무 관련이 없다. 니치렌 불교도들은 다이모쿠가 매우 효과적인 수행이며 깨달음을 얻는 데 필수적이라고 간주한다.

고혼존

그러나 말법시대를 위한 니치렌의 삼대 비법 중 두 번째 주제인 고혼존에 관해서는 아주 심각한 문제들이 쟁점으로 부각된다. 진정한 혹은 최고의 예배대상이라고 종종 번역되는 용어인 고혼존은 미국 창가학회와 일련정종 사원 양 단체 회원들의 종교생활에서 중심적인 역할을 한다. 재가신도가 가지고 있는 전형적인 고혼존은 작은 종이 두루마리이며, 원래 니치렌에 의해 기록된 고혼존들을 복제하여 봉헌한 것이다. 고혼존 위에는 다미모쿠가 일본어로 인쇄되어 있으며 『법화경』에 등장하는 불보살의 징표들이 둘러싸고 있다. 고혼존은 집안의 제단에 봉헌되며 매우 조심스럽게 취급된다. 이것은 다르마를 상징하고 또 니치렌을 상징하는데, 니치렌은 영원한 붓다의 화신으로서 자신의 깨달음을 자신의 원래 고혼존들 안에 넣었다고 한다. 다미모쿠를 염송하면서 고혼존을 바라보는 수행은 쇼다이(唱題)라고 말해지는데 이것은 진정한 본성을 깨닫는 데, 그리고 최고의 깨달음을 얻는 데 큰 효험이 있는 것으로 간주된다.

고혼존 역시 승려와 창가학회 사이에서 큰 논쟁거리다. 분열되기 이전의 방식에서는 타이세키지의 법주(法主: 종파의 통솔자)가 새로운 고혼존을 봉헌하는 의례적 권한을 가짐으로써 그것의 신령스러운 다르마의 성질이 드러나도록 할 수 있었다. 법사들도 마찬가지로 지방 혹은 지역 사원들에서 시행되던 고주카이(御受戒) 의식을 통해서 모든 새로운 수행자에게 고혼존을 발급할 권한을 가지고 있었다. 게다가 일련정종의 교리에서는 모든 고혼존의 힘이 니치렌에 의해 직접 조각된 녹나무 원본인 다이고혼존(大御本尊)으로부터 흘러나온다고 가르쳤다. 이것은 타이세키지의 사원에 소장되어 있다. 이것이 뜻하는 바는 종교적 권위뿐 아니라 변화시키는 힘과 상징적 종교의 중심도 역시 타이세키지의 승려들의 손안에 있다는 것이다. 분열되고 난 이후 일련종 승려들은 창가학회의 회원들에게 고혼존을 주지 않고 보류했다. 승려들은 또한 다른 곳에서 얻은 고혼존은 신성을 모독하는 가짜라고 맹렬히 비난해왔다. 이러한 비의적 이슈들은 생경하게 보일지 모르지만, 유럽의 종교개혁 당시 프로테스탄트와 가톨릭이 깊이 몰두해 있던 권위와 의례의 효험에 관한 비슷한 논쟁들과 직접적으로 비교될 수 있다.

카이단(계단)

종교적 갈등은 니치렌의 삼대비법 중 세 번째, 즉 니치렌 불교의 최고이자 가장 신성한 성소인 카이단(戒壇)의 설립에 관한 교리 때문에 일어나기도 한다. 가장 기본적인 의미에서 카이단이란 불교도가 정식으로 계율을 받는 장소인 '수계의 단'을 의미한다. 그러나 니치렌은 그의 운동에서 일본의 다른 모든 불교기관들과는 독립된 권위를 추구했기 때문에 계단이 더욱 중요성을 지닌다고 생각했다. 니치렌의 생존 시에 다른 두 개의 큰 비밀의 법, 즉 다이모쿠와 고혼존은 정착되었지만 계단은 나중에, 즉 말법시대에 이루어진다고 니치렌은 예언했다.

그 결과 일련정종의 전통에서 계단은 신비롭고 때로는 종말론적 의미를 띠게 되었다. 계단의 설립은 전 세계에 진정한 불교, 평화, 조화를 전파하는 코센루푸 활동에서 중심적인 역할을 한다고 간주된다. 정통 일련정종에서는 계단과 타이세키지가 동일한 것이라고 해석한다. 이 타이세키지 사원은 13세기에 법주인 니코(日興, 1246~1333)에 의해 창설되었으며, 줄곧 다이고혼존을 간직하고 있다. 다이고혼존을 숭배하기 위한 타이세키지 순례행사인 토잔은 신도들이 가정의 고혼존 앞에서 수행할 때 그 효험을 높여주는 중요한 수단이라고도 간주된다.

창가학회에서 계단에 대한 정통적 이해는 특별한 전환을 맞게 된다. 1972년 다이고혼존을 안치하기 위해 쇼혼도(正本堂)라고 불리는 새로운 현대식 성소가 타이세키지에 건립되었는데, 주로 창가학회가 그 노력과 비용을 들인 결과였다. 이케다와 다른 이들은 이것을 세계 전도와 관련된 코센루푸 활동에서 창가학회가 수행하게 될 중추적 역할의 징표라고 보았다. 그러나 일련정종의 전통주의자들이 볼 때, 계단을 이런 식으로 이해하는 것은 이케다와 창가학회 측이 일련정종 승려들의 전통적이고 정통적인 특권을 가로채려는 뻔

뻔한 시도에 불과했다. 1991년의 분열 이후 창가학회 지지자들에게는 토잔 순례의 권리가 허가되지 않았고 타이세키지의 출입도 금지되었다. 1998년 일련정종의 법주는 타이세키지에서 창가학회의 기억을 지우기 위해서 쇼혼도를 철거하기로 결정했다고 발표했다. 이 건물은 현대 일본 건축의 주목할 만한 걸작이었다. 창가학회와 일련정종 사원 사이의 교리적 충돌에 관여되지 않은 건축가들이 국제적으로 항거했음에도 불구하고, 이 글을 쓰고 있는 지금은 철거가 끝났다.

삼귀의

타이세키지 승려와 창가학회 재가자가 교리상의 문제로 충돌할 가능성은 삼귀의 의례에 대한 일련정종의 이해에서 가장 분명하게 드러난다. 대부분의 불교 전통에서 삼귀의는 붓다, 다르마, 상가(공동체)를 가리킨다. 그러나 일련정종에서는 붓다를 니치렌 자신이라고 이해하고 있으며, 말법시대에 니치렌의 가르침이 석가모니의 그것을 대신한다는 것이다. 그들은 다르마(법)가 남묘호렝게쿄에, 바꾸어 말해서 다이모쿠 혹은 염송에 있다고 생각하며 그 중에서도 특히 고혼존에 있다고 본다. 붓다와 다르마라는 두 가지 측면에서 일련정종과 창가학회는 근원적으로 일치한다.

상가에 대한 일련정종의 교리를 보면, 두 단체의 의견이 자연스럽게 갈라진다. 일련정종에 따르면 상가는 전적으로 승려와, 보다 더 구체적으로 말하자면, 오르지 타이세키지의 법주 계보 및 사람과 동일시될 뿐이다. 이와 같은 배타적인 계보의 순수성은 정통성의 유지, 니치렌의 가르침, 깨달음, 코센루푸의 미래를 위해 필수적이라고 간주된다. 이케다가 초기에 이와 상반된 취지의 주장을 했음에도 불구하고, 이러한 교리는 일련종과 가치창조가 평등한 민주주의의 이상에 의해 점차 형성되어 가면서 창가학회와 그 재가자 회원들에게는 불합리한 것이 되었다.

일련정종과 창가학회 사이의 분열은 비록 돈, 권력, 이기주의가 개입되었지만, 궁극적으로는 근원적인 종교적 쟁점들에서 일어났다. 이러한 쟁점들은 아주 다른 부류의 두 기관이 표방하는 임무와 성격과 관련되어 있기 때문이다. 제한적인 측면에서 볼 때 유럽의 종교개혁과 맞대어 비교해보는 것도 유용하다. 일련정종은 로마교회와 마찬가지로 수세기의 역사를 지니고 있으며, 그 기간 동안 스스로를 정통의 수호자로 이해하게 되었다. 그 교리와 수행에 이런 식의 이해가 반영되었다. 이러한 비교를 확장하자면 모든 일련정종의 길은 타이세키지로 향했고 또 향하고 있다. 이러한 점은 그 자체로 볼 때 특별한 문제가 없다. 일본인과 서양인 등 많은 사람들이 타이세키지의 일련정종 전통에 충실하면서 열성적인 수행자로 남아 있다는 사실을 봐도 그렇다. 그러나 일련종 승려가 교리와 권위를 완전히 장악하고 있다는 사실은 창가학회가 자신감 있고 매우 역동적인 대중운동으로 발전하는 데에 점점 더 문제가 되었다. 창가학회의 조직 구성원이 일본인뿐이던 시절에 토다 조세이의 지도 아래였다면 깨끗하게 해소될 수도 있었던 갈등들이 이제 이케다 다이사쿠의 지도 아래서 세계적인 운동으로 변모하면서 점점 더 통제할 수 없게 된 것이었다.

분열을 지켜보았던 대부분의 관측자들은 미국인 일련종 불교도 중 대다수가 창가학회에 그대로 남아 있었다고 주장한다. 일부 일련정종 사원의 회원들은 갈등으로 야기된 극단적인 감정표출과 거리를 두었던 것으로 보이지만 그 고통이 너무 컸기 때문에 일련정종의 웹사이트와 그 인쇄물에서는 창가학회에 대한 욕설이 종종 발견된다. 양 단체의 평신도들은 때로 이러한 쟁점들에 대해 혼란스러워하고 분열에 대해 당혹해하는 것처럼 보인다. 이러한 현상은 논쟁의 많은 측면들이 일본에서라면 이해가 될지 모르지만 미국에선 거의 공감 받지 못한다는 것을 상기시켜준다.

일련정종 사원 회원들의 전반적인 대응은 일종의 긴축과 내부로의 전환이었던 것으로 보인다. 그런데 일부 미국인 재가신도에게는 정통 일련정종이 종교적 호감을 잃지 않고 있었다. 한 충실한 신도는 1990년대 말에 직접 참여했던 토잔에 대한 이야기를 게시하면서 타이세키지에 대한 지속적인 호감을 전달하고 있다. 이야기에서 그는 쇼혼도의 철거가 결정되기 이전에 자신이 그곳을 처음으로 방문했던 사실을 기술하고 있다.

법주가 입장하여 다이모쿠를 염송하기 시작하자, 분위기는 다시 한 번 흥분으로 가득 차게 되었다. 그때 나는 법주가 불교수행에 통달한 사람임을 깨달았다. 65피트 높이의 불단仏壇 문이 열리고 다이고혼존의 황금집이 드러나는 순간, 우리는 경외감에 빠졌다. 한 승려가 계단을 올라가서 엄숙하게 문들을 열어젖히자 법의 최고 대상이 드러났다.

법주가 주관하고 있는 다이모쿠 염송은 미세 조정된 고성능 엔진 같은 느낌이 들었지만, 이것은 원초적인 힘이 아니라 상상할 수도 없고 형언할 수도 없는 부드러우면서도 심오한 형태의 에너지였다. 법주의 목소리에서 발산되는 자비심은 나뿐 아니라 다른 대다수의 사람들도 전혀 예상치 못한 것이었다. 다이고혼존의 힘이 절대적인 게 분명했다. 탈선하기로 작정하고 스스로에게 불필요한 고통을 일으키는 것은 바로 우리다. 다이고혼존 앞에서 우리가 보낸 그 30분의 시간은 …… 내 삶에 박혀 있는 정지된 시간이다. …… 나는 법주와 승려들이 다이고혼존, 의례, 일련정종 불교를 간직한 것에 대해 내 삶의 깊은 곳으로부터 고마움을 느낀다.[5]

창가학회는 그 입장에서 볼 때, 미국에서 유망한 미래를 맞이하기 위해 승려의 구속으로부터 벗어나 분열을 딛고 활기차게 부상했다. 신입회원들과 기존회원들은 하나같이 자신들의 종교생활에서 일련정종 법사들이 특별히 중요한 역할을 한 적이 없었다고 말한다. 고혼존을 받기 위한 고주카이 의식을 제외하면, 물론 이것도 아주 건성으로 행해지는 경우가 빈번한데, 승려들은 재가자와 접촉할 일이 거의 없었다. 미국 일련정종은 그 발전의 정점에 있을 때도 미국 전역에 분포한 수십만 회원들에게 봉사할 지방의 사원이 불과 여섯 곳밖에 없었다. 회원들의 가정이 이 운동에서 언제나 가장 중심적인 회합장소였다. 지역단체들은 항상 재가자 회원들에 의해 조직되고 운영되었다. 캘리포니아 산타모니카에 있는 본부로부터 많은 지역 및 지방의 조직에 이르기까지 미국 창가학회에서는 재가회원들이 항상 모든 직책을 맡아왔다.

이케다 다이사쿠에 의해 착수되었던 새로운 계획들은 미국 창가학회를 진보적인 방향으로 계속 이끌어가고 있다. 1990년대에 시작해서 그는 모든 미국 창가학회 단체를 철저히 재검토하는 데 촉진제 역할을 하면서, 이전 시대의 유물인 계층적 사고방식을 해체하기 위해 전면적인 민주화를 촉진해왔다. 종교적 의례는 이제 급여를 받지 않고 활동하고 있는 자원봉사 법사들에 의해 교대로 수행되고 있다. 미국 창가학회의 인종 및 민족 다양성을 향상시키고 또 항상 중요한 역할을 해왔던 여성들에게 전국적인 지도체계에서 고위직책을 맡기기 위해 새로운 계획들이 실시되어왔다. 종교 상호간 및 불교도 상호간의 대화도 이제 창가학회의 의제에 포함되어 있는데, 이런 일은 종파성이 강한 일련정종 법사의 지도 아래에서라면 일어나지 않았을 것이다. 이 모든 계획들은 창가학회의 개방성에 기여해왔다. 지도부에서 빈번하게 내놓는 성명에는 새로운 평등한 창가학회가 '진행 중인 사업'이라고 밝히고 있다.

일련종의 종교적 정신이 주입되어 있고 마키구치 쓰네사부로가 처음으로 제시했던 일종의 진보적이고 인본주의적인 가치창조에 전념하는 새로운 제도들도 제정되어왔다. 1987년에는 남캘리포니아에 비종파적인 미국소카대학교(Soka University of America)가 이케다에 의해 창설되었다. 그곳은 환태평양 지역의 지도자 육성을 위해 전 세계에서 모인 학생들을 교육시키는 사명을 가지고 있다. 21세기를 위한 보스턴 연구센터(Boston Research Center for the Twenty-first Century)는 매사추세츠 주 캠브리지의 하버드 대학교 옆에 위치해 있는데 이곳은 문화적, 종교적 계보를 넘어서 인본주의적 가치를 육성하는 데 헌신하고 있다. 이곳은 1993년 이케다에 의해 최초로 설립된 이래로 세계의 종교와 생태윤리, 세계시민과 인권, 여성의 지도력 개발 같은 주제에 관한 광범위한 학회, 학술토론회, 연구계획 등을 후원해왔다.

분리된 이후 창가학회가 주도한 혁신들은 여러 나라에 서로 다른 영향을 끼쳐왔지만, 미국에는 미국 창가학회를 미국 주류의 온건한 도덕적, 종교적 흐름의 취지와 가치에 어울리는 일종의 재가자 불교로 바꾸는 데 도움을 주고 있다. 미국 창가학회 회원들과 토의를 해보면 많은 미국적 가치가 일련종의 가치이기도 하다는 것이 놀라울 정도로 드러난다. 일부 회원들은 일련종 수행이 어떻게 그들의 삶을 제어하는 데 도움이 되었고, 또 큰 물질적 혜택을 가져다주었는지를 강조한다. 또 다른 회원들은 정서적, 신체적 행복의 증진을 강조한다. 그러나 그들은 또한 인성 형성과 개인적 책임감의 육성에 불교 수행이 중요하다는 것을 거듭 언급한다.

캘리포니아 주 검찰총장실 형사부의 관리자이며 오랜 수련자이기도 한 린다 존슨Linda Johnson은 일련종이 삶을 어떻게 변화시켰고, 또 삶에 어떤 의미를 주었는지를 분명하게 표현하는 많은 창가학회 회원 중 하나다. 1950년대에 감리교 신자로서 백인, 북미 원주민, 아프리카계 미국인이 포함된 대가족에서 양육된 존슨은 1970년대에 처음으로 창가학회에 입문했는데, 당시 그녀는 남캘리포니아 대학교 법과대학에 재학 중이었다. 창가학회의 민족 다양성에 감명 받기도 했지만, 그녀는 거기에 소속된 사람들 간의 진정한 유대감을 보고 훨씬 더 큰 감명을 받았다. 그녀의 회상에 의하면 고혼존과 다이모쿠 염송이 처음에는 이상했지만, "나는 내 직감을 믿으면서 이 사람들에게 진짜 그 무엇이 있음을 느꼈죠. 그들은 행복한 척하고 있는 게 아니었어요. 그들은 삶에서 내가 원하지만 가지지 못한 그 무엇을 가지고 있었죠."[6]

그로부터 여러 해가 지나서 변호사시험을 치르는 동안 그녀의 수행에 전환점이 다가왔다. 그 당시에 염송수행은 그녀가 마음을 집중하고, 공포를 제어하고, 가장 깊은 잠재력을 계발하는 데 도움이 되었다. 이 잠재력을 그녀는 '불성'이라고 말한다. 이보다 더 중요한 또 한 번의 전환점은 이케다 다이사쿠를 처음 만났던 1980년경에 다가왔다. 창가학회의 다른 많은 사람들에게 그렇듯, 그의 본보기는 그녀를 더 깊은 수행과 니치렌 가르침의 연구로 인도해주었다. "여기서 이 단신의 일본인은 마치 키가 3미터나 되는 것처럼 보이게 해주는 생명의 힘을 가지고 있었다. 그는 가장 긍정적인 에너지를 가지고 있었고, 동시에 내가 여태까지 경험해본 가장 따뜻하고 가장 관대한 사람이었다. 수행은 이 사람에게서 풍기는 덕성 때문에 똑바르게 해나가지 않을 수 없었다."

존슨은 일련종이 '어려운 수행'이라고 생각한다. 그녀는 아침저녁의 곤교(勤行)수행과 더불어 다이모쿠를 하루 두 시간씩 염송하려고 노력하면서, 이 수행이 그녀에게 "삶을 정면으로, 순간순간 대면할 수 있게 해주고, 두려움, 의심, 부정성을 극복하도록 끊임없이 노력할 수 있게 해주며, 또 깨달은 본성에 연결될 수 있도록 해준다"고 말한다. 주 검찰총장실에 업무를 보면서 그녀는 사형에 해당하는 사건들을 캘리포니아 대법원에 종종 기소한다. 그녀는 업무의 비중을 고려해볼 때 염송이 마음과 목적의 명료함을 유지하는 데 도움이 된다는 것을 알게 되었다. 그녀는 자신의 역할이 캘리포니아 주의 법집행이라는 것을 알고 있다. 그러나 그녀는 또한 붓다의 가르침인 인과법이 이 모든 사건에도 역시 작용하고 있으면서, 자신이 결정할수 없는 식으로 피고와 희생자, 가족과 친구 사이에 복잡하게 펼쳐지고 있음도 알게 되었다. "비밀의 법은 나의 뇌보다도 무한히 더 깊습니다." 존슨은 말한다. "그래서 나는 나 자신의 마음의 판단을 유보하면서 결과가 어떻게 나올지에 대한 생각을 전개하지 않으며, 더높은 법이 각 사람에게 올바르게 결정을 내려줄 것이라고 믿으려고합니다."

20년이 넘게 수행을 해오면서 존슨은 청소년 한초(班長)를 거쳐서 한초와 지역장에 이르는 일련의 지도자 역할을 맡아왔다. 그녀는 현재 로스앤젤레스 제1지역에서, 그리고 여성사무국에서 여성 부지도자 직책을 맡고 있으며, 거기서 전국 여성부서의 부서장을 돕고있다. 그녀는 또한 미국 창가학회 문화국의 법무과를 이끌고 있기도하는데, 이것은 그녀가 일련종을 수행하는 다른 법률가들에게 일종의 종교자문의 역할을 하고 있음을 의미한다. 1991년의 분리가 일어나기 이전에 존슨은 일본을 적어도 여덟 차례나 방문하면서 다른지도자들과 만나고 또 타이세키지에서 다이고혼존을 보았는데, 이것을 그녀는 강력한 체험으로 생각하고 있었다. "그렇지만 내가 다이고혼존 앞에서 염송하는 실질적인 이유는 순수한 마음과 기도의 진실함 때문이었지 법주 때문은 아니었죠"라고 그녀는 회상한다. 그녀는 또한 생각하기를, 분리가 됨으로써 일부 사람들은 큰 어려움을 겪었겠지만 그것은 "대견한 일이었습니다. 그것 때문에 우리는 문제점을 대면하고, 일련종을 우리 자신의 힘으로 바라볼 수 있게 되었고, 또 그럴 수밖에 없었죠. 그것 때문에 조직은 모든 사람의 평등, 즉 우리 모두가 지니고 있는 불성을 더욱 실제적이고 구체적으로 만들 수 있게 되었죠."

이케다의 저작은 일련종에 대한 깊은 헌신과 더불어 존슨과 같은 창가학회 회원들에게서 보이는, 인성에 열정도 마찬가지로 전달해주고 있다. 그는 대승불교, 일련종, 『법화경』에 대해 널리, 그리고 깊이 있게 글을 써왔으며, 일련정종의 정통성에 중심이 되는 많은 교리들을 의심할 여지없이 재구성해왔다. 그러나 더 넓은 세상을 위해 고안된 그의 글과 연설들에서 이케다는 아주 쉬운 언어로 개인의 내면적 변화와 상호의존성이 증가하는 세계사회의 재배열을 통해서 21세기를 혁명적으로 변화시킬 수 있는, 그야말로 신불교적인 인본주의를 요청해왔다. 이러한 요청은 니치렌이 13세기에 처음으로 밝혔던 코센루푸 비전을 현대적으로 재천명한 것이다. 그러나 그것은 또한 이케다의 세계평화에 대한 비전, 토다 조세이의 샤쿠부쿠에 대한 전념, 마키구치 쓰네사부로의 진보교육에 대한 열정을 반영하고 있기도 하다.

일련정종 사원과 미국 창가학회 사이의 분열로 일었던 먼지가 가라앉으면서 미국 창가학회는 미국 불교의 창안에 있어서 중요하고도 지속적인 역할을 할 수 있는 아주 유리한 위치에 서 있는 것 같다. 일련종 전통은 철학적인 성찰과 수행을 위한 풍부한 토대를 제공해준다. 이 운동의 취지와 분위기는 미국의 주류 가치와 아주 잘 조화되며, 다양한 회원구성은 21세기에 자산이 될 다양한 문화와 다양한 민족적 관점을 그것에 제공해준다. 1991년 이래로 진행해온 적응의 결과 창가학회는 명백한 재가자 지향성을 가지고 있다. 이 점은 이를테면 승가적 특징의 수행전통과 관련되어 있으며, 아직도 계속되는 미해결의 쟁점들을 가지고 있는 미국 선과 다르다. 동시에 미국 창가학회는 그 원천인 일본의 단체들과 강한 연계를 유지하고 있는데, 이 점은 선의 경우처럼 이 조직에서 갈등의 원천이 될 수도 있다. 그러나 이러한 연계는 자산이라고 간주될 수도 있다. 미국 창가학회는 많은 면에서 철저히 미국화한 불교 형태이며, 그로 인하여 자칫하면 독특한 에너지가 소실될 수도 있기 때문이다. 일본에서의 발달양상도 예의 주시해본다면, 이 운동이 미국의 종교적 풍경의 독특한 특징으로서 유지되는 데 당연히 기여할 것이다.

제7장

선과 주요 선 센터

미국에 있는 일본 대승불교 전통 중 가장 주목을 끄는 선禪은 19세기 일본에서 선 기관 및 수행을 부흥하고 근대화하기 위해 시작된 폭넓은 사회운동에 의해 미국화가 촉진되었다. 그 당시 선 승가기관들은 신도神道 국수주의자들로부터 공격을 받았다. 선 사원을 부양해주며 사원 소득의 근원이기도 했던 토지는 몰수당했고, 재가자들에게 봉사하던 대대적인 선 교구제도도 해체되었다. 선승들은 국가의 직접적인 장려 아래 점차 독신생활을 포기하고 결혼해서 가족을 이루었다. 많은 선 지도자들 역시 고조되는 일본 민족주의의 물결에 휘말리기도 했지만, 결과적으로 일본의 2차 대전 패망과 정상상태로의 복구 요구에 직면하게 되었다.

많은 선승들에게 전후의 재건이란 교구목사처럼 재가자들에게 보살핌을 제공하는 역할로 되돌아가는 것을 의미했는데, 그 역할이란 주로 죽은 사람의 제사를 지내는 것이었다. 대다수의 승려들은 포교사 역할을 위한 교육 및 훈련을 받는 과정에서 필요 이상으로 명상

수행을 하지는 않았다. 그런데 종종 일본의 재가자들에게 명상을 고취함으로써 선의 정신과 수행을 새롭게 하고자 하던 승려들도 있었다. 몇몇 선 지도자들 역시 미국이 선을 발전시킬 수 있는 기회의 땅이라고 보기 시작했다. 이들은 선이 미국으로 간다면 일본에서 형성된 제도적 역사의 짐을 벗어버리고 그 옛날의 기풍을 부활시킬 수 있을 것으로 보았다.

1950년대 선의 대유행(Zen boom)의 중심에 있던 스즈키(D. T. Suzuki)의 책들은 미국이 선의 부활에 기여할 잠재력이 있다는 이러한 관심을 표현한 것이었다. 그로부터 10년 후, 일본의 선 전통이 깊이 배었지만 종종 그 제도에 대해서는 비판적이었던 여러 명의 일본인 선사가 미국에 도착하였는데, 이들의 책이 이러한 관심의 또 다른 표현이기도 하였다. 일단 미국에 도착하자 그들이 으레 마주쳤던 것은 진정한 영적 체험을 갈구하면서도 제도화된 종교에 대해서는 경계하고 종종 회피하는 미국인들이었다. 이러한 일본인 선사들과 그들의 미국인 제자들이 제도의 구속 없는 체험적 종교에 대한 관심을 공유했던 것은 여러 가지 측면에서 완벽한 결합이었다. 이것은 반문화 운동에서 전형적으로 드러나기도 하지만, 미국 사회 전반에도 널리 퍼져 있던 반反제도적 정신이 우세하던 1960년대 동안에 특히 그랬다. 선사와 그 제자의 관심이 이렇게 서로 조화를 이룸으로써 미국의 선은 혁신 정신, 때로는 도덕률 폐기(antinomian)의 정신을 갖게 되었으며, 그러한 정신은 30여 년 전에 형성된 단체들에서 그 안식처를 마련했다. 이 단체들은 종종 셋방에, 집회장에, 그런 다음에는 보다 더 든든한 환경에 자리 잡게 되었다.

또 다른 요소들도 선의 유명세와 독특한 정신에 기여했다. 선은 1893년 세계종교의회(World's Parliament of Religions)에 샤쿠 소엔 (釈宗演, 1860~1919)이 등장한 시점까지 그 역사가 거슬러가기 때문에 미국에서 그 어떤 형태의 개종자 불교보다도 더 오랜 역사를 가지고 있다. 2차 대전 이전에 결성된 단체들은 1950년대 선의 대유행의 기반이 되었으며, 1960년대에 불교에 대한 관심이 훨씬 더 커졌을 때 선이 많은 혜택을 거두어들일 수 있는 위치에 서게 해주었다. 선은 미국에서 상당 수에 이르는 문헌들로부터 혜택을 보기도 했다. 샤쿠 소엔이 미국에서 행한 연설이 1906년에 책으로 나왔다. 스즈키와 앨런 와츠(Alan Watts, 1915~1973)는 20세기 중엽에 폭넓은 미국인 청중에게 선에 대한 해석을 제시하는 책을 펴냈다. 선에 대한 뚜렷한 열정을 보여주고 있는 비트 세대의 시는 이제 미국 문학의 규범이 되었다. 1965년 필립 카플로(Philip Kapleau, 1912~2004)에 의해 출간된 『선의 세 기둥』(The Three Pillars of Zen: Teaching, Practice and Enlightenment)과 1970년에 발간된 스즈키 슌류(鈴木俊隆, 1904~1971)의 『선심초심』(Zen Mind, Beginner's Mind)은 이제 미국 불교의 고전에 속한다. 최근에는 출판의 대유행이 일어나면서 선 혹은 적어도 선과 유사한 사상들이 대중의 높은 인지도와 큰 명성을 얻었다.

선은 동아시아 전반의 승가기관에서 수백 년 동안 수행되어온 전통의 일부다. 선은 중국에서는 찬Ch'an, 한국에서는 선Son, 베트남에서는 티엔Thien으로 알려져 있는데, 이러한 여러 형태는 공유된 전통으로서 이제는 미국 불교의 격동 속에서 창의적인 방식으로 일본의 선(Zen)과 함께 혼합되고 있다. 일본에서 선은 공안公案의 사용을 강조하는 종파인 임제종과 좌선을 강조하는 조동종으로 나뉘어져 있다. 그런데 1960년대의 다수의 유력한 일본인 선사들은 미국인 수련생들에게 임제종과 조동종 수행법을 함께 가르쳤으며, 또 그 때문에 미국에서 이 두 전통이 별개의 기관들을 보유하고 있다 할지라도 미국의 선 수행이 절충적인 성격을 띠는 데 일조했다. 대체로 미국 선은 우선 승가의 수행법을 연마하는 재가자 운동이다. 이를테면 이것은 수행자가 엄격한 수행을 직장과 가족의 요구와 균형을 맞추어가면서 혁신도 이루어낸 하나의 흐름이다. 승려의 수행법을 재가자가 하는 것은 일본에서 많은 전례가 있기는 하지만, 미국에서는 불교의 민주화 사례 중 하나로서 일컬어지기도 한다.

선은 명상을 위주로 하는 개종자 사이에서 가장 인기 있는 불교 형태이지만 이들의 수가 얼마나 되는지는 측정하기가 매우 어렵다. 선은 정토진종과 다르게 특정한 민족단체와 밀접한 관계를 유지하고 있다. 비록 일본계 미국인의 신행을 위해 설립된 선 사원들이 선의 미국 전파에 중요한 역할을 했고, 또 이러한 사원들이 미국의 선 혼합 현상의 일부로 남아 있다고 해도 말이다. 선은 창가학회와 다르게 그 회원 수를 집계하는 중앙관리기관도 없다. 그러나 유명한 선 기관 중 많은 곳은 1960년대에 일본인 선사들과 그들의 미국인 제자들에 의해 세워졌다. 전체적으로 볼 때, 이러한 주력기관들이 미국선의 주류를 대표한다고 할 수 있다. 이 기관들은 미국 전역의 명상센터들을 선도하기도 하면서 종종 그들에게 선생들을 지원해주기도 한다. 명상센터의 지도자는 폭넓은 불교 공동체에서 종종 잘 알려져 있고, 존중받는 인물이다. 거의 예외 없이 이러한 선 기관의 지도체제는 20세기의 마지막 수십 년 동안 미국 토박이 선생들의 세대로 넘어갔다. 이러한 현상에 대해서 많은 사람들은 미국 불교가 성년기에 이르렀다고 말한다. 20세기 말에 이르러 이 선생들의 제자들은 스스로의 힘으로 선생으로서 장성하기 시작하면서 3세대의, 어떤 때는 4세대의 미국선 선생과 지도자를 배출해내고 있다.

주류 선과 그 주력기관들

미국선의 혁신적인 특징 중 많은 부분은 야스타니 하쿤(安谷白雲, 1885~1973)의 덕택이라고 할 수 있는데, 그는 1973년 세상을 떠날 때까지 태평양 너머 미국의 선 단체에서 유력한 인물이었다. 선의 전통에 깊이 심취했고, 절충적인 수행법을 내세웠으나, 선의 제도에 대해서는 비판적이었던 그는 근대 일본선의 대표적 개혁가로 간주된다. 1885년에 태어난 야스타니는 다섯 살 때 한 임제선 사원으로 보내져 그곳 주지에게 교육을 받았다. 열한 살 때에는 조동선 사원으로 옮겨가서 승려가 되었다. 열여섯 살 때 그는 조동종의 유명한 지도자이자 도겐의 역작 『정법안장正法眼藏』의 주석가였던 선사에게 배우기 위해 다시 거처를 옮겼다. 20대와 30대를 통틀어서 야스타니는 일련의 스승들 아래서 수행을 지속해 나아갔다. 그는 또한 세속에서 교육과정을 다 이수한 다음 교육자로 활동하기 시작했다. 30세에 결혼해서 첫 자녀를 키우기 시작했는데, 전부 다섯 자녀를 두었다.

40세의 나이에 야스타니는 불교에 대한 자신의 소명에서 새로운 전기를 맞이했다. 그는 조동·임제 양종의 선사였던 하라다 다이운(原田大雲, 1871~1961)을 만나 곧 일본 내 조동선 전파에 적극 참여하면서 함께 수행을 시작했다. 1927년 42세의 나이에 야스타니는 불성에 대한 획기적 통찰인 견성見性을 이루어냈다. 1943년 그는 공안 공부를 끝마치고 전법을 인가받았다. 전법이란 스승이 제자를 정식으로 승인하는 것이다. 그들의 사제관계는 매우 중요하기 때문에 필립 카플로, 로버트 아이트켄Robert Aitken 등 야스타니의 제자들은 하라다-야스타니 계보라고도 말해진다. 야스타니는 곧 남녀 재가자 양성에 관심을 돌렸는데, 이 일은 그 후로도 그가 30년 동안 많은 시간을 들인 활동이었다. 그러다가 마침내 그는 조동선 및 임제선 기관들과 관계를 끊고 1954년에 직접 삼보교단三寶教團이라는 종파를 창시했다. 이것이 도겐이 원래 가르쳤던 정신과 형태에 더 충실하다고 그는 생각했다.

야스타니의 개혁 가운데 많은 부분은 일본에서 논란이 있었지만, 미국선 공동체라는 넓은 길에서는 대수롭지 않게 여겨졌다. 그는 조동선의 좌선과 임제선의 공안 수행법을 모두 삼보교단의 가르침에 편입시켰다. 또한 예전에는 승려들에게만 쏟았던 관심과 주의를 재가 수행인에게도 기울였으며, 승려를 대상으로 했던 전통적 수행과정을 개편하여 재가자의 스케줄에 맞는 집중안거로 압축하였다. 그는 견성 체험을 특히 강조했는데, 이러한 체험을 통해서 재가 수행자들이 더욱 좌선과 공안 공부를 진전시킴으로써 깊은 수행의 길에 들어설 수 있게 만들기 위해서였다. 야스타니는 또한 일본 사원의 의례를 최소화했고, 또 자신의 방식을 재가자들의 필요에 맞추기도 했다. 비 일본인 남녀 수행자를 위해 그는 전통적인 사원 수행에 내재해 있던 언어적, 사회적 장벽을 크게 완화하기도 했다.

야스타니가 미국선에 끼친 영향은 필립 카플로와 로버트 아이트켄이라는 두 미국인 제자를 통해서 가장 직접적으로 나타났는데, 이 두 사람은 1960년대 초 선불교에서 중요한 역할을 했다. 필립 카플로는 야스타니의 첫 미국인 제자였다. 그는 일본에서 여러 선사 아래서 공부를 계속했지만, 1950년대 중반에 야스타니와 함께 그의 형성기의 선 공부를 시작했으며, 연속적으로 20차례의 집중적이고 장기적인 안거를 거쳤다. 일본에서 11년을 지낸 다음 카플로는 미국으로 돌아왔다. 1965년에 그는 『선의 세 기둥』(*The Three Pillars of Zen*)을 출간했다. 실제 불교수행을 다루고 있다는 점에서 스즈키와 와츠의 저작들보다도 훨씬 더 진전된 내용을 담고 있는 이 책은 야스타니와 그의 스타일을 많은 미국인들에게 소개해주었다. 1966년에 카플로는 미국선의 최초 수행기관 중 하나인 로체스터 선 센터(Rochester Zen Center)를 뉴욕 로체스터에 세웠다. 출판물과 가르침을 통해서 그는 미국선의 형성에 중요한 역할을 했다. 카플로는 미국화라는 이름으로 더 많은 혁신을 했다. 그는 제자들에게 미국식으로 옷을 입도록 장려했고, 그들에게 영어로 된 법명을 주었고, 수행과정에서 영어로 번역된 경전을 사용했는데, 특히 영어경전을 사용하는 혁신에 대해서 야스타니는 비판적이었다.

카플로의 제자 중 몇 명은 버몬트, 덴버, 그리고 유럽의 폴란드에 선 센터를 세웠다. 그러나 그의 가장 유명한 제자 토니 패커(Toni

Packer, 1927~2013)는 카플로 및 로체스터 센터와 마침내 결별을 선언한 후 많은 수련생들을 데리고 나가서 역시 뉴욕 중부에 스프링워터 센터Springwater Center를 세웠다. 1990년대에 이르러 패커는 선이 일본의 교리, 전통, 기풍에 얽매여 미국인의 정신적 깨달음을 가로막는다고 보고 그러한 속박으로부터 선을 풀어놓기 시작하였다. 그녀는 하라다-야스타니 계보로부터 분리되어 나왔을 뿐 아니라, 무엇보다도 불교의 미국화에서 자신이 하나의 흐름을 대표하고 있기 때문에, 아예 계보라는 개념 자체에서 분리된 독자적인 선생이라고 내세웠다. "진리 자체는 어떤 계보도 필요 없으며, 그것은 과거나 미래가 없이 여기에 있다"고 그녀는 1997년 보스턴의 한 불교회의에서 청중들에게 말했다. 선 전통의 전부라고 할 수 있는 '가문家門 지키기'를 강조한 공안에 대해 언급하면서, 그녀는 말했다. "그것은 나의 관심사가 아닙니다. 나는 스프링워터가 자발적이고 예상할 수 없는 방식으로 번창하되, 전통적 가르침을 전승하는 곳이 되지 않기를 바랍니다."[1] 패커의 탈 전통적 접근법은 '스프링워터 명상탐구 및 안거센터'(Springwater Center for Meditative Inquiry and Retreats)라는 보편적이고 포괄적인 의미의 단체 명칭에서도 드러나 있다.

카플로와 마찬가지로 로버트 아이트켄도 미국선의 초기단계에 중요한 영향을 끼쳤다. 그는 2차 대전 때 일본의 강제수용소 안에서 처음으로 불교에 관심을 가지게 되었다. 전쟁이 끝난 후 그는 로스앤젤레스에서 센자키 뇨겐(千崎如幻, 1876~1958)에게 잠깐 배웠고, 그 후에 수행을 계속하도록 일본 사원을 소개받았다. 1950년대 중엽에 그는 야스타니 아래서 진지하게 공부와 수행을 시작했다.

1974년 야스타니가 세상을 떠난 이듬해에 그는 야스타니의 뒤를 이어 삼보교단의 지도자가 된 야마다 코운(山田耕雲, 1907~1989)으로부터 전법을 인가받았다.

초기부터 아이트켄과 그의 아내 앤Anne은 선의 미국화에 앞장서 왔다. 그들은 1959년에 하와이에 좌선단체를 공동 설립했는데, 나중에 이 단체는 다이아몬드 상가Diamond Sangha로 불렸다. 그들은 미국인들이 초기에 신비감을 안고 불교에 매료되었다가 1960년대에 들어 보다 더 수행지향적인 관심사로 전환된 그 시점에 선 단체들을 이끌기 시작했다. 아이트켄은 하와이에서의 첫 안거를 이렇게 회상한다. "신지학과 널리 퍼져 있던 비의적인 것들에 대한 관심이 다 사라졌음을 알 수 있었다. 그 안거에는 블라바츠키와 그 후계자들을 연구해온 사람들과 갖가지 심령 글쓰기(초자연적인 힘에 의해 글자가 나타나는 것) 및 점성술을 했던 사람들도 참가했다. 젊은이들은 마약 혁명이 일어난 다음에야 찾아오기 시작했다."² 다이아몬드 상가는 설립된 이래로 줄곧 성장하여 하와이, 오스트레일리아, 캘리포니아에 선 센터 네트워크를 구축했다.

아이트켄은 미국선의 학장이라고 불려왔다. 그가 번역한 경전, 게송, 찬불가는 많은 선 센터에서 일상적인 예배시간에 사용된다. 그는 미국선이 저변으로 발전해가는 것을 오랫동안 빈틈없이 지켜보아왔고 많은 회의와 협의에 참석함으로써 현재 미국선의 형성과정에 이바지해왔다. 하와이 원주민, 게이와 레즈비언, 여성의 권리 등의 문제에 한결같은 지지를 보내기도 했고, 또한 많은 미국선 진영에서 뚜렷이 나타나는 진보/좌익적 정치사회 성향을 대표하기도 한다. 비트 세대의 불교 시인 중 가장 유명한 사람 중 하나인 게리 스나이더, 미국 불교의 주요 선생이자 지식인인 조애너 매이시Joanna Macy와 함께 아이트켄은 미국 불교의 수행과 사회참여를 연계시킨 개척적인 조직인 불교평화단(Buddhist Peace Fellowship)을 공동설립 했다. 1990년대에 이르러 불교평화단은 그 자체로 또 하나의 중요한 미국 불교 조직으로서 부상하고 있었다.

일찍부터 샤쿠 소엔과 그의 동료들, 그리고 그들의 제자들의 활동에 힘입어 임제선의 전통은 1960대가 개시될 무렵 미국 불교에서 가장 두드러졌다. 사사키 조슈(佐々木承周, 1907~2014), 시마노 에이도(嶋野栄道, 1932년생), 그리고 다른 임제종 선사들은 그 이후로도 수십 년 동안 미국 임제선의 발전에 더욱 기여했다. 1990년대 말에 이르기까지 사사키와 시마노는 생존해서 가르치고 있는 소수의 초창기 일본인 선사들이었다.

사사키는 1962년에 로스앤젤레스에 도착했으며, 그와 그의 제자들은 곧 임제선 도조(道場)를 법인체로 설립했다. 그 이후 20년 동안 그들은 캘리포니아 이딜와일드Idyllwild에 시마론 선 센터(Cimarron Zen Center), 로스앤젤레스 동부의 산속에 마운트 볼디 선 센터(Mt. Baldy Zen Center), 뉴멕시코 주 산타페 근처 헤메즈 스프링스(Jemez Springs)에 보디만다 선 센터(Bodhi Manda Zen Center)를 세웠다. 그의 많은 제자들은 계속해서 푸에르토리코에서 밴쿠버에 이르는, 그리고 플로리다 마이애미로부터 뉴저지 프린스턴에 이르는 지역에 명상센터의 네트워크를 구축했다.

시마노는 1964년에 뉴욕 시에서 활동을 시작했으며, 거기서 그는 원래 스즈키 다이세츠의 활동을 지원하기 위해 설립되었던 선학협회(Zen Studies Society)를 부활시켰다. 이곳은 이제 동부해안에서 가장 중요한 임제선 기관이다. 그 이후 그는 캐츠킬 산(Catskill Mountains)의 비처 레이크Beecher Lake에 인터내셔널 다이보사츠 사원(International Dai Bosatsu Monastery)을 세웠다. 이 한적한 장소는 과거 19세기 프로테스탄트 복음주의신앙에서 영향력을 발휘했던 코네티컷 주 비처가家의 휴양지였던 곳이다. 이 사원은 맨해튼 도심 센터에서 좌선하는 뉴요커들에게 '시골 선당禪堂'의 역할을 하고 있고, 1976년 7월 4일 문을 연 지 얼마 안 되어 이곳은 중요하고도 또 미국에서 가장 아름다운 수행기관 중 하나가 되었다.

사사키와 시마노는 둘 다 선의 전통에 접근하는 방식이 상당히 전통적이었다. 교리와 수행 문제에 대해서 시마노는 미국화를 '천천히 진행하는' 사람이라고 묘사되었고, 인터내셔널 다이보사츠 사원은 마치 일본의 전통 선 센터를 미국에 이식해놓은 것처럼 보인다. 그러나 일본인 방문객들은 그곳이 미국식이라는 것을 쉽사리 알게 된다. 남녀가 함께 거주하면서 수행하고, 또 수행자의 대다수를 차지하고 있는 재가 수련생이 승려와 나란히 수행하기 때문이다. 그러나 사원의 디자인, 명상실의 불상, 조경에는 강렬한 일본식 분위기가 남아 있다. 이처럼 일본과 미국의 정서를 혼합하는 것은 미국선에서 여전히 중요하다. 선의 미학적 호소력은 1972년 시마노가 비처 레이크의 건물을 영구히 승가가 사용하도록 봉납할 때 했던 말에서 느껴볼 수 있다.

선학협회의 회장인 나, 에이도 타이 시마노 승려는 경건한 마음으로 다이보사츠 산과 호수와 산야의 신께 나의 선언을 들어주시기를 요청합니다.

모든 상가를 대표하여 나는 캐츠킬 산맥의, 특히 비처 레이크 주변의 모든 바위, 나무, 풀, 이끼, 자연을 우리가 파괴하고 오염시킨 점에 대해 용서를 빕니다.

우리는 바로 이 터에 선 사원을 세우고자 하니 당신의 허락을 요청하며, 아울러 지수화풍과 그 밖의 어떤 손상으로부터도 당신의 보호를 요청합니다.

앞으로 찾아올 모든 세월을 위하여, 세세토록 찾아올 모든 이들을 위하여 이곳이 평화롭고, 평온하고, 창의적이고, 조화롭게 되기를 기원합니다.[3]

20세기 말이 되면서 미국에서 조동선의 계보는 두각을 나타냈다. 주로 샌프란시스코 선 센터를 세운 슌류 스즈키와 로스앤젤레스 선 센터를 세운 마에즈미 타이잔(前角博雄, 1931~1995)의 성공 때문이었다. 이 두 선사는 조동종 승려의 아들이었다. 그들은 일본계 미국인의 선 공동체에 봉사하기 위해 미국에 도착했지만, 얼마 안 있어 다른 미국인 제자들을 얻게 되었다. 두 사람은 선불교의 미국 전승에 매우 큰 기여를 했다. 수행 프로그램을 통해 선을 개혁했던 야스타니와 다르게 스즈키는 시행착오를 근간으로 전통을 미국에 맞게 재조정했다. 마에즈미는 야스타니 하쿤뿐 아니라 조동·임제 양종의 선사들로부터도 전법을 승인받았기 때문에서 처음부터 절충적이었다. 두 사람은 튼튼한 계보도 세웠다. 그들의 제자들은 1980년대와 90년대에 미국선에서 가장 유명한 토박이 선생들로 등장했다.

샌프란시스코 선 센터의 초기역사 중 많은 부분은 이 센터가 1960년대 샌프란시스코 반문화 운동에서 격동의 중심에 있었다는 사실에 의해서 형성되었다. 반문화 운동의 많은 사회정치적 이상들이 나중에 이 공동체에 스며들면서, 이곳은 그에 걸맞은 혁신과 창의성을 지녔다는 평판을 얻었다. 1971년 설립자 스즈키 슌류가 조기에 죽음을 맞이하면서 샌프란시스코 선 센터는 또한 다른 대다수의 미국인 선 공동체보다도 상당히 이른 시기에 일련의 승계와 지도자 문제에 직면하지 않을 수 없게 되었다.

일본의 다른 많은 선승들과 마찬가지로 스즈키도 아버지의 뒤를 이어 승려가 되어서 가족사원을 승계하게 되어 있었다. 불교계 고등학교와 대학교에서 교육을 받은 후 그는 일본에서 가장 유명한 두 조동선 수행센터인 에이헤이지(永平寺)와 소지지(總持寺)에서 수행했다. 나중에는 결혼해서 가족도 부양하기 시작했다. 스즈키는 불과 30대의 나이에 조동종 제휴사원 네트워크를 이끄는 직책을 맡았다.

스즈키는 1950년대 말에 샌프란시스코의 조동선 사원, 소코지(曹洞宗日米山桑港寺)에 3년 임기로 파견되어 미국에 왔는데, 그의 임무는 일차적으로 교구법사처럼 일본계 미국인 공동체를 보살피는 것이었다. 그런데 처음부터 그는 조동종 전통의 하나인 좌선을 가르치는 일에 열정을 가지고 있었지만, 대부분의 교구민에게 좌선은 호소력이 거의 없었다. 1960년대 초에 이르러 스즈키는 매일 아침 좌선 모임을 열어서 20~30명을 지도하게 되었는데, 참석자는 대부분 비

일본계였다. 1962년 이 신생 미국 불교도 모임은 샌프란시스코 선 센터로 법인 등록했다.

몇 년 만에 1950년대의 선의 대유행이 1960년대의 불교 폭발로 바뀌면서 스즈키에게 명상을 배우고자 소코지를 찾는 사람들도 급증했다. 몇 사람은 사원 근처에 아파트를 세내서 만개한 공동체의 핵심을 창출해냈다. 나중에 이 공동체의 유력한 지도자가 된 리처드 베이커Richard Baker는 회상하기를, 이 시기 이전에 스즈키는 전통 선 사원에서 행하는 의례와 수행에 거의 관심을 보이지 않았다고 한다. "그는 진정한 대승불교의 수행이란 거리에서, 그리고 일상적인 상황에서 사람들과 함께해야 한다고 생각했다"고 한다. 그런데 몇 년 후 스즈키는 제자들에게 보다 더 엄정한 승가스타일의 수행을 요구하

스즈킨 슌류. 가장 영향력 있는 일본인 선사 중 하나인 스즈키 슌류는 미국 불교의 역사에서 중추적인 시기였던 1960년대에 샌프란시스코 베이Bay 지역에서 많은 미국인 남녀를 가르쳤다. 그가 남긴 유물 중에는 수행기관의 대규모 네트워크로서 현재 샌프란시스코 선 센터를 구성하고 있는 세 곳의 승가기관이 있으며, 이제 미국 불교의 고전이 된 그의 법문집 『선심초심』(*Zen Mind, Beginner's Mind*)이 있다.

기 시작했는데, 이러한 방식은 재가 수행자의 독특한 요구에 맞게 그가 재편한 것이다. 그리하여 재가자들은 종종 가족을 거느리기도 했고, 또 광범위한 베이 지역의 반문화 공동체 내에서 공동체를 이

루어 살기도 했다. 샌프란시스코에 이처럼 새로운 형태의 불교기관
이 점차 나타나는 현상에 대해 베이커는 "전체적인 거주 문제는 '사
랑과 평화(60~70년대 히피문화의 슬로건)'가 만개하던 시절에 나타
난 것으로 이해해야" 한다고 회상한다.

> 누구나 엘에스디(LSD) 마약을 하고 있었다. 다소 걷잡을 수 없는
> 상황이었다. 그리고 나는 우리에게 더 많은 책임이 있다고 느꼈
> 다. 아파트들이 사원 마당에 있는 건물처럼 되었다는 느낌이 스
> 즈키 노사에게 들기 시작했을 때, 노사에게 전환점이 다가왔다.
> 아파트들은 사원의 한 부분이었다. 어떤 때에 그는 선 센터가 책
> 임을 져야 한다고 느끼고 있었다. 실제로 이미 선 센터는 책임을
> 지고 있었기 때문이다. 그러나 항상 그는 공동거주지를 공동체의
> 조직이 아니라 사원의 연장이라고 생각하고 있었다.[4]

이러한 초기 시절의 회고에서 에릭 스톨라이Erik Storlie는 자신이
반문화를 경유하여 불교로 입문했던 이야기를 전하고 있다. 스톨라
이는 베이 지역의 히피들이 즐겨 모이던 타말파이어스Tamalpais 산
에서 엘에스디 환각 체험을 한 후, 1964년 처음으로 소코지를 찾아
갔다고 회상한다. 사원의 작은 내실에 15명의 남녀가 접이식 의자
에 앉아 스즈키를 바라보면서 반원형으로 앉아 있었다고 그는 기술
하고 있다. 스즈키는 50대 후반의 작은 체구에 삭발을 했고, 소박한
갈색 법복을 입고 있었으며 낡은 책 한 권을 들고 있었다. 스톨라이
는 선과 스즈키를 둘러싼 신비감을 전달하기도 한다. "그가 책을 펼

치자, 동양의 글자가 빼곡히 들어차 있는 게 보였다. 불상, 꽃, 키가 작고 낯선 사람, 이 기이한 책 등을 보고서 나는 문밖의 안개 낀 거리에서 시작되는 도시로부터 멀리 떨어진 어떤 먼 시간과 장소로 옮겨온 느낌이 들었다." 스즈키로 인하여 일어났던 막연한 감정에 이끌려 스톨라이는 마침내 수행 불교도로서 한평생을 보내게 되었다. "알 수 없는 무언가가 내 안에서 솟아오르고 있다. 그것은 바로 좋아하는 옛 시 한 편에 대해 이 작고 소박한 사람이 기울이는 지극한 정성이다. 그것은 물고기와 물, 새와 하늘처럼 일상과 영원에 접한 자연의 심상들 안에서, 아름다움을 발산하며 무한한 우주를 영원히 휩쓸고 가는 끝없는 햇살이다. …… '그렇다. 여기에 남아 있자. 그의 이야기를 다시 들어봐야겠다'라고 나는 내 자신에게 말한다."[5]

이 무렵 샌프란시스코 선 센터는 또한 미국에서 가장 유명한 불교 기관 중 하나로서 형태를 갖추기 시작했다. 1966년 이 센터는 타사하라Tassajara 온천을 구입했는데, 이곳은 샌프란시스코에서 남쪽으로 몇 시간 거리에 있는 해안지역의 산속에 위치한 옛 리조트이다. 구입 시기는 반문화 운동이 정점에 도달하였다가 맹렬히 급락하려던 '사랑의 여름'(1967년 여름 샌프란시스코의 헤이트-애시베리에 10만 명이 운집했던 사회현상) 직전이었다. 한때 타사하라는 반문화 기관의 모습을 띠기도 했다. 비트시 낭송회, 불교도 연수회, 그레이트풀 데드Greatful Dead 밴드와 제퍼슨 에어플레인Jefferson Airplane 밴드를 특집으로 꾸민 아발론 볼룸Avalon Ballroom에서의 '선 자선모금'(Zenefit) 등이 타사하라를 짓는 데 들어간 30만 불의 담보대출금

타사하라 선원.

을 갚기 위해 열렸다. 비록 상환된 대출금은 대부분 동부해안의 자선가들로부터 나왔지만 말이다. 그렇지만 타사하라는 미국인들이 불교수행을 진지하게 시작할 수 있는 장소가 되게 할 목적으로 세워졌다. 센터의 지도자들은 불교가 1960대와 반문화 운동 이후까지 살아남기 위해서는 강력한 미국적 뿌리가 필요하다는 것을 알게 되었다. 그리하여 그들은 타사하라를 선 수행 기관이나 사원으로서 생각하고 있었다.

1969년에 이 센터는 이전에 유대인 여성들을 위한 호텔식 아파트였던 샌프란시스코 페이지 가街의 한 건물을 또 사들였고, 이를 계기로 성장과정에 있던 공동체는 소코지로부터 독립해서 자체적인 본부를 세울 수 있게 되었다. 스즈키는 제자들에게 지속적으로 전념하기 위해 소코지의 직책에서 사임했다. 센터의 회원들이 사용할 여러 채의 아파트를 인근에 마련하기도 했다. 이 기간 동안 스즈키는 일본인 승려에게 부여된 지위와 권한을 마찬가지로 미국인 제자들에게도 부여하기 위해서 그들에게 선승의 계를 내리기 시작했다. 그는 또한 전통적인 승려도 아니고 전형적인 재가자도 아닌 대다수의 미국인 수행자들의 애매한 지위를 해결하기 위한 혁신으로서 '재가자 성직수여식'을 제정하기도 했다. 1972년에는 페이지가에서 자동차로 한 시간 거리에 위치한 마린 카운티의 그린 걸치Green Gulch 농장이 센터 소유의 불어나는 자산목록에 더해졌다. 한동안 그린 걸치는 물병자리 시대(1960년대에 시작해서 2000년간 지속된다는 새로운 자유의 시대)의 영적 감수성을 보여주는 베이 지역의 전시장으로서 실험적 농장, 센터 가족의 집, 대중강연장, 전원의 안거처를 같은 크기로 배치했다.

슌류 스즈키는 1971년에 세상을 떠났지만, 1966년에 그는 리처드 베이커에게 승려이자 선승의 계를 주었다. 베이커는 스즈키의 법승계자, 즉 정신적 후계자이기도 했으므로, 가르칠 권한을 갖게 되었다. 베이커는 샌프란시스코 선 센터의 새로운 주지로 임명되었고, 이어서 그는 큰 지도력을 발휘하여 센터를 미국에서 가장 유명한 불교기관 중 하나로 발전시켰다. 그러나 그의 관할 아래 있던 센터는 물병자리 시대인 60년대로부터 로널드 레이건 시대로 넘어가면서 어려움에 직면하기도 했다. 1980년대에는 센터의 회원들이 초창기에 품고 있던 이상에 의구심이 일어나면서 엄청난 압박이 회원들에게 가해지게 되었다. 세간을 떠들썩하게 했던 베이커의 운영방식과 그의 의문스런 생활방식에 대한 회원들의 분노가 마침내 터져 나오게 되었는데, 그는 나중에 이 사건을 '지시엠'(ZCM: Zen Center Mess, 선 센터의 혼란)이라고 불렀다.[6] 권력 남용과 간통의 혐의를 받으면서 베이커는 1983년에 사임했지만, 얼마 지나지 않아서 그는 뉴멕시코 산타페에서, 그 다음에는 콜로라도 크레스톤에서 새로운 선 공동체를 이끌기도 했다. 샌프란시스코 선 센터의 지휘체계는 스즈키의 또 다른 법 승계자인 텐신 렙 앤더슨Tenshin Reb Anderson에게 넘어갔으며, 그는 1995년까지 주지를 맡았다.

이러한 충격적 경험의 결과로 센터는 선거에 의해 지도자를 선출하는 체제를 일궈냈다. 이것은 선의 미국화에서 중요한 전환점이라고 간주되는 최근의 발달양상이다. 1990년대 초 샌프란시스코 선 센터의 이사회는 '고충처리와 화해를 위한 윤리원칙과 절차'를 채택했는데, 이것은 불교계율과 개인 상호간의 문제해결 및 갈등해소의 통합을 보여주었다. 1990년 중반 샌프란시스코 선 센터는 일본에서라면 생각할 수도 없는 한 가지 실험에 착수했다. 스즈키의 두 제자가 공동으로 공동체를 이끌어가는 체제를 세우는 것이 바로 그것이다. 그리하여 조케츠 노만 피셔Zoketsu Norman Fischer가 1995년에 이미 주지로 임명되었지만, 1년 후 젠카이 블랑쉬 하트만Zenkai Blanche Hartman도 역시 또 다른 주지로 임명되어 함께 직책을 수행해나갔다. 하트만은 물론 어머니이자 할머니이기도 했던 최초의 선원 주지였으며, 또한 그녀는 미국선의 지도자이면서 선생이 되었던 많은 여성 중 하나였다.

20세기 말 여전히 샌프란시스코 선 센터의 핵심적인 기관으로는 페이지 스트리트 센터(현재는 Beginner's Mind Temple, 初心寺), 타사하라(현재는 Zen Mind Temple, 禪心寺), 그리고 그린 걸치 농장(Green Dragon Temple, 蒼龍寺)이 있다. 샌프란시스코 선 센터는 또한 자체에서 배출한 많은 수행자가 미국 전역의 센터에서 선생으로 활동하고 있었기 때문에 휘하에 많은 소속단체를 거느리고 있었다. 1998년 센터의 지도자들은 세간의 주목을 받으면서 공공성도 있었던 일련의 강연과 연수회를 후원하였는데, 그들은 이것을 '천년기의 끝에 선 불교'(Buddhism at Millennium's Edge)라고 불렀다. 이 행사에서는 개종자 공동체에서 가장 유명한 불교학자들과 수행자들, 이를테면 개리 스나이더, 조애너 매이시, 렙 앤더슨 등 여러 명이 집중적으로 조명을 받았다. 공동으로 주지직을 맡고 있던 하트만과 피셔는 "혼란과 폭력으로 가득 찬 이 인간의 천년기가 끝나가면서 우리는 우리 자신과 우리 세상을 어떻게 바로잡을 것인가라는 큰 도전에 직면해 있습니다"라고 쓰면서 이렇게 이어나갔다. "불교가 도움이 될 수 있습니다. 이 일련의 연설과 연수회에서 우리에게 말씀해주실 훌륭한 연사들은 각자 옛날의 지혜를 현대 언어로 훌륭하게 해석해주었습니다. 그들의 통찰은 우리에게 힘을 주고 앞길에 빛을 비춰줄 것입니다."[7]

로스앤젤레스 선 센터는 1960년대와 70년대에 샌프란시스코 선 센터와 다소 비슷한 경로를 따랐다. 설립자 마에즈미 타이잔은 처음에 로스앤젤레스의 젠슈지(禪宗寺)에서 조동종 전도 승려로 활동하면서, 거기서 일본계 미국인 교구민들의 필요에 부응하면서 다른 이들에게 좌선을 가르치기 시작할 때까지도 그들을 보살폈다. 1967

년에 로스앤젤레스 선 센터는 주택을 세내서 이사했으며, 1980년에 이르러 회원이 235명으로 늘어났고, 그 중 90명은 공동체 소유의 주택과 아파트 단지에서 살고 있었는데, 그 규모는 로스앤젤레스 중서부에서 한 블록 전체를 다 차지할 정도였다. 1976년에 마에즈미는 불교학의 진흥에 헌신할 비영리 교육단체인 '불교와 인간 가치의 연구를 위한 쿠로다 연구소'(Kuroda Institute for the Study of Buddhism and Human Values)를 세웠다. 이곳은 학술회의와 연수회를 후원하며 하와이 대학교 출판부와 함께 동아시아 불교에 헌신하는 두 개의 출판물을 시리즈를 발간하고 있는데, 하나는 학술연구를 위한 것이고 다른 하나는 고전문헌의 번역에 관한 것이다. 이 무렵 마에즈미는 70년대 말에 미국의 여러 지역에서 자체적으로 선 센터를 세우기 시작했던 제자들의 모임인 '화이트 플럼 상가'(White Plum Sangha)를 창설하기도 했다. 1995년 마에즈미가 뜻밖의 죽음을 맞이한 이후 화이트 플럼 상가는 공식적으로 법인 등록했다. 이 협회는 미국의 대규모 다르마 계보로서 운영되고 있으며, 1997년 의장인 데니스 겐포 메르젤Dennis Genpo Merzel의 말에 의하면 협회는 "미국과 전 세계에 다르마를 정착시키겠다는 마에즈미 노사老師의 꿈을 이루기 위해 열린 소통과 서로 존중하는 마음으로"[8] 함께 노력하고 있다고 한다.

로스앤젤레스 선 센터와 그 휘하의 많은 제휴단체들은 1980년대와 1990년대에 미국선에서 일어나고 있던 일종의 다양화를 상징하고 있다. 마에즈미의 몇몇 제자는 전통 선의 영향을 받은 승가 스타일의 센터를 이끌고 있으며, 또 다른 제자들은 가족수행을 지원하기 위해 필요한 혁신에 보다 더 전념했다. 어떤 이들은 다르마와 예술을 통합하기 위해 노력했고, 또 어떤 이들은 사회참여에 보다 더 직접적으로 관여하고 있었다. 화이트 플럼 상가에는 산속의 안거처들과 도심 센터들이 소속되어 있으며, 그런 곳들은 현재 서부해안을 따라서 포틀랜드로부터 샌디에이고, 멕시코시티까지, 동쪽으로는 솔트레이크시티, 시카고, 뉴욕까지, 대서양을 건너서는 영국, 프랑스, 폴란드까지, 그리고 태평양을 건너 뉴질랜드까지 뻗쳐있다.

샌프란시스코 선 센터에서와 마찬가지로 화이트 플럼 상가에도 많은 여성들이 있다. 마에즈미의 나이든 제자들 가운데 샬롯 조코 벡(Charlotte Joko Beck, 1917~2011)은 샌디에이고 선 센터(San Diego Zen Center)에서 여러 해 동안 가르쳐오면서 1980년대에 중요한 선생으로 부상했다. 토니 패커와 다소 비슷하게도 벡은 선에서 일본풍의 요소를 많이 버렸으며, 그녀가 제시하는 가르침의 정신은 대중의 호평을 받는 그녀의 저서 『일상생활의 선』(Everyday Zen)과 『그냥 그래요: 살아있는 선』(Nothing Special: Living Zen)의 제목에서, 그리고 그녀가 창시한 오디너리 마인드 선종(Ordinary Mind School of Zen)이라는 명칭에서 전달된다. 1998년에 이르러 이 종파는 샌디에이고, 샴페인, 일리노이, 오클랜드, 캘리포니아, 뉴욕 시에서 센터를 운영하고 있었다. 그 무렵, 포틀랜드에서 가족지향적인 수행을 이끌면서 승가 거주 센터를 발전시키는 데 관심이 있던 잰 초젠 베이즈(Jan Chozen Bays, 1945년생)는 전국적으로 유명한 선생으로서 부상하기 시작했다.

많은 센터들이 화이트 플럼 상가의 사람들에 의해 설립되기도 했는데, 그 중 두 곳이 오늘날 미국선에 전통주의적 경향과 혁신적 경향이 공존하고 있는 복합적인 방식을 대변하고 있다. 존 다이도 루리(John Daido Loori, 1931~2009)는 1980년대 초에 로스앤젤레스에서 뉴욕 주 캐츠킬로 옮겨서 젠마운틴 사원(Zen Mountain Monastery)을 세웠다. 200에이커의 들판과 숲에 위치하고 있는 이 사원은 승가와 재가 공동체를 위한 1년 단위의 선 수행을 제공하고 있다. 주지인 루리는 자신의 접근방식이 '철저한 보수적 성향'[9]이라고 설명한다. 이 말의 의미는 불교에 풍부한 아시아의 유산이 미국인의 필요에 맞게 변용된다면 진정으로 대안적인 혁신적 영성의 기반이 될 수도 있다는 것이다.

루리는 젠마운틴 사원의 수행 프로그램을 이른바 '선의 팔문'(Eight Gates of Zen)에 기반을 두고 있는데 이것은 좌선, 의례, 스승과의 직접대면을 통한 배움, 불교공부, 노동수행, 불교계율 준수, 육체적 수행, 예술을 말한다. 비록 젠마운틴 사원의 대다수 수행자는 재가자이지만 루리는 그의 단체를 승가의 전례를 본떠서 만들기도 했다. 그와 그의 제자들이 전체 공동체에 모범을 보이기 위해 보다 더 엄격한 승가의 생활스타일와 수행을 원했기 때문이다. 1990년대에 이르러 젠마운틴 사원은 세 가지의 서로 다른 공부 및 수행 과정을 정착시켰는데, 그것은 종교적 함축 없이 깨인 의식을 연마하고자 하는 사람들을 위한 세속적 과정, 가정을 가진 수행자를 위한 재가 불교도의 과정, 그리고 중국선과 일본선 전통의 정신에 따른 엄격한 승가과정이다. 젠마운틴 사원은 또한 교도소 전도활동으로부터 야생보존에 이르는 여러 가지 불교 사회프로그램을 정착시키기도 했다.

　루리와 젠마운틴 사원은 센터와 선생들에게 접근하기가 쉽지 않은 사람들을 대상으로 불교 포교에 전념하는 비영리기업인 다르마커뮤니케이션스Dharma Communications를 통해서 혁신적인 불교교육 지원활동을 개발하기도 했다. 다르마 커뮤니케이션스는 불교와 예술, 과학, 심리학, 생태, 윤리 문제를 다루는 계간지 『마운틴 레코드』(The Mountain Record)를 발간하고 있다. 1998년에 그들은 선 수행을 촉진하기 위해 양방향 시디롬(CD-ROM)과 온라인 커뮤니케이션을 포함한 일련의 미디어서비스인 '열린 사원'(Open Monastery)을 시작하려던 참이었다. 젠마운틴 사원은 도겐의 『산수경山水經』으로부터 영감을 얻은 마운틴스 앤 리버스 종단(Mountains and Rivers Order)이라는 소속 센터의 네트워크도 가지고 있다. 이 네트워크는 뉴욕주의 뉴욕시와 알바니Albany, 버몬트주의 벌링턴Burlington에, 그리고 뉴질랜드의 세 곳에 센터를 설립하여 회원들의 수행을 지원하고 있다.

　그러나 루리는 선의 정신을 제공하기 위해 이렇게 정교하게 연계된 조직을 유지하고 있다. 그는 1989년 전통적 주지취임식인 진산식晉山式에서 "좌선은 명상이 아니고, 묵상도 아니라는 것을 진정으로 명확히 해야 합니다"라고 말했다.

　그것(좌선)은 마음을 고요히 하는 것도, 마음을 집중하는 것도 아니고, 마음챙김이나 무념도 아닙니다. 그것은 무드라(手印), 만트라(眞言), 만다라(깨달음의 진리를 그림으로 형상화한 것), 공안과도 관련이 없습니다. 아는 것이나 믿는 것과도 관련이 없습니다. 내가 말하는 이 좌선, 즉 앉아서 하는 선이란 걷는 선, 일하는 선, 염불하는 선, 웃는 선, 우는 선이기도 합니다. 선이란 우리의 마음을 사용하고, 우리의 삶을 살고, 또 타인과 함께 그렇게 해나가는 방식입니다. 그렇지만 그런 것을 적어놓은 규정집은 없습니다. 내가 말하는 이 좌선은 세상 속에서 피어나는 꽃입니다. 그러므로 산속에 머무는 것은 도겐 선사가 말하는 자유, 즉 바람을 쫓고 구름을 타는 자유를 드러내줍니다.[10]

마에즈미의 제자 중 가장 상급자인 버나드 테츠겐 글래스맨 Bernard Tetsugen Glassman은 전통을 아주 다른 방향으로 받아들임으로써 미국선에서 가장 유명한 혁신자 중 하나가 되었다. 글래스맨은 맥도널-더글러스사의 항공우주 공학자로 일하다가 1960년대에 선을 공부하기 시작했다. 1979년에는 로스앤젤레스에서 뉴욕으로 옮긴 후 브롱스Bronx의 부유한 동네 리버대일Riverdale에 있는 그레이스톤 저택에 뉴욕 선 공동체(Zen Community in New York)를 세웠다. 1982년에 이 공동체는 수행 공동체에 경제적 지원을 제공한다는 목표를 가지고 용커스Yonkers에 고급상점인 그레이스톤 제과점을 열었다.

그러나 1980년대 중엽에 이르러 글래스맨은 웨체스터 카운티 Westchester County에 있는 이 침체된 도시에서 사회적으로 좀 더 적극적인 역할을 해보기로 결심했다. 뉴욕 선 공동체는 곧 본부를 매각하고 용커스의 옛 가톨릭 수녀원을 매입했는데, 나중에 이곳은 선을 사회변화의 세력으로 발전시키는 데 헌신한 단체들의 네트워크인 그레이스톤 만다라Greyston Mandala의 발상지가 되었다. 글래스맨은 곧 제과점 운영의 목표를 확장하여 빈민, 노숙자, 미숙련자에 대한 일자리 제공도 포함하도록 했다. 그런 다음 아내 샌드라 지슈 홈즈Sandra Jishu Holmes와 함께 용커스 공동체에 거주지, 자녀 돌보기, 직업훈련 등을 제공하는 그레이스톤 가족숙소(Greyston Family Inn)라는 노숙자 주거시설을 열었다. 선 수행을 사업 및 사회참여와 통합하고자 한 그들의 비전은 글래스맨의 『요리사의 지침: 중요한 삶을 사는 것에 대한 선사의 교훈』(*Instructions to the Cook: A Zen Master's Lessons in Living a Life That Matters*)에 기술되어 있다.

그때 이래로, 글래스맨은 선 수행을 위한 도구로서의 사회변혁에 점점 더 많은 정력을 쏟았다. 그는 뉴욕 시의 황폐한 구역에서 '길거리 안거'를 이끄는 것으로 유명해졌다. 이 안거기간 동안 참가자들은 노숙생활의 실상을 불교명상의 형태로 함께 나눈다. '평화의 탑과 평화를 위한 걷기' 행사로 널리 알려진 일련종 운동의 하나인 '아우슈비츠 안거'(니폰잔 묘호지日本山妙法寺의 후원 아래 진행됨)에 참가한 후 글래스맨도 직접 비슷한 안거를 이끌기 시작했으며, 그는 이러한 안거가 죽음과 무상無常에 대한 붓다의 가르침의 의미를 깨닫는 데 유례없이 강력한 방법이라고 보았다. 1998년에 출간된 『증인이 되기: 화해에 대한 한 선사의 교훈』(*Bearing Witness: A Zen Master's Lessons in Making Peace*)에서 그는 사회변혁을 깨달음의 한 방법으로 보는 자신의 시각에 대해 논의하고 있다.

같은 해 글래스맨과 홈즈는 그레이스톤 만다라를 선임제자들에게 맡기고 뉴멕시코 산타페로 옮겨갔으며, 거기서 새로운 기관인 선 평화단(Zen Peacemaker Order)을 세우는 데 전념할 계획을 세웠다. 그해 3월 홈즈는 산타페에서 갑자기 죽음을 맞이했지만, 글래스맨 은 교단을 지속적으로 발전시켜가면서 교단 특유의 방식으로 미국 선의 정신을 표출해나간다. 선 평화단의 세 가지 핵심교리는 "첫째, '모른다는 것'이며 이로써 우리 자신과 우주에 대한 고정관념을 버 린다. 둘째, 세상의 기쁨과 고통을 목격하기. 셋째, 우리 자신과 타 인을 치유하기"이다. 회원들은 샤쿠 소엔을 포함한 아시아 불교도 들이 미국에 불교를 처음으로 소개한 '1893년 시카고 세계종교의 회'(Parliament of the World's Religions in Chicago)의 100주년을 기념 하여 열렸던 '1993년 시카고 세계종교의회'에서 참석한 대표단이 합의했던 네 가지 서약에 지지를 표시한다.

나는 비폭력과 생명을 존중하는 문화에 헌신한다.
나는 연대와 정의로운 경제질서의 문화에 헌신한다.
나는 관용과 진실에 기반한 삶의 문화에 헌신한다.
나는 남녀의 동등한 권리와 동반자 관계의 문화에 헌신한다.[11]

루리와 글래스맨이 강조한 점들을 보면 선이 미국에서 어떻게 다른 모습으로 변해가고 있는지 드러난다. 두 사람은 같은 세대이 고, 같은 스승의 제자이며, 가장 중요한 역사적 인물을 13세기 일 본의 도겐 선사로 보는 공유된 전통에서 활동하고 있다. 두 사람은 미국인의 욕구에 맞게 전통을 변용하는 임무를 맡고 있다. 루리의

『선의 팔문』은 글래스맨의 『증인이 되기』와 나란히 읽는다면 유익할 것이다. 또는 선이 어느 정도 내적 일관성을 유지하고 있지만 현재 미국에서 어떻게 다른 길을 가고 있는지 알아보기 위해서는 루리의 '다르마 커뮤니케이션스'에서 제작된 「오료키: 신통한 경우에 대한 도겐 선사의 가르침」(Oryki: Master Dogen's Instructions for a Miraculous Occasion)이라는 동영상을 글래스맨의 『요리사에 대한 지침』에 비추어서 살펴보는 것도 좋을 것이다.

미국의 선 수행과 세계관

20세기 후반 동안 선은 미국에서 번창했으며 정토진종이나 일련종과는 다른 제도적 형태를 띠고 있었다. 그러나 주요 선 단체들[그리고 재가지향적인 매사추세츠의 캠브리지 불교도협회(Cambridge Buddhist Association)로부터 북캘리포니아 샤스타 애비Shasta Abbey의 명상종단에 이르는 많은 다른 단체들]에 초점을 맞추어보면, 미국의 선이 오르지 일본인 설립자들, 그들의 제자들, 그리고 그들의 기관들하고만 긴밀히 연계된 것은 아님을 알 수 있다.

우선, 미국에서는 찬(중국선), 선(한국선), 티엔(베트남선) 전통들이 상호교류해감에 따라 가늠해보기가 매우 어려울 정도로 재편이 진행 중에 있다. 미국에서 일어나고 있는 아시아 불교의 이러한 흐름은 수안화(宣化, 1918~1995), 숭산(崇山, 1927~2004), 틱낫한 같은 선사들에 관심을 기울이지 않고는 온전히 논의될 수가 없다. 이들의 공헌에 대해서는 10장과 12장에서 다룰 것이다. 마찬가지로 중요한 점은 미국선의 문학적 유산이 항상 선의 정신과 밀접하게 연계되어 있으며, 1970년대에 로버트 퍼시그Robert Pirsig의 『선과 오토바이 정비술』(*Zen and the Art of Motorcycle Maintenance*)로부터 1990년대에 나탈리 골드버그Natalie Goldberg의 『길고 고요한 고속도로: 미국에서 깨어나기』(*Long Quiet Highway: Waking Up in America*)에 이르기까지 계속해서 무성해지고 있다는 것이다. 에세이와 시를 통해서 선뿐 아니라 유사한 사상들이 선 수행에 관심이 없는 많은 미국인들의 삶에 영향을 미치기 시작했다.

미국에는 일본인들이 무사선(無事禪: 모든 존재가 본래 깨달음의 상태에 있기 때문에 일부러 수행할 필요가 없다는 선 수행자의 자만과 허세)이라고 부르는 활발한 현상도 나타나는데, 이 말은 전통적 맥락에서 볼 때 형식적인 전통 및 가르침과 관련된 제도적 규율을 무시하면서 선 수행자라고 자처하는 태도를 가리킨다. 긍정적으로 본다면 무사선은 자유로운 형식의 영성을 표출하는 것이며 상당한 창의성의 원천이기도 하다. 초기 비트 세대가 불교를 예술적으로 표현한 많은 사례와 앨런 와츠에 의해 대중화된 선은 미국의 무사선이라고 간주될 수도 있다. 부정적으로 볼 때 무사선은 에고이즘을 깨달음으로 착각하는 일종의 자기기만적 방종이라고 종종 무시되기도 한다. 선을 자처하고 나서는 이러한 주장을 어떻게 평가하든 그것은 미국의 개인주의적 분위기와 매우 잘 어울리고, 또한 선의 영향을 받아서 대중적 출판물이 폭발적으로 증가한 데서 확인할 수 있듯이, 미국에서 무사선은 이보다 훨씬 더 많이 나올 가능성이 있다.

그러나 충실한 수행자들은 전통적인 선의 규율을 계속 중시하고 있다. 비록 그것을 직접 변용시켜서 미국 사회의 정신, 취지, 언어에 맞추어나간다고 할지라도 말이다. 이러한 규율은 그 구체적인 모습이 아래에서 논의되는 선 수행의 용어로 종종 표현되며, 초심자가 볼 때 이 용어들은 난해하고 혼란스럽겠지만 전국 대다수의 사원과 다르마센터에서는 당연한 것으로 생각한다. 몇몇 미국인들은 이러한 용어를 일본식의 바람직하지 않은 유물이라는 이유로 무시하기도 하고, 또 어떤 사람들은 이것을 비교문화적 해석과정에서 지켜야 할 전통의 필수적인 부분이라고 보기도 한다.

노사

일본에서는 전통적으로 '로시(老師)'라는 말이 글자 그대로 '나이든 혹은 덕망 있는 스승'을 의미했다. 오랜 세월 동안 이 호칭은 다르마를 깨닫고 고결한 성품을 지니고 있으며, 선사 아래서 오랜 기간 수행해온 것으로 인증받은 사람에게 부여되어 왔다. 노사란 스승이 제자가 진정한 깨달음의 통찰을 이루었다고 만족할 때 내리는 시호(嗣法), 즉 전법을 받은 사람이라고 생각되었다. 이 사법은 선 계보의 형성에서 매우 중요하다. 다르마를 '이심전심'으로 전승하는 데 기반이 되기 때문이다. 사법은 또한 스승으로부터의 '인정의 표시'를 의미할 뿐 아니라 깨달음의 확인을 함축하고 있기도 하는 인가(印可) 절차를 통해서 확정되었다. 임제선에서는 인가가 공안 공부의 성공적인 완성과 결부되어 있다.

미국의 일부 선 공동체에서 노사는 일본의 선 기관에서처럼 이러한 공식적 의미를 지니고 있다. 샌프란시스코 선 센터와 화이트 플럼 상가와 같은 공동체 내에서 설립자 선사들은 제자들에 의해 스즈키 노사와 마에즈미 노사라고 불렸다. 그러다가 노사라는 칭호는 수행의 전 과정을 성공적으로 완수했다고 인정받은 그들의 제자들에게 수여되었다. 예를 들어 존 다이도 루리는 이제 그의 법명과 함께 '다이도 노사'라고 칭해진다. 버나드 테츠겐 글래스맨은 테츠겐 노사 혹은 글래스맨 노사라고 칭해진다. 그러나 노사는 일본에서뿐 아니라 미국에서도 보다 더 일반적인 용어 속에 들어와 있다. 그래서 이 말은 제자들이 스승에 대한 존경과 찬사를 전하기 위한 보편적 방식으로 종종 사용되기도 한다. 그 결과 이 용어는 각 공동체마다 다르게 사용되고 있다.

선생

센세이(先生)는 '선생'을 의미하기도 하며 기관의 상황에 따라 서로 다른 방식으로 사용되고 있다. 예를 들어 화이트 플럼 상가에서 선생은 아직 인가를 받지 않았지만 사법, 즉 전법은 받은 사람을 가리키며, 또 그렇기 때문에 선생은 스승의 법 계승자(法嗣: 법통을 이어받은 후계자)라고 불린다. 그와 대조적으로 법 보유자(持法者)란 수행과정의 일부를 성공적으로 완수했지만 사법을 하지 못하여 아직 완전한 법 계승자가 아닌 수행자를 말한다. 법 보유자란 보조 선생이라는 뜻을 내포하고 있다. 노사와 마찬가지로 선생도 상황에 따라서 일반적인 존칭으로 사용되기도 한다.

득도

정토진종 불교의 역사에서 볼 수 있듯이 일본어 용어의 영어 번역은 혼란을 일으킬 수 있다. 예를 들어 토쿠도(得度)라는 용어는 글자 그대로 '넘어가기를 성취'한다는 의미이며, 종종 '승려 혹은 승가 성직수여식'이라고 번역되기도 한다. 득도는 일반적으로 본격적인 선 승가 수행자를 위한 것이며, 미국인들의 경우 여기에 서약하는 사람은 아주 소수다. 그런데 미국에서 몽크monk와 눈nun

미국에서 가장 유명한 센세이의 한 명이었던 스즈키 슌류의 무덤.

이라는 용어는 다양한 방식으로 사용되고 있다. 강력한 전통을 가진 기관이 없는 상황에서 선승의 삶을 살기로 서약하는 것이 무엇을 뜻하는지 명확하지 않기 때문이다. 어떤 경우에도 몽크, 눈, 모나스틱 monastic이라는 용어들이 일반적으로 기독교 전통에서처럼 독신을 의미하지는 않는다. 또한 이 용어들은 반드시 승가 공동체에서 거주한다는 것을 의미하지도 않는다.

수계

'성직 수여식'이라고 번역되기도 하는 보다 중립적인 용어로는 주카이(受戒, 授戒)가 있는데, 이 말은 글자 그대로 '계율을 받거나 주는 것'을 의미한다. 미국에서 수계는 불교 공동체로 입문했음을 표시하는 정식 통과의례이다. 수계 시에 수련생에게는 법명이 주어진다. 이를테면 잰 초젠 베이스Jan Chozen Bays에서 '초젠'처럼 말이다. 수계자는 또한 계율을 지키며 살아가기로 서약하는데, 계율은 다양한 공동체에서 다소 다르게 해석되고 있다. 화이트 플럼 상가는 조동종 전통을 따라서 보통 십육조계十六條戒를 받는다. 그 내용은 삼보에 귀의하는 계율(三歸戒), 세 가지 청정한 계율(三聚淨戒, 악행하지 않기, 선행하기, 타인을 이롭게 하기), 그리고 열 가지 무거운 계율(十重戒)인 1. 살생하지 않기, 2. 도둑질하지 않기, 3. 음행하지 않기, 4. 거짓말 하지 않기, 5. 취하지 않기, 6. 타인의 과실을 말하지 않기, 7. 자신을 높이지 않고 남을 비하하지 않기, 8. 타인에게 관대하기, 9. 화내지 않기, 10. 붓다·다르마·상가를 비방하지 않기 등이다.

좌선

선 수행에 관한 다채로운 용어 중 가장 중요한 것은 자젠(坐禪)이다. 이 단어는 '앉는다'는 의미의 좌와 '집중'을 의미하는 선에서 유래했다. 가장 고전적인 형태의 좌선은 자푸(座蒲)라고 불리는 명상용 쿠션을 깔고 가부좌 자세로 행해지지만, 미국에서는 이보다 더 편안한 자세와 다른 형태의 지탱물이 일반적으로 사용되고 있다. 좌선할 때는 보통 눈을 뜨지만 시선은 아래로 하고 가볍게 집중한다. 전통적인 조동종 센터에서 좌선은 종종 장식 없는 벽을 마주보면서 행해진다. 수행자은 좌선 시 자신의 호흡을 따라가거나 공안을 참구할 수도 있다. 그러나 많은 사람은 좌선 시에 명상 대상을 설정하지 않기 때문에 이 용어가 지닌 일반적인 의미로 좌선명상을 생각하고 있지 않다. 그들에게 좌선이란 마음의 끊임없는 활동을 대면하는 것, 그리고 도겐의 유명한 표현을 따르자면 순간순간에 "생각하지 않음을 생각하는"것을 배우는 것이다.

경행

킨힌(經行)은 선 센터와 사원에서 좌선 시간 사이사이에 행해지는 일종의 걷기 명상이다. 임제종 전통에서는 경행이 빠른 걸음으로 활기차게, 때로는 조깅하듯이 행해진다. 조동종 전통에서는 경행이 느린 걸음으로 이루어지는 경우가 더 많다. 미국에서 종종 발견되는 절충적 스타일의 선에서는 경행이 두 가지 방식으로 행해진다. 어떤 선생들은 자연과 자연환경 속의 모든 생명체의 상호의존에 대한 주의력을 계발한다는 특별한 의도를 가지고 야외에서 경행을 행하기도 한다.

공안

가장 기본적인 면에서 볼 때 코안(公案)이란 옛날 노사들에 대한 이야기 혹은 그들이 했던 말이며, 이것은 선 수련자들에게 다르마를 가르치기 위해 사용되었다. 어떤 수행자는 공안이 역설이며, 이것을 해결하기 위해서는 보통의 사고방식을 뛰어넘는 인지적 도약이 필요하다고 이해하고 있다. 또 어떤 사람들은 공안을 해답이 없기 때문에 전적으로 경험하거나 수용해야만 하는 상황을 묘사한 것이라고 여긴다. 체계적인 공안 공부는 임제선과 가장 밀접한 관련이 있지만 미국에서는 공안이 다양한 상황에서 공식적으로뿐 아니라 비공식적으로도 사용되고 있다. 여기서 공안이라는 용어는, 적절한 관심을 기울일 경우, 깨달음의 길을 열어줄 수도 있는 인생의 모순적인 상황을 가리킬 수도 있다. 예를 들어 재가 선 수행자는 수행과 가족을 조화시키려는 자신의 의도가 바로 자신이 해결하고자 하는 공안이라고 말할지도 모른다. 이런 의미에서 삶과 죽음의 모든 문제가 공안이며, 또 그렇기 때문에 깨달음의 과정에서 중요한 단계들이라고 간주될 수도 있다.

독참

도쿠산(獨參)은 글자 그대로 '높은 곳으로 혼자 가기'를 뜻한다. 이것은 스승과 제자 사이의 사적인 만남 혹은 면담을 가리키는데, 그 내용은 보통 비밀로 유지된다. 독참은 선 수행에서 중요한 역할을 한다. 독참을 하면서 스승은 제자가 수행 시 직면하는 문제를 해결하도록 도와주기 때문이다. 만일 제자가 공안을 참구하고 있다면 독참을 통해서 제자는 공안 수행의 진척사항을 내보일 수 있는 계기를 얻게 된다. 거기에 대해서 스승은 인정하거나 반박할 수 있다. 때때로 이 면담은 스승과 제자가 그저 침묵 속에서 대면하는 것이기도 하다. 독참 입실入室에서 스승이 수수께끼 같은 행동을 한 많은 사례가 있는데, 이런 경험은 제자들에게 걱정거리일 수도 있다. 전통적으로 독참은 매우 의례적인 것이지만, 많은 미국의 선 센터에서 독참은 격식을 덜 차린다.

응량기

오료키(應量器)는 글자 그대로 '딱 필요한 만큼 담는 것'을 의미한다. 이 용어는 선승이나 선니禪尼가 수계할 때 전통적으로 받은 한 세트의 식기를 가리킨다. 이 식기들은, 특히 '붓다의 식기'라고 불리는 가장 큰 것은 석가모니가 제자들로 하여금 탁발 시에 사용하도록 했던 식기를 상징하는 것으로 간주된다. 응량기는 또한 선 사원에서 묵언 중에 이루어지는 식사에서 이 식기들을 사용하는 것을 가리키기도 한다. 응량기 식사는 선 수행의 하나이다. 음식은 처음에 불보살께 올리며 그런 다음에야 공동체가 먹게 된다. 이런 식의 수행은 삶의 모든 측면이 깨달음을 이루는 계기가 될 수 있다는 확신을 강조한다. 응량기는 승가적 특성을 지닌 미국 선 센터에서 흔히 볼 수 있다. 어떤 공동체는 매일 응량기 스타일로 식사를 하지만 또 어떤 공동체는 가끔씩 한다. 때때로 응량기는 천천히 우아하게 행해지기도 하지만, 어떤 때는 활기차게 빠르게 심지어 다소 엉성하게 행해지기도 한다.

작무

사무(作務)는 '작업 봉사' 혹은 '작업 수행'을 의미한다. 응량기와 마찬가지로 작무는 깨달음 실현의 일상적인 성격을 강조한다. 가장 구체적으로 말하자면 작무란 선 센터나 사원을 유지하는 데 필요한 작업의 수행을 가리키는데, 이것은 공동체에 대한 봉사정신으로 행해진다. 작무는 명상하는 마음으로 세속의 허드렛일을 행하는 경우이며, 또한 선 수행의 대부분의 단계에서 중요한 역할을 한다. 보다 더 넓은 의미로 볼 때 작무는 석가모니의 팔정도八正道 수행 중 한 단계인 '바른 생계수단(正命)'과 관련 있다. 직장생활과 수행을 통합해야만 하는 미국의 재가 수행인들은 그들의 직업활동을 전적으로 세속적인 환경에서 이루어지는 일종의 작무라고 보고 접근하는 경우가 흔하다.

섭심, 안거

세심(攝心)과 안거安居는 특별히 집중적이고 장기적인 수행이다. 섭심은 '마음을 모으는 것'을 의미한다. 이것은 선 공동체의 정기적인 연례행사이며 주로 3일 혹은 7일 동안 계속되는데, 이때 학생들은 수행에 집중하면서 자신의 선생과의 지속적인 관계를 발전시켜나갈 수 있다. 섭심은 주로 철저한 묵언수행으로 이루어진다. 어떤 섭심의 경우 의식적인 측면을 띠기도 한다. 예를 들어 로하츠세신(臘八攝心)은 석가모니가 깨달음을 얻었다고 말해지는 성도절(成道節, 12월 8일)과 겹친다. 여러 종교인들이 모여 선을 수행하는 단체에서는 재림절 섭심이 예수 그리스도의 탄생일과 겹칠지도 모른다. 안거는 '평화롭게 거주한다'는 의미를 지니고 있으며 3개월의 집중수행을 말한다. 이것은 고대 인도에서 비구와 비구니의 우기안거와 상응한다.

이런 종류의 용어는 이 이외에도 아주 많이 있는데 이것들은 오늘날 미국선에서 여전히 중요하다. 이런 용어들은 또한 불교가 미국에 적응해가고 있는 복잡하고도 현재 진행 중인 과정을 반영하고 있다. 1960년대에 불교가 한창 퍼져나갈 때 불교에 이끌렸던 미국인 중 사무, 오료키, 사법 등을 알고 있었던 사람은 극소수였다. 그들은 스즈키 다이세츠와 앨런 와츠의 저작을 읽고 나서 선을 세상에 대한 직관적인 접근과 역설적이고 수수께끼 같은 형태의 지혜와 결부시켰을 것이다. 혹은 그들은 비트 세대의 시인들, 블라바츠키Blavatsky 부인, 혹은 티모시 리어리Timothy Leary, 그리고 엘에스디를 통해서 처음으로 불교를 접했을 것이다. 어쨌든 수행적인 삶의 한 방식과 종교적 헌신의 한 형태로서 일반적으로 불교가, 구체적으로는 선이 무엇을 의미하는지 알고 있던 사람은 거의 없었다.

선의 미국화는 일방통행 방식으로, 즉 일본의 전통을 단지 미국 사회의 분위기와 경향에 맞추어서 재편하는 과정으로 종종 제시되기도 한다. 그리하여 선은 미국에서 보다 더 격식에 얽매이지 않게 되고, 영어화되고, 민주화되고, 직장과 핵가족에 초점을 맞춤으로써 미국 중류계층의 생활방식에 맞추어진다. 미국화를 주창하는 많은 사람들이 정확하게 지적하고 있는 것처럼 불교, 특히 선은 그 긴 역사를 통틀어서 광범위한 문화적, 민족적 환경에 적응하는 능력을 보여주어 왔다. 그러나 선의 미국화에 대한 설명으로서 이것만으로는 이상하게도 불완전하다. 많은 미국인들도 30년 넘는 세월 동안 일본의 선 전통에 스스로를 맞추어가고, 즉 의식적으로 스스로를 단련해가고 있기 때문이다. 선 철학, 명상수행, 의례, 용어들은 많은 미국인들이 미국선의 주력 기관들을 세워가는 과정에서 그들에 의해 수용되었으며, 이것은 많은 노동, 자금, 헌신, 그리고 아마도 많고도 많은 좌선수행이 요구되었던 과업이기도 했다.

미국선에는 아직 논의가 더 필요한 쟁점들이 많다. 미국인 수행자들과 그 수행전통이 일본에서 유래한 측면 사이의 관계는 그 수행 스타일, 기관의 권한, 가르침의 정통성, 그리고 광범위한 다른 문제들과 관련해서 많은 논의가 있었다. 현재 이러한 관계를 추구해가는 방식, 이를테면 일본의 모델을 열심히 수용하기, 적절한 거리 유지하기, 조심스런 회의적 태도 유지하기, 그리고 노골적인 거부를 보여주기 등에 대한 다양한 입장은 선을 진지하게 수행하고 있는 미국인의 숫자만큼이나 많다고 해도 과언이 아니다.

일부 불교도들은 만일 불성을 깨닫고자 하는 열망이 심리치료와 지나치게 가까워지거나, 혹은 수행이 미국 중류층의 경제적, 정서적 욕구에 지나치게 부합되게 될 경우, 미국화가 다르마의 쇠퇴를 초래할 것이라고 우려하기도 한다. 그러나 또 다른 불교도들은 정확히 그런 식의 변용이란 미국인들이 고대의 철학과 수행 전통에 독특하게 공헌하는 것이라고 본다. 미국에서 가장 중요한 불교명상 형태인 선이 자체적으로 명상위주의 개종 불교도 공동체들을 가지고 있는 티베트 전통과 테라와다 전통으로부터 영향을 받으면서 어떤 식으로 발전해갈 것인지에 대한 흥미진진한 문제들도 있다. 이러한 발전상을 예측할 수는 없지만, 이런 일이 수면에 부상해 있다는 사실은 선의 미국화가 여러 세대를 거치면서 아무리 많이 진전되어 있다고 할지라도, 그것이 완료된 것은 전혀 아니라는 점을 암시해준다.

제8장

티베트 친화적 사회환경

지난 수십 년에 걸쳐서 티베트 불교의 전통이 미국으로 전달되고 변용된 데에는 적어도 세 가지 요인이 상호 연관되어 작용해왔다. 이러한 요소들은 모두 1950년 중국이 티베트를 점령함으로써, 그리고 티베트의 정치적, 정신적 지주인 달라이 라마가 인도로 탈출하면서 약 100만 명의 티베트인들이 그를 따라가 1959년에 마침내 티베트인 망명 공동체를 형성함으로써 촉발되었다. 티베트의 독특한 상황을 고려해볼 때, 그 종교적 전통이 다른 문화권으로 전달되는 것은 특히 인상적이었다. 갑작스럽게 무너져버린 한 온전한 문명의 요소들이 그와는 완전히 다른 미국 사회와 문화에 선별적으로 이식되었기 때문이다.

이러한 세 가지 요인 중 하나인 '자유로운 티베트를 위한 캠페인'은 미국의 인권단체 및 연예계가 참여하게 된 유명한 명분이 되었다. 이를테면 이 캠페인은 미국의 주류사회가 티베트에 관한 모든 것에 관심을 돌리게 만든 사건이었다. 앨런 와츠, 스즈키, 그리고 비트 시인들이 1950년대에 선을 알리기 위해 활동을 펼쳤다면, 정치운동가와 할리우드 영화제작자와 스타들은 1990년대에 티베트 불교를 알리기 위해 활동했다. 큰 주목을 받지는 못했지만 매우 의미있는 두 번째의 요인은 아시아와 서양의 불교학자와 출판사가 티베트의 종교문헌을 보존하고 서양에 전파하기 위해 서로 힘을 합쳐 노력한 점이다. 이런 명분은 중국이 티베트의 종교 전통과 제도를 말살하기로 결정을 내렸기 때문에 그만큼 절박하게 받아들여졌다. 세 번째 요인은 정치적, 보존적 관심이 개입된 것으로서 1960년대를 기점으로 라마와 그 제자들에 의해 광범위한 수행센터의 네트워크가 구축된 점이다.

이 이외의 다른 요인들도 미국에 독특한 티베트 친화적 사회환경이 조성되는 데 일조했다. 티베트 불교는 일본 불교가 대규모의 근대화과정을 거치면서 변형되었던 것과 다르게 대체로 그 원형이 손상되지 않고 도달했다. 그 결과 티베트 불교의 종교적 세계관은 그저 전통적 혹은 전근대적인 상태라고 할 수 있다. 복잡한 신화들과 의례가 티베트 불교의 중심에 있으며, 라마에 대한 확고하면서도 신앙적인 존경심 역시 마찬가지다. 라마 중 많은 이들은 큰 깨달음을 얻은 존재의 환생이라고 간주되기 때문이다. 또 하나의 요인은 미국내의 티베트 불교에 대한 인구통계 요소이다. 미국에는 티베트인 망명자와 이민자가 1만 명에 불과하다. 그렇기 때문에 미국에서 티베트 불교는 주로 미국과 아시아 양쪽에 살고 있는 라마들, 헌신적인 학자와 정치지도자들, 소수의 망명자 집단, 그리고 공동체 내에서 가장 수가 많은 개종자들이 함께하고 있는 하나의 담론 공동체다.

티베트 불교를 수행하고 있는 사람이 몇 명이나 되는지 정확한 수치는 알 수 없지만, 1970년대 이래로 이들은 미국 불교에서 두드러지고도 매우 독특한 특색이 되어 있다.

티베트 불교, 탄트라 불교, 그리고 바즈라야나(金剛乘) 불교는 서로 다른 면이 있지만 미국에서 이 용어들은 대체로 같은 의미로 쓰이고 있다. 이들은 불교의 넓은 흐름의 일부로서, 인도에서 유래했지만 대승불교 전통과 함께 중국을 통해 일본까지 전해졌으며, 중앙아시아의 티베트 지역에서 그 지역의 샤머니즘 전통과 수 세기 전 융합되면서 독특한 형태를 띠게 되었다. 티베트 불교는 미국에서 일련의 복잡하고 정교한 단체들에 의해 조직화되었다. 티베트 불교의 주요 종파들은 모두 신진 주력 단체들을 가지고 있으며, 많은 존경받는 스승들을 대표로 내세우고 있는데, 이들 중 몇 사람에 대해서는 뒤에서 살펴볼 것이다. 중국의 티베트 침공으로 인하여 트라우마를 겪었고, 또 그로 인하여 망명상태에서 그 전통의 보존을 강조하고 있기 때문에 이 공동체의 종교활동 중 많은 부분은 보수적인 경향을 띠고 있다. 그러나 그와 동시에 아시아인과 미국인을 포함한 여러 명의 티베트 불교 지도자와 선생은 뛰어난 혁신가라고 간주되고 있다.

미국화로 가는 길에서의 정계와 유명인사

미국에서 티베트 불교의 수행에 대한 진지한 관심은 1970년대 이래로 증가 추세에 있지만, 정작 티베트라는 나라는 미국에서 1990년대에 잠깐 주목을 받았을 뿐이다. 그 당시 티베트의 매력은 낭만적 이상주의가 스며든 경우가 많았고, 또 그렇기 때문에 티베트 사회와 그 종교 전통의 복잡한 측면은 종종 잘 알려지지 못했다. 하지만 티베트 지원 단체들과 할리우드 영화계가 강력하게 연대함으로서 티베트에 대한 미국인들의 의식은 크게 높아졌다. 이런 현상은 다르마가 다른 문화권으로 전달되어 변용되었던 역사를 살펴볼 때 특유하게 미국적인 순간이기도 했다.

이런 현상의 중심에 14대 달라이 라마 텐진 갸초Tenzin Gyatso가 있었다. 그의 높은 대중적 인지도는 어느 정도 그의 헌신, 매력, 비폭력 원칙의 고수에 근거하고 있으며 많은 미국인들의 눈에 그는 간디와 같은 지위로 격상되어 있다. 그의 높은 인지도는 또한 그가 인도로 망명한 이래로 티베트인들을 위해 쉬지 않고 일해왔으며, 또 1973년 서양을 처음 방문한 이래로 부지런히 곳곳을 찾아다녔다는 사실에 근거하고 있기도 하다. 그는 티베트 국민들을 위한 개인적 열정뿐 아니라 그 노력을 인정받아 1989년 노벨평화상을 수상했다.

달라이 라마는 다양한 사회집단에 호소력이 있는 권위와 식견을 겸비한 영적 지도자라고 간주된다. 예를 들어 1989년에 그는 로스앤젤레스에 2주간 체류하면서 미국 서부에서 가장 규모가 큰 불교 승가 사원이며 캘리포니아 하시엔다 하이츠에 자리 잡고 있는 시라이 사원(西來寺)에서 중국계 미국인들에게 연설한 적이 있다. 그 자리에서 그는 청중들을 중국인 형제자매라고 부르기도 했다. 그는 남캘리포니아의 여러 공동체에 소속된 미국인 개종 불교도와 이민 불교도 앞에서 연설했고, 또 내면의 평화라는 주제로 로스앤젤레스의 슈라인 오디토리엄Shrine Auditorium에 모인 5천 명의 청중에게 대중적이고 일반적인 강연을 하기도 했다. 보다 더 수행 중심의 맥락에서 볼 때, 그는 3천 명의 불교도를 포함하여 누구든 원하는 사람에게 티베트 불교 관정(灌頂, 티베트 불교 입문식) 중 하나인 칼라차크라Kalacakra 입문의식을 집단적으로 행했다. 그런 다음 그는 의사, 과학자, 철학자의 부탁을 받아들여 인간 의식의 성격과 심신의 관계에 대한 연설도 했다.

달라이 라마는 또한 티베트의 정치지도자이자 영민한 정치가이었기 때문에, 그가 여행할 때의 행보를 보면 대게 정치와 종교의 균형이 잡혀 있다. 1997년 워싱턴 D.C. 여행 중 그는 티베트에 열렬한 지지를 보내주었던 미국의 정계인사들을 만나는 데 특히 관심이 있었다. 백악관에서 클린턴 대통령과 알 고어 부통령을 만났고, 상원과 하원의 외교관계위원회 위원장들을 포함한 국회의원들의 초대를 받기도 했다. 그는 국무장관 매들린 올브라이트, 하원의장 뉴트 깅리치, 상원 다수당 지도자 트렌트 로트, 그리고 의회의 다른 지도자들을 소개받았다. 뿐만 아니라 그는 미국의 유대교와 기독교의 지도자들도 만났고, 워싱턴 국립대성당에서 '종교자유를 위한 종교 간 기도모임'에 참가하기도 했으며, '티베트를 위한 유월절'(Passover Seders for Tibet)이라고 불리는 운동에서 개최한 유월절 창립의식에 참가하기도 했다.

달라이 라마의 정치적 행보는 1990년대에 미국 사회의 상위계층과 서민층 양쪽에서 활동하고 있던 광범위한 티베트 지원단체들로부터 결정적으로 중요한 지지를 받게 되었다. 뉴욕에 위치한 티베트인과 미국인 자원봉사자들의 독립적인 인권단체인 '미국-티베트 위원회'(U.S. Tibet Committee)는 강연, 시위, 편지쓰기 운동을 통해서 티베트에 대한 대중의 이해를 증진시켰다. 워싱턴 D.C.에 위치한 '티베트를 위한 국제 운동'(International Campaign for Tibet)은 주로 선출된 관리들과 함께 일했지만, '로스앤젤레스의 티베트 친구들'(Los Angeles Friends of Tibet: LAFT)과 같은 시민단체들을 지원하기도 했다. 엘에이에프티(LAFT)는 로스앤젤레스에서 주로 대중들에게 티베트에 대해 알려주는 일에 헌신하고 있지만, 할리우드 영화사들의 자문을 맡아왔고 달라이 라마의 남캘리포니아 여행에 대한 홍보업무를 맡기도 했다. 이 단체는 독립적이고 공동체에 기반을 둔 많은 단체들이 느슨한 제휴관계를 유지하고 있는 '티베트 친구들'(Friends of Tibet)의 산하단체이다.

다른 지원단체들은 대중들에게 티베트 문제를 교육하기 위해서 일련의 전략을 사용했다. 주도적인 대학생 단체인 '자유로운 티베트를 위한 학생모임'(Students for a Free Tibet)은 과거 남아프리카의 인종차별정책 종식 운동에 헌신했던 학생 운동을 활용했다. 이 단체는 1994년 출범할 당시 미국 전역에 45개의 지부가 결성되어 있었으나, 1997년에 이르러 그 수는 350개로 늘어났다. 학생들은 런던에 본부를 둔 '자유로운 티베트 운동'이 홀리데이 인 호텔로 하여금 티베트의 수도 라사에서 철수하도록 설득하는 데 핵심적인 역할을 했다. 국제적인 티베트 독립 운동 단체인 랑젠Rangzen은 인디애나 주의 인디애나폴리스에 본부를 두고 있다. 이 운동의 주요 활동에는 티베트 독립을 위한 가두행진 후원도 포함되어 있었다. 1997년의 가두행진에서는 토론토에서 뉴욕 시까지 600마일의 거리를 3개월 동안 걷기도 했다. 1998년에는 또 한 차례의 가두행진이 오리건 주의 포틀랜드에서 브리티시 콜롬비아까지 진행된 후 밴쿠버의 중국 영사관에서 끝이 났다. 이 두 가두행진은 달라이 라마의 형이자 인디애나 주 블루밍턴에 위치한 티베트 문화센터 책임자인 툽텐 노르부Thubten J. Norbu가 인솔했다.

티베트에 헌신적이었던 다른 조직들도 미국문화의 영역 전반에서 활동했다. 팝음악의 영역에서는, 비스티 보이스Beastie Boys라는 랩-힙합 그룹 소속의 애덤 요치Adam Yauch가 설립한 밀라레파 기금Milarepa Fund이 '자유로운 티베트를 위한 콘서트'를 후원하는 것으로 크게 유명해졌다. 이 콘서트는 팝음악 팬들에게 티베트의 이슈들을 소개하기 위해 고안된 것이며 선두를 달리는 록그룹들에 의해 연속적으로 펼쳐지는 공연이다. "대체로 팬들은 정말 멋지고 또 승려들에게 매료되어 있어요. 승려들에게 푹 빠져 있지요." 요치는 말했다. "승려들은 많은 사랑과 자비를 풍겨내기 때문에 순회공연 중인 모든 사람들과 다른 밴드들도 그들에게 이끌립니다."[1] 스스로 불교도라고 밝힌 요치는 1960년대의 불교 열풍과는 다소 무관한 한 세대에게 다르마를 소개하는 일을 주로 맡고 있었다. 문화 영역에서 기관으로 확립된 것으로는 뉴욕의 티베트 하우스Tibet House가 있었다. 달라이 라마의 요청으로 1987년에 설립된 이 문화센터이자 미술관은 티베트의 살아있는 문화와 독특한 정신을 주제로 한 전시품, 강연, 연수회를 열어서 대중을 교육시킨다. 공동설립자이며 현재 회장을 맡고 있는 로버트 서먼Robert Thurman은 콜롬비아 대학교 인도티베트 불교학과의 쫑카파(티베트 불교 겔룩파의 개조) 담당 교수이며 전직 티베트 승려, 저술가, 직설적인 미국인 불교 지도자이기도 하다.

할리우드는 티베트 캠페인에 연예인의 광채뿐 아니라 강력한 대중성도 더하면서 마침내 그 결과물을 내놓게 되었는데, 1997년은 티베트 문제에 대한 경이적인 한 해가 되었다. 그해 10월과 12월 사이에 할리우드 영화계는 중국의 사법체계를 맹비난한 영화이며 미국에서 오랜 세월 큰 주목을 받고 있는 불교도인 리처드 기어가 주연한 「홍코너」(Red Corner), 흥행몰이 인기배우 브래드 피트가 주연한 「티베트에서의 7년」(Seven Years in Tibet), 그리고 달라이 라마의 어린 시절 이야기이며 저명한 영화감독 마틴 스콜세지가 감독을 맡은 「쿤둔」(Kundun) 등을 출시하면서 티베트를 세인의 관심으로 끌어들였다. 영화가 개봉될 때마다 배우들은 인터뷰, 시위, 전국적인 캠페인, 그리고 티베트와 관련된 행사에 출현하게 되었다.

「티베트에서의 7년」의 출시는 또한 『타임』지에서 커버스토리로 '미국이 불교에 매료되다'(America's Fascination with Buddhism)라는 기사를 내게 된 계기가 되었다. 이 기사는 부주의한 어구("대중문화가 전국에서 다르마를 좇아간다")와 스타에 푹 빠진 표현("브래드 보살?")이 담겨 있기는 하지만 50년대 선의 대유행을 상기시켜주는 불교의 대유행이 부활하고 있음을 알려주기도 했다. 더욱이 같은 해 닝마파의 수장인 페노르 린포체Penor Rinpoche는 액션배우 스티븐 시갈이 툴쿠(환생자)라고 발표하기도 했다. 그 툴쿠는 중국인에 의해 자신의 가르침이 파괴당했던 17세기의 승려이자 라마의 환생이라는 것이었다. 이 일로 인하여 일반적인 불교도 연예인들에 대해서, 구체적으로는 시갈에 대해서, 매우 많은 냉소적 의견이 제기되자 (한 기자는 그를 "살인하는 툴쿠"²라고 말하기도 했다.) 페노르 린포체는 곧 그 문제를 해명하기 위해 보도자료를 내놓았다. "스티븐 시갈은 항상 폭력영화에 등장하는데, 어떻게 그가 진정한 불교도일 수 있는가라고 생각하는 사람들이 있다"면서 그는 인도의 남드롤링 사원(Namdroling Monastery)에서 글을 썼다.

> 이런 영화들은 일시적인 즐거움을 주기 위한 것으로서 사실적이면서도 중요한 것들과는 관련이 없다. 자비로운 존재들은 다른 사람을 돕기 위해 온갖 생명 형태로 재생한다는 것이 바로 대승불교의 견해이다. 존재들에 봉사하기 위해 어떤 생명의 상태라도 이용될 수 있기 때문에 이러한 관점에서 볼 때, 영화배우이면서 동시에 툴쿠가 될 수도 있다. 이러한 가능성에는 아무런 내적 모순도 없다.³

이 모든 세간의 관심에 대해서 많은 개종 불교도 기관들은 조심스러운 반응을 내놓았는데, 이런 불교기관에서 30년씩 다르마를 수행해온 많은 사람들은 이러한 관심에 대해서 유보적인 태도를 보이는 것 같았다. 평판이 좋은 불교 논평지인 『트라이시클』(*Tricycle*)은 「할리우드, 과연 티베트를 구할 수 있을까?」라는 표지기사를 통해서 회의적인 질문을 던졌다. 한 저자는 프랭크 카프라Frank Capra 감독의 고전영화인 1937년 작 「잃어버린 지평선」(Lost Horizon)으로부터 현재까지의 영화 속에 나타난 티베트 이미지에 대해 글을 쓰면서 결론 짓기를, 할리우드는 티베트의 정치적 항쟁의 결과에 "관련이 있고, 어쩌면 대단히 중요할 수도 있다"는 것이다.[4] 이와 비슷하게 영향력 있는 영국인 불교도 스티븐 배처러로부터도 조심스러운 찬사가 나왔는데, 당시 그는 필립 글래스Philip Glass와의 포럼에 참가하기 위해 뉴욕에 와 있던 때였다. 필립 글래스는 아방가르드 작곡가이자 오랜 불교도이며 「쿤둔」의 영화음악을 작곡했던 사람이다. 배처러는 『뉴욕타임즈』에 이렇게 말했다. "불교, 즉 다르마가 문화 속으로 어떻게 스며드는가는 어쩌면 중요하지 않습니다. 중요한 것은 사람들이 그것을 받아들여서 자신의 삶을 변화시키느냐 그렇지 않느냐는 것이죠."[5]

티베트 지원단체들은 모든 매스컴을 활용했지만, 그것은 일시적이고 피상적일 뿐이라고 여겼으며, 미국의 기업이 중국의 거대시장으로 눈을 돌리면서 머지않아 언론매체의 티베트 친화적인 연민을 억압하게 될 것이라고 예측했다. 그러나 툽텐 J. 노르부와 함께 랑젠을 공동으로 설립한 래리 게르슈타인Larry Gerstein은 말하기를, 그러한 가운데에서도 언론매체의 관심이 긍정적인 영향을 주었다는 것이다. "이 모든 관심이 광범위한 대중의 지지로 변화될 수 있을지는 두고 보아야 알 것입니다. 그러나 적어도 이제 사람들은 우리가 왜 행진하고 있는지 알고 있습니다. 몇 년 전만 해도 '티베트가 무엇이죠?'라고 묻는 사람이 많았는데 말이죠."[6]

문헌의 보존과 전파

티베트 불교가 미국에 전승된 또 하나의 아주 다른 경로는 티베트의 종교문헌을 보존하여 그것을 미국에 전파하고자 한 많은 사람들의 노력이었다. 망명자들은 티베트를 빠져나와 인도로 피신할 때 위대한 예술작품, 의례용품, 그리고 방대한 대승불교와 금강승 불교의 문헌 등을 남겨두고 나왔는데, 이 모든 것들은 불교의 연구와 수행에 크게 중요하며, 또 그 중 매우 많은 것들은 서양에 알려져 있지 않다. 그 이후 20년에 걸쳐서 대략 6천 개의 사원, 전각, 기타 대표적인 건물들이 파괴되었다. 예술품이 파괴되었고 승가도서관들이 불태워졌다. 남녀 승려들은 고문을 당하고 투옥되었으며, 한 문명의 말살을 목표로 한 군사행동이 전개되는 과정에서 수십만 티베트인들이 죽임을 당했다. 중국의 이러한 정책으로 인하여 티베트 전통의 보존과 전승을 위한 활동은 특히 다급하게 진행되었다. 만일 티베트가 파괴된다면, 그 전통은 오직 종교문헌에서만, 그리고 한두 세대의 망명 티베트인에서만 명맥을 유지하게 될 것이다.

티베트 문헌을 수집하고, 보존하고, 번역하고, 전파하는 힘든 작업은 망명한 라마들과 그 제자들에 의해 1960년대에 미국에서 처음으로 착수되었다. 이 라마들이 다른 불교 전통의 스승들보다도 더 많이 장려했던 점은 제자들이 불교학 석·박사 학위를 따서 학계로 진출하도록 하는 것이었다. 이렇게 제자였다가 학자로 진출한 사례로는 제프리 홉킨스Jeffrey Hopkins가 가장 유명한데, 그는 버지니아 대학교에 불교학 프로그램을 창설했으며 거기서 그의 저작, 연구,

가르침은 미국에서 티베트 불교의 연구 발전에 매우 중요한 역할을 해왔다. 서양에서 티베트 불교는 타락한 다르마의 형태라고 많은 학자들에 의해 무시당해왔지만 티베트학의 발흥에 힘입어 서양에서 티베트 불교에 대한 평가는 달라졌다. 1970년대에는 일련의 불교서적 출판사들이 보존 및 번역 결과물의 유통부문에 선별적으로 참가하게 되었다. 1960년에 미국의 서점에서 순조롭게 구할 수 있는 책이라고는 『티베트 사자의 서』와 같은 고전문헌의 옛 번역본 몇 권 정도였지만, 90년대 중엽에 이르러서는 광범위한 교리 및 의례에 관한 문헌들도 자유롭게 구할 수 있게 되었으며, 이 중에는 수백 년 동안 비밀의 가르침이라고 간주되었던 것들이 많았다.

여러 출판사들은 하나같이 미국 금강승 수행 공동체와 강력한 연계를 유지하면서 이러한 활동에서 핵심적인 역할을 했다. 위스덤 출판사는 1970년대에 툽텐 예쉬Thubten Yeshe와 툽텐 조파 Thubten Zopa 린포체라는 두 명의 라마에 의해 설립되었으며 국제 수행센터 네트워크인 '대승불교 전통 보존재단'(Foundation for the Preservation of the Mahayana Tradition: FPMT)과 연계된 비영리기구다. 위스덤 출판사는 에프피엠티(FPMT) 설립자들의 저작뿐 아니라 경전, 탄트라, 다른 티베트 문헌, 그리고 다양한 일반 불교서적의 번역본을 출간하는 데 전념하고 있다.

티베트와 티베트 불교에 관한 학술서적과 일반서적을 최초로 영어로 출판한 곳은 뉴욕 이타카에 위치한 스노라이언 출판사(Snow Lion Publications)이다. 1980년도에 세워진 스노라이언은 겔룩파 전통과 그 영적 지도자인 달라이 라마와 밀접한 관련이 있다. 달라이 라마의 북미 승가 본부인 남걀사원(Namgyal Monastery)도 역시 이타카에 위치해 있다. 1984년부터 스노라이언은 달라이 라마가 저술했거나 혹은 그에 관한 내용을 다룬 열네 권의 책을 출간했다. 그러나 스노라이언에서 펴낸 광범위한 티베트 자료는 철학, 의례, 기도 서적, 그리고 티베트의 역사, 예술, 문화에 대한 책도 역시 포함되어 있다. 스노라이언은 개척자 역할을 한 티베트 불교 학자들의 저작물을 유통시키는 데 중요한 역할을 해왔지만, 금강승과 관련된 시청각 자료, 티셔츠, 포스터, 그리고 의례 및 장식 물품 등을 보급함으로써 대중적인 면모도 역시 유지하고 있다.

샴발라 출판사는 미국 불교 공동체에서 가장 유명한 대중 출판사이다. 1969년에 설립된 이곳은 초창기부터 베이비붐 세대에게는 불교적 현상의 일부였으며, 또한 『트라이시클 불교평론』과 더불어 개종자 공동체를 대변하는 중요한 대중의 목소리가 되었다. 샴발라에서 가장 성공한 책 중에는 반문화 시대로부터 선의 기준이 된 『타사하라 제과서적』(The Tassajara Bread Book), 과학과 아시아 종교 사이의 접점을 탐구한 개척적인 대중서적인 프리쵸프 카프라Fritjof Capra의 『현대물리학의 동양사상』(Tao of Physics)이 있다. 샴발라는 또한 1970년대를 통틀어서, 그리고 80년대에 들어서까지 개종자 공동체의 티베트 부문에서 핵심적 역할을 맡았던 선생인 초걈 트룽파 린포체의 저작을 출간하는 곳으로도 잘 알려져 있다. 샴발라가 첫 번째로 출간한 책은 트룽파가 아직 영국에 머물러 있던 때 내놓은 『행동하는 명상』(Meditation in Action)이다. 1973년에는 그 당시 선구적인 책이며 현재도 미국 불교의 고전인 그의 『영적 물질주의를 헤

초갬 트룽파의 책 『영적 물질주의를 헤치고 나아가기』는 미국 불교의 고전이 되었다.

치고 나아가기』(*Cutting Through Spiritual Materialism*)가 출간되었다. 샴발라는 트룽파의 모든 저작물을 계속 출간하고 있지만, 이곳은 또한 아시아와 서양의 광범위한 영적 문헌들을 다양한 페이퍼백판과 포켓판으로 출간한 내력도 있다. 1974년부터 랜덤하우스와의 유통계약을 맺음으로써 샴발라는 미국 주류에 불교를 소개하는 데 대단히 중요한 기여를 할 수 있게 되었다.

이와 대조적으로 라마 타르탕 툴쿠 Tarthang Tulku에 의해 1971년 캘리포니아 버클리에 설립된 다르마 출판사는 무보수로 일하는 라마의 오랜 제자들에 의해 운영되며, 문헌에 대해서 거의 승가기관과 비슷한 작업을 수행하고 있다. 다르마 출판사는 많은 계획을 세워놓고 있지만, 현재 진행하고 있는 사업은 티베트 불교의 대장경인 『칸규르』(*Kangyur*, 佛語部)와 『텐규르』(*Tengyur*, 論部)를 128권짜리 한정판 전집으로 만들어 유통시키는 것이다. 지도책 크기의 이 책은 한 권당 무게가 10파운드(4.5kg)이며, 수동으로 제본되었고, 수백 년 지나도 변질되지 않도록 중성지에 인쇄되었다. 각 권은 금박을 입힌 400쪽 정도의 복제본 목판인쇄 문헌, 탕카라고 불리는 티베트 성화聖畵, 티베트 종파나 계보들 중 한 곳의 창시자를 그린 선화線畵, 역사지도, 그리고 티베트의 많은 붓다 중 하나의 모습이 담겨있는데, 모두 문헌에 담긴 지혜를 존중하고 독자들에게 기쁨을 주기 위해 선별되었다. 세부적인 면에 이렇게 신경을 쓴 것은 『칸규르』와 『텐규르』에 대한 티베트인들의 신앙적 측면을 보여준다. 이들은 이 책을 법당의 중앙제단에 전시하고 신앙의식으로서 그 앞에 절을 한다. 다르마 출판사는 이제 오디얀Odiyan에 위치해 있다. 이곳은 북캘리포니아에 위치한 엄청난 규모의 승가 복합단지이며, 타르탕 툴쿠에 의하여 고안되었고 그의 수행 공동체를 위한 연구와 안거센터 역할을 하는 곳이다.

승가의 정신은 게쉬Geshe 마이클 로치Michael Roach가 총괄하고 있는 아시아고전 입력 프로젝트(Asian Classics Input Project: ACIP)에도 스며들어 있다. 그는 겔룩파 승려인 동시에 티베트의 철학박사 학위라고 할 수 있는 게쉬학위를 받은 최초의 미국인이기도 하다. 그러나 에이시아이피(ACIP)는 『칸규르』와 『텐규르』를 관련 내용에 관한 철학적 주석 및 사전과 더불어 학술판으로 만든 다음, 검색 가능한 포맷의 시디롬(CD-ROM)으로 제작하는 작업을 진행하고 있는데, 이 시디롬은 아주 적은 비용으로 학자, 연구기관, 수행 공동체가 입수할 수 있게 된다. 로치는 세라메이Sera Mey 사원의 주지인 게쉬 롭상 타르친Lobsang Tharchin 밑에서 20여 년 동안 공부했는데, 이 사원은 과거에 라사에 자리 잡고 있었지만 중국이 티베트를 침공한 후 남인도에 다시 지어졌다. 망명한 젊은 승려들은 세라메이 사원에서 에이시아이피를 위해 자료를 입력하고 있으며, 이 일은 빈곤한 승가 공동체를 부양하는 데 도움이 된다. 에이시아이피의 작업에 집약된 고대의 지혜와 첨단기술의 만남은 겔렉Gelek 린포체가 지은 시 「에이시아이피 시디롬을 찬양하면서, 목판에서 레이저로」(In

Praise of the ACIP CD-ROM: Woodblock to Laser)에 표현되어 있다.
겔렉은 크게 존경받는 선생이자 국내외의 여섯 개 도시에서 운영 중
인 불교센터 네트워크 '주얼 하트'(Jewel Heart)를 창시한 사람이기
도 하다.

> 십만 개의
> 거울 같은 원반에
> 위대한 고전을 담는다.
> 그 저자들은
> 헤아릴 수 없을 정도로 많다.
> 이제 더 이상
> 우리는 정처 없이
> 헤매지 않아도 되리라,
> 헤아릴 수 없이 많은
> 목록의 페이지에서.
> ……
> 손가락으로
> 단 한 번
> 버튼을 눌러서
> 빛나는 보석 같은
> 인용구와
> 문헌과 주석을
> 이끌어낸다네.

무엇을 찾고자 하든
이것은 굉장하고도
꿈에도 생각지 못했던
것이라네.[7]

금강승 불교의 수행 네트워크

티베트 해방 캠페인과 더불어 문헌의 보존 및 전파가 티베트 불교의
미국 전승에 가장 중요했지만, 그 전승과정의 살아있는 심장부는 라
마들과 그들의 미국인 제자들에 의해 세워진 수행 네트워크이다. 비
록 망명 중인 티베트를 둘러싼 정치적 이슈들이 어쩔 수 없이 공동
체에 스며들어 있다고 할지라도 미국의 티베트센터들은 전반적으
로 정치에 깊이 관여하고 있지 않다. 그렇지만 티베트의 종교생활을
보존할 필요성 때문에 독특한 환경이 조성되었고, 그로 인하여 그들
의 활동은 전통적인 형태를 띤 부분이 많게 되었다. 이를테면 기도
깃발, 전경기(轉經器: 회전하는 원통형의 경전통), 탕카, 버터 램프(야
크 버터를 연료로 하는 티베트 사원의 등), 그리고 보석 같은 납강(拉康:
법당)에서의 금강승 명상수행 등은 신앙적이고, 매우 홍겹고, 명상
적인, 독특한 티베트 기풍을 서양에 재현하는 데 도움이 된다.

최초의 망명 라마들은 1950년대 말에 미국에 도착하기 시작했지
만, 티베트 불교는 60년대 말과 70년대에 이르러서야 비로소 대중
화되었다. 그 당시 칼루Kalu 린포체, 딜고 키엔체Dilgo Khyentse 린
포체, 그리고 초걈 트룽파 린포체와 같은 개척적인 스승들은 미국과

유럽 양쪽에서 많은 제자를 끌어 모으기 시작했다. 많은 서양인은 이러한 라마를 발견함으로써 변화를 체험했으며, 그러한 현상은 마치 미국인들이 일본인 선사들을 처음으로 접했을 때와 아주 비슷했다. 나이든 세대의 미국인 수련자 중 많은 사람들에게 이 라마들은 전설적인 분위기와 위상을 보유하고 있다. 1997년 칼루 린포체의 한 제자가 쓴 다음 시에 이 점이 잘 나타나 있다.

> 1972년 칼루는
> 고요히 앉아서,
> 조용히 티베트어로 말했고,
> 나는 물론
> 한마디도 알아듣지 못했지만,
> 이국적이고 감미로운 목소리는
> 내 몸에 가득 찼다.
> 통역은 목소리와 색깔 속으로
> 누비듯 지나갔다 ……
> 진홍색 법복, 작고 가는 몸매,
> 세파를 이겨낸 고요한 얼굴에
> 간간이 번지는 가벼운 미소.
> 잊을 수 없는 그 얼굴 ……
> 그때는 몰랐네, 칼루가
> 노랗고 붉은
> 꿈속에서 몇 번이나 나타날지를,

그리고 수십 년이 흘러 또 다른 도시에서

내가 그 옛날의 보살 서원을 따라하게 될 줄을.

칼루는 이제는 훨씬 더 수척해진 채,

다시 방 앞에 있네,

빨간 법복을 걸친, 늙고 야윈 수행자의 모습으로.[8]

금강승 수행 네트워크는 1970년대 내내 스승을 중심으로 제자들이 모여 임대건물에 임시 법당을 만들고, 건물과 땅을 사들이기 시작하면서 그 토대를 만들어갔으며, 그 과정은 미국선의 그것과 아주 비슷했고 단지 그 시기만 미국선보다 몇 년 이후였을 뿐이다. 미국의 선과 마찬가지로 미국의 티베트 불교는 중앙관리부서가 없다. 그 수행센터들은 종파에 따라서, 그리고 특정한 가르침과 수행계보의 정신적인 노선을 따라서 조직화된다. 티베트 불교에는 네 개의 주요 종파, 즉 겔룩파, 카규, 닝마, 그리고 사캬가 있지만, 이 종파들 안에는 많은 라마들이 각자의 스승과 스승의 계보 전통과 어느 정도 일치하도록 센터를 운영하고 있다. 따라서 미국 금강승 공동체라는 총괄적 표현을 사용할 수도 있지만, 사실상 그 공동체는 소규모 하위 공동체들의 모임이라고 보는 게 더 적절하다. 그런데 이 하위 공동체들은 서로 완전히 별개인 경우가 많지만 모두 그 스승을 통해 더 광범위한 티베트인 망명 공동체와 활발하게 연계를 유지하고 있다.

미국에 잘 발달된 기관들을 가지고 있는 카규 종파에 대해서 간략하게 살펴보면 이 네트워크의 조직에서 대단히 흥미로운 복잡성이 드러난다. 카규파는 10세기 인도의 왕 틸로파Tilopa, 티베트의 스승 마르파, 그리고 그의 위대한 제자이자 고행자였던 밀라레파와 관련된 집단의 가르침과 수행의 계보이다. 칼루 린포체는 1971년부터 세상을 떠난 1989년까지 미국을 여러 차례 여행하면서 가르쳤던, 미국 최초이자 가장 중요한 카규 라마 중 하나였다. 처음에 그는 미국의 여러 도시에서 일정기간씩 머물러 가르침을 펼치면서 제자들을 모았다.

그로부터 얼마 안 되어, 라마들이 도착하여 상주하면서 이 임시 단체들을 지도하며 가르침을 이어나갔다. 예를 들어 샌프란시스코에서는 칼루와 여러 다른 카규 스승들 아래서 공부했던 라마인 로드루Lodru 린포체는 현재 카규 드로덴 쿤찹(Kagyu Droden Kunchab: KDK)이라는 명칭으로 운영되고 있는 단체를 키우도록 카규 종파의 수장에 의해 임명되었다. 이 단체는 샌프란시스코의 한 아파트에서 지역 회원들이 매일 수행하고 있지만, 로드루 라마는 화상통화를 활용하여 마린 카운티, 아카다, 새크라멘토, 그리고 팔로알토에도 위성센터를 운영하고 있다. 이 다섯 단체가 카규 네트워크의 일부인 케이디케이(KDK) 수행 공동체를 구성하고 있다. 카규파 자체도 더 큰 규모의 미국 금강승 공동체 내의 한 구성요소일 뿐이다.

뉴욕 우드스톡에 위치한 카르마 트리야나 다르마차크라(Karma Triyana Dharmachakra: KTD) 같은 카규 공동체는 이보다 더 복잡한 구조를 가지고 있다. 이곳은 1979년에 카규파 내의 유명한 계보인 카르마 카규Karma Kagyus의 전통적인 수장, 제16대 걀와 카르마파에 의해 설립되었다. 케이티디(KTD)는 조직의 최고단계에 있으며, 북아메리카의 걀와 카르마파 주석처이고, 일련의 환생한 라마들이 거주하고 있는 곳이기도 하다. 그러므로 이곳은 망명 중인 걀와 카르마파의 고향인 인도 시킴 주州의 룸텍Rumtek 사원, 그리고 카규의 고대 승가센터인 티베트의 츠르푸Tsurphu 사원과 밀접한 제휴를 유지하고 있다. 그러나 동시에 케이티디는 미국 사원으로서 운영되며, 그곳의 경내에는 1인 안거실, 직원숙소로 쓰이는 허름한 목조 농가, 1980년대에 지어진 사원 건물이 서 있는데, 여기에 걀와 카르마파의 거처와 두 개의 공동체 법당이 있다. 켄포(주지)인 카르타르Karthar 린포체, 그리고 바르도르 툴쿠Bardor Tulku 린포체의 지휘 아래 케이티디는 직원과 방문객을 대상으로 나날의 수행을 진행하고 있으며 또한 입문강좌와 고급강좌를 정기적으로 운영하고 있다.

그러나 케이티디의 라마들은 대략 미국 내 19개 주(그리고 해외 여러 곳)에서 24개가 넘는 명상센터를 이끌고 있으며, 이 센터들에서는 소규모의 미국인 학생들이 카규파의 가르침을 실천하고 있는데 이들은 때로 상주하는 티베트인 선생과 함께하기도 하지만 보다 더 빈번하게는 독립적으로 활동하고 있다. 그들에게 케이티디는 일종의 사회교육의 본거지이며, 이곳을 그들은 이따금씩 찾아가 주말안거나 주중안거 수행을 하면서 가르침을 받기도 한다. 케이티디는 또한 상급 수련생의 기본적 통과의례인 3년 3개월 안거수행을 행할 수 있는 시골 수행 센터도 운영하고 있다. 뿐만 아니라 케이티디 네트워크에는 콜로라도 주 크레스톤에 위치해 있는 카르마 테그숨 타시 고망Karma Thegsum Tashi Gomang에 불교유물을 보관하는 봉분이자 순례지이기도 한 스투파도 포함되어 있는데, 이곳에다 공동체는 티베트 전통의학 연구소와 승가용 안거시설을 세울 계획이다.

샴발라 인터내셔널은 카규파와 주로 관련 있는 또 하나의 기관으로서 케이티디와 비슷하게 조직되어 있지만, 티베트 계보들과의 관계가 케이티디보다도 더 복잡하다. 샴발라에 소속된 북미와 유럽 수행센터의 광대한 네트워크는 캐나다 노바스코샤 주 핼리팩스에 그 본부를 두고 있다. 샴발라의 주요 안거시설은 콜로라도의 로키마운틴 샴발라센터에 있는데, 이곳에다 공동체는 미국 불교계의 경이로운 건축물 중 하나인 다르마카야 스투파(Great Stupa of Dharmakaya)를 만들고 있다. 설립자인 초감 트룽파 덕택에 샴발라는 금강승의 전통과 미국적 혁신이 독특한 혼합을 이루고 있다. 트룽파는 카규파 내에서 트룽파 계보에 속한 툴쿠였지만, 그는 닝마 전통에서도 수행을 했으며 통합적 혹은 비종파적 형태의 현대 티베트 불교인 '리매이'remed 운동의 지지자이기도 했다. 그 결과 샴발라는 카규와 닝마 계보 양쪽에 속하는 것으로 간주되며 광범위한 티베트 전통들을 이끌어오고 있다.

샴발라의 독특함은 티베트 불교의 혁신자이자 해석자였던 트룽파의 탁월함에 힘입은 바가 많다. 트룽파는 영국 옥스퍼드에서 공부한 후 1970년에 미국에 도착했다. 영국에서 그는 승가의 서원을 버리고 결혼했다. 70년대 내내 그는 처음에는 버몬트에서, 다음에는 콜로라도에서 반문화 운동에 깊이 연루되었으며, 깨달음을 얻기 위한 수행과 그 시기에 선호되었던 파격적인 행위를 결합할 줄 알았던 그의 능력은 전설로 남아 있다. 이 치열한 행동의 시대에 트룽파는 일련의 교육, 예술, 그리고 수행기관의 토대를 놓았고, 이것이 궁극적으로 샴발라 인터내셔널로 발전하게 되었다. 그러나 1980년대

로키마운틴 샴발라센터에 있는 다르마카야 스투파는 미국 내의 티베트 불교에서 많이 발견되는 높은 전통 존중과 의욕적인 혁신을 상징한다. 이 스투파는 티베트 양식에 맞게 설계되었고 정교한 의식절차에 따라서 건축되었지만, 이것을 짓는 데 여러 해를 헌신한 미국인들은 현대에 맞게 첨단 콘크리트공법과 일층의 공용공간과 같은 요소들을 선별적으로 변용하기도 했다.

에 그가 활동의 근거지를 노바스코샤의 핼리팩스로 옮기자 그의 많은 제자들은 그를 따라서 그곳으로 갔다. 1987년 핼리팩스에서 그가 세상을 떠나자 제자들은 분쟁과 혼란의 시기를 맞이했다. 그러나 이 수십 년의 기간 동안 트룽파의 공동체에서 일어난 많은 발전상들, 이를테면 1974년 잭 케루악의 '영혼의 시학학교'(School of

Disembodied Poetics) 설립, 1987년 트룽파가 운동을 시작했던 카르메 촐링Karme Choling 버몬트센터에서의 트룽파의 다비식, 그리고 1990년 그를 대신하여 섭정하던 오셀 텐진(Osel Tendzin, 개종한 후의 이름은 Thomas Rich)의 에이즈로 인한 사망 등은 티베트의 다르마가 문화를 가로질러 미국으로 전승된 이래로 가장 극적인 순간들이었다.

1995년 샴발라는 트룽파의 장남이 샴발라 운동의 지도자로 옹립되어 그의 지휘 아래 들어갔는데, 그는 이제 대부분의 사람들에게 샤콩Sakyong, 즉 땅의 보호자라고 불리고 있다. 그 이래로 샴발라는 세 가지 별개의 수행문, 즉 수행의 과정을 개발하여 기관의 조직과 그 사명을 명확히 했다. 이것은 깨달은 삶을 일궈나가기 위해 트룽파가 평생 추구했던 열정을 서로 다른 측면에서 보여주고 있다. 나란다 Nalanda 수행과정은 예술과 문화의 통합을 통하여 지혜를 계발해가는 길로서 사진술과 무용으로부터 활쏘기, 시학詩學, 그리고 의술에 이르는 일련의 수련을 통하여 일궈나갈 수 있다. 나란다 과정은 샴발라의 교육활동, 이를테면 바다학교(Sea School)와 노바스코샤의 초등학교들, 그리고 콜로라도 볼더에 있는 완전히 인가받은 인문교양대학인 나로파 대학교(Naropa

초감 트룽파 린포체. 트룽파는 1960년대 불교가 대유행하던 시절에 미국에 도달했던 많은 티베트 라마 중 가장 혁신적인 사람에 속한다.

Institute)와 밀접하게 제휴를 맺고 있다. 두 번째 수행과정인 바즈라다투Vajradhatu는 티베트 전통에 가장 충실하지만, 이것은 또한 트룽파가 선과 테라와다 불교에 관심을 가졌다는 점, 그리고 그가 금강승을 서양학생들의 필요에 맞게 변용하는 데 관심을 가졌다는 점을 반영하기도 한다. 바즈라다투 수행도는 샴발라 명상센터라고 불리는 지역 수행센터들의 네트워크에서 실천되고 있다. 보다 더 철저히 혁신적인 길인 세 번째 과정은 샴발라 트레이닝인데 이에 대해서는 뒤에서 논의할 것이다.

샴발라 인터내셔널은 미국에서 가장 복잡하고도 혁신적인 불교기관 중 하나지만, 그것은 여전히 더 광범위한 티베트적 기풍 및 공동체와 긴밀하게 연계되어 있다. 사콩은 존경받는 명상스승이자 학자이기도 했던 미팜 잠양 남걀Mipham Jamyang Namgyal의 환생이라고 닝마 종단의 수장인 페노르 린포체로부터 인정을 받았기 때문에 미팜 린포체라고도 말해진다. 1986년부터 노바스코샤의 샴발라 감포 애비Gampo Abbey의 주지를 맡고 있는 트랑구Thrangu 린포체는 높은 수행력을 갖춘 카규파의 툴쿠로서 네팔의 한 비구니 사원과 인도 베나레스 및 시킴에 위치한 룸텍 사원의 불교연구센터들을 이끄는 선생이기도 하다. 그는 현재 트랑구 계보의 사원을 티베트에 재건하고 있으며 미국, 아시아, 유럽에서 수행센터의 네트워크를 직접 이끌고 있다. 그러나 그와 동시에 트룽파의 미국인 제자이자, 자녀와 손자를 둔 어머니이고 할머니이기도 하며, 감포 애비의 책임자이자 상주하는 선생이기도 한 페마 초드론Pema Chodron은 구족계를 수지한 카규파의 여승일 뿐 아니라 더 넓은 미국 개종자 공동체에서 크게 존경받으며 잘 알려진 선생이다.

　이 세 기관은 미국의 거대한 카규 네트워크에서 작은 부분일 뿐이다. 이러한 모습은 닝마, 겔룩파, 사캬 종파 사이에서도 별반 다르지 않다. 이러한 기관들이 모두 모여서 미국 티베트 불교의 제도적 토대를 이루고 있으며, 또 망명한 티베트 라마들, 미국인 제자들, 그리고 미국 태생의 신세대 라마들이 그 가르침과 수행을 미국에 이식하고 있는 수단을 이루고 있다.

티베트 불교의 수행과 세계관

대중적인 면에서 볼 때 미국인들은 매우 다양한 방식으로 티베트의 종교적 전통에 참가하고 있다. 어떤 사람은 문화 및 수행센터를 우연히 찾아갔다가 티베트 불교의 영적인 분위기에 젖어든다. 또 어떤 사람은 공동체에 귀의한 후 그 일원이 되기도 하지만 활동의 폭을 기본 명상수행으로 국한시킨다. 많은 사람들은 티베트의 라마를 최고로 예우하며, 또 라마와 함께하는 것이 고무적일 뿐 아니라 의식을 고양시키기도 한다고 보는데, 재가자의 이러한 신앙적 태도는 티베트에서 역사가 오래되었다. 그런데 미국의 티베트 공동체에서 훈련된 핵심층은 진지하면서도 지속적으로 명상에 전념하는 수련생과 선생으로 구성되어 있으며, 그들에게는 높은 근면성, 열정, 그리고 다년간의 수행이 요구된다. 이런 수행은 매우 다양하고 복잡하기 때문에 그것에 대한 이야기를 장황하게 늘어놓는 것보다는 최대한 언급하지 않는 편이 낫겠다. 그러나 공동체의 모든 회원들이 알고 있는 다음의 기본 수행용어를 이해하게 된다면 미국 금강승의 독특한 성질을 느껴볼 수 있을 것이다.

사마타와 통렌 명상

사마타 명상 혹은 사마타-위빠사나 명상은 티베트 불교수행의 기본 요소이다. 이 수행은 그 자세와 호흡 집중 수행이 좌선과 비슷하기 때문에 형태상 좌선과 닮았지만, 그 구체적인 목표는 마음의 평정을 계발하는 것이다. 사마타 명상은 보통 귀명歸命의식을 행하고 보살 서원을 암송하는 것으로 시작하여 수행으로 쌓인 공덕을 모든 중생에게 회향하는 것으로 끝맺음하는 의례적 틀로 이루어진다. 개방성, 건강한 마음, 그리고 평온함을 닦는 수행이기 때문에 사마타는 관상 수행이든, 아니면 선과 유사한 족첸과 마하무드라처럼 더 높은 종류의 명상이든 어쨌든 높은 단계의 수행을 위해 꼭 필요한 입문과정이 된다. 그런데 사마타 명상은 스스로를 티베트 불교도라고 여기고 있는 미국인들에게 중심적인 평생 수행법이 되기도 한다.

통렌 혹은 '보내고 받는 수행법'은 사마타에 내재된 이타심을 한 층 명확히 해주는 특별한 명상법이다. 통렌을 하면서 수행자는 매번 숨을 들이쉴 때마다 세상의 혼란, 피해망상, 고통을 받아들여 마음과 정신으로 그것을 중화시킨다. 매번 숨을 내쉴 때마다 수행자는 선함, 건강함, 유익함, 온전함을 세상에 내보내는 데 집중한다. 통렌 명상은 많은 티베트 라마들이 가르치고 있지만, 페마 초드론의 저서 『지금 있는 곳에서 출발하세요: 자비로운 삶의 지침』(Start Where You Are: A Guide to Compassionate Living)과 다른 글들을 통해서 미국인에게 익히 알려져 있다.

관정 입문수행

아비세까(Abhisheka, 灌頂)는 '입문' 혹은 보다 더 빈번하게는 '(높은 수행을 할 수 있는) 권리부여(empowerment)'라고 번역되는 산스크리트어이다. 이것은 라마가 제자들을 특정한 가르침에 입문시켜서 그 가르침을 수행할 수 있는 권한을 부여하는 의례적 과정을 가리킨다. 전통적으로 티베트에서 이러한 권리부여는 비밀의 탄트라 밀교를 공부하거나 수행하는 데 필수적이었으며 오늘날 고급 수행단체에서도 역시 그러하다.

과거에 관정과 관련된 비밀의식과 엄격한 절차들은 19세기에 들어서 완화되었는데, 그 당시는 라마들이 재가자에게 선별된 승가 수행법을 함양하도록 장려하기 시작했던 때였다. 티베트 밀교문헌의 출판이 현재 대성황을 이루고 있는 점도 이러한 개방성에 더욱 기여했는데, 이러한 현상에 대해 크게 우려하고 있는 라마들도 있고 전혀 그렇지 않은 라마들도 있는 것 같다. 그러나 분위기가 이렇게 변화된 결과, 관정 의식들에 부여되었던 중요성도 유동적인 상태에 있는 것처럼 보인다. 아시아고전 입력프로젝트(The Asian Classic Input Project)에서는 몇몇 문헌을 공부할 권한을 적절하게 인증받은 사람들에게만 그 문헌의 내용을 컴퓨터 디스크에 공개하기로 합의한 바 있다. 그러나 칼라차크라 관정은 예전에 숙련된 수행자에게만 행해졌고 또 티베트에서는 아주 드물게 시행되었지만, 이제 이 의식은 달라이 라마에 의해서 장려되는 대규모의 대중적 행사가 되었고 또

의식에 참가하는 모든 사람은 공덕을 쌓는 체험을 하게 된다고 한다. 미국인 중에는 라마로부터 여러 차례의 관정을 받는 사람들이 있지만 그들이 그 가르침을 부지런히 이행할 것 같지는 않다. 이렇게 여러 번 관정을 받는 것은 고급 수행자들로부터 빈번하게 빈축을 사기도 하지만 어떤 사람들은 이것이 재가자의 종교적 욕구에 특히 잘 부합하는 공덕 활동의 한 형태라고 간주하기도 한다.

논드로

논드로(예비수행)는 '앞서 행하는 것'을 의미하며 더 높은 금강승 수행에 대비하여 부정적 성향을 일소하고 공덕을 쌓기 위해서, 그리고 정견을 계발하기 위해서 실행하는 수행을 가리킨다. 논드로는 각 계보마다 서로 다르지만 보통 의례, 기도, 그리고 몸, 말, 마음을 청정하게 해주는 신체단련과 정신단련을 포함하는 일련의 네 가지 수행으로 이루어져 있다. 첫 번째 논드로는 몸과 마음을 단련하기 위해서 불상, 제단 혹은 그림 앞에서 오체전신투지의 방식으로 절을 올리는 귀명의식이다. 두 번째는 생각과 행동의 청정함과 관련된 붓다인 금강살타를 관상하고 금강살타의 백자百字 진언을 암송하는 것이다. 세 번째는 만다라공양인데, 이것은 샛노란 쌀을 동전, 보석, 준보석으로 장식하여 원판 위에 배열한 일련의 의례화된 공양물을 말한다. 수행자는 이 속에 우주와 우주에서 가장 바람직한 온갖 것이 다 담겨있다고 마음속에 그리면서 이것을 불보살에게 올린다. 네 번째 논드로는 구루요가라고 불린다. 이 수행에서 제자는 자신의 스승을 붓다의 화신이며, 또 그 수행계보에 속한 모든 스승들에게 갖추어져 있는 지혜의 화신이라고 마음속에 그리게 되며, 이 과정에서 긴 의례문을 기억하여 암송하게 된다.

논드로는 단지 예비수행일 뿐이라고 간주되지만, 그렇다고 해도 이 수행이 심약한 사람들을 위한 것은 아니다. 각 계보에 따라서 처음 세 가지 수행은 10만 번, 10만 8천 번, 11만 천 번까지 하게 되고, 구루요가는 100만 번, 108만 번, 혹은 111만 번을 반복하게 된다. 물론 티베트 불교 공동체에 속한 모든 미국인이 논드로 수행을 하지는 않으며, 혹시 하더라도 아주 드물다. 그러나 논드로는 주요한 금강승수행으로 나아가고자 하는 학생들에게는 기본이다. 여러 해에 걸쳐서 학생들은 일상적으로 논드로 수행을 해나가게 된다. 라마가 되는 미국인들은 평생 동안 주기적으로 논드로를 반복한다.

사다나

사다나(成就法), 즉 '성취의 방법' 수행은 관상觀想에 기반을 둔 금강승 명상수행의 한 형태이다. 사다나는 수행자가 완전히 깨달음을 이룬 붓다 혹은 보살을 마음속에 그리면서 관상하는 의례적 절차이며, 이때의 불보살은 수행자의 스승과 계보에서 선택된다. 모든 사다나는 동일한 목적을 이루기 위한 수단이라고 할 수 있는데 그 목적이란 수행자가 자신의 몸, 말, 마음을 완전한 깨달음에 이른 존재의 속성과 동일시함으로써 완전한 해탈 혹은 완전한 깨달음에 도달한 의식을 계발하는 것이다.

사다나를 행하는 절차는 세 개의 기본단계로 요약될 수 있다. 첫 단계는 귀명의식을 행하고 나서 사다나 수행의 공덕을 모든 존재의 깨달음을 위해 회향하는 것이다. 이 수행의 핵심인 두 번째 단계는 붓다나 보살을 상세하게 관상하는 것이다. 즉 관상의 대상은 불보살이 거주하는 궁전이나 만다라, 그들의 의복과 장엄물, 그리고 그들의 자세와 무드라(手印)라고 불리는 특징적 손가락 모양이다. 관상이 진행되는 동안 줄곧 수행자는 해당 불보살과 밀접한 관련이 있는 진언을 염송하기도 한다.

1990년 몬타나 주 미솔라에 있는 겔룩파 소속의 오셀 쉔 펜 링 Osel Shen Phen Ling 센터에서 게쉬Geshe 켄랍 가잠Khenrab Gajam 이 관정 의식을 시행했는데, 다음 인용문은 그 의식 때 행한 약사불 사다나에서 발췌한 것으로, 이를 보면 관상의 과정을 이해할 수 있다.

여러분 앞의 공간에
구루 약사불이라는 신성한 형체가 있습니다. 그는 연화좌에
앉아 있습니다. 그의 몸은
쪽빛 청금석과 같습니다.
그는 아주 고요하며 비단 법의와
아름다운 보석 장신구로 장식하고 있습니다.

구루 약사불의 오른손은 오른쪽 무릎에 높여 있고,
손바닥은 깨달음을 주는 손 모양으로 밖을 향해 있습니다.
그의 왼손은 무릎에 놓여 있고, 온갖 질병, 장애, 걸림돌을 치료해
주는
감로 약병을 들고 있습니다.

사다나의 뒷부분에서도 관상의 과정은 계속되지만, 그 주안점은 깨달음의 길을 막는 온갖 장애를 정화시키는 것과 완전한 깨달음에 이른 의식의 명료함을 마음속에 그려보는 데 있다.

약왕의 마음과 신성한 몸으로부터
빛줄기가 한량없이 쏟아져
여러분의 머리에서 발끝까지 온몸 가득 채웁니다.
빛줄기는 정신과 정신을 원인으로 하여 일어나는
온갖 질병과 번뇌,
온갖 부정적 업과 마음의 장애를 정화해줍니다. 빛과 같이,
여러분의 몸은 수정처럼 깨끗하고 맑아집니다.
……
약사불의 가슴에서 연꽃과 달 모양의 원반이 나타납니다.
둥근 달 한가운데에 서 있는 것은
만트라의 음절들에 둘러싸인 파란색의 근원음절 "옴"입니다.
여러분은 만트라를 암송하면서 그의 가슴에 있는 음절들로부터
빛줄기가 사방으로 퍼져나가는 것을 마음속에 그려봅니다.
이 빛줄기는 육도의 중생들에게 스며듭니다.
그들이 행복해지도록 바라는 여러분의 위대한 사랑을 통해서,
그리고 그들이 모든 고통에서 벗어나기를 바라는 여러분의
위대한 자비를 통해서, 그들은
온갖 질병, 정신과 정신을 원인으로 하여 일어나는 번뇌,
온갖 부정적인 업과 정신의 장애가 정화됩니다.[9]

마지막 세 번째 단계는 때때로 '이월移越 수행'이라고 말해진다. 이 단계에서 수행자는 관상을 완전히 끝내고 수행과정에서 일깨워진 깨달은 상태에 머물면서 그 통찰을 일상생활에 옮길 준비를 한다. 사다나를 끝마치면서 수행자는 사다나 수행을 통해 축적된 공덕을 모든 존재에게 회향한다.

이런 종류의 사다나를 능숙하게 일상적으로 수행하는 미국인은 비교적 소수이며, 그 수는 수천 명 정도이고 많아봐야 만 명이 넘지 않을 것이다. 논드로 예비수행과 3년 3개월의 안거수행은 가장 열성적인 구도자들조차도 떨어져나가게 만들기도 하는 위압적인 수행법이다. 그러나 이러한 수행에 통달한 미국인은 미국 티베트 불교에서 제1세대의 본토박이 선생이 되는 영예를 지니게 된다.

미국에 티베트 불교를 정착시키는 과정은 여러 명의 티베트인뿐 아니라 미국인 선생들에 의해서도 진행되었다. 이들 대다수는 특정한 공동체 내에서, 다르마센터나 사원에서, 혹은 나로파 대학교처럼 보다 대중적인 교육기관에서 일하는 종교 교사들이다. 그들 중 약간 명은 학문에 종사하기도 하는데, 그 중에는 연구대학에서 학자와 교수로 활동하고 있는 사람도 있다. 티베트를 둘러싼 환경을 고려해보건대, 그들 연구의 많은 부분은 문헌의 수집, 보존, 해석과 가르침의 영속화에 전념하는 것이기 때문에, 그 연구는 보수적이지는 않다 해도 성격상 전통적인 측면을 지니고 있다. 일부는 정치와 더 직결된 일을 맡고 있기도 하다. 그러나 여러 선생들은 티베트 불교를 서양의 방식으로 제시하기 위해 의식적으로 노력해왔기 때문에, 그들은 공동체들에서 가장 두드러진 혁신자에 속한다고 할 수 있다.

예를 들어 타르탕 툴쿠는 관상기법을 포함한 티베트 전통의 요소들을 근원적으로 세속적인 측면에서 재구성했던 개척 세대의 라마 중 첫 번째였다. 그의 시대, 공간, 지식 협회(Time, Space, Knowledge Association)는 1970년대에 설립되었으며, 자체적으로 다량의 문헌 및 소수이지만 헌신적인 신도집단을 가지고 있다.

초감 트룽파의 샴발라 트레이닝은 더 많이 알려진 세속적인 수행법이며 명상적인 삶의 계발을 위한 것이다. 샴발라 트레이닝에 대한 영감이 트룽파에게 다가온 것은 1980년대 초 일련의 꿈과 비전을 통해서였다. 결과적으로 그러한 꿈은 테르마(伏藏 혹은 岩藏)라고 간주되는데, 이것은 수세기 전에 위대한 성자 파드마삼바바 Padmasambhava에 의해 감추어졌다가 업에 의해 정해진 훗날에 드러나게 된다는 가르침의 한 형태이다. 그리하여 트룽파는 비의적 가르침을 발견하여 드러내놓은 테르톤(伏藏師), 즉 '보물의 발견자'라고 간주된다. 샴발라 트레이닝의 세부내용은 수행 공동체가 엄밀하게 간직하고 있지만, 그 기본요소는 1980년대에 발간된 트룽파의 저서인 『샴발라: 전사의 성스런 길』(Shambhala: The Sacred Path of the Warrior)에 설명되어 있다. 샴발라 트레이닝은 샴발라 선생들이 제공하는 강좌를 통해서 현재 미국 내 여러 곳에서 제시되고 있다. 이것은 그 자체로 하나의 수행도라고 간주되지만, 많은 샴발라인들은 샴발라 인터내셔널에서 제공하는 보다 더 전통적인 형태의 수행인 바즈라다투를 계속 공부해나간다.

라마 수리야 다스Lama Surya Das와 로버트 서먼이라는 두 미국인도 역시 티베트 공동체에서 혁신적인 목소리를 내면서 등장했다. 수랴 다스(원래 이름 Jeffrey Miller)는 원래 닝마 전통과 결부된 법사이지만, 초감 트룽파와 마찬가지로 비종파적 영역에서 티베트 불교 운동을 하게 되었다. 그는 1960년대와 70년대에 인도를 여행하면서 티베트 불교를 처음으로 접했다. 그는 거기서 여러 해 동안 라마들에게 수학했다. 그러다가 1980년에 그는 프랑스로 가서 닝마 계보의 유명한 라마들인 두좀Dudjom 린포체와 딜고 키엔체Dilgo Khyentse 린포체의 지도 아래 3년 3개월 안거수련을 두 차례에 걸쳐서 완수했다.

1990년대 동안 수리야 다스는 미국적인 형태의 다르마를 의식적으로 구축하기 위한 운동에 앞장서왔던 여러 전통의 주요한 토박이 법사들과 합류했다. 그는 불교를 서양에 맞게 변용하는 어려운 문제와 씨름하고 있던 미국과 유럽의 금강승, 선, 테라와다 법사들의 느슨한 제휴단체인 서양 불교법사 네트워크(Western Buddhist Teachers Network)를 조직하는 데 중요한 역할을 했다. 1991년 그는 매사추세츠 캠브리지에 족첸재단(Dzogchen Foundation)을 세워서 자신의 본거지로 삼았다. '본래 타고난 완성'을 의미하는 족첸은 선과 비슷한 형태의 명상이며 닝마 전통의 최고 수행 형태로 간주된다. 1990년대 말 그는 『내면의 붓다를 일깨우기: 서양세계를 위한 티베트의 지혜』(Awakening the Buddha Within: Tibetan Wisdom for the Western World)를 출간했는데 이 책은 불교를 미국에 소개하기 위해 기획된 새로운 세대의 도서 가운데서 가장 쉬운 편에 속한다.

티베트 하우스의 공동설립자이자 컬럼비아 대학교 인도-티베트 불교학 교수인 로버트 서먼은 리처드 기어와 같은 연예인을 제외하고 그 어떤 미국 불교도보다도 대중적 인지도가 높을 것이다. 1997년에 『타임』지는 서먼을 가장 영향력 있는 25명의 미국인 중 하나로 선정했다. 수리야 다스와 마찬가지로 서먼은 60년대 초에 아시아를 여행했는데, 그때 달라이 라마로부터 승려의 계를 받았다. 4년 동안의 수행을 마치고 미국으로 돌아온 그는 승려의 서원을 내려놓고 불교학이라는 학문분야로 뛰어들었다. 승가에 대한 개인적 헌신이 시들해진 그 세대의 다른 사람들과 마찬가지로 그도 역시 결혼하고 가족을 부양하는 재가자의 삶이 보살도를 실천하는 한 방법이라고 생각했다. "나는 승려로서는 그다지 많은 진보를 이룩하진 못했습니다"라고 그는 1997년 『우트네 리더』(*Utne Reader*: 격월간 잡지)에서 말했다. "(재가자로) 돌아와 중요한 문제들을 처리해가면서 훨씬 더 많은 것을 배웠죠. 조용한 사원에서 승려로 사는 것은 비교적 수월하지만, 보살은 세상의 온갖 시끄러움 속으로 들어가기 위해 노력합니다."[10]

여러 가지 면에서 서먼은 뛰어난 편이며, 존경받는 학자, 달라이 라마의 절친한 친구, 흥미를 유발하는 대중적 불교지식인으로 알려져 있다. 비록 겔룩파 종단을 떠나기로 결정했지만 그는 아시아의 승가제도를 서양에 확립하는 것이 다르마의 성공적 전승을 위한 전제조건이라고 보면서, 승가제도를 기탄없이 옹호해왔다. 그는 또한 1998년에 출간한 『내면의 혁명: 생명, 자유, 그리고 진정한 행복의 추구』(*Inner Revolution: Life, Liberty, and the Pursuit of Real Happiness*)라는 저서에서 설명한 바와 같이, 이른바 '깨달음의 정치'의 주창자로서도 역시 유명하다.

『내면의 혁명』은 그 제목에서도 암시되어 있듯이 활기 넘치는 미국 불교를 위한 선언문이다. 이 책이 지닌 영향력은 미국문화에서 그 유래가 혁명의 시대까지 거슬러가는 이상주의적 요소를 이용하여 그것을 60년대의 정치와 연계시킨 다음, 이 두 요소를 독특하게 대승불교적인 시각으로 전환하는 서먼의 역량에서 나온다. 미국의 독자들은 이 책이 현실 참여적·민주적·사회적 의제를 다루고 있고 또 개인의 중요성을 긍정하고 있다는 점에서 많은 매력을 느끼고 있다. "역사상 깨달음 운동은 우리가 우리 자신과 우리 세상을 변화시킬 수 있다는 것을 말해준다"라고 서먼은 쓰고 있다.

우리는, 한 번에 한 사람씩 분명한 데서부터, 즉 우리 자신들에서부터 시작할 때 깨달은 사회를 만들어 갈 수도 있다는 것을 인정하면서 출발하면 된다. 일단 우리가 스스로를 일깨우는 과정을 시작하고 나서, 다른 사람도 우리와 같은 길로 나아가도록 도움을 줄 수 있다는 것을 우리가 알게 된다면, 그만큼 더 좋아질 것이다. …… 비록 우리가 살아가는 동안에 세상 전체가 붓다우주 (buddhaverse, Buddha와 universe의 합성어로서 서먼이 창안한 말)로 시현되는 것을 보지 못한다 할지라도 적어도 우리는 문젯거리가 아니라 문제의 해결책이 될 가능성이 있다.[11]

그러나 전반적인 역사를 포괄적으로 해석해나가면서 서먼은 21세기를 서양의 '외적 현대성'(outer modernity)이 아시아 불교의 '내적 현대성'(inner modernity)에 의해 변화될 수 있는 시대라고 보기도 한다. 궁극적으로 볼 때, 서먼이 제시하고 있는 바는 단지 미국 건국의 아버지들이 영국에 맞서서 봉기를 일으키면서 처음으로 발견한 깨달음의 길이 다르마에 의해, 즉 티베트에서 정신의 과학으로서, 그리고 깨달은 사회의 모델로서 최고조로 발달을 이룬 그 다르마에 의해 완수될 수도 있다는 것이다. 미국혁명을 통해서 개인도 왕과 같은 권한을 부여받았다는 생각을 제시하면서 서먼은 다음과 같이 결론을 내린다.

> 우리는 각 개인의 타고난 보석왕관을 이 지구상의 모든 사람에게 되찾아주어야 하는 민주주의적 사명을 재확인하고 압제자와 피압제자의 권위주의적 인격이 자유로부터 흘러나오는 인간의 아름다움과 창의력의 불빛 속에 녹아들도록 해야 한다.[12]

서먼과 다른 사람들에 의해 표현된 이상주의는 1990년대에 미국에서 티베트의 대중적 위상을 높이는 데 중요한 역할을 했다. 그러나 미국에서 티베트 불교의 미래는 망명한 라마와 미국인 선생, 그 제자들의 헌신, 그리고 대체적으로 티베트의 미래에 달려 있다. 일부 라마들은 중국의 침략으로 인하여 다르마가 전 세계로 전파된 것은 이미 업에 의하여 결정되었던 것이라는 확신을 표현한다. 1990년에 이르러 많은 라마들은 삶의 대부분을 서양에서 보내면서 가르쳐왔다. 그러나 새로운 세대의 티베트 선생들이 두드러지고 있었는데, 그들은 이전 세대와 옛 티베트에서의 생활 경험을 공유하고 있지도 않을 뿐 아니라 오히려 서양과 더 잘 어울렸다. 만일 티베트가 다시 한 번 자유국가가 된다면 많은 라마와 여타 망명 티베트인은 새로운 사회를 건설하기 위해 틀림없이 고국으로 돌아갈 것이다. 그러나 이런 일이 일어난다 할지라도, 티베트 불교는 그 유래 없이 다채롭고 매우 독특한 형태의 철학과 수행법을 지닌 채로 미국 불교의 풍경에서 영속하는 한 부분으로 남을 것이다.

제9장

테라와다의 영역

미국 테라와다 불교는 그 시작이 1893년 시카고 세계종교의회로 거슬러 갈 수 있다. 그 의회에 참가했던 스리랑카의 승려 아나가리카 다르마팔라(Anagarika Dharmapala, 1864~1933)는 붓다를 종교개혁가로 보면서 그의 가르침을 통해서 근대기의 과학과 종교 간 분열을 치유할 수 있다는 감동적인 비전을 제시했었다. 그러나 미국 최초의 테라와다 사원인 워싱턴 불교사원협회(Buddhist Vihara Society in Washington)는 1966년이 되어서야 설립되었으며, 이곳은 주로 수도를 찾는 외교관과 외국인 방문객을 위한 센터의 역할을 했다. 그때 이래로 테라와다 전통은 미국 불교에서 매우 두드러진 역할을 해왔고, 또한 그 규모가 크고 복합적이기 때문에 오랜 기간 큰 영향을 줄 것으로 예상된다. 그런데 미국 테라와다 불교는 적어도 명백히 다른 세 개의 계층을 가지고 있기 때문에 단일 공동체라기보다는 일련의 입장들이며 각자의 입장에 따라 가지각색의 제도적, 문화적 조건 아래서 서로 다른 부류의 불교도들이 다르마를 수행하고 있다고 할 수 있다.

남아시아와 동남아시아의 테라와다 이민자 공동체들은 미국 테라와다를 이루고 있는 이 일련의 영역에서 전통에 충실한 한쪽 끝부분에 위치하고 있는데, 여기서 다르마는 이민의 역사에서 영어화와 세대교체 같이 끊임없이 작용하는 세력에 의해 미국화하고 있는 중이다. 아시아의 테라와다 불교는 여러 가지 면에서 보수적이지만, 현대에 들어서 의미심장한 변화를 겪어왔다. 그 중 한 가지 추세는 비구 승려를 위한 고등교육기관이 발달한 점인데, 이를 계기로 일부 승려들은 진보적 정치·사회 지도자의 역할을 맡게 되었다. 또 하나의 추세는 승가와 재가가 전통적인 사회·종교적 역할을 내려놓고 명상에 전념하는 안거센터의 출현을 들 수 있다. 숲 고행 운동 역시 지난 150년 동안 중요한 역할을 해왔다. 이 운동은 엄격한 불교수행 형태를 남아시아와 동남아시아의 오지에 선보였으며, 일부 이민자와 미국토박이 테라와다 불교 신자들도 미국에서 이 수행을 하고 있다. 테라와다 여성들에게 새로운 역할도 나타나기 시작했다. 남아시아와 동남아시아에서 비구니 계보는 비록 10세기에 사라져버렸지만, 현재 이들 지역에는 여성 출가자가 많다. 비구니 계보를 복원할 것인지의 여부는 아시아뿐 아니라 미국의 여성 불교도 사이에서도 이 시대의 활발한 논쟁거리이다.

통찰(혹은 위빠사나) 명상운동에 참여하고 있는 개종 불교도들은 미국 테라와다의 전체 범위 중 전통적 영역의 맞은편 끝에 자리 잡고 있다. 이 불교도 중에는 1960년대 무렵에 동남아시아 미얀마와 다른 나라의 안거센터에서 공부한 후 미국에 돌아와 선생이 된 사람이 많다. 무엇보다 중요한 점은 이 불교도들이 좌선 명상을 하는 선 수행자 및 여타 유럽계 미국인 개종 불교도와 동질감을 느낀다는 것이다. 그들은 공통적으로 서양 재가자의 필요에 맞게 다르마를 변용하는 데 높은 관심을 가지고 있다. 의식주의와 전통적인 의례적 불교 축일은 최소한으로 줄이는 경향이 있으며, 공덕을 쌓는 수행에 대해서는 관심이나 호감을 거의 보이지 않는다. 개종자들 사이에서 부상하고 있는 다른 형태의 미국 불교와 마찬가지로 이 유형의 테라와다 불교도 흔히 서양의 세속적 인본주의와 심리치료법의 영향을 크게 받고 있으며, 위빠사나 운동은 전반적으로 볼 때 많은 혁신으로 인하여 찬사와 비난을 동시에 받고 있다.

테라와다 이민자와 개종자는 매우 다른 사회·문화적 영역 속에서 살고 있고 각자의 종교적 우선순위도 다른데, 이런 점은 미국 테라와다 불교가 하나의 통합 공동체로 나아가는 데 걸림돌로 작용한다. 그러나 승가에 의해 주도되고 있는 여러 가지 의미 있는 발전의 결과 이 두 거대 진영 간의 경계는 희미해져가는 경향이 있다. 대학교육을 받은 몇몇 아시아 승려들이 미국에서 이 두 공동체 사이에 다리를 놓아주는 일을 해왔다. 남아시아나 동남아시아에서 오랜 세월 승가 수행을 한 다음, 선생 및 지도자로서 이 두 세계에서 활약할 수 있는 서양인들에 의해서도 다른 연결이 이루어지고 있다. 이민자와 개종자에 비해 그들은 특별히 큰 집단을 이루고 있지는 않지만 두 공동체의 창의적인 통합을, 그리고 전통과 혁신의 융합을 위한 한 가지 방식을 보여주고 있다.

추가적인 변수들도 미국 테라와다 불교에 많은 성격과 변화를 주고 있다. 첫 번째 변수는 태어난 나라이다. 이민자들은 스리랑카, 태국, 캄보디아 및 다른 국가 출신의 집단들이 있는데, 미국에서 이들이 이루고 있는 공동체들은 비록 각자의 불교 전통이 강한 가족유사성을 공통적으로 가지고 있다 할지라도 서로 전혀 다른 경우가 많다. 또 하나의 변수는 미국에 들어오는 방식이다. 대다수의 테라와다 불교도들은 이민자들이지만 피난자들도 있으며, 이런 점이 흔히 특정 공동체의 형태와 분위기에 중요한 영향을 준다.

보다 더 복잡한 세 번째 변수는 승가와 재가의 구별과 관련이 있다. 전통적인 공동체들에서 테라와다 비구는 승려 공동체의 생활과 수행에 대한 규정인 계율을 따르며, 또 아시아에서 그들은 일반적으로 높은 지위를 부여받고 있다. 미국에는 재가자에 기반을 둔 이민자 단체들도 있기는 하지만 대부분의 아시아계 미국인 재가자는 공덕을 쌓을 수 있는 계기라고 이해되는 의례와 신앙적 표현을 통해서 그들의 종교를 계속 실천해나간다. 대다수가 명상을 하는 재가자로 구성된 개종자 공동체에서는 비록 승려들이 때때로 모범과 스승으로서 두드러진 역할을 한다고 해도 승가 위주의 방식은 대체로 버려졌다.

이민자 공동체 내의 테라와다

이민한 테라와다의 승려 및 재가자는 30년의 노력 끝에 이제는 미국에서 가장 광범위한 불교기관 네트워크를 구축했다. 최근의 이민자 불교 통합에 대해 지속적인 관심을 기울여온 몇 안 되는 학자 중 하나인 폴 넘리치는 1990년의 인구조사 당시 테라와다 이민자들의 수가 50만에서 75만 사이였다고 추정한다. 1996년에 그는 와트(태국 사원) 혹은 비하라(스리랑카 사원)라는 명칭의 테라와다 사원이 30여 주에 150여 개 있다는 것을 확인했는데, 대부분의 사원은 아시아 이민자가 대규모로 몰려들었던 캘리포니아, 텍사스, 뉴욕, 일리노이에 위치해 있었다. 이 중 많은 사원은 아시아의 이런저런 테라와다 종파에 봉헌된 사원으로서 공식 인정받았다. 또 어떤 곳들은 승려의 거처이자 공동체의 종교시설로서 사용되기도 한다. 이민자와 피난자 공동체들의 아파트와 주택에는 어쩌면 이보다 더 많은 비공식적 사원들이 있을 것이다.

테라와다 이민자들은 미국에 도착하고 난 후 처음에는 미국화를 위한 사회적 적응, 경제적 생존, 그리고 정서적으로 복잡한 과정들에 대처해가느라 여념이 없었다. 사원에서의 종교생활은 종종 가장 기본적인 활동에 그쳤다. 많은 비하라와 와트는 처음에 민족과 국가 전통이 종종 상이했던 재가자들에 의해 불교협회로 결성되었다가 나중에 이 재가자들이 아시아의 종교당국과 협력하여 고국 승려들의 미국 이민을 주선하였다. 그들은 고국에서의 종교생활을 재구성하는 데 많은 열정을 쏟았다. 초창기에는 민족 및 종파의 문제로 갈등이 종종 일어나곤 했다. 공동체의 서로 다른 구성원들은 그들의 전통을 근본적으로 새로운 환경에 적응시켜가는 과정에서 제기된 법률적, 사회적, 종교적 문제에 서로 다른 방식으로 대응했다. 여러 민족 및 국가 집단 간에 차이가 나타나면서, 그리고 종교 공동체의 권한을 누가 가질 것인가를 두고 승려와 재가자 사이에 분쟁이 일어나면서, 몇몇 갈등은 오랜 기간 지속되었다. 사원들이 어느 정도의 엄격한 종교성을 가져야 할지 혹은 어느 정도의 사회적, 문화적, 종교적 기능을 담당해야 할지에 대한 문제도 일어났다. 특정 구성원의 요구와 열망에 부응하고자 새로운 사원들이 조직되어가면서 이 모든 갈등은 테라와다 종교생활의 분화를 촉진하는 경향이 있었다.

1980년대 중엽에 이르러 많은 공동체들은 또 다른 단계로 접어들었는데, 이 단계에서 가장 절박한 관심사는 2세대에 관한 사안과 관련되어 있었다. 자녀들과 손주들의 문화가 완전히 영어화되고 미국화되면서 테라와다 전통을 미국적 형태로 전환하는 과정이 진지하게 시작되어 방과 후 프로그램, 여름 불교도 수련회, 일요 다르마 학교가 생겨났다. 대략 그 무렵쯤 많은 테라와다 공동체들은 미국화의 과정에서 '단체로서 외양을 갖춘' 단계로 진입하기도 했다. 자금을 보다 더 쉽게 구할 수 있게 되면서 신도들의 요구와 미적 취향에 보다 더 흡족하게 부응할 수 있도록 흔히 교외지역에 새로운 사원을 매입하거나 짓기도 했다. 그러나 다른 공동체들은 이러한 사치를 누리지 못했다. 테라와다 불교도의 약 40퍼센트는 피난자로 미국에 도달하는데, 여기에는 전쟁과 혁명을 피해 동남아시아로부터 들어오는 수십만 명의 라오스인과 캄보디아인도 포함된다. 그들은 미국화로 가는 길에서 많은 정서적 장애물과 마주쳤으며, 시카고와 캘리포니아 롱비치 도심지역의 싸구려 임대주택에 무리지어 살아가는 경향이 있었다.

이 기간 동안 줄곧 미국화는 의복, 음식, 돈에 관해서 계율에 규정된 대로 살고자 애쓰던 이민 비구들에게 특유한 영향을 미쳤다. "로

로스앤젤레스에 위치한 태국 테라와다 사원.

스앤젤레스는 분명 테라와다 시골승려들에게 적합한 곳이 아니었
죠"라고 남캘리포니아에 있는 한 비하라의 주지 월폴라 피야난다
Walpola Piyananda는 말한다. "처음 도착했을 때, 음식이 큰 문제였
죠. 물론 돈도 없었고 직접 음식을 해먹을지도 몰랐으니까요." 승려
들이 개인적인 차원에서 직면했던 어려움은 전체 공동체에도 파급
되었다. 그는 회상하기를, 로스앤젤레스로 이주한 스리랑카 이민자
들은 "내게 이상적이고 완벽한 시골승려가 되기를 기대했지요. 그들
은 승려가 신발, 양말, 혹은 스웨터를 입는 것을 보고 싶어 하지 않
았어요. 그들은 승려가 여성들과 악수하는 것조차 참지 못했으니까
요. 미국인을 대하면서 악수를 거부하게 되면 사람들이 노여워했기

때문에 이런 점이 어려웠지요." 그는 계속해서 도시의 환경 때문에 발생한 어려움에 대해서도 생각을 떠올렸다. "나는 미국의 사회관습을 정면으로 대하면서 『율장』의 내용과 일치하지 않아 보이는 상황에 대처해가야 하는 어려움에 끊임없이 마주쳤죠. …… 운전도 해야만 했지요. 로스앤젤레스에서 이곳저곳 돌아다니지 못한다면 사실상 살 수가 없고, 또 무엇보다도 승려가 자신의 공동체와 접촉할 수 없다면 쓸모가 없으니까요."[1]

심지어 날씨에 의해서도 승가 공동체의 삶은 재편되었다. 1990년에 세인트루이스에서 가까운 한 와트의 경비원인 미국인 로버트 W. 포드는 미국에서 활동 중인 태국 마하니카야Mahanikaya 승단의 수장에게 글을 써서 승복에 대한 개선책이 필요하다고 청원했다. 남아시아에서는 면소재의 승복이 적합했을지 모르지만, 미국 중서부에서 겨울에 승려들이 그런 옷차림을 하고 다닌다면 심각한 위험에 처하게 된다고 그는 주장했다. "추운 겨울에 승려들이 자동차 한 대에 동승하여 모임 장소로 이동하다가 차가 고장 난다면, 구조대가 도착하기 전에 동사할 수도 있다는 것을 쉽게 생각해볼 수 있다. 난로가 고장 나서 승려들이 저체온증으로 입원할 수도 있다는 것을 쉽게 알수 있다"고 하면서 그는 "분명 승복을 개량하는 것은 사치가 아니라 필수다"[2]라고 말했다. 포드는 승려들이 승복을 벗고 기독교 목사처럼 제복을 입어야 한다고 제안했지만, 마하니카야 승단의 지도자들은 이 제안을 거절했다. 그런데 이 승단은 얼마 지나지 않아 의복의 개량을 허용했기 때문에 비구 승려들은 이제 승복 안쪽에 보온내의, 니트모자, 두툼한 스웨터, 그리고 겨울에는 대개 테라와다 상가의 전통 황토색으로 염색한 양말과 샌들을 착용한다.

피난자들이 흔히 직면했던 가혹한 문제들은 1970년대 중엽에 일리노이 주 록포드Rockford에 도착했던 라오스인들에 대한 다큐멘터리 「블루칼라와 붓다」(Blue Collar and Buddha)에 묘사되어 있다. 그당시 록포드는 실업률이 높고 사양화된 공업지대였다. 이 동영상에는 어려운 경제여건에 처한 록포드에서 반대단체들이 라오스인들을 복지와 저임금 일자리를 차지하는 경쟁자로 간주하면서 그들에게 분노와 격분을 쏟아내는 내용이 중점적으로 묘사되어 있다. 동영상에서 사람들은 동남아시아에서 미국이 패배한 것이 라오스인과 관련돼 있다고 생각하면서 그들에게 노골적으로 증오감을 표현했다. 이 동영상의 두 번째 주안점은 사원 안의 종교생활에 맞추어져 있는데, 이곳은 시의 변두리에 있는 옥수수밭에 지어진 자그마한 목조 농가주택으로서 1980년대에 폭탄과 총격 테러의 표적이 되었다. 사원에 울타리가 둘러져 있었기 때문에 일부 지역주민들은 이 사원을 라오스인들이 지역주민과의 동화를 거부하는 상징물로 생각했다. 다른 주민들은 사원에서 끔찍한 일이 자행되고 있지는 않은지 두려워하면서 승복과 샌들을 착용하고 있던 승려들을 보면서 그곳을 아시아의 쿵푸 훈련장으로 잘못 알고 있기도 했다.

그런데 라오스인들에게 이 사원은 사회·종교적 연속성을 제공해 주는 곳이었다. 이 동영상의 내레이터인 라오스인 예술가는 굿윌 인더스트리Goodwill Industries사의 실내장식품 판매인인데, 그는 사원으로 수백 명이 몰려들었던 한 축제에서 다양한 종교적 의미가 어떻게 표현되는지 설명해준다. "신년 축제는 우리나라 사람들에게 중요

합니다"라고 그는 말한다. 남자, 여자, 아이들이 10대 후반에서 50
십 대에 이르는 연령층의 승려들에게 밥, 과일, 채소, 그리고 화장지
와 트윙키 케이크 공양물을 올리는 모습을 보여주기 때문이다. 어떤
공양물에는 개인적인 의지가 담겨 있었다. "그들은 승려들에게는 음
식을, 그리고 사원에는 돈을 가져다주며 축하합니다. …… 사람들은
돈이 없죠. 일자리도 없고요. 그러나 그들은 보시행이 자신들에게
공덕을 가져다준다고 보기 때문에 음식과 돈을 보시하고 싶어 합니
다. 보시는 그들이 더 나은 존재로 재생하는 데 도움을 줍니다." 다
른 사람들은 공동체 의식을 보다 더 강조하거나, "혹은 이러한 공덕
을 죽은 사람에게 돌릴 수도 있다"고 그는 계속 말한다.

만일 그들의 부모가 이미 돌아가셨다면 이 공덕으로 인하여 부모
는 어디에서 재생하든 도움을 받게 됩니다. 승려가 음식을 먹을
때, 사람들은 죽은 어머니나 아버지의 영가도 역시 그 음식을 즐
겁게 맛본다고 생각합니다. 그들은 이 영가에게 행복을 주기 위
해 음식을 공양합니다. 승려와 영가가 식사를 마치고 나면 다른
사람들도 모두 그 음식을 먹습니다.[3]

1991년 피닉스 근처의 와트 프롬쿠나람Wat Promkunaram에서 일
어난 비극적 사건으로 인하여 공동체의 조용한 미국화 행진이 혼란
에 빠졌던 것처럼, 사원들은 종종 테라와다 전통적 세계관과 미국문
화가 교차하는 지점이기도 하다. 이 와트는 1983년에 태국, 라오스,
캄보디아 사람들에 의해 주택 사원으로 설립되었다. 번창하던 이 공

동체는 1985년에 사무실, 승려의 거처, 대형 법당을 갖춘 30만 달러의 새로운 와트를 교외지역에 짓기 위해 5에이커의 땅을 구입했다. 새 사원은 1989년 5월에 문을 열었고, 그로부터 얼마 후 미국의 여러 테라와다 승가단체 중 하나인 태국 비구의회(Council of Thai Bhikkhus)의 제13차 연례회의를 주최했다. 1991년에 이 와트에는 아홉 사람이 살고 있었는데 여섯 명의 승려, 한 명의 행자, 한 명의 여승, 그리고 '붓다의 가르침을 염송하고 암송하며 아침저녁으로 좌선명상을 하는 사원소년'[4]이라고 설명된 한 청년이 그들이었다. 그런데 그해 8월 공덕활동의 일종인 사원의 공양주 소임을 맡기 위해 두 명의 태국여성이 도착한 후 아홉 사람은 모두 법당에서 살해된채 발견되었다.

이 비극적인 사건은 와트 프롬쿠나람과 더 넓은 공동체 사이의 관계를 증진시키는 계기가 되었다. 비록 그것이 둘 간의 차이점을 부각했다고 해도 말이다. 절도가 살해 동기였느냐는 기자들의 질문에 대해 사원 지도자들은 승려들이 보석을 착용하지 않으며, 돈 만지는 것도 허용되지 않으며, 법당의 불상도 순금이 아니라 금박을 입힌 콘크리트라고 응답했다. 태국 대사가 애리조나 주지사와 그 지역담당 수사팀과 만나기도 했다. 승려들과 친척들이 아시아에서 비행기로 도착했고 아이들은 집으로 돌아와 부모가 이 비극을 극복해나갈수 있도록 도왔다.

그러나 동시에 이 테라와다 공동체는 이질적인 미국풍습에 직면하기도 했다. 법당은 범죄 현장이라면서 일주일 동안 출입이 통제되었다. 아홉 구의 시신은 부검을 위해 시체안치소로 옮겨졌는데, 시신을 찾아오기 위해서 공동체는 3만 달러를 지불해야 했다. 시신이 시체안치소에서 사원으로 옮겨졌을 때, 시신의 얼굴에는 짙게 분칠이 되어 있었다. "우리 마을에서는 승려가 죽으면 그 시신의 입에 독풀을 넣습니다"라고 한 태국 음식점의 여종업원이 말했다. "그러면 영가가 돌아와서 승려에게 자신을 살해한 범인이 누구인지를 알려줍니다. 여기서는 사람들이 시신을 만지게 못하게 합니다."[5] 어떤 사람은 범죄의 전조가 되었던 불길한 징조를 회상했고, 또 어떤 사람은 사건을 해결해줄 실마리를 제공해주는 꿈을 꾸기도 했다. 어떤 사람은 명상에 들어서 죽은 승려와 접촉을 시도하기도 했다. 미국문화에 많이 동화되어 있고 또 희생자들의 친척이기도 한 두 명의 젊은 남성은 승려의 계를 받고 그 공덕을 희생된 친척들에게 돌리기 위해 태국으로 갈 계획을 세웠다.

이민자 공동체들이 이런 식의 충격적인 사건을 겪는 경우는 거의 없지만 대부분의 공동체는 도시계획지구 위원회에서 제시하는 면밀한 질문들을 받게 되는데, 이러한 절차는 흔히 이민자가 미국의 관료제도와 처음으로 접촉하는 계기가 되기도 했다. 그 질문들은 이런 식이다. 주택가에 위치한 승려의 거처가 대중 사원으로 간주될 수 있는가? 그곳은 공동체의 종교축제에 적합한 장소인가? 주차문제와 교통정체에 대해서는 누가 책임져야 하는가? 와트와 비하라에 세워진 금박 첨탑들은 공동체의 미적 기준에 일치하는가? 밤새도록 경전을 염송하는 것은 공적인 폐해인가, 아니면 헌법에 보장된 종교자유권의 행사인가? 이런 문제들은 이민자들이 일련의 국가 전통들에 속한 공통의 의례와 종교예절 요소에 따라 사원 네트워크를 구축해가는 과정에서 1980년대와 90년대의 많은 테라와다 이민자들의 미국화 과정에서 나타났던 근원적인 사안들이었다. 테라와다 이민자 공동체에서 발견되는 독특한 불교 형태를 이해하기 위해서는 이러한 요소 중 몇 가지를 아는 것이 매우 중요하다.

테라와다의 수행과 세계관

절

절하기는 테라와다 사원의 기본적인 공경의식이다. 법당에 들어오기 전 재가자와 승려는 모두 샌들이나 신발을 벗는다. 들어온 다음에는 불상 앞에서 절을 하는데, 양손을 가슴이나 머리 높이로 합장한 상태로 무릎을 꿇고, 바닥에 머리를 조아리며 세 번 절을 한다. 승려는 삼보의 상징이라고 간주되기 때문에 재가자는 승려 앞에서 의례적으로 절을 하기도 한다. 법문과 의식이 진행되는 동안 승려들은 보통 높은 단상에 앉지만 재가자는 승려에 대한 존경의 표시로 법당 바닥에 앉는다.

염송

염송은 사원의 종교생활에서 가장 중요하다. 사실상 모든 의식은 세 가지의 염송과 함께 시작된다. 그 중 첫 번째는 나모따싸인데 '세존께 귀의합니다'라는 의미다. 두 번째는 띠사라나, 즉 삼귀의다. 세 번째로 빤짜실라는 오계의 암송이다. 이 세 가지 염송은 특정 행사 때 행해지는 일련의 추가적인 의식들에서 그 도입부를 이룬다. 대부분의 염송은 승려들에 의해 빠알리어로 행해지지만, 승려와 재가자가 서로 주고받는 몇 가지 염송은 태국어나 다른 동남아시아 언어인 싱할리어 같은 토착어로 행해지거나, 아니면 영어로 행해지는 경우도 점차 증가하고 있다. 승려들은 아침저녁의 정해진 시간에 빠알리어로 염송을 하는데, 이때 재가자는 참석하기도 하고 안 하기도 한다. 재가자는 이따금 영어로 염송을 수행하기도 한다. 이 염송수행에 20~30분 정도의 명상이 포함되기도 하는데, 흔히 이때가 재가자의 유일한 명상시간이라고 할 수 있다.

붓다 푸자

붓다 푸자는 대략적으로 '붓다에 대한 예경'이라고 번역되는데 테라와다 사원의 종교생활에서 필수적인 부분이다. 기독교식의 숭배보다는 절과 마찬가지로 존경과 추앙의 표시로서 행해진다. 붓다 푸자는 개인적으로 행할 경우 신자는 불상 앞의 제단에 물, 향, 꽃 같은 작은 공양물을 올린다. 집단적으로 이루어지는 의례적 식사 때에는 각 접시에서 소량씩 음식을 덜어내어 하나의 쟁반에 모은 후 신도들에게 차례로 건네서 각자가 그것을 만져볼 수 있게 한다. 그런 다음 이 쟁반은 집단적 공양물로서 제단에 올린다.

남아시아와 동남아시아에서 흔히 행해지는 다른 형태의 푸자가 미국 테라와다 공동체에서도 확인된다. 데바 푸자(신에 대한 예경)는 자연현상에 내재한다고 생각되는 여러 신들에 대한 예경의 한 형태이다. 비록 전혀 정통적이지는 않다 해도, 이러한 의식과 신들은 오래전에 대중적인 테라와다 신앙에 편입되었다. 아시아의 특정 지역 및 지방과 밀접하게 관련된 이러한 신들에 대한 예경은 미국에 성공적으로 이식되지 못할 것이라는 분위기가 있다. 보디 푸자는 그 기원이 고대 인도까지 거슬러가는 오랜 역사를 가진 또 하나의 대중적 신앙인데, 이것은 붓다가 보리수 아래서 깨달음을 성취했던 것을 기리면서 이 깨달음의 나무를 의례적으로 숭앙하는 것이다.

쌍기카 다나

쌍기카 다나(혹은 상가 다나)는 '승가 공동체에 시주하기'를 의미한다. 재가자가 승려에게 식사를 준비하여 대접하는 것도 쌍기카 다나의 일종이다. 계율에 따라서 승가의 수행에 꼭 필요하다고 여겨지는 물품을 보시하는 것도 역시 마찬가지다. 가장 기본적인 공양물은 승복, 탁발용 발우, 허리띠, 면도기, 그리고 다른 몇 가지 물품 등이지만 돈, 식료품, 치약, 그리고 다른 생필품 등이 될 수도 있다. 쌍기카 다나는 모든 테라와다 국가 전통에서 공통적으로 행해지는 주요 축제 중 하나인 카틴에서 가장 중요한 요소이다. 카틴축제 동안 재가자들은 승려들의 전통적인 공동생활 수행시기인 우기 안거가 끝나고 나서 한 달 동안 시주, 특히 승복 시주를 통해서 승가 공동체의 용품을 보충해준다. 그러나 쌍기카 다나는 재가 시주가 개인적으로 승려의 조언을 구하거나, 사랑하는 사람의 죽음을 기리거나, 점을 보거나 손금을 보러 갈 때 행해지기도 한다. 재가자의 시주에 대한 보답으로 승려들은 빠알리어 문헌을 염송하기도 하며 혹은 태국 불교의 전통에서라면 시주의 머리에 물을 뿌려주는 축복의식을 행하기도 한다.

재가자의 서약과 수계

어떤 행사 때 남녀 재가자는 특별한 서약을 행하기도 한다. 그들은 8계(5계에다 오후 금식, 오락 금지, 호화 침구 금지〔금욕생활 포함〕등 3계를 더한 것)을 받고 사원에 들어가 하루에서 일주일 동안 명상하며 살게 된다. 몇몇 테라와다 전통에서는 청년 남성이 승가 공동체에 들어가 정해진 기간 동안 비구 승려로서 단기간 승려생활을 해볼 수 있는 기회를 갖기도 한다. 이 기간 동안 그들은 다르마와 승가의 원칙 및 수행 속에서 성인 재가자의 삶을 준비하도록 배운다. 때때로 이보다 더 높은 단계의 득도식(출가자의식)이 성인들을 대상으로 행해지기도 하는데, 이들은 며칠에서부터 여러 해에 이르는 다양한 기간 동안 승가 공동체의 일원으로 간주된다.

몇몇 사원에서는 사원에 등록한 미국인 개종자를 대상으로 재가자 득도식을 실험적으로 실행하고 있다. 이 제도는 고급 불교수행을 위한 통과의례지만 독신생활을 요구하거나 계율에 정해진 다른 승가규율의 준수를 요구하지 않는다. 미국인 중 구족계를 받은 사람은 매우 적다. 구족계를 받은 승려 중에는 나중에 서약을 포기하거나 승려의 소명을 실천해나가는 데 방해를 덜 받는 아시아로 가는 사람이 많다. 1990년대에 불교에 관심을 가지게 된 새로운 세대의 남녀 미국인들은 구족계 수계에 대한 거부감이 줄어든 것 같다. 이런 추세가 만일 지속된다면 미국 테라와다의 발전에 크게 영향을 끼칠 수도 있다.

베삭

베삭Vesak 혹은 비사카Visakha는 붓다의 탄생, 깨달음, 죽음, 열반을 축하하는 봄철의 기념행사이다. 비록 각 나라의 전통에 따라서 기념하는 방식이 다르기는 하지만 베삭은 아시아에서 가장 중요한 불교 기념일이다. 미국에서 베삭축제는 서로 다른 불교 전통과 종파를 하나로 모아주는 공동행사가 되었다. 베삭은 비 아시아계 불교도들이 가장 자주 참가하는 전통축제이기도 하다. 예를 들어 로스앤젤레스의 다르마 비자야Dharma Vijaya 불교사원에서는 베삭축제가 일주일 동안 지속되며 수백 명이 모여든다. 사원과 그 경내는 먼저 깨끗이 청소한 다음, 등과 장식리본으로 꾸며놓고 사원 현관에 불상을 안치한다. 승려들이 앉아서 여러 시간 동안 염송할 수 있도록 가설건물도 설치한다. 베삭축제의 개막시간은 다르마 스쿨 어린이 공연, 시상식, 그리고 연설 같이 다소 세속적인 활동에 할애된다. 축제의 종교적 핵심은 염송, 붓다 푸자, 수계, 그리고 일련의 다른 의식 등이 포함된 밤샘 프로그램이며, 이 모든 행사는 그 이튿날 아침 수백 명의 재가자가 승려들에게 집단적으로 식사를 제공하면서 끝난다.

위빠사나 명상

위빠사나는 '통찰'이라고 번역되며 테라와다 전통에서 가장 높은 명상 형태를 가리킨다. 그런데 각 전통과 집단에서 가르치는 위빠사나의 기법은 다양하다. 몇몇 테라와다 전통에서는, 이를테면 주로 버마와 스리랑카의 전통에서는, 위빠사나가 찰나적으로 일어나는 몸과 마음의 현상들을 순간순간 자각하는 데 사용된다. 그런가 하면 다른 전통에서, 이를테면 주로 태국의 숲 수행 전통에서 위빠사나는 별개의 명상기법으로서가 아니고 마음의 안정을 닦으며 업의 법칙에 대한 통찰을 계발할 때 나오는 자각능력이라고 간주된다. 전통적으로 위빠사나 명상은 승려들의 영역이었지만 남아시아와 동남아시아의 현대 테라와다 불교 국가들에서는 재가자 명상운동이 점점 더 중요하게 되었다.

위빠사나(통찰) 명상운동

개종 불교도 사이에서 위빠사나(통찰) 명상운동은 테라와다의 전 영역에서 볼 때 이민자 테라와다의 정반대쪽 끝에 위치해 있다. 위빠사나는 남아시아와 동남아시아의 재가자 지향적인 명상 안거센터에서 유래했으며 미국의 개종 불교도들이 받아들인 불교 형태 중 가장 영향력 있고 인기 있는 편에 속한다. 이민, 승가와 재가의 구별, 의례와 같은 원동력은 미국 위빠사나 운동이 일어나는 데 큰 역할을 하지 못했다. 가장 눈에 띄는 위빠사나 선생들은 1960년대에 아시아를 여행했던 미국인 재가자들이며, 그들은 아시아에서 다양한 테라와다 선생들에게 배웠는데, 그 중에는 승려도 있었고 재가자도 있었다. 이 미국인들은 나중에 고국에 돌아와 이런저런 형태의 위빠사나 명상을 가르치기 시작하면서, 그것을 테라와다 이민자 공동체들의 종교생활에서 나타나는 전통적 승가-재가 요소들과 어느 정도 분리시켰다. 이 선생들은 또한 다르마를 토착화하고자 절충적 스타일을 발전시키기도 하면서 다른 불교 종파, 다른 종교, 그리고 인본주의적 심리치료법을 자유로이 끌어들여 즉각적으로 이용 가능한 불교수행을 창안했다.

루스 데니슨Ruth Denison은 이 운동을 개척해온 미국인 중 하나이다. 그녀와 그녀의 남편은 1950년대에 처음으로 아시아의 종교에 관심을 가지게 되었다. 그들은 1960년에 아시아를 여행하면서 선불교 사원에서 지내기도 했고 이후 버마의 한 센터에서 테라와다의 명상방식들을 공부했다. 미국으로 돌아온 후 데니슨은 로스앤젤레스 선 센터를 자주 찾기도 했지만 명상수행을 위해 버마를 계속 방문했다. 테라와다 명상 전통은 그 당시 미국에서 거의 알려져 있지 않았다. 데니슨은 1973년부터 가르치기 시작하여 얼마 지나지 않아 수행에 대한 활동적인 접근과 음악, 율동, 리듬의 활용으로 명성을 얻었다. 이러한 특징들은 자신의 인본주의 심리학적 배경뿐 아니라 감각인식에 초점을 맞추는 테라와다 명상기법 때문이라고 그녀는 생각한다. 그녀는 위빠사나 운동을 대변하는 잡지인 『통찰』(Insight)에 이런 식의 명상법의 의미를 다음과 같이 말했다.

(이 명상법은) 전혀 지루하지 않고, 학생과 선생의 전면적 참여가 요구됩니다. 그러다가 이윽고 진정한 영적 교감의 놀라운 정신이 계발됩니다. 무엇보다도 나는 사람들에게 자신의 어려운 일에 깊이 파고들라고 하며, 또 그들이 집중하고 있는 순간에도 일어나고 있는 변화를 잘 처리해나가라고 격려합니다. 우리의 삶은 오직 변화일 뿐이며, 내가 깊이 수긍하는 것도 바로 이 변화입니

다. 나는 이 변화를 수긍하고, 삶 자체를 깊이 수긍합니다.[6]

1977년에 데니슨은 캘리포니아 조슈아 트리Joshua Tree 근처의 황무지를 사들였고, 이곳은 마침내 80년대 초부터 위빠사나 운동의 중요한 안거센터인 담마 데나Dhamma Dena로 발전하게 되었다.

1975년은 이 운동의 중요한 전환점이 된 때였다. 아시아의 테라와다 스승들에게 명상을 배운 샤론 살즈버그, 잭 콘필드, 조셉 골드스타인Joseph Goldstein 등이 매사추세츠 베어리에 통찰명상협회(Insight Meditation Society: IMS)를 설립한 것이 바로 이때였다. 살즈버그는 18세의 나이에 처음 인도에 갔고, 마침내 인도, 네팔, 부탄, 티베트, 그리고 버마의 스승들로부터 불교를 배웠다. 콘필드는 다트마우스 대학(Dartmouth College)의 학부과정에 재학하면서 아시아의 종교에 관심을 가지게 되었다. 1967년 졸업 후 그는 평화봉사단의 일원으로 태국으로 가서 일하다가 첫 번째 명상 스승을 만났다. 1972년 미국으로 돌아와 여러 해가 흐른 다음에 그는 가르치기 시작했으며, 마침내 임상심리학 박사학위도 받았다. 골드스타인 역시 평화봉사단의 일원으로 태국에 가서 일하는 동안 불교에 관심을 가지게 되었으며, 1967년에 위빠사나 명상을 받아들인 후 아시아의 여러 스승들 아래서 공부를 이어갔다. 그는 아이엠에스(IMS)가 설립되기 한 해 전인 1974년부터 가르치기 시작했다. 십여 년 동안 아이엠에스는 미국 위빠사나 운동의 대표적 기관이었다. 그러다가 1988년 콘필드는 미국 서부해안인 캘리포니아 마린 카운티의 스피리트 록에 이와 대등한 센터를 세우는 데 도움을 주었고, 이 센터는 출범한 이래로 샌프란시스코 불교 공동체의 핵심적인 부분이 되었다.

통찰명상운동은 그 독특한 특징 때문에 가장 대중적인 미국 불교 형태로 발전하기가 수월했다. 선과 마찬가지로 이것은 전통적으로 승려들과 밀접하게 관련되었던 명상수행에 재가자들이 참가해서 일어난 운동이다. 그런데 승려의 명상수행과는 대조적으로 이 운동은 아시아의 어느 특정 전통의 용어, 역사, 문헌과의 관련성이 크지 않다. 이러한 요소 때문에 이 운동은 미국 주류의 스타일과 기풍에 신속하게 동화될 수 있었다. 동시에 위빠사나 운동의 지도자들이 펴낸 책들 중 많은 것들은 카세트테이프로도 쉽게 들어볼 수 있는데, 그것을 들어보면 이 운동과 비슷한 유대교와 기독교의 대중운동에서 나타나는 독실한 신앙심이 연상되며 신앙적이고 영감을 주는 매력적인 음조가 느껴지기도 한다. 그러나 전반적으로 통찰명상은 종교로서가 아니라 붓다가 가르쳐준 수행법을 사용하여 깨달음과 정신의 치유를 촉진하는 자각의 기술로서 제시된다.

선과 마찬가지로 이 운동도 30년의 세월이 흐르면서 그 일반적인 성격이 변했다. 1970년대에 지도자들은 통찰, 즉 위빠사나 명상에 초점을 맞추었는데, 테라와다에서 위빠사나란 수행의 출발이 아니라 완성이라고 간주되고 있다. 다시 말해서 위빠사나 명상은 자아의 비실체성, 우주의 무상함, 그리고 고의 보편성에 대한 붓다의 가르침을 깨닫는 데 사용된다.

1980년대에 들어서 통찰명상은 전통적인 테라와다 수행의 맨 첫 과정인 메타(자애) 명상을 강조하기 시작했다. 이러한 전환은 살즈버그의 『자애: 행복을 위한 혁명적인 기술』(*Loving-kindness: The Revolutionary Art of Happiness*)과 『세상만큼 넓은 마음』(*A Heart as Wide as the World*), 그리고 콘필드의 『마음과 함께하는 길: 위기극복의 지침과 영적인 삶의 약속』(*A Path With Heart: A Guide Through the Perils and Promises of Spiritual Life*) 같은 책에 나타나 있다. 일부 선생들은 또한 이 운동이 추구하는 기본적인 서양 인본주의 및 미국적 이상주의 지향성을 강조하면서 대승불교 보살의 자비사상을 받아들이기 시작하기도 했다. "우리는 이제 자비의 마음을 일깨움으로써, 또 진리를 실천하려는 용기를 수행의 깊은 동기로 삼으면서 시작한다"라고 콘필드는 썼다. "이러한 마음 위주의 동기부여는 자애, 치유, 용기, 그리고 분명함을 상호의존적으로 한데 모아준다. 이것은 그야말로 시작단계부터 붓다의 자비에 생기를 부여해준다."[7] 서양과 동양, 인본주의와 불교의 이러한 혼합은 아이엠에스와 스피리트록과 오랫동안 관계를 맺어온 유명인사, 실비아 부어스타인Sylvia Boorstein의 가르침에서도 두드러진다. 그녀가 저술한 『생각보다 더 쉬워요』(*It's Easier Than You Think*)와 『무엇인가 하려고 하지 말고, 거기 앉으세요』(*Don't Just Do Something, Sit There*)는 이 운동에서 가장 널리 알려진 입문서이며 고전에 속한다.

1990년대 동안 이 운동의 몇몇 지도자들은, 그 중에서도 특히 잭 콘필드는 1960년대에 빈번했던 격동의 체험으로부터 이미 독특한 유형의 불교수행이 나타나고 있다는 견해를 내세웠다. "지나치게 이상적이고 싶지는 않다. 건강치 못한 구조, 현명치 못한 수행, 권한의 오용 등 불교 공동체들이 직시해야만 할 문제가 많다. 그런데도 어

떤 새로운 현상이 이 대륙에서 일어나고 있다"라고 그는 1998년에
썼다.

불교는 민주주의 정신, 여성화, 수행법의 공유, 그리고 재가생활
의 흡수에 의해 깊이 영향 받고 있다. 북미불교가 만들어지고 있
는 것이다. 북미승乘 불교는 이미 최고의 뿌리, 줄기, 가지, 잎사
귀, 꽃, 과실 등 불교의 모든 요소를 받아들여서 그것이 지혜롭고
도 지탱력 있는 전체가 되도록 한 곳으로 모으기 시작하고 있다.[8]

아이엠에스와 스피리트록은 가르침과 안거와 수행 위주의 센터들
이며, 현재 이 두 센터에서 배출된 2세대의 선생들이 많은 독립 센
터들에서 활동하고 있다. 이 운동에 참가하고 있는 사람들의 수를
정확히는 알 수 없지만 1987년과 1997년 사이에 테라와다 명상센
터는 72곳에서 150여 곳으로 배가되었다.[9] 이 가운데 몇 곳은 이민
자 사원과 제휴되어 있고 또 어떤 곳들은 미국에서 활동하고 있는
아시아인 재가법사들과 제휴를 맺고 있기도 하지만, 이 운동의 주도
적인 흐름은 아이엠에스와 스피리트록의 선생들, 역시 선생이 된 그
들의 제자들, 그리고 남아시아와 동남아시아에서 수련했던 다른 미
국인 재가자들에 의해 명확히 표현되고 있다. 전반적으로 통찰명상
은 기관의 형태를 유지하고 있는 경우가 많지 않다. 센터 중 많은 곳
은 회원 25명 이하의 '거실 공동체'이다. 스피리트록은 격의 없고 친
밀한 분위기에서 수행자들이 접촉을 유지하고 있는 소규모 다르마
지원단체들이 연합하여 깔리야나 미타(Kalyana Mitta, 영적 친구들)

네트워크를 발전시켰다. 이 운동에서 가장 중요한 제도적 방식은 안거인데 이것은 하루, 일주일, 혹은 석 달 단위로 진행된다. 안거는 보통 묵언 중에 이루어지며, 좌선과 행선, 울력, 그리고 지도법사의 설법을 포함한다. 캠브리지 통찰명상센터(Cambridge Insight Meditation Center)는 '샌드위치 안거'라는 독특한 수행방식을 발전시켰는데, 이것은 주중 5일 간의 야간수행과 이틀간의 주말집중 수행을 결합하여 진행하는 방식이다.

통찰명상과 선 같은 미국 불교운동들에는 창의적 긴장감이 내재되어 있으며 이것이 운동에 많은 매력과 역동성을 제공해준다. 한편으로 볼 때 이 운동의 실천에 일차적인 영감이 되었던 것은 불교 승가제도이다. 이것은 철저하고도 평생 지속되는 승가규율의 요구 때문에 본질적으로 선별된 사람들을 위한 서약이다. 다른 한편으로 볼 때 재가자는 다르마 수행의 약속을 부득이 가정생활의 요구에 맞추어야만 한다. 승가 수행과 재가 생활방식의 이러한 결합이 엄격하게 서양적인 혹은 미국적인 현상만은 아니지만, 이러한 현상은 개종자들이 독특하게 미국적인 불교 형태를 만들어가는 데 큰 영향을 준다. 그런데 한 가지 중요한 의문은 재가 수행자가 깨달음이라는 특출한 목표를 진지하게 추구해갈 수 있느냐는 것인데, 아시아의 역사에서 대다수의 기간 동안 이런 일은 독신의 승가 공동체를 이루고 있는 남녀 승려들의 몫이었기 때문이다. 몇몇 미국 불교도에게 이것은 전혀 문제가 되지 않는다. 재가 수행자를 수용하기 위해 다르마를 변용하는 것은, 그들이 볼 때 미국 불교를 평등한 토대 위에 놓는 것이기 때문이다. 그러나 어떤 사람들은 이와 같은 수행의 평등화가 붓다의 본래 가르침이 지닌 완전성을 위협한다고 주장한다. 그것이 아무리 의도하지 않은 결과라고 해도 말이다.

1990년대 초 통찰명상 법사들 사이에서 이러한 문제가 일어나자 조셉 골드스타인은 그 중 몇 가지에 대해 언급했다. 그 당시에 이 운동은 진행과정에서 수정이 이루어지고 있던 때다. 많은 사람들과 달리 그는 이것이 미국 재가 불교도들이 당면한 심각한 문제라고 생각했다. "재가자로서 우리는 바쁘고, 또 우리는 많은 책임을 지고 있으며, 다르마 활동은 시간이 걸린다. 이것(재가 수행)이 승가제도처럼 완벽한 교법이라는 견해는 붓다의 가르침과 일치하지 않는다. 붓다는 원래의 가르침에서 재가자의 삶이 '번뇌로 가득하다'는 점을 매우 분명하게 말했다." 골드스타인은 미국인들이 붓다의 가르침이 지닌 탁월성을 유지하고 있는지 의문을 제기했다. "우리가 한 세대의 수행자로서 우리 방식의 수행을 통해서 과연 아시아에서 배출된 그런 진정한 스승들을 배출할 수 있을지 의심스럽다. 내 생각에는 그런 일이 일어날 것 같지 않다." 특별히 불교적인 맥락에서 본다면 그는 미국의 프로테스탄트들이 오래전부터 쇠퇴(declension)라고, 다시 말해서 연속적으로 여러 세대를 거쳐 가면서 교리와 수행이 점차 느슨해지는 현상이라고, 보았던 하나의 논점을 제기하고 있었다. "또 다시 20년이 흐른 후에는 정통적인 깨달음의 계보와 얼마만큼의 연관성을 유지하고 있을지 궁금하다. 선생이 되기 위해 수행하는 기간도 점점 더 짧아지고 있다"고 골드스타인은 말했다.

아시아인은 보통 일이십 년씩 수행한 다음 가르친다. 아시아에서 수행하다가 서양으로 돌아온 우리 미국인 중 대다수는 그보다 훨씬 더 이른 시기에 가르치기 시작했지만, 그래도 그들은 상당히 오랜 수행을 거친 사람들이었다. 그런데 지금은 수행경력이 불과 몇 년 되지 않으면서 가르치는 사람들이 있다.[10]

승가 주도의 중간영역

테라와다 전체 영역에서 한쪽 끝은 이민자 공동체의 전통주의에 기반을 두고 있으며, 다른 쪽 끝은 아이엠에스 및 스피리트록과 연계된 개종자들의 혁신적인 운동에 기반을 두고 있다. 그러나 이 두 공동체 사이에는 그 경계가 모호하면서도, 궁극적으로는 강건하고 철저히 미국적인 테라와다 불교의 발전을 위해서 창의적인 본보기를 제시해줄 수도 있는 일련의 사람들과 공간들이 있다. 그 중에는 이른바 폴 넘리치가 말하는 '병렬 신도들(parallel congregations)'[11]이 있는데, 이들은 이민자 사원에서 승려들과 더불어 불교를 연구하고 수행하면서도 이민자 공동체의 문화생활에는 대체로 무관심한 소규모의 미국인 개종자 집단들이다. 또 다른 사례를 들자면, 전통적인 승가 수행과 미국인 재가 공동체의 영적 필요와 욕구 사이의 관계를 계속적으로 재검토하고 있는 통찰명상운동의 몇몇 지도자들이 있다. 그러나 이 중간영역은 다수의 아시아계와 유럽계 미국인 승려들이 승가의 토대 위에서 활동하면서도 그 활동영역을 민족 공동체의 경계 너머로 확장하고 있는 현상에서 가장 구체적으로 확인할 수 있다.

대학교육을 받은 많은 아시아 태생의 비구들이 미국 불교 공동체라는 넓은 영역에서 훌륭한 선생과 지도자가 되어 있다. 그 중 한 사람이 바바나 협회(Bhavana Society)를 이끌고 있는 스리랑카 승려 헤네폴라 구나라타나Henepola Gunaratana인데, 이 협회는 테라와다 승가제도에 기반을 두고 있지만 미국에 맞게 변용한 수행센터이며, 웨스트버지니아의 세넌도어 계곡에 자리 잡고 있다. 1927년 스리랑카에서 태어난 구나라타나는 12살에 승려의 계를 받고 8년 동안 행자생활을 거친 후 구족계를 받고 정식으로 비구가 되었다. 교육을 이수한 다음 그는 스리랑카를 떠나 인도로 가서 포교사로 일했고, 이어서 말레이시아로 가서 교육가로 일했다. 그는 1968년 워싱턴 불교 비하라협회(Buddhist Vihara Society)에서 일하기 위해 처음으로 미국으로 갔다. 도착 후 그는 미국 대학교(American University)에서 철학을 전공하여 석·박사 학위를 취득했으며, 그 대학 불교지도법사로 봉사했고, 조지타운 대학교, 메릴랜드 대학교 등에서 불교를 가르쳤다. 1980년 그는 불교 비하라협회의 회장으로 임명되었다. 1982년에는 바바나협회(Bhavana Society)를 설립하고 회장으로 일했다. 1990년대 동안 그는 해외 통찰명상운동에서 출중한 인물이 되었다.

바바나협회는 재가뿐 아니라 승가를 위한 거주형 안거센터이기도 하며, 여기에서 구나라타나는 아시아, 미국, 유럽 출신의 남녀 승려로 구성된 소규모 핵심단체를 이끌고 있다. 안거 참석자는 집중명상을 하거나, 일상생활에 적용된 붓다의 가르침을 공부하거나, 전통적으로 재가자의 몫이었던 공덕활동에 참가하기도 한다. 계율의 규정은 수행에서 가장 중요하지만, 필요할 경우 수정되기도 한다. 남녀 승려들은 자동차를 운전하고, 경우에 따라서 직접 쇼핑도 하고, 함께 일도 하는데, 이런 행동은 동남아시아인의 규범과 비교해보면 혁신적이라고 생각된다. 구나라타나는 비구니 계보를 재건하여 여성들에게 정식 승려가 되는 절차인 구족계를 주는 데 찬성하지만, 그는 이러한 제도가 우선 미국에 뿌리를 내리고 난 후에 비로소 남아시아와 동남아시아에서도 널리 수용될 것이라고 생각한다.

불교가 미국에는 아직 잘 알려져 있지 않기 때문에 구나라타나는 미국이 그 수행을 변용할 기회를 제공해준다고 보고 있지만, 그렇다고 해도 그는 결코 열렬한 미국화 옹호론자는 아니다. 미국 테라와다 단체의 일부 인사들과 다르게 그는 계율을 미국에 맞게 고치기 위해 남녀 승려가 승복을 포기하는 것은 찬성하지 않는다. 승복이 승려를 세속으로부터 보호해주고 또 그들에게 종교적 의무를 상기시켜준다고 보기 때문이다. 그는 또한 일부 미국인들이 부주의한 성행위를 계속 해나감으로써 탐욕과 욕정을 멀리하라는 붓다의 가르침을 무시하고 있는데, 그러면서도 그들이 진지한 수행을 하려고 하는 태도에 대해서도 비판적이다. "붓다에 의해 규정된 모든 규칙은 우리 자신을 이롭게 하기 위한 것입니다. 우리가 지키는 모든 계율은 마음의 정화를 위한 것입니다. 청정한 마음이 없다면 우리는 결코 집중력, 통찰력, 지혜를 얻을 수 없고, 또 번뇌도 제거할 수 없죠." 그는 또한 미국과 미국의 자유분방하고 유물론적인 생활방식이 해외 여러 나라의 가치를 변화시키고 있다는 것도 큰 문젯거리라고 여긴다. "미국은 아직 10대 청소년, 즉 어른이 되고자 하는 어린애와 같은데, 그러한 영적 미성숙 상태를 전 세계가 표준으로 삼아서 좇아가고 있습니다. 나는 그것이 건강한 사고방식이라고는 생각지 않습니다."[12]

하바나폴라 라타나사라Havanapola Ratanasara도 미국 불교 공동체에서 활동하고 있는 대학출신의 비구승이다.(역주: 2000. 5. 26 입적) 로스앤젤레스에 거주하고 있는 스리랑카 승려인 그는 미국에서 테라와다의 교육 및 통합 운동을 개척해온 일련의 지방, 지역, 그리고 전국 단위의 기관들과 폭넓게 연계되어 있다. 라타나사라는 열한 살 때 스리랑카에서 승가에 입문했다. 세월이 흘러 그는 실론 대학교에서 빨리어와 불교철학을 전공하여 학사학위를 받았고, 이어서 컬럼비아 대학교와 런던 대학교에 다녔으며, 거기서 교육학 박사학위도 받았다. 스리랑카에서 교육학과 불교학을 가르쳤으며 1957년에는 12차 유엔총회에 파견될 대표로 임명되면서, 그는 이 직책을 맡은 최초의 불교 승려가 되었다. 라타나사라는 1980년 미국으로 이주했으며, 로스앤젤레스 최초의 테라와다 사원 중 하나인 다르마 비자야 불교 비하라(Dharma Vijaya Buddhist Vihara)의 설립자 중 하나가 되었다.

라타나사라가 맡은 많은 행정직책을 살펴보면 그가 미국 불교 공동체들의 내부에서뿐 아니라 공동체 상호간에서도 활동하고 있음을 알 수 있다. 그는 선구적인 통합 운동 단체인 남캘리포니아 종교간의회(Interreligious Council of Southern California)의 창설을 도왔으며, 그 단체의 부회장을 맡기도 했다. 그는 한 지방 사원에서 승가와 재가 사이에 발생한 분쟁을 중재하기 위하여 1980년에 설립된 단체인 남캘리포니아 불교상가의회(Buddhist Sangha Council of Southern California)의 회장을 맡고 있다. 그때 이래로 이 상가의회는 불교도 상호간 베삭축제를 후원하면서 남캘리포니아의 다양한 종교 간 행사에 참가해왔다. 이후에 라타나사라는 미국불교도의회(American Buddhist Congress)의 성립에 핵심적인 역할을 했는데, 이 단체는 상가의회와 여러모로 동일한 목표를 추구하고 있지만 그 규모는 전국적이다.

라타나사라는 1983년 상가의회가 설립한 로스앤젤레스 불교학대학(College of Buddhist Studies)의 학장이기도 하다. 이 대학은 비종파적 관점에서, 그리고 개별사원과는 달리 불교를 깊이 있게 공부할 기회를 제공하고 있다. 그 교과과정은 불교 역사상 처음으로 미국에서 상이한 종파와 전통이 서로 가까운 곳에 자리 잡게 됨에 따라 상호간의 이해를 증진시키기 위해 고안되었다. 다르마를 미국화하기 위한 전반적인 노력의 일환으로 라타나사라는 불교를 진보적인 방향으로 이끌어가기 위해 노력하고 있지만, 그의 입장은 어디까지나 전통적인 승가제도에 기반을 두고 있다. 로스앤젤레스에서 그는 다른 승려들과 더불어 여성 구족계 수계제도를 부활시켜왔다. 구족계를 받은 여승들만이 다른 여성들에게 계를 내릴 수 있게 되어있기 때문에, 테라와다에 그 계보를 재수립하기 위해서는 여성의 계보가 아직 소멸되지 않은 대승불교 전통과의 협력이 필요하다. 이러한 목적 아래, 라타나사라는 다양한 국가 전통의 남녀 승려들이 모인 미국에서 통합 수계의식을 창시하는 데 중요한 역할을 했다.

아잔 아마로Ajahn Amaro와 타니싸로 비구Thanissaro Bhikkhu는 동남아시아의 강력한 종교개혁 운동이었던 숲 고행자들의 전통을 대표하는 두 명의 유럽계 미국인 승려다. 비록 소속기관이 서로 다르고 또 다소 다른 방식으로 전통수행을 미국 불교 공동체에 맞게 바꾸려고 노력하고 있지만, 두 사람은 구족계를 받았고 테라와다 승가 계율도 지키고 있다. 두 사람은 1990년대에 더 넓은 개종자 불교 공동체에서 대중적 인지도가 상당히 높아지기 시작했다. 아마로는 통찰명상 단체에서 정기적으로 가르치는 몇 안 되는 테라와다 승려인데, 이러한 노력은 어느 정도 그가 미국인들에게 승가의 생활방식을 보여주는 데 관심이 있기 때문에 가능했다. 타니싸로는 아이엠에스에 소속된 베어리 불교학센터(Barre Buddhist Center for Buddhist Studies)에서 가르쳤고, 『얽매임 없는 불과 같은 마음』(*The Mind Like Fire Unbound*), 그리고 『불교승가 규율』(*The Buddhist Monastic Code*)을 포함한 여러 권의 학술서적을 낸 저자로, 그리고 숲 전통에 속한 아시아 스승들의 명상지침서들을 번역한 사람으로 잘 알려지게 되었다.

아잔 아마로는 북캘리포니아에 숲 사원을 만드는 데 중요한 역할을 했는데, 이 사원은 샌프란시스코 지역에 기반을 두고 있고, 주로 재가자들로 이루어진 한 개종자 불교 공동체의 중심지이다. 1956년 영국에서 태어난 그는 런던 대학교를 졸업한 후 태국을 여행하면서 마하니카야(태국 최대의 테라와다 승단)의 승려이자 숲 계보의 스승인 아잔 차Ajahn Chah가 서양인 제자들을 위해 세운 숲 사원인 와트 파 나나차트Wat Pah Nanachat에서 공부와 수행을 시작했다. 아마로는 1979년에 승려의 계를 받고, 이어서 영국으로 돌아와 두 곳의 숲 전통 센터인 치투르스트Chithurst 사원 및 암라와띠Amravati 사원과 제휴를 맺었다. 1990년대 초 그는 북캘리포니아로 법문을 하러 다니기 시작했고, 거기서 숲 전통의 승가 수행 공동체를 만드는 데 관심을 가지고 있던 한 무리의 후원자와 제자를 모았다.

이 무렵 중국 대승불교 선생이자 캘리포니아 만불성성萬佛聖城의 설립자 쑤안후아(宣化, 1918~1995)[10장 참조]가 멘도시노 카운티의 미개발지 120에이커를 암라와띠 사원에 기부하여 숲 안거 수행처로 사용하도록 했다. 대승과 테라와다의 양쪽 승가 공동체 간의 유대를 강화하는 것이 그 기부의 목적이었다. 이어서 암라와띠는 캘리포니아의 재가단체인 상가팔라재단(Sanghapala Foundation)에 그 땅의 관리를 맡겨서 숲 안거센터로 개발하도록 하였고, 그것은 마침내 완성되어 아바야기리Abhayagiri 불교사원으로 불리게 되었다. 90년대 중엽에서 말에 이르기까지 아바야기리는 아잔 차에서 시작되어 영국의 치투르스트와 암라와띠를 통해 북캘리포니아에 도달한 숲 수행계보 소속 불교 공동체의 중심지가 되었다. 아마로는 그곳의 주지로 임명되었는데, 1997년부터 그는 이 운동에서 오랜 세월 선생과 지도자로 활동해온 캐나다인 아잔 파사노Ajahn Pasanno와 공동으로 주지직책을 맡고 있다. 여러 해 동안 아바야기리는 전통을 고수하면서, 미국 재가자의 지원을 받으며 해마다 장기간의 승가 동안거를 실시해오고 있다.

타니싸로 비구는 오하이오 오벌린 대학(Oberlin College)을 졸업한 다음 1970년대 초 태국으로 갔다. 그는 태국의 여러 숲 계보 가운데 한 곳의 스승인 아잔 푸앙 조티코Ajaan Fuang Jotiko 아래서 명상수행을 시작하여 1976년에 승려의 계를 받았으며, 1986년 스승이 세상을 떠난 이후에도 태국에서 공부와 수행을 이어나갔다. 1991년 그는 캘리포니아로 이주하여 샌디에이고 북부의 산속에 와트 메타(Wat Mettavanaram 또는 Wat Metta)를 세우는 데 도움을 주었으며, 그곳에서 그는 아잔 조프Ajaan Geoff로 알려져 있다. 태국 담마유트Dhammayut 승단에 소속된 한 고위승려의 영적인 지시 아래 타니싸로는 1993년부터 와트 메타의 주지를 맡아왔다. 아바야기리와는 다르게 와트 메타는 미국에서 규모가 더 큰 태국불교기관 네트워크의 일부이다.

어떤 면에서 볼 때 와트 메타는 주요 휴일 주말의 단기 거주수행과 개인 단위의 장·단기 안거수행을 제공함으로써 미국의 다른 불교 안거센터와 마찬가지로 운영되고 있다. 그러나 타니싸로가 안정된 승가 공동체의 결성을 강조해왔기 때문에 와트 메타는 주변지역에 살고 있는 태국계 및 라오스계 미국인들과 개종자 불교도들에게 신앙센터이자 수행센터의 역할도 한다. 이 개종자 불교도 중 많은 사람들은 존 웨인 담마 센터(John Wayne Dhamma Center)와 샌디에이고 위빠사나 공동체와 같은 지역 명상단체에 소속되어 있기도 하다. 숲 전통의 정통적인 분위기에 맞추어서 아잔 조프와 다른 승려들은 계율을 엄격하게 지키며 살고 있다. 그 결과 와트 메타는 보시경제(gift economy)의 원칙에 의해 운영된다. 즉 재가자는 사원의 유지를 위해 성의껏 보시하고, 승려들은 가르침을 무료로 제공한다. 아잔 조프는 이런 방식이 흔히 참가비 지불에 기반을 둔 안거모델을 대체하는 훌륭한 대안이라고 간주한다. "다르마가 선물로서 제시되고 받아들여지지 못한다면, 다르마는 살아있는 원칙으로 지속될 수가 없다"라고 그는 『트라이시클』지에 썼다. 보시 경제는, 그에 의하면 "서로의 자비와 관심이 교환수단이 되고, 또 청정한 마음이 밑바탕이 되는 분위기"[13]를 만든다는 것이다.

타니싸로는 일부러 통찰명상운동의 법사단체에 합류하지 않기로 결정했다. 그 이유는 그가 와트 메타에서의 승가생활에 전념하기 위해서고 또 테라와다 수행을 위해서는 안거센터 방식을 통해서는 얻을 수 없는 지속적인 엄격함이 필요하다고 스스로 확신했기 때문이기도 하다. 게다가 그는 미국에 숲 전통을 세우는 것이 결정적으로 중요하다고 보고 있다. 1998년 그는 "불교는 항상 문명과 야생의 경계선에 걸쳐 있다. 붓다 자신도 왕자로서 양육되었지만, 숲에서 태어나 숲에서 깨달음을 얻었고 숲에서 돌아가셨다"라고 썼다.

수 세기에 걸쳐서 많은 용감한 남녀가 숲으로 가서 다르마를 재발견했다. 다르마는 주류 문화에 적응하기도 하고 또 그것과 분리되기도 하면서 지속되어 왔는데, 광야는 분리된 곳이었다. 광야는 마음과 정신에서 다르마를 찾기 위해 필요한 개인의 소질 중 많은 것들을, 이를테면 신중함, 창의력, 활기, 무해함을 가르쳐 준다.[14]

테라와다 전통은 미국에서 다양하게 표출되어 있다는 점을 고려해볼 때 미국 불교의 형성에 장기적으로 기여할 수 있는 훌륭한 위치에 있다. 테라와다의 각별한 강점은 미국화에 접근해가는 많은 다양한 방법에 있는데, 이를테면 광범위한 이민자 사원 네트워크, 아이엠에스 및 스피리트록과 결부된 견실한 수행운동, 그리고 그 사이에 있는 승가 주도의 기관들이 바로 그것이다. 그런데 이 모든 접근 방식은 일치단결된 노력에 이르지 못하고 있으며, 매우 다양한 문제들이 공동체의 서로 다른 계층에 놓여 있다.

승가 주도의 공동체와 단체는 미국 사회에서 승려들의 역할의 본질, 미국적 상황에 적합한 계율 수정의 범위, 그리고 다른 불교 형태와 통합적 연계를 맺는 것의 바람직함 여부 등의 사안을 고심해야 한다. 재가 이민자들은 전통을 자녀와 손주에게 전달하면서 일어나는 수많은 복잡한 문제들과 계속 씨름해야만 한다. 아시아계 미국인이나 유럽계 미국인 중 구족계를 받고자 하는 사람들이 충분히 나타나서 토착 승려 공동체를 조성할 수 있을지는 회의적이다. 따라서 아시아인 승려들은 전통과의 살아있는 연계를 제공해주는 한편, 전면적인 미국화 성향을 둔화시키면서 몇 세대 동안은 현저한 상태로 남아 있을 게 확실하다.

통찰명상운동의 재가 지도자들은 어떻게 하면 중류층에게 불교를 쉽게 이해시키면서 그 가르침의 깊이를 유지할 것인가의 문제를 계속 신중히 고려해야만 할 것이다. 그들은 또한 또 다른 세대, 즉 그들의 자녀들이나 새롭게 밀려오는 미국인 구도자들로 이루어진 새로운 세대를 끌어들이고 존속시킬 수 있을 만큼 강력한 기관들, 그리고 스승과 제자 사이에 계보 비슷한 제도를 개발할 필요가 있다.

제10장

태평양 주변지역의 다른 이민자들

이민 및 이민과 관련된 복잡한 사회적 세력으로 인하여 일본인들의 정토진종淨土眞宗 공동체가 생겨났는데, 이 공동체는 여러 세대 동안 시행착오를 겪어오면서 민족 불교도의 입장과 주류 미국인으로서의 입장 간에 조화를 이루어나갔다. 이민자들은 미국에서 최초의 일련종 단체들을 결성했고, 여전히 그들은 일련정종 사원과 미국 창가학회(SGI-USA)의 풍부한 다문화주의에 기여하고 있다. 티베트 라마는 외국인 거주자이든, 망명자이든, 아니면 귀화인이든 그 신분에 상관없이 미국의 티베트 불교와 금강승 수행에 꼭 필요한 존재다. 그리고 미국에서 선에 대한 관심이 일어난 데는 선 문헌의 영향도 컸지만, 일본인 이민자들이 최초로 선 수행을 가르쳤던 선생들이었다. 미국 테라와다 불교에서도 이민자의 중요성은 아무리 강조한들 지나치지 않을 것이다.

이민은 또한 한국계, 베트남계, 그리고 중국계 미국인 공동체들이 결성된 원동력이기도 한데, 이 공동체들은 미국 불교의 혼합에 다양한 요소들을 제공해주고 있다. 한국인과 베트남인들은 1970년대 이후에야 비로소 많은 수가 미국에 오게 되었다. 중국 불교도들은 1800년대 중엽 이래로 미국 종교생활의 일부가 되어 있지만, 최근에야 비로소 대규모의 항구적인 종교기관들을 만들게 되었다. 한국, 베트남, 그리고 중국 불교는 모두 대승불교 전통에 속하고, 또 그렇기 때문에 공동점도 많지만 각 나라의 불교는 각자의 지역전통과 풍속으로부터 영감을 이끌어오고 있다.

역사가들은 아직 이러한 단체들의 종교생활에 지속적인 관심을 기울이지 못하고 있는 실정이므로, 이 단체들이 불교를 미국 사회에 맞게 변용해가고 있는 방식은 대략적으로 살펴볼 수 있을 뿐 그 이상의 상세한 고찰은 어렵다. 불교는 개인 및 사회의 정체성 형성에 필수적인 역할을 한다. 불교는 많은 이민자와 그 자녀들에게 정서적 안정과 연속성을 제공해준다. 그 결과 이러한 공동체에서 종교는 사회·문화적 적응, 세대교체, 그리고 영어화 같은 더 광범위한 유형들과 긴밀하게 연계되어 있다. 그런데 각 전통에 속한 몇몇 종교지도자들은 그들 각자의 민족집단을 넘어서서 미국인 개종 불교도들과 활발하게 접촉하고 있을 뿐 아니라 미국 사회에서 불교의 전반적인 발전에도 기여해왔다.

중국인 집단이주 공동체들

불교는 19세기 중엽부터 미국 내 중국인들에 의해 실천되었다. 그 당시에 중국 본토 출신의 이민자들은 1848년의 골드러시에 이끌려

캘리포니아에, 즉 중국에서 말하는 금산(Gold Mountain)에, 처음으로 도착했다. 중국인들이 결성했던 최초의 사회단체들은 친척관계와 언어집단과 상호부조협회들에 기반을 두고 있었다. 미국과 중국의 만주정부(청나라) 사이에 본격적인 외교관계가 없던 상황에서 이러한 자발적인 협회들은 나중에 육대공사(六大公司, Chinese Six(or Seven) Companies)라는 상인단체로 통합되었는데, 이 단체는 특히 남북전쟁 이후 수십 년 동안 반중국인 폭력사태가 서부해안에 횡행하던 시절에 영향력이 커지게 되었다.

중국계 미국인의 역사에서 많은 기간 동안 이러한 상인단체들은 공동체가 영위해가던 종교생활의 주요 후원자들이었다. 샌프란시스코에서 첫 번째 불교사원은 1853년에 세얍 컴퍼니Sze Yap Company에 의해 세워졌다. 이듬해에는 그 경쟁회사가 두 번째 사원을 세웠다. 각 사원은 회사 본부건물의 맨 위층에 위치해 있었는데, 이러한 방식은 오늘날 차이나타운의 구식 사원들에서도 여전히 찾아볼 수 있다. 1875년에 이르러 샌프란시스코에는 8개의 사원이 있었다. 19세기말 서부지역의 여러 주에는 넉넉히 잡아서 400여 곳의 중국 사원이 있었다는 자료도 있는데, 주로 작은 오두막이나 가정 사원이었으며, 이 가운데 몇 곳은 오늘날에도 여전히 남아 있다. 이러한 사원에서 실천했던 종교는 중국의 전형적인 민중종교인 유교의 조상숭배, 도교, 그리고 정토불교가 복합적으로 혼합된 형태였다. 아미타불, 관음보살, 그리고 다른 보살 신앙도 중국 불교 개척자들에 의해 미국에 도입되었다.

오늘날 미국에서 전개되고 있는 대부분의 중국 불교는 이보다 더 최근에 생겨났다. 중국인 이민자는 19세기 말에 급격하게 줄었고, 결국 20세기의 이민자 통계에 의하면 1950년도에 그 수가 15만 명으로 떨어졌다. 그러나 1950년대와 60년대에 이민법이 개정되면서 이민자의 수는 급격히 늘어났다. 1990년대 중엽에 이르러 미국에는 중국민족 이민자 수가 75만을 훨씬 더 넘었는데, 그들은 중국 본토, 대만, 홍콩, 그리고 아시아 태평양연안의 중국인 디아스포라(집단이주지)에 있는 다른 센터들에서 왔다. 많은 이민자들은 도착할 때 기독교인이었으며 일부는 분명 무종교인이었다. 그러나 많은 이민자는 불교도였고, 그들이 미국 불교의 복잡한 문화적 측면을 상당히 증가시키고 있다는 것은 의문의 여지가 없다.

몇몇 학자들은 1990년대에 미국에는 크고 작은 중국불교기관이 150여 곳에 달했을 것으로 추정하고 있다. 일본에서 일반화된 종파불교의 유형과는 대조적으로 이 기관들은 대다수가 중국 불교에서 보이는 교리적, 의례적 절충성을 공통적으로 지니고 있다. 대다수 단체의 수행 형태는 염불인데, 이것은 불보살의, 특히 아미타불의 명호와 속성을 신앙적으로 암송하는 것이다. 이러한 단체 중 많은 곳에서는 보살계 수계와 자비심 계발을 가장 중시하는데, 이것은 자선과 재난구호활동, 채식 준수, 그리고 포획동물의 의례적 방생을 포함한 이타적 사회활동을 장려한다. 대다수의 단체들은 경전공부와 염송을 수행한다. 선과 결부된 좌선 같은 수행만을 배타적으로 강조하는 단체는 거의 없다.

이러한 일반적인 특징과는 별도로, 입수할 수 있는 자료에 의하면 중국계 미국인의 불교도 역시 매우 다양하다는 것이 분명해진다.

대다수의 기관은 오르지 중국인들만을 위해 봉사하고 있지만 몇몇 기관은 중국인 이외의 회원과 참가자를 상당수 보유하고 있다. 몇몇 단체는 승가적 성향을 가지고 있지만 다른 단체는 재가자의 종교적 열망에 완전한 부응하기 위해 승려 공동체를 운용하지 않고 있다. 오늘날 중국계 미국인의 불교 내부에는 상당한 다양성이 발견되며 이러한 다양한 요소들은 버마, 베트남, 티베트의 민족 전통에서 받아들인 것들이다. 중요한 계층 변수들도 작용하고 있다. 일부 사원들은 차이나타운 도심에 살고 있는 중국인 노동계층을 위해 봉사하고 있는 반면, 다른 사원들은 교외지역에 모여 사는 의사, 엔지니어, 기업가, 컴퓨터 프로그래머, 그 이외의 다른 전문직의 필요에 부응하고 있다. 얼마간의 중국 사원과 그 제휴단체들은 비구니 승려에 의해 운영되며 신도들은 주로 여성 재가자들이다. 몇몇 단체들을 간략하게 살펴보면 현재 미국에서 번창하고 있는 중국 불교의 풍부하고 복잡한 양상을 확인할 수 있다.

이스턴 스테이츠 불교사원

뉴욕 차이나타운의 심장부에 위치한 이스턴 스테이츠 사원(Eastern States Temple, 혹은 The Temple)은 제임스 잉(James Ying, 혹은 My Ying Hsin-jiu)과 그의 아내 진 유탕Jin Yu-tang에 의해 설립되었다. 1963년에 이곳은 뉴욕 최초로 승려가 참가한 중국계 미국인 단체가 되었으며, 이후 이곳은 현재 뉴욕 시의 사원들을 이끌고 있는 여러 중국 승려들을 미국에 불러들이는 데 중요한 역할을 했다. 사원의 1층 법당, 서점, 그리고 박물관은 뉴욕 시에서 운영하는 안내인 동승

버스여행 코스에 들어있기 때문에 이 사원은 관광객에게도 잘 알려져 있다. 사원의 다른 구역은 방문객에게 개방되어 있지 않다. 1971년에 이스턴 스테이츠는 도시 북부의 캐츠킬 산에 대승사(大乘寺, Temple Mahayana)라는 안거수행처를 열었다. 대승사에는 여러 명의 승려들이 거주하고 있으며 재가자들은 이곳을 안거시설로 이용하고 있다. 특별한 축제일에는 뉴욕 시에서 대승사까지 셔틀버스가 운행되면서 수백 명의 순례자를 실어 나른다.

쳉 치오 불교사원

정토불교 전통에 속한 이 사원은 1976년 파싱Fa Hsing에 의해 설립되었는데, 중국 본토 출신의 이 비구니 승려는 1956년에 공산당 정부에 의해서 강제로 환속되어 공장에서 일하기도 했다. 파싱은 얼마 안 있어 홍콩으로 이주한 후 17년 간 머물다가 캐나다로 거처를 옮겼다. 그러다가 1973년에는 이스턴 스테이츠 불교사원의 초청으로 뉴욕 시로 향했다. 몇몇 지역 승려들의 반대를 무릅쓰고 그녀는 곧 아파트를 임대하여 자신의 사원을 열었고, 그 이후 3층 건물을 구입할 자금을 모아서 사원을 옮겼다. 1990년 초 쳉 치오 사원에는 다섯 명의 거주 여승을 포함하여 백여 명의 회원이 활동하고 있었다. 회원의 약 80퍼센트는 여성이다. 회원들은 일요일마다 모여 염송을 하고 난 후 채식으로 점심을 함께한다. 한 달에 한 번, 그들은 약사불에 예배를 올린다. 이 사원에서는 제사, 결혼식, 장례식도 한다.

지혜와 자비의 불교도 모임

오하이오 아크론에 있는 지혜와 자비의 불교도 모임(Buddhist Association of Wisdom and Compassion)이라는 재가단체는 1980년 대 말에 테드 헤탕Ted He Tang에 의해 설립되었는데, 그는 오랫동 안 미국에 거주해온 대만 출신의 의사이다. 이 단체는 아크론 지역 에 약 50명의 회원을 보유하고 있고 디트로이트, 콜럼버스, 그리고 클리블랜드에 지부를 운영하고 있으며, 전국적으로는 400~500명 의 참가 회원들을 가지고 있다. 이 단체는 승가 공동체와 유대도 없 고 공식적인 사원 단체와도 아무런 유대가 없다. 회원들은 이런 식 의 유대관계가 붓다의 본래 가르침을 왜곡하는 것이라고 생각한다. 그들이 이해하고 있는 붓다의 가르침이란 지혜와 자비, 그리고 사회 봉사를 개척해가는 것이기 때문이다. 모임은 개인가정이나 임대한 장소에서 이루어진다. 회원들은 주로 아미타불의 명호를 염송하는 정토불교수행을 한다. 그들의 사회봉사는 돈과 물품의 보시와 지역 빈곤계층을 위한 건강보호 제공 등이다. 그들은 회원가족 중 환자와 사망자가 생겼을 경우 경전을 염송해주기도 하는데, 중환자를 위해 서는 24시간 동안 염송도 해주고 있다.

자제공덕회

자제공덕회慈濟功德會, 혹은 츠치(Tzu Chi, 慈濟)는 1966년 타이완에 서 비구니 쳉옌(證嚴, 1937년생) 법사와 신도 및 다섯 제자들에 의해 설립되었다. 그들은 회원들의 일상적인 보시와 제자들이 바느질하

불교자제공덕회 포스터.

여 만든 아기신발의 판매수익금을 가지고 자선활동을 시작했다. 다른 많은 자선활동과 마찬가지로 자제공덕회는 종교적인 정서를 박애활동에 쏟아 붓고 있는데, 단체의 정신은 '자비로 구제하고 기쁨으로 베푼다'라는 슬로건에 잘 나타나 있다. 자제공덕회는 설립된 이래로 전 세계의 중국인 디아스포라 공동체로부터 400만이 넘는 회원을 유치했다. 미국에는 1만 6천 명의 회원이 11개 주에 위치한 지부들에 소속되어 있다. 자제공덕회는 전 세계적으로 광범위한 재난구제 활동을 펼쳐왔다. 미국에서는 캘리포니아 알함브라 시에 학교, 출판사, 무료 클리닉을 운영하고 있다. 자제공덕회는 골수이식을 적극 장려하고 있으며, 빈곤층 환자에게 공여할 골수 기증자를 모집하기도 한다. 1993년부터 자제공덕회는 타이완 골수 기증자 명부를 보유하고 있는데, 등록자 수는 현재 전 세계적으로 세 번째로 많고 아시아에서는 가장 많은 것으로 알려져 있다. 캐나다에서 자제공덕회는 대체의료 및 보완의료 분야의 연구와 대중교육에 전념할 임상설비의 개발을 위해 밴쿠버 병원 및 건강과학 센터와 협력하고 있다.

대다수의 중국 불교 기관은 민족 집단의 테두리 안에서 운영되지만 몇몇 기관은 더 넓은 불교 공동체에서도 활약하고 있다. 불교로 개종한 대다수의 수행자는 이러한 단체들이 미국적인 형태의 다르마를 만들어가는 데 크게 기여하고 있다는 점을 모르고 있는 것 같다. 이러한 작업은 다양한 민족 및 국가의 이민 불교 공동체 지도자들에 의해서 어느 정도 행해지고 있다. 그런데 이 공동체들은 모두 이런저런 방식으로 미국 불교도와 해외의 불교 공동체 사이에 다리를 놓아주어 왔다.

선 명상센터

선 명상센터(The Ch'an Meditation Center)는 셩옌(聖嚴)에 의해 설립된 불교기관 네트워크의 일부다. 셩옌 선사는 현재 눙찬사원(農禪寺)의 주지이고, 중화불교학연구소中華佛學硏究所와 법고산法鼓山 국제재단의 설립자인데, 이 기관들은 모두 타이완에 있다. 선 명상센터는 구족계를 받은 남녀 승려들이 계율을 지키며 살고 있는 작은 사원일 뿐 아니라 대중들이 공부와 수행을 해나가는 센터이기도 하다. 이곳의 신도는 주로 중국계 미국인이지만 타민족 집단들도 있으며, 이들 타민족 집단에는 불교경전과 교리 강좌와 강의를 수강하기도 하고 염송, 예불, 그리고 좌선에도 참가하는 많은 유럽계 미국인들도 포함된다.

셩옌은 1931년에 중국 본토의 시골에서 태어나 13세에 승려가 되었다. 1949년에 그는 본토를 탈출하여 타이완으로 가서 수행과 공부를 이어갔다. 얼마 안 있어 그는 일본의 한 대학교에서 불교문학

셍옌 선사.

을 공부하여 박사학위를 취득했으며, 1970년대에는 법을 전수받았다. 그는 1976년에 뉴욕 브롱스의 대각사大覺寺에 선 명상센터(Ch'an Meditation Center)라는 명상모임을 출범시켰는데, 대각사는 미국불교회(Buddhist Association of the United States: 다음 항목 참조)의 본부이기도 하다. 2년 만에 이 명상모임은 자체적으로 센터를 세우게 되었으며,

그곳은 현재 뉴욕 엘름허스트Elmhurst에 위치해 있다. 셍옌은 타이완과 미국을 빈번히 왕래하고 있으며, 영국에도 제자들을 두고 있다. 그는 국제적인 선 단체에서 존경받고 있으며 여러 권의 책을 낸 저술가이자 경전 번역가이기도 하다. 그의 위상이 높아지면서 1998년 봄 달라이 라마의 미국 여행 때 그는 뉴욕에서 열린 달라이 라마와의 대담에 초대받기도 했다.

불광 불교

불광 불교佛光佛敎는 아마도 미국에서 가장 큰 중국 불교운동일 것이다. 이곳은 1967년 싱윤(星雲, 1927년생) 대사에 의해 설립되었는데, 그는 현재 타이완에서 일고 있는 불교 부흥 운동에서 유명한 인물이다. 1926년 본토의 강소성에서 태어난 싱윤은 열두 살의 나이

에 승려가 되었고, 1941년에 구족계를 받았다. 그로부터 7년 후 국민정부를 따라서 타이완으로 갔다. 그는 타이완에 경기호황이 일고 있음을 확인했고 급속한 경제발전에 동반된 사회변화를 직접 체험했다. 이러한 체험을 통하여 그는 점점 더 소비자 주도적이고, 도시화되고, 산업화되어가는 사회에서 중국 전통의 요소들을 재정립하여 일상생활의 필요에 부응하도록 해나갔다. 싱윤의 철학은 '인간불교'라고 표현되는데, 여기서는 정토불교의 전통이 인간사회의 발전을 위한 낙관적 비전으로서 재구성되었다. 미국에서 이 운동은 국제불교촉진회(International Buddhist Progress Society)라고 알려져 있는데, 이 명칭에 그것이 추구하는 이상의 의미가 잘 나타나 있다.

국제불교촉진회의 국제 본부는 타이완의 불광산사佛光山寺에 위치해 있는데, 이곳에서 이 운동은 16개의 소속사원을 거느리고 있기도 하다. 이러한 사원 혹은 모임은 남아프리카, 프랑스, 독일, 캐나다, 그리고 태평양연안의 아시아 국가들에서도 발견된다. 불광산 불교의 재가자 단체인 국제불광회 세계총회(Buddha's Light International Association)는 1991년 출범했고, 그 회원은 100만 명이며 대다수 회원은 51개국에 사는 중국민족으로 알려져 있다.

서래사西來寺는 로스앤젤레스 대도시권에 위치한 광대한 승가복합단지이며 불광 불교 및 샌프란시스코, 샌디에이고, 댈러스, 휴스턴, 오스틴, 라스베이거스, 캔자스시티, 그리고 뉴욕에 소재한 그 소속단체들의 미국본부다. 이 소속 센터들은 종교프로그램과 안거뿐 아니라, 중국어와 중국문학, 무술, 미술, 노래 등의 강좌를 열고 있다. 대다수 회원들은 중국민족이지만 백인, 아프리카계 미국인 등에게도 개방되어 있다. 어떤 회원은 재가자 계율을 받기도 한다. 서래사는 미국 불교 통합 운동에서 중요한 역할도 하고 있는데, 남캘리포니아 불교상가의회와 미국불교의회가 공동 후원했던 1997년의 '모든 문화에 나타나는 불교(Buddhism Across Cultures)' 회합과 같은 행사를 여러 차례 개최한 것도 그 일환이었다.

1996년 말 서래사는 한 행사를 주최한 이후 민주당 전국위원회의 정치자금 모금논쟁이 촉발되면서 스캔들에 휘말리게 되었다. 많은 아시아계 미국인들은 이전 세기의 '황화(黃禍: 황색인종이 서양문명을 압도한다는 백색인종의 공포심)' 수사법이 언론보도에서 부활하고 있음을 알게 되었다. 그 당시 언론보도에는 찰리 찬(소설 속의 인물로서, 황화의 악당과 대조되는 선한 중국계 형사)에 대한 교활하고 간사한 언급과 워싱턴 정가의 아시아 자금 뜯어내기에 대한 우려의 목소리도 포함되어 있었다. 다른 아시아계 미국인들은 미국인들이 예의, 선의, 정치적 지원, 자금을 교묘히 조작하는 혼란스러운 방식에 대해 당혹감을 보이기도 했다. 『로스앤젤레스 타임스』는 이 사건을 "찻잔 속의 태풍"이라고 일축한 서래사 비구니의 말을 인용하고 있지만, 싱윤 자신의 견해는 이보다 더 암울했다. "좋은 것이 어떻게 나쁜 것으로 변한단 말입니까?" 그는 물었다. "우리 아시아인들은 많이 참여하려고 하면 할수록, 그만큼 더 비난을 듣습니다. …… 우리가 '무엇을 잘못했는가?'라고 스스로에게 물었죠"라고 그는 한 기자에게 말했다. "아무리 생각해봐도 우리의 잘못은 아시아 사람이라는 것밖에 없어요."[1] 논쟁에 연루된 인물들의 태도, 그들의 다양한 동기, 그리고 상원 조사의 세부내용은 여기서 본질적인 문제가 아니

로스앤젤레스에 위치한 서래사.

다. 그러나 불광 불교도에게 이 모금논쟁은 미국의 주류정치에서 인종, 종교, 돈, 권력이 어떻게 휘발성 혼합물이 되는지를 일깨워준, 고통스럽지만 강력한 모닝콜이었다.

법계불교총회(DRBA)

법계불교총회(法界佛教總會, Dharma Realm Buddhist Association: DRBA)는 광범위한 개종 불교도 공동체와 가장 밀접하게 관련된 중국 불교단체이다. 이 단체는 쑤안후아(宣化, 1918~1995) 선사에 의해 설립되었는데, 그는 만주에서 태어나 홍콩에서 교육을 받은 후 미국으로 왔다. 그는 샌프란시스코에 살고 있던 여러 중국인 제자의 초청을 받아서 1962년에 미국에 도착했다. 스즈키 슌류(鈴木俊

隆, 1904~1971)와 마에즈미 타이잔(前角博雄, 1931~1995)처럼 그도 역시 자신의 직접적인 영역을 벗어나서 1960년대 말에 불교에 관심을 가지고 있던 유럽계 미국인 제자들을 가르치기 시작했다. 그러나 애초부터 쑤안후아는 승가 계율이 영적인 생활의 토대로서 중요하다는 점을 강조했는데, 이 점이 반문화 세대의 무절제한 태도에 반감을 지니고 있던 많은 제자들에게 호소력을 발휘했다. 1968년에는 그의 미국인 제자 중 다섯 명이, 즉 남자 셋과 여자 둘이 타이완의 하이후이(海會) 사원에서 구족계를 받음으로써 이후에 이른바 디알비에이(DRBA)의 핵심을 이루게 되었다. 그 이후로 20년 동안 미국에서는 디알비에이 센터에서 구족계 수계식이 열렸는데, 처음에는 샌프란시스코의 금산선사(金山禪寺, Gold Mountain Dhyana Monastery)에서, 다음에는 북캘리포니아의 만불성성(萬佛聖城, Sagely City of Ten Thousand Buddha)의 새로운 본부에서 행해졌다.

쑤안후아는 1995년에 세상을 떠났지만 디알비에이에 네 가지 사명을 맡기었다. 가장 우선적인 사명은 구족계를 받고 계율을 지키는 남녀 승려들이 적절하게 조직된 승려 상가를 이루는 것이었다. 두 번째는 전체 불교정전을 영어 및 다른 서양언어로도 읽어볼 수 있도록 유능한 번역자들을 배출하는 것이었다. 쑤안후아는 교육 개혁가이기도 했다. 전통적인 불교 가치와 혁신적 교육을 융합시킨다는 그의 비전은 디알비에이를 고무하여 불교도뿐 아니라 더 광범위한 미국 사회에도 봉사하도록 학교를 짓고 또 교육가를 배출하도록 했다. 쑤안후아는 종교 간 대화를 크게 강조하기도 했는데, 이 점은 디알비에이가 현재 타종교인 및 자연과학 분야의 비판적 사상가들과 더

북캘리포니아에 위치한 만불성성.

불어 추구하고 있는 목표이기도 하다.

　쑤안후아는 그의 긴 교화의 삶 동안 줄곧 동양과 서양 양편에서 제자들을 끌어들였다. 광범위한 문화·종교적 배경을 지닌 제자들은 현재 디알비에이의 기관들에서 함께 살면서 협력하고 있다. 이 기관들에는 미국과 캐나다에 10개의 사원, 초·중등학교 한 곳, 법계불교대학, 그리고 캘리포니아 버클리의 법계종교연구원法界宗教研究院이 포함되어 있다. 만불성성에는 계율을 지키며 사는 150명의 남녀 승려, 가족들, 그리고 미국, 유럽, 아시아 태평양연안에서 온 입주학생들을 포함하여 350여 명이 상시 거주하고 있다. 이러한 환경은 아시아인과 서양인, 승가와 재가 사이의 직접대면 관계와 창의적 교류를 촉진해준다.

　법계불교총회는 미국 불교에서, 그리고 샌프란시스코 베이 지역의 활기찬 다언어 불교 공동체에서 특별한 위상을 지니고 있다.

미국불교회(BAUS)

미국불교회(Buddhist Association of the United States: BAUS)는 뉴욕 시에서 가장 큰 중국불교기관이며 1964년에 설립되었다. 대략 700 명의 회원들은 학력 수준이 높고 표준 중국어를 사용하는 중국인인 경향이 있으며, 대다수는 타이완 출신의 이민 1세대들이다. 비에이 유에스의 본부는 브롱스의 대각사에 있지만, 이 기관은 뉴욕에서 자동차를 타고 북쪽으로 한 시간 정도 달리면 나타나는 뉴욕의 전원 지역 켄트에 추앙옌 사원(莊嚴寺)도 운영하고 있다. 이 225에이커의 사원은 1981년에 짓기 시작했다. 이곳에는 현재 12피트 높이의 관음보살상이 안에 세워진 칠보지(七寶池, Seven Jewels Lake) 주위로 승려와 재가자 유숙객을 위한 거처, 식당, 넓은 불교문헌도서관, 여러 수행관이 들어서 있다. 추앙옌의 중심건물은 대불전大佛殿인데, 이곳에는 서반구에서 가장 규모가 큰 37피트 높이의 비로자나 좌불을 1만 불상이 둘러싸고 있으며, 2천 명을 수용할 수 있는 규모를 갖추고 있다. 이 대불전은 1997년 5월에 3일간 진행된 의식에서 달라이 라마에 의해 정식으로 봉정되었는데, 봉정식 이후 달라이 라마 성하는 이 불교 공동체에게 여러 날 동안 법문을 했다.

치아 텡 쉔(沈家楨, 1913~2007)은 미국불교회의 배후에서 작용하는 주요한 힘이다. 1913년 중국 절강성에서 태어난 쉔은 아시아에서 제조업과 국제무역을 하면서 오랜 세월을 보냈다. 그는 1951년 가족과 함께 미국에 이주하여 운송업을 시작했다. 1972년부터

뉴욕에 위치한 추앙옌 사원
(장엄사, 위)과 법당(아래).
미국불교회는 C. T. 쉔(Shen)
의 지도 아래, 뉴욕 시 북부의
추앙옌 사원에 대규모의 수
행·학술 복합단지를 만들었
다. 이 사원은 1997년 봄 3일
간 진행된 의식에서 달라이
라마에 의해 정식으로 봉헌되
었다.

1980년 은퇴할 때까지 그는 미국 증기선회사의 회장이자 최고경영자로 일했다. 미국에 도착한 이래로 쉔 일가는 불교 공동체에게 중요한 시주자였으며, 브롱스와 켄의 토지를 미국불교회에, 그리고 뉴욕 우드스톡의 넓은 농토를 걀와 카르마파의 북미 본거지 사원인 카르마 트리야나 다르마차크라(Karma Triyana Dharmachakra)에 보시하기도 했다. C. T. 쉔은 또한 샌프란시스코의 국제역경학원(Buddhist Text Translation Society)에 땅을 보시하기도 했는데, 이곳은 디알비에이의 승가 공동체에 의해 운영되고 있다.

쉔은 또한 학자, 대중연사, 그리고 『금강경』의 권위자이기도 한데, 이 경전은 불이사상, 무상, 공에 대한 예리한 분석으로 유명한 동아시아 불교의 중요한 문헌이다. 그는 불교가 미국에 공헌한다고 이해하고 있으며, 이 점은 그가 1976년 여러 행사에서 미국독립 200주년을 기념하여 행한 '메이플라워'라는 연설에 나타나 있다. 연설에서 그는 미국의 역사에서 헌장이 될 만한 사건인 메이플라워호의 대서양 횡단을 그가 미국 불교 공동체의 헌장이라고 여기는 『금강경』의 한 구절에 비유한다.

세상의 모든 현상과 개념은
실재하지 않나니, 꿈과 같고,
마술과 같고, 반사된 상과 같다.
세상의 모든 현상과 개념은
무상하나니, 물거품과 같고,
이슬과 같고, 번개와 같다.

세상의 모든 현상과 개념을
그렇게 관찰하고 이해해야 하리라.

쉔이 '우리의 메이플라워'라고 부르는『금강경』의 힘이란 그것이
설하고 있는 지혜에, 즉 혼란, 미움, 싸움을 일으키는 이원론적 사고
에 의해 제한받지 않는 밝고 자비로운 마음상태를 깨닫는 것에 대한
지혜에 있다. "이 행사는 곧 끝날 것입니다. 무상하니까요. 내일이
되면 이 행사에 대한 여러분의 기억은 단지 꿈이 될 것입니다. 그것
은 실재하지 않으니까요." 그는 뉴햄프셔의 청중들에게 말했다.

그러나 나의 메시지를 통해서 여러분이 여러분 자신의 메이플라
워호에 승선해 있기를 바랍니다. 부디 이 메시지를 여러분의 가
족, 친구, 그리고 전국에 전해주십시오. 3백주년이 되는 해에는
자애, 연민, 기쁨, 그리고 평정심이 널리 퍼져 있는 사회에서 여러
분 자녀들과 여러분 자녀의 자녀들이 다시 이곳에서 만나기를 진
심으로 바랍니다.[2]

한국 불교도 소수집단

한국 불교는 서로 다르면서도 친숙한 두 가지 방식으로 미국에 들어
오고 있다. 첫 번째 방식은 도시 중심에 넓은 코리아타운이 자리 잡
고 있는 뉴욕, 시카고, 애틀랜타, 그리고 가장 현저한 로스앤젤레스
같은 대도시의 한국인 이민자 공동체에 전통사원을 설립하는 것이
다. 두 번째 방식은 개종자 공동체에서 30년 넘게 불교를 가르쳐온

한국인 이민자들을 통해서다.

대다수의 한국인 이민자들은 미국에 도착할 때 기독교인이었다. 1988년 로스앤젤레스 지역의 15만여 한국인 중 스스로 불교도라고 밝힌 사람은 10~15퍼센트에 불과했다. 그 당시 남캘리포니아에는 한국 불교사원이 약 15군데였지만 이민자 공동체를 위한 기독교 교회는 약 400군데나 되었다. 80년대 말 로스앤젤레스 관음사의 주지는 미국 전역에 67개의 한국 불교사원이 있으며 활동 중인 회원은 2만 5천 명이라고 추정했다. 이 사원 중 대다수는 한국어로 예배를 진행하면서, 한국인 이민 1세대의 요구에 부응하는 데 힘을 쏟았다.

한국 불교사원은 1970년대 초 한국인 이민자들이 급증하면서 미국의 대도시에 등장하기 시작했다. 최초의 한국 불교사원인 달마사는 1973년 로스앤젤레스에 세워졌다.(역주: 달마사 이전에 조계선원, 삼보사 등 몇몇 사찰이 세워졌다.) 대부분의 사원활동은 법회를 중심으로 이루어지는데, 법회란 경전읽기, 의식, 염송, 설법이 진행되는 일요예배 시간이다. 법회 참석은 의무적이지 않기 때문에 일요법회의 참석자는 50명에서 100명 정도이며, 이 수치는 정식회원의 5분의 1에 지나지 않는다. 부처님 오신 날 같은 특별한 축제 때에는 참가자가 보통 이보다 더 많다. 기독교의 교회예배와는 대조적으로 한국 불교의 예배는 그다지 격식을 따지지 않기 때문에 법회 내내 신도들이 들락날락한다. 대다수의 사원에서는 명상수행보다 신앙에 초점을 맞춘다. 명상이 재가신도들에게 호소력이 없기 때문이다. 몇몇 사원에서는 회원들에게 결혼 및 청년 상담, 병원 방문, 그리고 번거로운 관공서 업무처리의 지원 등 일련의 사회봉사를 제공하기도 한다.

한국 사원의 미래는 이민자 종교 공동체의 전형적인 문제들을 어떻게 처리하느냐에 따라 크게 좌우된다. 1990년 현재 미국에는 한국 사찰을 관할하는 효율적인 관리기구가 없었다. 대다수의 사원은 한국의 주요 승가단체인 대한불교조계종과 느슨하게 제휴되어 있었다. 다른 곳들은 20세기 초에 출범한 종파 운동의 하나인 원불교에 소속된 사원들이었다. 많은 사원의 지도자들은 영어 실력이 부족하기 때문에 2세대의 문제들을 다루는 데 특히 불리한 입장에 처해 있다. 승려들은 종종 금전적인 어려움에 처하기도 했다. 한국에서는 기관에 대한 지원이 있지만 미국에서는 그런 것이 없기 때문에 많은 승려들은 사원 밖에서 일을 해야만 했다. 많은 재가자들은 이런 관행에 대해 의혹의 시선을 보내는 경우가 많다. 미국에서 한때 많은 승려들이 승려직을 버리고 다른 직업을 가지기도 했는데, 이런 현상은 미국 이민사에서 상당히 흔하다.

다른 단체의 경우와 마찬가지로 미국 이민자들과 그들의 고국 사이의 연계는 공동체 생활을 영위하는 데 강력한 역할을 한다. 남캘리포니아의 대규모 한국인 이민 공동체는 한국에 대한 강한 애착과 아메리칸드림의 추구 사이에서 균형을 맞추고자 여러 번의 부침을 경험했다. 1980년 중엽 로스앤젤레스 부동산시장이 가혹하게 하락하면서 사람들이 품고 있던 급속한 성공의 희망이 사라졌고 그와 동시에 미국에 있던 많은 한국인들은 사실상 곤경에 빠지게 되었다. 동시에 남한이 경제 호랑이로 부상하자 한국계 미국인들은 긍지와 부러움을 함께 느끼게 되었다. 1990년대 초에는 노스리지 지진, 이어서 로스앤젤레스 폭동사건이 터져 나오면서 코리아타운은 방화와 약탈로 인해 극심한 피해를 입었고, 공동체의 많은 사람들은 한국을 떠나온 것이 현명한 처사였는지 갈등하고 의구심을 가지게 되었다. 그러나 90년대 말에 이르러 한국경제가 다른 동남아시아의 호랑이들과 더불어 갑자기 무너지면서 형세는 다시 한 번 바뀌었다. 한국계 미국인 기자인 캐서린 김Katherine Kim은 1997년 통화위기 때 한국계 미국인들이 이른바 심리적 롤러코스터에 올라탔던 경험을 되돌아본다. "자긍심이 무너지면서 슬픔이 밀려옵니다. 그 슬픔은 미국에 살든, 한국에 살든 모든 한국 민족에 영향을 줍니다. 조국인 '우리나라'에서 일어나고 있는 일이니까요."[3]

몇 명의 한국인 이민자 스님들도 역시 더 넓은 미국 불교 공동체에 영향을 주었다. 서경보(徐京保, 1914~1996) 스님은 흔히 미국에 온 최초의 한국인 스님이라고 말해진다. 그는 1964년에 컬럼비아

서경보 스님이 샌프란시스코 조계선원에서 좌선하는 모습. 1960년대 후반.

대학교를 방문했으며, 미국에 6년간 체류하면서 여러 도시를 순회하며 셋집에 마련한 임시법당에서 한국 불교에 대한 강연을 했다. 그가 한국으로 돌아간 다음에는 그의 제자 중 한 명인 고성古聖 스님이 미국에 와서 동부해안을 따라 한국식 명상센터들을 세웠다.

영향력 있는 한국 불교 지도자 구산(九山, 1909~1983) 스님은 1972년에 캘리포니아 카멜에 자리 잡은 삼보사를 정식으로 개원하기 위해 처음으로 미국을 찾아갔는데, 이 방문은 그가 미국인 제자들을 키우는 계기가 되었다. 미국여행 중에 구산을 따르던 제자들은 구산과 함께 한국으로 돌아가서 훗날 송광사 국제선 센터의 핵심을 이루게 된다. 이 센터는 이후 여러 명의 서양인 학생들을 훈련시켰는데, 그 중에는 주로 영국에서 활동하지만 미국에서도 영향력 있는 스티븐 배처러와 마틴 배처러라는 두 불교 지도자도 있다.

삼우(三友, 1941년생) 스님과 숭산(崇山, 1927~2004) 스님 두 스님도 1980년대와 90년대에 미국에서 특히 유명해졌다. 두 사람은 한국 선불교 전통의 다르마를 가르치는데, 한국선은 중국선 및 일본선과 관련돼 있지만 흔히 한국의 민족 전통에 특유한 소박함, 비격식성, 해학성을 가진 것으로 알려져 있다. 삼우와 숭산 두 선사의 가르침과 단체는 어떤 면에서 전통선의 그것과 상당히 달랐지만, 그들과 그들의 제자들은 일반적으로 더 넓은 미국선 운동의 한 부분이라고 간주된다.

삼우 스님은 1960년대 말 캐나다의 몬트리올로 이주했다. 1972년 그는 토론토로 옮겨 "마캄가의 한 아파트 지하층에서 살았다. 그곳은 어둡고, 축축하고, 추웠지만 마치 산속의 동굴처럼 고요하고 아늦했다." 그는 거기서 7년을 살면서 홀로 명상하며 많은 시간을 보냈다. 한번은 몸져누워 있다가 이민자 할머니들에 의해 '발견'되기도 했는데, 이 할머니들은 대다수가 한국의 농촌에서 캐나다로 이주한 사람들이었다. 할머니들이 스님을 돌보아주었고 스님은 일요일마다 그들을 위해 법회를 열기 시작했다. "이따금 나는 이 할머니들을 데리고 토론토에 있는 다른 불교사원을 찾아가기도 하면서 할머니들이 세계 불교의 여러 가지 모습을 이해할 수 있도록 도와주었다"라고 그는 회상한다. "불교는 끝없는 여행이다. 불교도는 모두의 해탈을 향해 나아가는 이 이 끝없는 여행의 순례자이다. 이 여행이 끝없는 까닭은 중생들의 수가 헤아릴 수 없이 많기 때문이다." 그런데 어느 순간에 "내가 북미의 현대불교운동으로 향하는 순례 중에 있다는 생각이 떠올랐다."

그 후 삼우 스님은 캐나다와 미국 전역을 여행하면서 많은 불교센터를 본격적으로 방문하기 시작했다.

나는 찾아갔던 모든 불교기관과 만나보았던 각각의 불교도에 대해 특별한 느낌을 가지게 되었다. 외국에 새로운 사원을 세우고 다르마를 전파하면서 그들이 겪었을 고투와 어려움을 생각하니 큰 존경과 깊은 고마움이 마음속에서 자연스럽게 일어났다. 나는 그들의 포교활동에 대해 고맙고도 감사한 마음을 느꼈다. 그 당시 나에게는 특별한 포부가 없었다. 지하방에 영원히 살 것 같은 생각이 들었다. 되돌아보건대, 나는 미완성의 불교 기념물 앞에 꿇어앉아 명상과 기도를 즐기는 비천한 하인과 같았다는 생각이

든다.[4]

그로부터 얼마 후 그는 지하방
에서 이사하였으며, 다른 불교도
들과 힘을 모아 토론토의 한 '간
이 숙박소'을 사들여 불교교육센
터로 개조했다.

이어서 수년에 걸쳐서 앤아버,
미시건, 시카고, 멕시코시티에 추
가적인 센터를 세웠으며, 이들은
규모는 아담하지만 활기찬 단체

삼우 스님.

인 선련사(禪蓮寺, Zen Lotus Society)에 소속되어 있다. 이 단체는 현
재 자혜불교회(Buddhist Society for Compassionate Wisdom)라고 불
린다. 삼우 스님은 1987년 앤아버 선련사에서 자신이 관심을 가지
고 있던 북미 세계불교회의를 주최했는데, 그 자리에는 개종자와 이
민자 양측으로부터 많은 저명한 지도자들이 함께 모여 서양에 다르
마를 포교하면서 마주쳤던 난제들을 논의했다. 그는 또한 1993년
시카고에서 열린 세계종교의회협의회 국제자문위원으로 봉사하기
도 했다.

숭산은 1927년 북한에서 태어났으며 부모님은 개신교 신자였다.
2차 세계대전 동안 그는 일본으로부터의 독립 운동에 가담했다. 전
쟁이 끝나고 작은 산사의 승려였던 한 친구로부터 『금강경』을 받고

난 후 불교에 관심을 가지게 되었다. 1948년 숭산은 승려의 계를 받고 혼자서 수행하다가 고봉 스님을 만나게 되었는데, 한국 불교 전통의 선사였던 고봉은 숭산의 스승이 되었고 나중에 숭산에게 전법했다. 1972년 미국에 온 숭산은 로드아일랜드 프로비덴스의 도심에 자리 잡은 한 아파트에서 불교를 가르치기 시작했으며 좌선, 공안, 설법, 염송, 절 수행을 결합한 역동적인 스타일을 서서히 만들어나갔다. 새롭게 조직된 그의 단체는 곧 브라운 대학교 학생들의 관심을 끌었다. 몇 년 만에 단체는 급속히 성장했으며, 1980년대 초에 이르러 그는 미국을 비롯한 전 세계에 1천 명이나 되는 제자를 가르쳤다고 전해진다.

1983년 숭산은 관음선종회(Kwan Um School of Zen)를 창시했다. 1998년 현재로 관음선종은 전 세계에 60여 곳의 수행센터를 운영하고 있는데, 그 중 대다수는 미국과 유럽에 있으며 로드아일랜드 컴벌랜드에 위치한 본부의 느슨한 관할 아래 있다. 그 당시까지 숭산이 전법했던 일곱 제자들은 현재 관음선종의 선사가 되어 있다. 그는 또한 15명 정도의 선임제자들도 인가하여 가르칠 수 있는 권한을 부여했는데, 이들은 이 단체에서 지도법사님, 즉 도의 안내자라고 불린다. 숭산의 저서 중 많이 알려진 것으로는, 관음선종의 가르침에서 가장 많이 사용되는 열 개의 공안을 다룬 『십문』(*Ten Gates*), 그의 전기와 관련된 자료를 담고 있는 『부처님께 재를 털면: 숭산 스님의 가르침』(*Dropping Ashes on the Buddha: The Teaching of Zen Master Seung Sahn*), 그리고 선의 관점에서 불교 전통을 흥미롭게 제시하고 있는 『선의 나침반』(*The Compass of Zen*)이 있다.

숭산의 카리스마적인 가르침 방식은 많은 미국인들에게 큰 호소력을 발휘하고 있다. 그는 '알 수 없음'을 강조하는 자신의 방법을 '모르는 선'(Don't Know Zen)이라고 부르는데, 이것은 중국 선 전통에서 제1대 조사인 보리달마의 사례를 떠오르게 한다. 전설에 의하면 양나라 무제(재위 502~549)는 보리달마의 명백한 무례함에 모욕감을 느끼고 격

숭산 스님.

분하면서 그(보리달마)가 누구인지 물었다고 한다. 중국선의 해석자들은 오랫동안 보리달마의 '모른다'라는 답변이 모든 생각 이전부터 존재하고 있으며 텅 빈 상태로 빛나는 불성을 가리키는 것이라고 여겨왔다. 숭산은 또한 불교를 미국화하기 위한 실험을 장려하기도 했는데, 이러한 점은 그의 많은 제자들이 크게 중시할 뿐 아니라 진정한 창의성의 원천이라고도 보는 자유이기도 하다. "많은 사람들은 미국적인 것에 대한 고정관념을 가지고 있습니다"고 그는 1984년에 관음선종회의 두 번째 연례모임에서 연설하면서 지적했다. "그런데 사실 관념은 헤아릴 수 없을 만큼 많습니다."

이러한 관념 중 어떤 것은 어려움을 초래하고 또 어떤 것은 사람들에게 도움이 될 수도 있습니다. 만일 미국적인 것에 대한 한 가

지 생각에 집착한다면 마음이 편협해지고 정반대의 세상이 나타날 것입니다. …… 진정으로 미국적인 관념이란 관념이 없는 것입니다. 진정으로 미국적인 상황이란 아무런 상황이 없는 것입니다. 진정으로 미국적인 조건은 아무런 조건이 없는 것입니다. …… 우리 종단의 방향과 취지는 견해, 조건, 상황을 내려놓는 것입니다. 함께 수행하고, 서로 조화를 이루면서 우리의 진정한 인간본성을 찾읍시다.[5]

1980년대 말에 숭산은 미국화를 촉진하기 위한 방안으로서 미국 관음선종에서 가르침의 많은 부분을 제자들에게 넘겨주기 시작했다. "전에는 모두 나의 제자였지만," 그는 1989년에 말했다, "이제는 지도법사님들이 각자의 제자들을 받아들일 수 있습니다. 이제 지도법사님들이 관음선종회의 방향을 결정해갈 것입니다. 그들이 미국인의 마음을 나보다 더 잘 이해하고 있으니까요. 나는 한국식 불교만 가르쳤지만, 이제 지도법사님들은 미국식 불교를 가르치고 있습니다."[6]

베트남인 망명자 공동체들

1975년 미국이 베트남에서 패배하고 사이공이 함락되자, 수 년 동안 50만 명이 훨씬 넘는 베트남인들이 미국으로 왔다. 대다수는 '예상치' 못한 '급작스런' 난민 이주의 일환으로 미국에 들어오게 됐는데, 이 말은 그들의 탈출이 동남아시아에서 미국 군사력의 급속한 붕괴에 대한 대응으로서 즉흥적이고도 혼란스러웠다는 것을 의미한다. 몇몇 사람들은 포위당한 사이공 미국대사관의 지붕으로 피신했다가 헬리콥터로 공수되기도 했다. 그러나 대다수는 동남아시아의 지저분한 난민수용소를 통해서, 그리고 북적대는 죽음의 덫에 올라탄 보트피플로서 바다로 통해서 길고도 험난한 미국행에 나섰다.

어린 시절에 미국에 도착했던 베트남계 미국인으로서 저술가이자 기자인 앤드류 램Andrew Lam은 수십 년 동안 베트남인 망명 공동체에 널리 퍼져있는 비극과 상실감을 떠올린다. "베트남인의 망명 기록에서 가장 슬픈 날은 물론 '응아이 맛 누옥,' 즉 국가적 손실의 날이라고 알려진 1975년 4월 30일이다."[7] 이 베트남인의 망명 이야기는 "뿔뿔이 흩어진 가족에 대해서 말하고 있다. 아버지들은 공산당 강제노동수용소에서 실종되고, 자녀들은 바다에 빠져죽고, 아들들은 베트콩에게 처형되고 이를 지켜본 아버지들은 미쳐버리고, 아내와 딸들은 밀집된 보트 위에서 태국 해적에게 강간당하고, 아들과 딸들은 노쇠한 어머니를 버리고 이제는 슬픔과 죄책감으로 괴로워하고 있다." 샌프란시스코의 베트남 커피숍과 미국 내 다른 망명 공동체에서는 "'모국 베트남이여, 우리는 아직도 여기 있다'와 '베트남의 황금기' 같은 제목의 노래가 향수를 부르며 스피커에서 울려 퍼진다."

패배의 트라우마와 피난 경험에도 불구하고 베트남인들은 미국화의 길목에 놓인 장애물들을 성공적으로 극복해왔다. 클린턴 대통령이 미국과 베트남의 관계를 정상화시킨 1995년에는 베트남인의 공동체에 새로운 시대가 시작되었다. 대략 그 무렵쯤 이민 2세대가 성년이 되기 시작했으며 그들에게 베트남은 과거의 비극보다는 미래

의 기회였다. 1990년대에는 램이 말하는 이른바 '역逆이주'라는 새
로운 현상이 나타났다. "부자간에, 세대 간에 격차가 점점 더 벌어지
고 있다"고 램은 쓰고 있다. "공교롭게도 우리 아버지의 세대는 고국
으로 돌아가기가 더 어려워졌지만 자녀 세대인 우리들은 여러 차례
고국을 방문하면서 고국의 미래에 도움이 되면서 영향을 줄 수 있
는 방법들을 모색해왔다." 고국에서는 정치적·종교적 압제가 지속
되고 있지만 "베트남과 미국이라는 서로 갈라진 두 이념은 하나로
모아지고 있다. 나는 낡은 유산이 사라져가고 나의 정체성의 연결고
리가 깊고 푸른 바다를 가로질러 놓인 다리처럼 뻗어나가고 있음을
본다."

베트남계 미국인 공동체 내에서 새 시대는 몇몇 로마 가톨릭 단체
와 다수의 불교단체로 이루어진 베트남계 종교기관들이 충분히 발
달한 데에서도 역시 나타난다. 테라와다 민족 공동체에서도 그랬듯
이 많은 베트남 사원은 처음에는 전국의 도시근교 주택이나 상점건
물과 작은 쇼핑단지 안에 세워졌었다. 보다 최근에는 공동체의 사회
경제적 자신감을 나타내는 웅장한 신축건물들이 미니어폴리스로부
터 오클라호마 시에 이르기까지 여러 곳에서 세워졌다. 한 집계에
따르면 현재 미국에는 150여 곳의 베트남 불교사원이 있다고 한다.

대다수의 베트남인들은 캘리포니아에 정착했는데 거기서 그들은
새롭게 형성되고 있는 환태평양 인종, 민족, 종교 연합체의 필수적
인 부분이 되었다. 많은 베트남인들은 북캘리포니아에 자리 잡고서
실리콘밸리 컴퓨터산업의 기초를 세웠다. 많은 베트남인들은 그곳
을 '황금꽃의 골짜기'라고 부르면서 사회경제적 지위향상을 위한 홀

륭한 수단으로 보고 있다.

탄깟Thanh Cat 사원은 스탠퍼드 대학교 및 부유한 팔로알토 시와도 가까울 뿐 아니라 실리콘밸리 고속도로의 한가운데에 위치해 있으며, 역사적으로 볼 때 미국에 정착한 베트남인의 모험담을 집약적으로 보여주는 곳이기도 하다. 주지스님 틱기억민Thich Giac Minh 은 전쟁이 끝난 직후 미국에 도착했다. 허가받은 침술사로 일하면서 그는 자신의 벌이를, 같은 공동체의 다른 사람들이 그랬듯이 난민을 돕는 데 보시했다. 탄깟 사원의 건립은 거듭 늦추어졌고 그로써 남겨진 자금은 미국에 들어오는 보트피플을 후원하는 데 사용되게 되었다. 그런데 몇 년 지나 상황이 안정되면서 사찰 건립은 다시 시작되었다. 탄깟은 1983년에 완공되었으며, 이제 이곳은 이 지역의 여러 사원들처럼 일요법회, 평일 염송수행, 명상, 그리고 제사 같은 일련의 종교서비스를 제공하고 있다. 그러나 오랜 세월 동안 남편과 함께 탄깟 사원의 남녀 승려들을 부양해온 재가자인 루옹 응유엔Luong Nguyen 부인은 "사원은 단지 예배장소만은 아닙니다. …… 우리는 연대감을 느끼기 위해 여기에 옵니다. 삶에 대한 정보를 공유하고, 서로 돕습니다. …… 그리고 가능하다면 우리는 서로의 자녀들끼리 혼인하도록 합니다"[8]라고 말하기도 한다. 탄깟은 미국 전역에 산재해 있는 베트남 민족사원 100여 곳의 연합인 미국의 베트남 불교도(Vietnamese Buddhists of America)의 본부이자 그 단체에 소속된 남녀 승려의 수련센터이기도 하다.

인근의 산호세 시에 위치한 쭈아 죽비엔(Chua(Temple) Duc Vien) 은 베트남 여승들에 의해 운영되는 미국의 여러 사원 중 하나이다.

지도자인 잠루Dam Luu는 사이공이 함락되기 이전에 베트남에서 전쟁고아를 돌보는 고아원을 운영했다. 공산당이 나라를 장악하자 그녀는 결국 2백 명의 난민들과 함께 한 척의 작은 보트에 몸을 싣고 음식도 물도 없이 6일 동안 말레이시아를 향한 험난한 여행을 감행했다. 1980년에 잠루는 산호세로 가서 사원으로 사용할 작은 집 한 채를 세냈다. 그로부터 10년 동안 그녀는 40만 달러를 모았다. 신문지, 캔, 병, 마분지를 재활용하기도 하고 재가자의 보시를 받기도 하면서 마련한 이 돈을 그녀는 새 사원을 장만할 계약금으로 사용했다. 1990년대 초 9천 평방피트의 부지에 들어선 100만 달러의 쭈아 죽 비엔 사원은 아홉 명의 여승들과 함께 문을 열었는데, 그들은 사원 옆에 매우 수수하게 지어진 목조주택에서 거주하고 있다.

미국에서 가장 활기찬 베트남 공동체 가운데 하나는 로스앤젤레스에서 남쪽으로 20마일 정도 떨어진 캘리포니아 오렌지카운티에 위치해 있다. 얼마 전인 1975년에만 해도 이 웨스트민스터와 가든 그로브 지역은 딸기밭 한가운데 세워진 노후한 이동주택단지와 자동차정비소들이 모여 있던 곳에 불과했다. 그러나 지난 20년 동안 이곳은 베트남인들에 의해 변화되었고, 이들 중 다수는 동남쪽으로 약 30마일 떨어진 캠프 펜들턴의 한 난민센터를 통해서 미국에 도착했다. 그들이 정착한 지역은 "말 그대로 폭발적으로 변모했어요"라고 웨스트민스터 시장 척 스미스는 1996년 『아시안 위크』(*Asian Week*)의 기자에게 말했다. "그곳의 발전은 그저 믿기지 않을 정도입니다. 도시를 위해서 매우 긍정적인 일이죠."[9]

1990년대 초 지역 기업인들은 이 번창하는 상업구역을 '작은 사이공'으로 개발하기 시작했다. 그들은 이곳을 전국적인 베트남 문화의 진열장으로서뿐 아니라 근처의 디즈니랜드와 노트의 베리팜 테마파크 방문객들을 끌어올 관광명소로서 구상하고 있다. "아시안 가든 몰Asian Garden Mall은 세상에 둘도 없는 쇼핑센터"라고 그 기자는 말했다. "2층 건물의 입구 옆 콘크리트 대좌臺座에는 '행복한 붓다'의 상이 두 팔을 벌리고 따뜻하게 환영해준다. 그 뒤로는 장수, 번영, 행운을 상징하는 신들의 석상이 있다. …… 과거에 동양의 파리라고도 알려졌던 사이공이 어떤 의미에서 볼 때 이곳 웨스트민스터에서 번창하고 있다." 웨스트민스터 시의원이자 리틀 사이공의 창시자 중 하나인 토니 램Tony Lam의 말도 기사에 인용되어 있다. "옛날의 사이공은 더 이상 존재하지 않고, 그곳은 공산주의자들이 접수했죠. …… 우리는 우리가 누구인지를 상기시켜줄 그 무엇을 이곳 미국에 만들고 싶었습니다."[10] 리틀 사이공의 많은 식당과 쇼핑 아케이드, 유교 문화식의 구획, 그리고 불교를 주제로 한 쇼핑센터의 건축양식은 미국 최대의 베트남인 집결지에서 최근에 눈에 띄는 대중적 낙관주의와 자신감을 보여주고 있다.

게다가 무질서하게 펼쳐진 주변의 지역 공동체들에는 적어도 14개의 사원이 사이사이에 들어서 있는데, 이 사원들은 베트남계 미국 불교 역사의 발전단계를 보여주고 있다. 이 지역에서 가장 오래된 사원으로 알려진 쭈아(사원) 쭉람옌뚜Chua Truc Lam Yen Tu는 작고 아담한 벽돌집인데, 이 집에 딸린 차고를 개조하여 친숙한 법당으로 사용하고 있다. 쭈아 후에끄엉Chua Hue Quang과 그 승가 공동체는 한때 이주노동자의 거처였던 작은 목조주택 단지에 자리 잡고 있다.

사원단지에는 리틀 사이공에서 가장 오래되고 또 가장 큰 보리수 한 그루가 있고, 그 나무 아래에는 신도들이 향, 과일, 물 등의 공양물을 올려놓았다. 그런데 1997년에는 새 사원을 짓기 위한 모금 운동이 진행되었으며, 그 일환으로 애너하임 콜리세움Anaheim Coliseum에서 베트남의 대중가수들이 등장하는 축제콘서트가 열리기도 했다.

쭈아 리엔호아Chua Lien Hoa는 가정 사원으로 출발했다. 지역건축규제법령에 대한 장기간의 소송이 끝난 후 사원의 지도자인 다오 반박Dao Van Bach은 원래의 농장주택을 승려 주거지로 전환했다. 그는 작은 뒷마당에 새 법당을 지었는데, 이 뒷마당은 오후에 차를 마시는 사회적 공간이자 명상을 위한 정원의 역할도 한다. 15피트의 관음상(자비를 상징하는 여성보살)을 설치하는 동안, 바크는 관음보살을 자유의 여신상에 비유했다. "관음보살상과 자유의 여신상은 둘 다 전 세계적으로 사랑, 평화, 민주주의의 상징입니다." 그는 말했다. "미국과 미국의 베트남계 주민 사이의 부서지지 않는 관계를 확립하는 것이 바로 이러한 사고의 통합입니다."[11] 마을을 관통하여 반 마일 정도 가면 두 사원, 즉 쭈아 베트남Chua Vietnam, 그리고 베트남 여승들에 의해 운영되는 쭈아 주옥수Chua Duoc Su가 나타나는데, 이 두 곳은 1990년대 중엽에 완공된 수백만 달러의 건물들이다. 이 사원들은 활기찬 종교센터로서 뿐만 아니라 전체 공동체의 업적에 대한 증거물로서 오렌지카운티의 불교도들에게 봉사하고 있다.

그러나 미국 내 베트남인의 장성함을 보여주는 이러한 도시 홍보는 공동체 내부에 상존하는 갈등을 감추어버릴 수도 있다. 고국 베트남의 매우 다양한 현안에 대한 감정은 여전히 매우 높다. 베트남계 미국인과 베트남 간의 정치, 종교, 경제 관계는 마치 마이애미의 쿠바 망명자들이 카리브 해의 현안에 대해 보이고 있는 지속적인 열렬한 관심과 마찬가지로 앞으로도 복잡하면서도 때로는 불안정한 상태로 남아 있기가 쉽다. 미국의 국내상황을 놓고 볼 때 많은 중장년층의 베트남인들은 망명의 감정적 상처로 깊은 고통을 겪고 있으며, 캘리포니아의 고속도로와 무질서하게 펼쳐져 있는 도시 외곽지역에 대해서도 적응하지 못하고 있다.

미국식 생활이 제2의 천성이 되어버린 젊은 세대 사이에서 베트남 불교는 어떤 식으로 전개될 것인지 역시 두고 볼 일이다. 사원생활에 대한 보도들은 흔히 대조되는 모습을 고찰한 내용이다. 『로스앤젤레스 타임스』는 쭈아 베트남에서 열린 1991년의 베트남인 가족회원 행사에 대해 보도했다. 사프란색(짙은 노랑)과 노란색 법의를 입은 여덟 명의 승려들이 기도하는 동안 청년들은 도시락을 먹으면서 또 부드러운 록음악을 들으면서 주위를 서성거렸다. 많은 연장자들은 미국의 자유분방하고 소비자 주도적인 생활방식이 베트남 자녀들의 전통적인 연장자 공경의식을 어떻게 무너뜨리고 있는지 우려하고 있다. 캘리포니아 주 세리토스의 정신과 의사 똔-탓 니엠은 이렇게 말한다. "구세대는 전통적인 가치를 유지하기 위해 최선을 다하고 있습니다. …… 갈등은 항상 있지요. 우리는 최선을 다하고 또 유연해지려고 노력합니다. 나는 사랑으로 잘 처리해 갈 수 있다고 믿습니다."[12]

베트남의 『뉴스위크』라고 불리기도 하며 산호세에 본부를 둔, 영어·베트남어의 이중언어 잡지인 『베트 매거진』(Viet Magazine)의 편

집장 남응유옌Nam Nguyen은 전통가치의 붕괴뿐 아니라 민족 정체
성의 상실에 대한 우려를 표현했다. "제가 생각할 때 우리는 생존의
단계를 지나서, 이제 우리 기업가의 시대로 진입하고 있는 번창하
는 해외 공동체입니다"라고 응유옌은 태평양 통신사의 온라인 잡지
『진』(Jinn)의 앤드류 람Andrew Lam에게 말했다. "제가 걱정하는 점
은, 부모보다 더 영리하고 또 혜택도 더 많이 누리고 있지만 부모와
같은 길을 가지 않을 2세대의 베트남계 미국인들입니다. 그들이 미
국생활에 단순히 혼합되어버릴지, 아니면 민족성을 지켜나갈지 모
르겠습니다. …… 우리는 하이테크 분야에 몰두해 있지만 균형을 맞
추어줄 예술가, 작가, 사회 과학자가 필요합니다. 아마도 신세대가
이러한 필요를 충족시켜줄 것입니다."¹³

　수십 년을 거쳐 오면서 여러 명의 베트남 불교 지도자들이 그들의
민족 집단을 넘어 더 넓은 미국 불교 공동체에 중대한 영향을 끼쳐
왔다. 최초의 지도자 중에는 일본 임제선의 전통에서 수행하기도 했
던, 베트남 전통의 승려 틱티엔안Thich Thien-An이 있다. 그는 1966
년에 캘리포니아 대학교 로스앤젤레스 캠퍼스(UCLA)의 교환교수로
서 남캘리포니아에 도착했다. 거기서 그의 제자들은 그에게 권하여
불교명상을 가르치도록 했고, 그로 인하여 그는 1971년에 로스앤젤
레스에 국제불교명상센터(International Buddhist Meditation Center:
IBMC)를 창설하게 되었다. 사이공이 함락되어 베트남인들이 대규모
를 미국에 들어오기 시작했을 때 아이비엠시(IBMC)는 난민 문제에
많은 힘을 쏟았다. 이 두 가지 일에 관심을 쏟은 결과 틱티엔안은 일
찍부터 미국인 개종자와 베트남인 불교 공동체 사이에 다리를 놓는

데 중요한 역할을 했다. 그는 1980년에 세상을 떠났지만 그의 진보적 유산은 그가 설립한 명상센터에서 이어지고 있으며, 현재 이 센터는 비구니 구족계를 받은 최초의 미국 여성이라고 알려진 카루나 다르마Karuna Dharma의 지도 아래 있다. 아이비엠시는 오늘날 로스앤젤레스에서 펼쳐지고 있는 복합적, 다민족적, 다국적인 불교계의 중심에 있다.

또 한 사람의 베트남 승려인 틱낫한Thich Nhat Hanh은 미국 불교 공동체에서 달라이 라마에 버금가는 위상을 지니고 있다. 진보적 시인이자, 영적 스승이며, 정치지도자이기도 한 그는 개종자 공동체뿐 아니라 이민자 불교 공동체에서도 널리 인정받는 몇 안 되는 인물에 속한다. 처음에는 베트남에서 평화의 주창자로서, 이후에는 참여불교운동을 출범시킨 중심적인 인물로서 틱낫한은 미국에 엄청나게 큰 영향을 주었다. 참여불교에 대해서는 12장에서 다룰 예정이다.

미국에서 틱낫한이 중요하긴 하지만, 그는 미국화를 주도하는 불교 지도자라기보다는 유럽에 맞선 반식민지 투쟁으로 잘 알려져 있으며 망명 중인 애국자이다. 1926년 베트남 중부에서 태어난 그는 17세에 후에Hue 지역의 선 사원에 들어가 선과 정토불교를 공부했다. 1949년에 그는 구족계를 받고 얼마 후 사이공의 승가 공동체에서 일련의 진보적인 운동들에 참여하기 시작하면서 나중에 사회참여불교로 그 모습이 나타나게 될 사상을 형성해갔다. 1961년 그는 처음으로 미국을 여행했고, 그 기간 중에 프린스턴 대학교에서 종교를 공부하고 컬럼비아 대학교에서 현대불교에 대한 강의를 했다. 1964년 응오딘디엠Ngo Dinh Diem 정권이 실각한 직후 그는 베트남에 돌아가서 남북 간의 전쟁에 대한 평화적 해결책을 모색하던 종교 기관인 베트남 통합불교교회(Unified Buddhist Church of Vietnam)에 깊이 관여하게 되었다. 1965년 그는 재가자와 남녀 승려들을 받아 들여 티엡히엔 종단(Tiep Hien Order), 즉 접현종接現宗(혹은 相卽宗)을 창설했으며, 나중에 이것은 국제적인 운동으로 발전하게 된다.

1966년 틱낫한은 전쟁의 평화적 해결을 촉진하기 위해 19개국을 여행하면서 여러 정치·종교 지도자를 만났다. 이 여행을 계기로 그는 『베트남: 불바다 속의 연꽃』(Vietnam: Lotus in a Sea of Fire)을 쓰게 되었는데, 이 책은 미국대중으로 하여금 베트남전에 대해 점차 비판적인 견해를 형성하도록 하는 데 중요한 역할을 했다. 암살의 위험이 도사리고 있으니 베트남으로 돌아오지 말라는 경고를 받은 낫한은 프랑스로 영구히 망명했다. 1969년 그는 베트남 불교평화대표단을 결성하여 파리평화회담 동안 비밀리에 활동하기도 했으며, 또 한 편으로는 소르본 대학교에서 연구하며 가르치기도 했다.

사이공이 함락된 후 틱낫한은 다시 한 번 베트남 난민을 위한 활동, 정치범의 어려운 처지 해결, 그리고 베트남과 서양 사이의 관계 재건에 승려로서의 소명을 다했다. 1982년 그는 플럼 빌리지를 세웠는데, 이곳은 영적, 사회적 변화를 위해 헌신하는 국제적 거주 공동체로서 보르도 지방에 위치해 있으며 그 넓이가 80에이커에 이른다. 플럼 빌리지의 설립 이래로 미국에서 그의 영향력은 꾸준히 증가했다. 1980년대 초 여러 명의 서양 불교도들이 접현종에서 계를 받기 시작했다. 1983년에는 캘리포니아 버클리에 본부를 둔 비영리 단체인 알아차리는 삶의 공동체(Community of Mindful Living)가 결성되어 안거를 실행하고, 프로그램을 개발하며, 주거식 안거센터의 설립을 촉진함으로써 마음챙김 수행을 지원하고 있다. 현재 전 세계적으로 알아차리는 삶의 공동체는 200여 곳이 있으며, 그 중 대다수는 미국에 있다. 틱낫한은 특히 동남아시아에서의 전쟁이 남긴 유물과 아직도 씨름하고 있는 베트남전 참전군인의 전쟁후유증을 처리하기 위한 방법으로서 마음챙김 안거수련을 개척하기도 했다.

지난 30년에 걸쳐서 틱낫한은 학술서적으로부터 시집에 이르기까지 60권의 책을 출간했다. 여기에는 베트남의 제자들을 위해 전쟁 중에 썼던 『마음챙김의 기적』(The Miracle of Mindfulness)과 사회참여 불교의 원칙을 서양의 평화활동가들에게 소개한 『평화』(Being Peace)도 포함된다. 최근 그는 두 개의 위대한 명상종교 전통에 표현된 성스러움과 자비의 길을 고찰한 『살아있는 붓다, 살아있는 그리스도』(Living Buddha, Living Christ)를 펴내기도 했다. 틱낫한의 활동에 영향을 준 대승불교의 원칙들은 모든 생명체의 상호연관성과 보편적 자비의 분별없는 표현이다. 그가 자주 인용하는 시 가운데 하나인 「진짜 내 이름을 불러주세요」(Please Call Me By My True Names)는 이러한 이상들을 강력하고도 간명하게 표현하고 있다. 일부를 소개하면 다음과 같다.

나는 공산당 정치국의 일원, 수중에
많은 권력을 지니고 있다네.
나는 동족에게
'피의 빚'을 지고,

강제노동 수용소에서 서서히 죽어가네.

나의 기쁨은 봄처럼 그렇게 따스해서
온갖 생명들에서 꽃이 피게 한다네.
나의 고통은 눈물의 강처럼 그렇게 가득 차서
사해에 차고 넘친다네.

진짜 내 이름을 불러주오.
그러면 내 모든 울음과 웃음을
단번에 들을 수 있으리.
그러면 내 기쁨과 고통이 하나임을 알 수 있으리.

진짜 내 이름을 불러주오.
그러면 깨어날 수 있으리.
그러면 내 마음의 문, 자비의 문이
열려 있을 수 있으리.[14]

　지난 30년 동안 이민자로서든, 난민으로서든, 아니면 망명자로서든 중국·한국·베트남 불교도의 미국 유입이 미국 불교에 크게 기여하고 있다고 말하는 것은 쉽다. 그러나 테라와다 이민자들의 경우와 마찬가지로 이러한 기여가 장기적으로 볼 때 과연 어떤 것일까를 정확히 알아내기는 그보다 훨씬 더 어렵다. 이민자 공동체의 종교생활은 일반적으로 3세대에서 안정을 찾는다. 다시 말해서 개척 세대가 전통적인 제도를 세워놓으면 2세대가 그것을 거부하고, 그런 다음 3세대는 조부모 세대의 업적을 인정하면서 되돌아보기 시작한다. 1990년대 말에 이르러 분명해진 점은, 21세기에 미국 불교가 어떤 모습으로 변하든 그것은 중국, 타이완, 베트남 그리고 한국의 다문화 불교 공동체들의 기여에 의해 상당 부분 형성되게 된다는 점이다.

제 3 부

선별된 쟁점들

제3부 서문

이 책 초판에서 나는 각 전통에서 제기되는 세 가지 두드러진 쟁점, 즉 성평등, 사회참여불교, 그리고 종교 간 대화를 살펴보았다. 이 셋과 관련된 발전상은 유럽계 미국인 불교도들이 집단적이고 공개적으로 자신들과 자신들의 원칙을 분명히 밝히기 시작하면서 대담하고도 선구적인 성격을 띠었다. 남성에 의해 자행된 섹스와 알코올 스캔들로 인해 여성의 수행과 가르침의 중요성에 주의가 쏠렸다. 명상이 어떻게 사회변화에 이바지할 수 있는가에 관한 대담한 비전들이 제시되었는데, 수행을 개인의 깨달음 추구라고 생각하며 불교에 입문했던 많은 사람들은 이러한 비전에 마주하게 되었다. 당시는 수행이 어느 정도 사회적 도피를 함의한다고 여겨지던 시절이었다. 달라이 라마와 권위 있는 서양인 선생들과의 만남이 됐든, 토머스 머튼을 추도하면서 가톨릭과 불교의 남녀 수사와 승려들이 함께한 칩거수련이 됐든 세간의 이목을 끌었던 이러한 모임들은 종교 간 대화를 위한 새로운 기반을 닦아주었다. 이러한 발전양상은 미국 불교에 기념비적인 일들이 벌어지면서 그 시대를 흥분시키는 데 일조했음을 시사해주었다.

초판이 나온 지 15년이 지난 지금, 혁신적이었거나 논란이 있었거나 아니면 혁신적이면서 논란도 있었던 대다수의 발전상은 널리 수용된 것 같고, 또 그것들이 상징하는 이상들은 유럽계 미국인 불교의 주류에서 표준이 되었다. 세간의 관심을 끌었던 공식적인 기독교-불교의 대화에 대한 인기는 끝났는지 모르지만 기독교 보수주의자들의 반발에도 불구하고 오늘날 불교명상을 수행하는 기독교인들은 과거보다 더 많아진 것 같다. 마치 요가를 하는 기독교인들이 확실히 증가한 것처럼 말이다. 불교-기독교의 대화에 대한 진보적 입장은 오랜 세월 로마 가톨릭 세계교회주의자(ecumenist)이자 선 수행자인 폴 니터Paul F. Knitter의 사례에서 확인할 수 있다. 그는 최근에 수십 년의 신학연구에 기반을 둔 개인적 성찰인 『붓다 없이 나는 그리스도인일 수 없었다』(Without Buddha I Could not Be a Christian)를 출간했다. 니터는 그리스도와 교회를 사랑하며 세례 받은 가톨릭 신자인 자신이 어떻게 동시에 삼보에 귀의한 정식 불교도일 수 있는지를 탐구한다. 니터는 거창하고 근원적인 논점들을 제기한다. 인간이면서 신비이기도 한 그리스도교의 신은 초월적인 질서라는 불교의 견해와 조화될 수 있을까? 신도들의 가슴과 마음속에 예수와 고타마 붓다가 공존할 수 있을까? 천국과 기도를 니르바나와 명상에 비추어본다면 그리스도인은 이것을 어떻게 이해할까? 이러한 의문을 파고들면서 니터는 불교적 답변이 그리스도와 교회에 대한 자신의 믿음을 강화해주고 심지어 어떤 면에서는 회복시켜준다는 것을 깨닫게 된다. 니터는 미래에 그리스도인들이 성서, 전통, 그리고 개인적인 경험에 기반을 두고 있으면서도 타종교의 통찰력 계발수행을 받아들일 수 있을 만큼 포괄적인, 신비로운 접근방식의 신앙을 포용할 것이라고 믿고 또 희망한다.[1] 그러한 대화가 어떤 영역에서는 논란의 여지가 있다는 것을 알고 있으면서도 니터는 자신이 정통 그리스도교의 '변두리'가 아니라 '선두'로 여겨질 것이라는 희망을 가지고 자신의 성찰을 신앙이 돈독한 그리스도인들에게 제시한다.

1990년 무렵에 성평등은 미국 신불교의 특징으로서 열렬한 지지를 받았다. 이런 점은 수행하는 여성들이 많아졌을 뿐 아니라 샤론 살즈버그, 조안 핼리팩스Joan Halifax, 페마 초드론Pema Chodron처럼 공인된 선생들이 중요해졌다는 점에서도 입증되었다. 그때 이래로 일반 수련생, 선생, 지도자 사이에서 여성들은 상당히 많아졌으며, 이제 서양과 미국의 불교에서 여성이 중심적인 역할을 맡고 있다는 것은 당연시되고 있다. 동시에 미국 불교에서 남자 동성애자(게이)와 여자 동성애자(레즈비언)의 입장에 대한 문제가 1990년에 첨예하게 대두되기도 했는데 이에 대해서는 주로 답이 나왔다. 대다수의 공동체에서 이들을 받아들이는 것이 명백하게 규범이 되어 있다. 대체로 전반적인 미국 불교도들은 성평등 이슈에 민감했는데, 이것은 60년대의 진보적인 사회적 이상과 인권이 어느 정도 공동체의 기반을 이루고 있다는 증거이기도 하다.

그러나 성평등이라는 논제는 미국과 서양과 전 세계 불교 공동체가 복합적인 기반 위에서 관계를 맺으며 진전되고 있다는 것을 예시해주기도 한다. 최근 국제적으로 전개되고 있는 여성의 구족계 수계 논의는 성문제가 어떻게 다면적이고, 비교 종파적이며, 국제적인 대화를 촉진하는지 보여주고 있으며, 이 대화에서는 아시아에 기반을 둔 불교 전통 및 제도와 더불어 현대적인 견해가 개진되고 있다.

지난 수십 년 동안 몇몇 전통에서는 전 세계적으로 불교도들 간에 합의가 이루어지진 않았다고 해도 여성의 구족계 수계에 대해서 산발적인 진전이 이루어졌다. 최근 두 사건이 현재 진행되고 있는 논의를 촉진시켰다고 할 수 있는데, 2007년 독일 함부르크에서 개최된 '불교 공동체에서의 여성의 역할에 대한 국제의회'(International Congress on Women's Role in the Sangha)와 2009년 호주 퍼스Perth에서 열린 네 명의 여성에 대한 비구니 수계식이 그것이다.

티베트 종교문화청(인도에 소재)은 여성의 구족계 수계 문제에 대해 광범위한 연구를 실시한 후 결과를 공개했고, 이어서 2005년 달라이 라마는 불교도들이 이 문제에 대해 합의에 도달하자고 요청하게 되었는데, 함부르크 의회는 그에 대한 응답으로 소집되었다. "우리 티베트인들이 단독으로 이 문제를 결정할 수는 없습니다." 달라이 라마는 말했다. "이 문제는 전 세계의 불교도들과 협력하여 결정해야 합니다."[2] 발제자들은 불교단체, 승가의 법과 계율에 능통한 남녀 승려, 다양한 타 학문분야의 대표들이 포함되어 있었다. 그들의 발제에서는 여성의 지위와 수계식 절차로부터 성평등 논제를 둘러싼 불교개혁의 전망에 이르는 주제들이 탐구되었다. 그런데 여성 구족계 문제에 탄력이 붙는 듯했지만 구체적인 제안들이 나오지 않음으로써 그 결과는 애매하게 되고 말았다.

그러나 2년 후 태국 숲 전통에 소속된 네 명의 여성 승려들이 퍼스에서 구족계를 받았는데, 승려단체가 그 의례의 타당성을 부인하면서 강력한 반발이 일어났다. 그로부터 얼마 후 그 수계식의 집행자 중 하나인 서양인 비구 아잔 브람Ajahn Brahm은 파문당했고, 호주에 있는 그의 사원은 태국 본사 관할의 말사 목록에서 삭제되었다. 이 사건에 대해 충격에 빠진 전 세계의 불교도들은 신속한 반응을 보였다. 이 사건이 아잔 차Ajahn Chah 계보에서 일어났다는 사실 때문에 그들의 분노는 더했다. 아잔 차는 1992년 세상을 떠나기 전 서양에 태국 숲 전통을 정착시키는 데 큰 영향력을 발휘했던 유명한 명상 스승이다.

서양의 대다수 전문가들은 여성의 구족계 수계에 대해 찬성하지만 이와 관련된 논제들은 복잡하다. 전통주의자들과 진보주의자들은 둘 다 자신들의 주장을 고대의 경전과 승가법에 기반을 두고 있는데, 이러한 기반은 대중의 관습, 변화하는 성규범, 그리고 가부장적 비타협성 속에서 굴절되었다. 전 세계에 지부를 두고 있는 상좌부 불교와 대승불교 계보에 속한 승가와 재가자 사이에서 논의가 진행되고 있다. 이 논의에는 서양과 미국의 불교도 여성들이 깊이 관여하고 있지만, 그들의 입장은 전통주의의 아시아와 진보주의의 서양이라는 단순논리를 거부하면서 오늘날 진행되고 있는 세계화의 영향을 반영하고 있다. 그 결과가 어떻게 나오든 성평등 논쟁은 여러 가지 측면에서 오늘날의 주류 미국 불교들에게 중요하다. 이들은 21세기의 불교를 재편할 잠재력을 지닌 이 논제에 대해 학술적이고 때때로 긴장된 대화를 통해서 미국 불교도와 세계 공동체를 연결해주는 기능을 한다. 이것은 미국과 서양의 불교도들이 자신들의 공동체에서 성평등과 다르마가 어떤 식으로 공조하고 있는지를 강한 목소리로 발언하면서 리더십을 확보할 수 있는 기회이다. 이것은 또한 미국 불교도들이 세계적 흐름의 일부가 되기 위해서는 반드시 전통주의자의 언어로 발언해야 한다는 것을 배우는 데 유용할 수도 있다. 비록 그들이 옛 제도의 절차와 관점에 새로운 관점들을 도입하고자 해도 말이다.

오늘날 사회참여는 미국 불교에 매우 철저하게 스며들어 있기 때문에 이 참여불교가 한때 논란의 원천이었다는 사실은 기억하기가 힘들어졌다. 20년 전 틱낫한, 버나드 글래스맨Bernard Glassman, 불교평화단(Buddhist Peace Fellowship) 등은 사회참여와 명상 사이의 적합성에 대해 새로운 사상들을 개발해냈다. 많은 불교도들은 비폭력과 총기규제 활동 혹은 교도소 전도활동을 시작했고, 학자들은 아시아 불교도에 의해 주도되었던 더욱 야심찬 계획들에 대한 정보를 제공해주었다. 사회참여는 한때 새로우면서도 중요하다고 간주되었다가 급속하게 주류 다르마 담화의 중심을 차지하게 되었다. 오늘날 사회참여 불교도는 과거보다 더 조용하게 활동하는 편이지만, 그들은 미국 사회에서 다르마를 실행할 방법에 대해 더 분명하고 실용주의적인 비전을 가지고 있다. 이런 에너지 중 많은 부분은 미국의 주요 기관들을 통해서 전달되고 있는데, 이것은 공동체가 전반적으로 반문화적 성향으로부터 얼마나 멀리 이동했는가를 보여주는 증거이기도 하다.

세 가지 발전상이 오늘날의 사회참여 범위를 제시해준다. 첫 번째는 불교 지도자 양성교육인데, 지난 10년 동안 급격히 발전한 분야이다. 몇몇 불교 지도자 양성 프로그램은 조안 핼리팩스의 지휘 아래 있는 산타페의 우빠야 선 센터(Upaya Zen Center) 같은 불교단체에서 운영하고 있다. 방편과 자비행에 관한 대승불교의 가르침에 바탕을 둔 우빠야의 2년제 불교 지도자 양성 과정은 개인뿐 아니라 환경 및 사회제도에도 봉사하면서 그것들을 치유하는 데 중점을 두고 있다. 버나드 글래스맨의 선 평화단(Zen Peacemaker Order)의 일부분인 우빠야 프로그램은 불교철학, 세속적인 시스템이론, 과학을 이끌어왔으며, 재가 수행자, 선 승려, 그리고 봉사에 대한 불교적 관점을 배우고자 하는 사람들에게 개방되어 있다. 국제적인 시야를 지니고 있는 이 단체는 일선 사회봉사자들을 교육하는 데 헌신하고 있는 국제단체인 '트라우마 극복역량 연구소'(Trauma Resource Institute), 그리고 페미니즘, 영성, 사회활동을 아시아 프로젝트들과 통합하는 단체인 '평화와 정의를 위한 국제 여성 파트너십'(International Women's Partnership for Peace and Justice)과 연계되어 있다. "우리가 하는 일은 조안 노사의 말처럼 '따뜻한 손과 따뜻한 손을 맞잡는' 것입니다"라고 최근 이 프로그램의 수료생인 코수 보드로는 회고한다. "이것은 타자로부터 자아로 향했다가 다시 더 큰 세상으로 나아가는, 투명성에 기반을 둔 모델입니다. 이것은 현대의 영적 보살핌의 위대한 삼위일체인 자각, 타자중심성, 그리고 '더 큰 선행'의 비전입니다."[3]

불교 지도자 양성교육은 미국의 몇몇 주요 신학대에서도 구체화되고 있는데, 이를테면 하버드 신학대에서 불교적 관점들은 그 내용과 성격이 역사적으로 볼 때 진보적이지만 프로테스탄트적인 프로그램으로 통합되고 있다. 40대의 윌라 밀러Willa Miller는 불교 지도자 양성교육이 조용한 혁명이며, 이것은 신세대들이 새로운 사회참여 방식을 발견해가면서 일어나고 있다고 생각한다. 오랜 세월 티베트 불교를 수행해온 밀러는 두 개의 카규파 세미너리 프로그램을 이수했고, 1999년 라마가 되면서 제자를 두고 가르칠 수 있는 자격을 인정받았다. 그녀는 『불교 지도자의 보살핌』(*Buddhist Pastoral Care*, Wisdom, 2012)의 공동편집자이자 『일상의 다르마: 당신 안의 붓다를 찾아가는 7주』(*Everyday Dharma: Seven Weeks to Finding the Buddha in You*, 2009)의 저자이며 하버드 대학교 박사학위를 목표로 공부하고 있다. "지도자 양성교육은 현재 미국 불교에서 가장 새로운 영역 중 하나"라고 그녀는 말한다. "이러한 교육은 나로파 대학교, 웨스트 대학교 등 몇몇 불교기관에서 실시하고 있습니다. 그러나 불교도들은 유대기독교 사제직 사이로 새로운 길을 개척하고 있기도 합니다." 15년 전에는 불교 지도자 양성교육을 제공하던 신학대가 없었고, 설사 그런 것이 있었다 해도 베이비붐 세대의 불교도 중 신학학위를 열망한 사람은 거의 없었을 것이다. "이제 불교도들은 교도소, 병원, 호스피스, 대학교의 전문상담가로서 전통적인 영적 지도자의 직책에 고용되고 있습니다. 그들은 놀라운 일을 하고 있고 또 이것은 놀라운 발전이기도 합니다."[4]

사회참여불교의 두 번째 발전상은 사회 전반에서 마음챙김(mindfulness) 명상을 개인적, 사회적 행복 증진의 수단으로서 장려하면서 다각적으로 노력하는 것이다. 이것은 수행을 주로 고통과 괴로움을 완화하는 도구로 보는 접근방식이다. 15년 전에 전문가들은 이처럼 골자만을 간추려낸 다르마를 은밀한 불교(stealth Buddhism)라고 칭했는데, 이것은 불교 혹은 불교와 유사한 수행 및 가치가 어떻게 미국의 주요 기관에 적합한 세속적인 형태로 보급될 수 있는지를 보여주기 위한 용어였다. 그 당시에 존 카밧진은 매사추세츠 대학교 의대에서 자신이 운영하던 스트레스감소 클리닉에서 명상을 이용하여 의료적 상황 아래서 스트레스를 줄이는 방법을 개척했다. 원래 로드아일랜드 프로비덴스 선 센터의 한국인 선사인 숭산의 가르침을 받기도 했던 카밧진은 현재 마음챙김 명상기법과 하타 요가를 통합하여 환자들이 스트레스, 통증, 불안에 잘 대처하도록 돕고 있다. 이 8주간의 프로그램은 2만 명에 이르는 환자에게 도움을 주었다. 1995년에 그는 마음챙김 명상을 환자보호에 이용하는 연구를 발전시키고, 또한 의료, 교육 및 다른 전문적인 상황에서 마음챙김 수행을 촉진하기 위해 '의료, 건강보호, 사회의 마음챙김센터'(Center for Mindfulness in Medicine, Health Care, and Society)를 설립하였다.

오늘날 수행에 대한 카밧진의 실용주의적 접근은 명상의 육성을 목표로 하여 점차 늘어나고 있는 세속적이고 비종파적인 기획들 중 하나일 뿐이다. 페처 연구소(Fetzer Institute)와 사회 명상심 센터 (Center for Contemplative Mind in Society)는 광범위한 프로그램들을 통하여 명상적 자각을 미국인의 사회생활에 통합시키기 위해 노력하고 있다. 이러한 프로그램들은 다양한 전통으로부터 사회변화의 도구로 쓸 기법들을 이끌어온다. 마음과 생활 연구소(Mind and Life Institute), 그리고 유시엘에이(UCLA)의 마음챙김 인지 연구센터 (Mindful Awareness Research Center: MARC)는 불교와 더 직접적으로 연계되어 있지만 카밧진 전통의 세속적인 맥락에서 명상을 장려하고 있다. 이 네 기관(그리고 다른 곳들)은 유럽계 미국인 불교 공동체의 중심을 차지하고 있는 마음챙김 담론에 참가하고 있다고 말할 수 있다. 그들은 모두 명상을 승가적 배경으로부터 미국 주류로 이끌어 오는 데 참여하고 있다. 사회 명상심 센터가 2004년 발간한 보고서인 「강력한 침묵」(A Powerful Silence)은 오늘날 미국에서 명상에 대한 관심이 급증하고 있는 현상을 조사하고, 이 명상운동에 참여하는 많은 사람들이 공유하고 있는 정서들을 제시한다. "우리는 명상수행의 대대적인 탈신화화와 민주화의 과정 중에 있다. 우리는 사람들이 저마다의 영성을 탐구할 …… 역량을 보여주고 있는 시대를 목격하고 있다. 이러한 상황이 조성되었기 때문에 명상수행은 종교적 전통과 승가적 배경에 얽매이지 않으면서 세속적인 사회에서 그것을 적용할 풍요로운 기반을 만들 수 있게 되었다."[5]

엠에이알시(MARC)의 마음챙김 교육책임자인 40대의 다이애나 윈스턴이 따르는 길은 불교를 명시적으로 강조하던 방식으로부터 불교의 영감을 받은 세속적 수행 쪽으로의 방향전환을 나타내는 것일 수 있다. 잭 콘필드의 스피릿록에 소속되어 오랜 세월 마음챙김 수행자이자 선생이기도 한 윈스턴은 젊은 시절에 승가적 배경의 불교수행이야말로 니르바나에 이르는 제일차적인 수단이라고 여기면서 열정적인 관심을 가졌던 때를 떠올린다. 그러다가 결국 그녀는 수행을 통해서 자기 성격의 다른 측면들을 계발하기 위해 일상생활 중의 마음챙김 수행으로 주안점을 옮겼다. 그 무렵 그녀는 사회참여불교에 헌신했던 초창기의 주력 기관 중 하나인 불교평화단(Buddhist Peace Fellowship)에서 활동했다. 그녀는 이제 깨달음과 일상생활 중의 수행이 '불가분의 관계'에 있다고 여기고 있다. 즉 이것은 유럽계 미국인의 주류 불교도들에게 특징적으로 나타나는 현상으로서 다르마의 '걸림돌 없는 상호 침투성'(seamless)에 의거한 접근방식이다. 그녀가 제도 변화에 관심을 가지고 있는 점은 마음챙김 교육책임자라는 그녀의 현재 직무와도 잘 어울린다. "이러한 직무가 존재한다는 것, 그것도 유시엘에이에 존재한다는 것은 미국 불교의 상황이 어떻게 변했는지를 알려주는 지표입니다. 마음챙김은 새로운 방식으로 대중적인 담화 속으로 들어가고 있습니다. 마음챙김에서 사용되는 언어는 도처에 퍼져 있으니까요."[6]

마음챙김 명상이 주류가 된 데에는 세 번째의 다소 다른 방식의 참여와 밀접히 관련되어 있는데, 이것은 불교가 현대과학과 함께 그 힘을 합쳐오면서 이루어진 참여이다. 불교와 과학의 관계에 대한 사변적인 논쟁은 불교 근대주의자들이 1세기가 넘도록 펼쳐왔던 수사적 전략의 일환이었다. 불교 근대주의자들은 1893년 세계종교의회(World's Parliament of Religions) 이래로 동서 간의 만남에서 중심적인 역할을 해왔다. 시카고에서 열렸던 그 의회에서 아시아인들은 불교 (그리고 힌두교)가 서양의 유신론 전통보다도 현대과학에 더 잘 부합된다고 선언했다. 그 무렵 호교론자들은 불교가 코페르니쿠스 혁명이나 뉴턴 물리학이나 최면술이나 진화과학과도 부합된다고 주장하기 시작했다. 1950년대와 60년대에 이르러 불교는 아인슈타인의 상대성이론, 양자물리학, 심리치료, 그리고 심리학의 출현을 고대하고 있다는 말이 나돌았다.

그러나 이런 사변적이고 이론적인 관심사는 지난 10년에 걸쳐서 마음챙김 명상에 대해 신경생물학 분야의 연구자들이 보여준 지속적 관심에 길을 내주었다. 기능적 자기공명 영상(fMRI)을 이용함으로써 연구자들은 공감, 자기성찰, 그리고 우울증을 저지하는 긍정적 마음상태를 촉진하는 것으로 여겨지는 뇌 영역의 구조와 기능에 마음챙김 명상이 매우 중요한 영향을 끼친다는 것을 발견했다. 이러한 발견은 마음챙김 명상이 어떻게 자기이해의 변화를 통해 인생관을 어떻게 개선시켰는지에 대해 명상수행자들이 전해오던 이야기들을 과학적으로 인정해주는 것으로 보인다. 마음챙김 신경과학은 초기단계이며, 믿을만한 전문가들은 사변적으로 결론을 도출하는 것에 대해 신중한 편이다. 그러나 불교 공동체 내부와 주변에서는 마음챙김 수행의 효험에 대한 경험적인 기반을 발견했다고 흥분하는 모습이 역력하다.

　신경과학과 마음챙김의 융합이 뚜렷해지면서 여러 가지 함의가 자주 도출된다. 그 중 하나의 함의는 전통적인 영적 혹은 윤리적 의미에서 인지력과 자비심의 계발이 뇌 자체의 재편이라고 해석될 수 있다는 것이다. 이로 인하여 불교 자체는 종교가 아니라 마음의 과학이라고 주장하는 사람들은 신빙성을 부여받게 된다. 이러한 융합은 명상이 개인적, 집단적 행동을 유익한 방식으로 재편할 수 있는 역량을 가지고 있다는 주장에 생리학적 토대를 제시해준다는 점에서 사회참여에 새로운 신뢰성을 주기도 한다. 이러한 결론은 적어도 1960년대 이래로 미국 불교에서 강력한 요소가 되었던 사회변혁의 비전에 새로운 에너지와 정당성을 가져다주었다. 이러한 에너지는 샤론 베글리Sharon Begley의 『마음을 훈련하여 당신의 뇌를 바꾸자: 신과학은 어떻게 우리 자신을 변화시키는 비범한 잠재력을 드러내주는가』(Train Your Mind, Change Your Brain: How a New Science Reveals Our Extraordinary Potential to Transform Ourselves)와 같은 불교 친화적 대중서적에서 감지할 수 있으며, 이것은 마음챙김 명상을 전문가 공동체로 가져가겠다는 엠에이알시 프로그램의 비전에도 영향을 준다. 이것은 또한 2010 취리히에 열렸던 마음과 생명 회의(Mind and Life Conference) 같은 집회를 통해서 다르마, 과학, 사회변화 간의 통합을 촉진하려는 달라이 라마의 노력을 강조하기도 하는데, 이 회의에서는 불교도들, 신경과학자들, 경제학자들이 모여서 수행을 통해 세계경제를 변화시키는 데 이타심과 자비심이 어떤 식으로 동원될 수 있을지를 논의하였다.

오늘날 불교의 사회참여 경향은 광범위한 유럽계 미국인 불교 공동체의 현재 분위기를 여러 가지 방식으로 보여준다. 이것은 미국 불교도들이 절제된 형태의 사회참여를, 즉 다르마 혹은 다르마에 영향 받은 사상들이 개인과 사회의 변혁이라는 이름으로 미국적 제도들에 스며들 수 있는 그러한 사회참여를 촉진하는 데 어느 정도 성공했는지를 제시해준다. 이것은 다르마가 유익한 용어로 이해되고 있고 또 다르마의 효과와 유용성이 개인과 사회라는 두 영역에서 긍정적인 결과로 분명하게 나타나고 있는 미국 불교의 실용주의적 흐름을 전형적으로 보여준다. 이것은 불교와 인본주의 심리학과 심리치료가 서로 잘 어울린다는 사실에 지속적으로 관심을 가지고 있긴 하지만, 거기에는 새로운 생리학적, 행동적인 전환이 있음을 나타내준다. 수십 년의 과정을 거치면서 불교도들은 혁명적인 반문화 방식의 무절제와 아시아 영성의 낭만적 개념들을 떨쳐냄으로써 규범적인 절차와 기대감을 가지고 다르마를 성공적으로 활용하고자 했다. 그러나 불교도들이 비록 미국 사회에 작용하고 있는 훨씬 더 큰 제도적 힘을 수용하고 또 그것에 의해 수용된다 할지라도, 그들은 불교적 가치와 수행에 대한 정열적인 헌신, 그리고 그들의 지적인 깊이와 효용성이 존속하면서 번창할 것이라는 확신을 간직해왔다.

유럽계 미국인 불교에 대한 최신 보도들에서 현대식 상좌부 불교 명상을 과학이라고 특징지으면서 부각시키고 있다고 해도 의례, 상징, 전통에 대한 오래된 관심이 오늘날 수행 공동체에서 아무런 역할도 하지 못한다는 것은 아니다. 내가 듣기로 티베트 불교에서는 요즘에 족첸과 마하무드라에 중점을 두고 있다고 하는데, 이 두 가지 수행은 마음챙김 명상과 닮았다. 그런데 이 수행들은 티베트 전통을 보존하려는 절실한 관심 때문에 옛날식의 의례, 건축, 그리고 예술을 계속 존중하는 공동체의 맥락에서 행해지고 있다. 유럽계 미국인의 영적인 감성에 부응하기 위해 일본식의 의례를 수정해가고 있는 선에서도 역시 전통은 영감의 원천으로 남아 있다. 버나드 글래스맨은 아귀에게 먹을 것을 주었던 고대의 관습을 변용하여 공동체 의례를 창안해냈는데, 이 의례에서는 사회참여의 비전을 예배로 표현하기 위해 무드라와 다라니가 사용된다. 선 공동체의 여성들은 낙태와 유산에 의한 비탄, 혼란, 상실감을 조절하기 위해 죽음과 재생의 자애로운 안내자이자 보호자라고 간주되는 지장보살에 대한 신앙을 변용해왔다. 이러한 정서적, 영적 필요에 부응해줄 미국적 의례들이 없는 상황에서 지장보살에 대한 신앙은 불교를 벗어나서 더 넓은 공동체로 이동하기 시작했다.

불교는 또한 1950년대와 60년대에 자유롭게 떠다니는 다르마 담론의 형태로 유럽계 미국인들 사이에 퍼져나갈 때와 아주 비슷하게도 창의적인 예술에서 지속적으로 영감의 원천이 되고 있다. 예를 들어 2001년과 2003년 사이에 시각예술가들, 학자들, 미술관 큐레이터들, 문화비평가들, 그리고 불교명상가들로 이루어진 특별 협력단이 일련의 협의를 통해서 지각, 명상, 그리고 창의성 사이의 관계를 고찰하기 위해 서로 만났다. 그 결과 지난 세기 동안 이룩한 미국 불교의 발전을 이해하는 데 도움이 될 두 권의 책이 나왔다. 그 첫 번째인 재클린 바스Jacquelynn Baas의 『붓다의 미소』(Smile of the Buddha)에서는 아시아 종교의 영향을 받았다고 할 수 있는 서양예술가들의 목록을 갱신하면서 추상적 표현주의자 바실리 칸딘스키 Wassily Kandinsky, 조각가 이사무 노구치Isamu Noguchi, 그리고 행위예술가 로리 앤더슨Laurie Anderson을 포함시켰다. 이 책은 또한 이 목록의 역사적 중심을 클로드 모네Claude Monet와 프랭크 로이드 라이트Frank Lloyd Wright로부터 마르셀 뒤샹Marcel Duchamp과 존 케이지John Cage 등의 포스트모더니스트들로 옮기고 있다. 두 번째로 바아스와 메리 제인 제이콥Mary Jane Jacob에 의해 공동 편집된 『현대 예술에서의 붓다의 마음』(Buddha Mind in Contemporary Art)은 열두어 명의 설치 및 행위예술가들의 작품을 탐구하면서 불교와의 연계성을 살펴보고 있다. 이 중에는 헌신적인 수행자들도 있지만, 수행을 하지 않고 아시아의 승려 공동체들과 창의적으로 협력하고 있는 사람들도 있다. 그뿐만 아니라 단지 다르마 이미지의 힘으로부터, 그리고 불교미학의 전통에 스며들어 있는 철학들로부터 영감을 얻는 사람들도 있다.

바아스와 제이콥의 작품들을 보면 불교의 서양 전파가 다양한 가치를 지닌 대규모 기획이었다는 점이 떠오르는데, 불교의 전파는 그 문화적 표현을 통해서 많은 유럽인과 미국인에게 우선적으로 영향을 끼쳤다. 약 60년 전 미국에서 불교는 주로 문학과 예술, 그리고 영어로 번역된 비교적 소수의 불교문헌에 의해 제시되었다. 이 모든 것은 미국인들이 일제히 동양으로 관심을 돌려서 아시아인 불교 선생들을 대면했을 때 바뀌기 시작했다. 이 아시아인들은 그들에게 다르마 수행법을 확실하고도 만족스럽게 가르쳐줄 수 있는 헌신과 정식 교육을 겸비한 사람들이었다. 유럽계 미국인의 불교가 별개의 현상으로서 신생 기관들에서 구체화되어 그 목표와 열망을 명확히 보여주기 시작한 것은 불과 40년 전이었다. 되돌아보면 현재 여러 세대의 수행 속에 스며들어 있는, 이른바 서양과 미국 불교의 전통이라는 것이 떠오르고 있음을 포착할 수 있다.

그러나 이 시점에서 전통의 개념을 불러일으켜 보면, 다수의 아시아 이민자 공동체 내부와 주변에서 많은 다른 전통들이 번창하고 있음을 알 수 있는데, 이러한 전통들은 여전히 형성과정에 있는 '미국 불교'에 아직 포함되어 있지 않다. 1980년대에 유럽계 미국인 불교도들이 처음으로 다르마에 대한 자신들의 의견을 공개적으로 홍보하기 시작하면서, '미국 불교도'(American Buddhists)와 '미국에 있는 불교도'(Buddhists in America)에 대한 구별이 자주 이루어졌다. 그 표현들의 함축 의미를 살펴보면, 전자가 미국 문화와 국가에 특유하게 적합한 다르마를 새롭고 혁신적으로 창안하고 있는 1960년대의 사람들로 구성되어 있다면, 후자는 단지 미국에서 살게 된 아시아인 불교도였다는 것이다. 이제 이 두 공동체에서 2세대와 3세대가 출현한 마당에 이런 식의 의미론적 셸 게임(콩이 든 종지 하나와 그렇지 않은 종지 두 개를 엎어놓고 여러 번 위치를 바꾸어 어느 종지 안에 그 콩이 들어 있는지를 알아맞히게 하는 게임)은 미국 불교의 성격과 구성을 드러내기보다는 오히려 이해를 가로막는다. 이 개정판『미국 불교』에서 나는 유럽계 미국인 불교의 대중적 주류 내에서 일어난 발전양상에 역점을 두었다. 그 이유는 서로 다른 전통들에 대해 이전에 내가 역설했던 내용을 바로잡고, 또 그 공동체의 지성과 활기찬 정신을 다소라도 올바르게 평가하기 위해서다. 그러나 내가 여전히 확신하는 바는 아시아계 미국인 공동체들의 내부에서 새로운 미국 다르마가 어떻게 형성되어 가고 있는지를 보다 개괄적으로라도 이해하지 못한다면 미국 불교도뿐 아니라 미국 불교 학자도 앞으로 어떤 일이 일어날지 상상할 수 없다는 것이다.

제11장

성평등

1960년과 20세기 말 사이에 이민자와 개종자는 사원을 어떻게 미국의 법률에 맞게 법인화할 것인가부터 다르마센터 운영의 경제성과 후속 세대의 교육 및 훈련에 이르는 문제들과 씨름하고 있었다. 그러나 다르마를 미국과 미국의 이상에 맞추는 방법에 대해서 개종자들 사이에서 대중적 논의가 가장 광범위하게 일어났는데, 개종자들은 1980년대에 본토박이 선생 1세대가 출현한 것을 그들 공동체가 성년기로 진입했다는 신호로 여겼다. 성평등에 대한 관심, 사회문제를 지향하는 불교, 그리고 불교도와 비불교도 사이의 종교적 대화라는 세 가지 논제를 검토해보면 20세기가 저물어가던 몇십 년 동안 신세계 불교가 만들어지는 데 작용했던 몇몇 세력들을 파악해볼 수 있다.

1980년대와 90년대 동안 불교도의 성평등 운동은 개종자 공동체 안에서 계속 전개되면서 1960년대와 결부된 평등주의의 이상을 분명히 보여주었다. 불교가 미국에 전해지는 데 여성들은 처음부터 중요하고 다양한 역할을 해왔다. 최초의 여성 불교도 중 하나인 헬레나 블라바츠키Helena Blavatsky는 다르마에 자신만의 특유한 특징을 부여한 후 대중적이고 중요한 대안종교 운동으로 변화시켰다. 다른 여성들, 이를테면 샤쿠 소엔Shaku Soyen이 미국여행을 할 때 그를 집으로 초청했던 미국인 주부 알렉산더 러셀Alexander Russel 부인 등은 보조적인 역할을 했다. 1930년대에 뉴욕 소케이안Sokei-an 그룹의 중심인물이었던 루스 풀러Ruth Fuller는 일본의 선 사원을 찾아가서 수행했던 최초의 미국인 중 하나였다. 그로부터 수십 년이 지난 후 루스 데니슨Ruth Denison, 그리고 캘리포니아 샤스타 애비 Shasta Abbey의 설립자 지유 케네트Jiyu Kennett 같은 여성들은 불교가 미국의 대중운동 형태로 변모되기 훨씬 전에 아시아로 가서 공부한 후 제자를 배출하도록 인가받았다. 그러나 60년대와 90년대 사이에 미국 여성들은 수행자로서, 그리고 선생, 지식인, 지도자로서 주요 세력이 되면서 아시아 여성들과는 매우 다르게 변했다. 이제 불교 공동체 내의 거의 모든 논평가들은 성평등에 의해 다르마가 변형되고 있다는 점이 미국 불교의 전형적인 특징이라고 말한다.

평등에 관한 관심이 특히 고조되었던 때는 1980년경에 시작된 일련의 스캔들이 반문화와 긴밀하게 연관되어 있던 개종자 공동체를 요동치게 만들고 난 이후였다. 그러한 스캔들의 성격과 범위는 의혹으로 남아 있다. 몇몇 사람들은 성적 부도덕, 술과 약물의 과다복용, 그리고 권력남용이 널리 퍼져 있다고 주장하기도 하고 또 어떤 사람들은 이러한 사건들을 단발적인 것으로 보기도 한다. 그러나 몇 가지 사건들은 일반적으로 중대한 과실에 해당되는 것으로 인정된다.

예를 들어 티베트 불교 공동체의 한 미국인 양성애자 선생은 자신이 에이즈 바이러스에 감염된 것을 알면서도 3년 동안 콘돔을 사용하지 않고 성관계를 해왔다.

이러한 스캔들은 개종자 불교의 발달에 몇 가지 중요한 영향을 미쳤다. 어떤 면에서 이런 추문들은 자유분방하면서 아무런 제약도 없었던 1960년대와 70년대의 정신이 레이건 대통령 시대의 보수적 분위기를 맞아 좌초되면서 일어났던 지도력의 위기였다. 공동체 내의 몇몇 논평가들이 보기에 이러한 사건들은 환각제, 섹스, 명상을 통해 초월을 추구하면서 정신건강과 의무감 같은 보다 더 근원적인 문제에는 주의를 기울이지 못했던 미국인들에게 건강한 냉수 한 모금이었다. 이러한 추문은 미국 불교의 역사에서 반문화 시대, 그리고 다르마와 경험적 무절제를 결합하고자 했던 비트 세대의 유산을 종식시키는 데 도움을 주었다.

마찬가지로 중요한 점은, 이 사건들로 인하여 한 세대의 서양인 수련생들이 신봉했던 아시아 종교들에 대한 과다할 정도로 낭만적인 가정들이 부서졌다는 것이다. 많은 사람들은 샌프란시스코 선 센터의 오랜 수행자인 캐시 버틀러Kathy Butler가 말하는 이른바 "아시아인의 위계질서와 미국인의 방종이 사제관계를 왜곡시키면서 불건전하게 결합했던"[1] 현상을 비판하기 시작했다. 그들은 다르마센터가 흔히 비정상적인 가정처럼 권력과 통제라는 쟁점들을 집합적인 영적 훈육이라는 이름 아래 감춘 채 운영되는 경우가 얼마나 흔한지 알게 되었다. 버틀러는 이런 상황을 부인否認의 계보라고 불렀다. "선생이 우리를 기다리게 하거나, 명상을 하지 않거나, 돈을 낭

비하고 있을 때, 우리는 그러한 행위를 모른 채하거나 가르침의 방편이라고 변호해주었다"고 그녀는 1990년에 말했다. 그녀는 이러한 행위를 이른바 알코올 중독 상담사들이 말하는 '도움주기'(enabling: 중독자에게 물질적 도움을 줌으로써 오히려 중독을 심화시킬 수 있는 행위)라는 것과 비교할 수 있다고 했다.

일단의 잘 조직된 수하들이 그(스캔들에 연루된 선생)의 뒤에서 사태를 수습하는 모습은 마치 알코올 중독자의 아내가 남편의 부도 수표를 메워주거나 보석금을 내고 남편을 감옥에서 빼내주는 것과 비슷했다. …… 그것은 자신이 저지른 행동의 결과로부터 격리시킴으로써 우리 선생이 자신의 실수를 통해서 배울 기회를 빼앗았다. 이 과정은 우리에게도 해가 되었다. 우리는 눈앞의 일을 습관적으로 부인하며, 무력감을 느끼면서, 우리의 내적 경험과의 접촉을 상실했다.[2]

뒤따르는 논란들은 중요한 제도적 결과를 가져왔다. 샌프란시스코 선 센터는 지도자의 지위에 대한 민주적 장치와 사제 간의 관계에 대한 지침을 확립했고 다른 기관들도 곧 이를 뒤따랐다. 스캔들에 실망한 다양한 전통 소속의 언론인들은 자신들의 견해를 표현할 독립적인 기관들을 세웠는데, 가장 중요한 것으로는 『트라이시클: 불교평론』(*Tricycle: The Buddhist Review*)이 있다. 1991년 『트라이시클』 제1권의 특집기사에서는 로버트 아이트켄Robert Aitken, 가톨릭 수도승 데이비드 스타인들래스트David Steindl-Rast, 그리고 불교의 가르침을 환자의 치료에 이용하는 심리치료사 다이엔 쉐인버그Diane Shainberg 간의 대화를 특집으로 다룸으로써 '권위와 착취'라는 중심적인 논제를 직접 다루었다. 세 사람은 "평등주의의 필요성과 영적 가르침의 전수에 필요한 권위 사이에 내재되어 있는 갈등"[3]에 대해 논의했다. 그들의 대화는 얼마나 많은 학생들이 불가사의한 심성변화의 희망을 품고 수행에 입문했는지, 이러한 희망은 얼마나 쉽게 이용당할 수 있는지, 그리고 센터들은 건전한 가족처럼 운영되어야 할 필요가 있다는 점에 역점을 두었다. 종종 흥분으로 가득 차 있던 수행센터의 분위기에서 아이트켄은 "선생과 수련생 간에 신뢰의 기반을 확립할" 필요가 있다고 하면서 말하기를 "훌륭한 선생은 대체로 수행 공동체가 가족이라는 점, 선생은 그 가족에서 아버지나 어머니로서 전형적인 존재감을 가지고 있다는 점, 그리고 선생이 학생을 유혹하는 성적인 배신행위는 근친상간이라는 점을 알고 있다"고 말했다.[4]

  스캔들과 논쟁은 불교의 미국화를 촉진하기도 했는데, 물론 이로 인하여 미국화가 무엇을 의미해야 하는가에 대한 의문이 일어나기도 했다. 사건들이 터지고 많은 이들이 아픔을 겪으면서 분명해진 사실은 명상이 아동기의 상처, 죄책감, 그리고 낮은 자존감 같은 친숙한 쟁점들을 처리하지 못할 수도 있다는 것인데, 이것을 알게 되면서 어떤 사람들은 다르마와 심리치료를 점점 더 동일시하기도 했다. 몇몇 사람들은 불교수행의 목표에 의문을 제기하기 시작했다. 즉 그 목표는 완전한 해탈을 이루는 것인가, 자아실현을 이루는 것인가, 건전한 마음을 얻는 것인가, 아니면 그냥 스트레스를 벗어나는 것인가? 그 결과 개종자 불교의 많은 부분에서 수행의 주안점은 1960년대의 초월에 대한 심취로부터 윤리라는 더 안전한 기반으로 바뀌었다. "희한하게도 깨달음은 미국 선자禪者들 사이에서 역겹다시피 한 말이 되어버렸다"고 1994년 『트라이시클』의 편집자 헬렌 투워코프Helen Tworkov는 말하고 있다.

깨달음의 추구는 요즘에 가부장적인 구닥다리 승가제도의 낭만적이고 신화적인 열망이라고 비난받고 있는 반면, 윤리는 재가자 선의 활기찬 비전이 되었다. 깨달음이라는 그 알 수 없는 상태를 추구하는 것은 이제 일상생활 중의 마음챙김을 강조하는 '일상선'을 강조하는 수행에 걸림돌이 된다고 흔히 간주된다.[5]

여기서 더 중요한 점은, 스캔들이 명상을 통한 초월의 추구를 성性 정치적 상황으로 끌어옴으로써 여성들에게 모닝콜의 역할을 해주었다는 것이다. 1970년대를 통틀어서 여성들은 공동체 내에서 지도자, 선생, 그리고 학생으로서 적극적으로 참여했다. 그러나 여성들은 이제 부정적인 경험들을 대면해야 할 상황에 처하게 되었다. 선생들과의 불륜은 파괴적이든, 아니면 문제가 좀 있을 뿐이든 선생-제자, 남-여, 그리고 종종 아시아계-유럽계 미국인의 관계에 은연중 내포된 권력에 의거하여 고찰되게 되었다. 몇몇 수행센터는 군대는 아니라 해도 그 분위기는 전투적이었는데, 이런 곳에서 여성들이 경험했던 불쾌함은 여성을 지도해본 적이 거의 없던 위계적 승가 전통의 선생들에 의해 만들어진 남성 중심의 수행체제 때문이라고 이해될 수도 있다. 많은 여성들은 다르마센터에서 그들이 흔히 맡았던 부차적 역할, 그리고 남성 선생들이 그들에게 기대하는 존경심 등도 역시 마찬가지로 여성이 부차적인 지위를 가지고 있다는 명백한 증거라고 생각했다.

60년대부터 물려받은 자유의 기풍, 스캔들에 대한 대응, 그리고 더 넓은 문화에서 전개되던 페미니즘의 힘이 1980년대에 하나로 모아지면서 성평등은 개종자 공동체의 제일의제가 되었다. 이러한 발전상은 처음부터 명시적으로 미국화 경향이 가장 강했던 선 센터들과 통찰명상운동에서 가장 두드러졌다. 그런데 성평등의 이상은 1980년대와 1990년대 동안 대다수의 개종자 공동체에 영향을 미쳤지만, 이 시기는 보다 더 진보적인 미국 유대교와 기독교 진영에서 보다도 상당히 늦은 때였다.

성과 여성의 영성이라는 논제에 숙달된 수행자들이 불교 비판으로 관심을 돌리게 되면서, 얼마 지나지 않아 미국인의 정서적, 영적 욕구에 부응하는 불교의 성 해설서가 출간되었다. 개척적인 연구서로는 1988년 샌디 보처Sandy Boucher가 출간한 『바퀴를 굴리면서: 신불교를 창안하는 미국 여성들』(Turning the Wheel: American Women Creating the New Buddhism)이 있다. 오랜 세월 페미니스트 운동가이며 레즈비언이자 여러 가지 형태의 여성 영성에 친숙한 저술가이기도 한 보처는 1980년 담마 데나Dhamma Dena 위빠사나 센터의 루스 데니슨Ruth Denison에 의해 불교수행에 입문했다. 『바퀴를 굴리면서』에서 그녀는 이성애자든, 동성애자든 여성들이 매우 다양한 전통과 공동체에서 불교를 수행하고 있음을 살펴봄으로써 미국적 형태의 다르마에 대한 여성 참여의 다양성을 알게 해주었다. 그녀는 추문이 터져 나온 이후 여성들에게 중요해진 몇 가지의 논점들, 이를테면 여성이 남자 선생을 대할 때의 문제, 여성이 추구하는 수행 및 가르침에서 나타나는 독특한 방식과 스타일, 그리고 여성 주도의 수행센터에서 나타나는 독특한 특징 등을 조목조목 제시하기 시작했다.

『바퀴를 굴리며』는 여성들이 미국 불교에 대한 여성의 독특한 공헌을 광범위하고도 매우 다양하게 탐구하는 데 시발점이 되었다. 레노어 프리드먼Lenore Friedman의『주목할 만한 여성들과의 만남: 미국의 불교선생들』(*Meeting With Remarkable Women: Buddhist Teachers in America*)로부터 카르마 렉쉐 초모Karma Lekshe Tsomo의『미국 여성들의 눈을 통해 본 불교』(*Buddhism Through American Women*)와 마리안느 드레서Marianne Dresser의『선두에 선 불교도 여성들: 서양 변방의 현대적 관점들』(*Buddhist Women on the Edge: Contemporary Perspectives from the Western Frontier*)이 바로 그러한 책들이다. 1997년 보처는『연꽃을 피우면서: 여성을 위한 불교 안내서』(*Opening the Lotus: A Women's Guide to Buddhism*)를 출간하여 90년대의 많은 미국인 남녀가 실천했던 일종의 자유로운 페미니스트 불교를 주창했고, 또 여성들을 위한 수행센터와 선생들에 대한 안내 자료를 제시하기도 했다.

미국 불교 공동체를 학술적 측면에서 조명한, 다른 종류의 성 관련 해설서도 출간되기 시작했다. 불교학자들의 이러한 연구 덕택에 미국인들은 아시아 불교 역사의 큰 범위 내에서 이와 관련된 발전상을 잘 알게 되었고, 그로 인하여 성평등에 대한 그들의 헌신도 깊어졌다. 이것은 수십 년 전 성에 관한 유대교와 기독교의 학술연구가 궁극적으로 민중의 종교 공동체들에 영향을 주었던 중요한 정치·종교적 역할을 담당하기 시작했던 것과 비슷하다. 마찬가지 방식으로 불교 전통에서의 성에 대한 학술연구의 결과는 대학의 종교학부에서, 그리고 진보적인 신학교에서 먼저 체감할 수 있었지만, 얼마 지나지 않아 그러한 연구결과는 많은 불교수행 공동체 내에서 성, 전통, 그리고 혁신에 대한 활발한 토론을 촉진시켰다.

　게이 운동가, 전직 승려, 그리고 덴버에 위치한 일리프 신학교(Iliff School of Theology)의 불교철학 교수인 호세 이그나시오 카베손 José Ignacio Cabezón은 1992년에 여러 학자들의 글을 편집하여 『불교, 성, 그리고 성별』(Buddhism, Sexuality, and Gender)이라는 선구적인 책을 출간했다. 이 책에 실린 글들은 성과 관련된 광범위한 논제들을 해명하기 위해 종교학자들이 행했던 대표적인 역사적, 문헌적 연구였다. 더 중요한 점은 이 책의 저자들이 10세기 스리랑카의 비구니 상가, 일본 승가제도에서의 동성애, 관음보살의 복잡한 성 상징 등의 주제에 관한 역사적 의문점들을 성과 관련된 미국 불교 공동체의 현대적 논제들과 암묵적으로 연관시켰다는 것이다. 한편으로 이 글들은 아시아 불교가 시대를 초월한 일련의 진리와 수행일 뿐 아니라, 매우 다채롭고 정치적으로 구성된 인간역사의 창안물이기도 하다는 깊은 의미를 미국 불교도에게 심어줌으로써 혁신을 촉진시켰다. 다른 한편으로 이 글들은 일본의 노사老師나 티베트의 라마와는 전혀 다른 방식으로 미국인들로 하여금 아시아 전통으로 관심을 돌리게 만드는 데 도움을 주었다. 구세계의 결점과 단점이 신세계의 배경 속에서 교정될 수도 있다는 것을 암시함으로써 말이다.

　다른 학술적 연구들도 보다 더 구체적으로 기획되어 혁신을 옹호하면서 비슷한 시기에 나오기 시작했다. 그 중 하나인 초걈 트룽파의 학생인 리타 그로스Rita Gross의 『가부장제 이후의 불교』(Buddhism After Patriarchy)가 1993년에 발간되었다. 이 책은 현대여성이 본보기로 삼기에 적합한 과거의 사례를 찾아보면서 한 전통의 역사를 광범위하게 해석하고 있다는 점에서 유대교와 기독교의 초기 페미니스트 연구와 밀접하게 닮았다. 그로스가 발견한 바에 의하면 불교는 시대를 따라 내려가면서 대다수의 아시아 사회에서 발견되는 가부장적 가치를 반영하고 있는데, 이러한 경향은 최초의 승가 공동체에 여성이 들어오는 것을 붓다가 마지못해 허용했다는 데서 잘 나타나 있다는 것이다. 나중의, 특히 욕정의 억제와 관련된 승가 계율과 수행은 여성에 대한 에로틱한 고정관념을 만들어냈다. 승가 공동체의 남성들이 지니고 있는 권한은 아시아 여성들에게는 영속적인 사회적, 제도적 불평등을 의미했다. 긍정적인 측면에서 볼 때, 불교에는 여성들에게 많은 유리한 점이 있다는 것을 그로스는 발견했다. 불교의 무신론적 특징은 유대교 및 그리스도교와 다르게 창조주, 아버지, 그리고 심판자가 없다는 것인데, 다시 말해서 불교는 흔히 서양 여성에 대한 억압적인 태도와 관행의 원천이라고 밝혀졌던 일종의 신인동형론(神人同形論: 자연현상, 신, 영혼 등에 인간의 특성을 귀속시키는 것으로서 인간사와 자연적, 초자연적 영역간의 관계를 강조하는 많은 종교와 우주론 체계의 중심적인 특징)과 다르다는 것이다. 불교수행의 본보기인 고타마 붓다는 예수와 같은 신의 아들이 아니라 인간 스승인 것이다. 게다가 불교에는 역사적으로 많은 영향력 있는 여성과 여성 보살과 불법 수호자들이 있는데, 그로스는 이 여성들을 여성 영성계발의 본보기라고 보았다. 비록 그들이 가부장적 사회질서에 파묻혀 있다고 할지라도 말이다. 많은 불교도들은 『가부장제를 넘어선 불교』가 내용상 논란의 여지가 많다고 보았지만, 이 책이 미국 불교에 기여한 바는 이보다 20년 전에 메리 데일리Mary Daly의 『하나님 아버지를 넘어서』(Beyond God the Father)가 미국의 그리스도교에 기여했던 것과 비교될 수 있는데, 그 기여란 미국 여성들이 종교의 역사를 비판적이고 창의적으로 전용轉用하도록 문호를 개방한 것이었다.

카베손과 그로스의 초기 저작은 학자들의 광범위한 후속연구나 학문적인 글에 전례를 만드는 데 도움이 되었다. 이 가운데 몇몇은 불교에서 여성의 역사적, 정치적 상황을 다루고 있는데, 수잔 머코트Susan Murcott의 『최초의 불교도 여성들: 장로니게의 번역과 주석』(The First Buddhist Women: Translations and Commentaries on the Therigatha), 미란다 쇼Miranda Shaw의 『열정적인 깨달음: 탄트라 불교의 여성들』(Passionate Enlightenment: Women in Tantric Buddhism), 그리고 테사 바르돌로뮤Tessa J. Bartholomeusz의 『보리수 아래에 있는 여성들: 스리랑카의 불교도 여승들』(Women Under the Bo Tree: Buddhist Nuns in Sri Lanka)이 그것이다. 불교를 현대 미국 여성들에 적합하게 해석할 수 있는 가능성을 보다 직접적으로 탐구한 것도 있는데, 앤 클라인Ann Klein의 『위대한 환희의 여왕을 만나며: 불교도, 페미니스트, 그리고 자아의 기술』(*Meeting the Great Bliss Queen: Buddhists, Feminists and the Art of the Self*)이 여기에 포함된다.

이러한 발달상의 대부분은 반문화와 밀접하게 결부된 개종자 공동체들이 스캔들에 다소 직접적으로 강력히 대응했던 데서 그 유래를 찾아볼 수 있다. 그런데 성에 대한 관심은 비록 이보다는 덜 인상적인 상황에서 일어났고 또 대중의 관심도 많이 끌지는 않았지만, 국제창가학회(SGI)라는 또 다른 주요 개종자 공동체에서도 마찬가지로 중요했다.

미국 일련정종의 초창기에 일본인 여성들은 샤쿠부쿠(折伏) 운동의 성공에 극히 중요한 역할을 했다. 이 전국적인 조직은 처음부터 남성부와 여성부로 조직되었기 때문에 많은 여성들은 지방과 전국의 단체에서 중요한 지도자 직책을 차지할 수 있게 되었다. 그러나 1990년대 초 일련정종과 창가학회가 분열된 이래로, 창가학회는 일본으로부터 물려받은 복종의 관습 — 이를테면 일본 여성들이 염송을 주도하는 남성들에게 복종하는 경향 — 을 제거하기 위해 노력을 더해갔다. 더욱이 지난 10년 동안 부총재직을 맡았던 여성들이 다섯 명이나 되었다. 그 기간에 남성은 16명이었다. 성평등은 미국 창가학회의 다른 많은 혁신과 마찬가지로 진행 중인 과업이며, 인종 및 민족성과 관련된 논제들에 독특한 방식으로 일관되게 나타난다. 다문화적인 미국 사회를 고려해보건대, 국내의 인종 및 민족에 관한 논제는 여성이 지도자로 진출하는 데 주요한 고려사항이다. 그러나 국제창가학회 운동은 역사적으로 일본인들에 의해 지배되었다. 현재 단 한 명의 미국인 백인남성이 여섯 명의 일본인 남성과 함께 미국 창가학회의 이사직을 맡고 있다. 다른 나라에서도 전국적인 창가학회 지도자들은 보통 일본인이지만 그들 중 다수는 여성이다.

1990년대에 이르러서 성평등의 이상은 어떤 경우에도 개종자 공동체의 문화 간 다르마의 전승에서 가장 중요한 기준 중 하나가 되고 있음이 명백해졌다. 몇몇 전문가들은 어떤 종파나 전통에서든 대다수의 진지한 개종 불교도들은 여성이라고 주장한다. 더 중요한 점은 여성들이 승려나 재가선생, 지식인, 기관의 지도자, 혹은 문화비평가로서 매우 다양한 방식으로 다르마를 실천하면서 살고 있는데, 바로 이 점이 불교가 미국의 독특한 문화적 풍토에 적응하는 데 주요한 영향을 끼쳤다는 것이다.

몇 가지 사례를 보면 개종자 공동체에서 여성들이 매우 다양한 역할을 하고 있다는 것을 알 수 있다. 지코 린다 루스 커츠Ji Ko Linda Ruth Cutts는 1971년에 샌프란시스코 선 센터에서 좌선을 시작하여 마침내 계를 받은 후 스즈키 노사 계보의 선 승려가 되었다. 그녀는 그린걸치 농장에서 남편과 두 자녀와 함께 살면서 탄토(單頭: 일본의 선 사원에서 승려 수행을 총괄하는 두 명의 지도자 중 하나), 즉 수행 지도자로 일하고 있다. 마에즈미 노사의 후계자 중 하나이며, 아내이자 어머니이고 피학대아동을 치료하는 소아과 의사이기도 한 잰 초젠 베이스Jan Chozen Bays는 오리건에서 가르치고 있다. 그녀는 일본 임제종 선사이자 소겐지(崇元寺)의 주지 하라다 쇼도(原田正道, 1940년 무렵 태어남) 노사에게 선을 계속 배우고 있으며 두 개의 오리건 상가, 즉 포틀랜드의 도시 선방과 동부의 산속에 자리 잡은 시골 수행센터를 운영하고 있다. 이 두 공동체의 대다수 회원들은 가

지코 린다 루스 커츠.

족이 있는 재가자이므로 베이스는 자신의 가르침 중 많은 부분을 일
과 가족에 관련된 수행문제에 할애하고 있다. 그러나 그녀는 북서부
지역에 승가 스타일의 주거형 선 수행센터를 설립하는 데 점점 더
많은 관심을 쏟고 있다.

　30여 년 간 조동선 전통에서 선생과 법사를 맡고 있는 이본 랜드
Yvonne Rand는 이제 위빠사나와 티베트 불교의 요소를 자신의 가르
침에 포함하고 있다. 그녀는 특히 인간의 생식生殖 문제에 중점을 두
고 있는 것으로 알려져 있으며, 많은 불교도 여성과 마찬가지로 자
신도 '낙태반대와 선택찬성 입장'(낙태를 반대하긴 하지만, 강요하지
않고 여성의 선택을 존중하는 입장)이라고 설명한다. 일본에서 영아의
죽음과 연관된 불교의 성인이라고 대중적으로 알려진 지장보살의
영향을 받은 후 그녀는 간단한 미국식 지장의식을 개발했는데, 이
방식은 낙태, 사산, 유산에 따른 죄책감, 비탄, 고통의 한가운데서 자

각을 계발하는 방법이다. 불살생에 관한 자신의 불교 신앙에도 불구하고 그녀는 "불교 승려로서 내가 경험을 통해서 지속적으로 배우고 있는 것은 불쾌하거나 어려운 일을 미봉하지 않고 그 상황을 상세하게 들여다보게 되면 현재의 상태에 명확하게 머물러서 무지를 뚫고 나가는 데 도움이 된다는 것이죠. 이것은 성, 생식, 임신이라는 잠재적인 영역에도 확실히 적용됩니다."[6]

　여성은 개종자 공동체에서 주도적인 창의적 지식인에 속하며, 여성이 다양한 방식으로 다르마를 이해하고 있다는 점은 20세기 말에 이르러 이 공동체에서 나오는 견해가 점점 더 다양해지고 있다는 사실에서 전형적으로 나타난다. 조애너 메이시는 주로 철학자이자 사회운동가로 알려져 있다. 그녀는 버클리 연합신학 대학원과 캘리포니아 통합학문 대학교의 교수이며, 그녀의 『불교의 상호 인과율과 일반시스템이론』(*Mutual Causality in Buddhism and General Systems Theory*), 그리고 『연인으로서의 세상, 자아로서의 세상』(*World as Lover, World as Self*)은 많은 사람들에 의해 미국 불교철학의 중요한 저작이라고 간주되고 있다. 수십 년 동안 그녀는 티베트 난민들과 함께, 불교의 영향을 받은 스리랑카의 사르보다야 운동(Sarvodaya Movement)에서, 그리고 환멸에 빠진 사회운동가들을 위한 글쓰기와 워크숍인 '절망 작업(despair work)'에서도 일해오고 있다. 그녀의 활동에 대해서는 다음 장에 더 상세히 제시되어 있다.

　오랜 세월 선 수행자이자 뉴욕시티 대학의 영어과 교수인 벨 훅스 bell hooks는 페미니스트 이론가이자 문화비평가로서 널리 알려져 있다. 그녀는 또한 많은 개종자 단체에서 아프리카계 미국인과 아시아 이민자를 공동체의 주변부로 내모는 경향이 있는 암묵적 인종주의에 대한 평론가이기도 하다. 혹스는 특히 틱낫한에게 영감을 받았는데, 그녀가 보기에 틱낫한의 불교는 미국인들이 끊임없이 추구하는 개인적 변화보다는 베트남전의 고뇌에 기반을 두고 있기 때문이다. "미국에는 눈에 잘 띄지도 않고 목소리를 높이지도 않으면서 불교에 참여하고 있는 흑인과 유색인이 많다"고 그녀는 1994년 『트라이시클』과의 인터뷰에서 언급했다. "미국에서 백인 수련생들이 불교사상과 수행을 자신들의 '통제'와 '소유' 아래 두고 그렇게 편안함을 느낄 수 있는 것은 확실히 인종주의 때문이죠. 그들은 수행 상의 굴욕감을 받아들이며 '인정받고 싶은 에고의 욕구'를 버린 그런 유색인들로부터 배울 것이 많습니다."[7]

조안 핼리팩스는 다르마를 아메리카 원주민 및 다른 부족민의 샤머니즘 전통들과 통합하고자 노력하는 사람 중 하나다. 1990년대 동안 그녀가 주로 설법한 가르침은 죽는 것 및 죽어가는 사람 돌보는 것에 관한 것이었다. 그러나 수십 년이 흘러가면서 그녀는 조셉 캠벨Joseph Campbell의 신화 연구, 멕시코 우이촐 인디언의 전통, 그리고 숭산과 틱낫한의 가르침에 비추어서 모든 존재의 상호의존성에 관한 불교사상의 해석을 개발하기도 했다. "불교에서 상가라는 용어는 도를 함께 닦는 공동체"를 가리킨다고 그녀는 1993년 『결실이 있는 어둠: 땅의 몸과 재접속하기』(*The Fruitful Darkness: Reconnecting with the Body of the Earth*)에 쓰고 있다. "내가 묻고 싶은 건 그 공동체의 경계선이 어디냐는 것이죠."

조안 헬리팩스. 미국 불교에서 여성들은 항상 창의적인 세력이었고, 또 1980년대 초부터는 구족계를 수지한 여승이 됐든, 아니면 재가자가 됐든 지도자와 선생으로서 두루 중요한 위치를 차지하게 되었다. 뉴멕시코의 우빠야 연구소(Upaya Institute)의 설립자인 조안 헬리팩스는 세 곳의 다른 선 계보에서 계를 받았으며 자신의 불교 강의와 글에 신세계에 관한 많은 주제를 포함시켰다.

그 공동체의 경계에는 인간을 넘어 확장되면서 우리 조국을 둘러싸고 있는 성스러운 산, 바위, 그리고 문명의 조상을 낳아준 샘도 포함된다. 독수리, 곰, 물소, 그리고 고래 같은 하늘과 땅의 지혜로운 존재들 ……. 그리고 불교의 관점에서 볼 때, 이 공동체는 모두 다 살아있으며 함께 도를 닦고 있다.[8]

미국 불교에서 성평등 운동은 게이와 레즈비언 문제에 관해서 표현되기도 했는데, 90년대에 이르러 새로운 성 정체성과 종교적 전통주의를 어떻게 관련시킬 것인가를 두고 점차 분열로 치달으면서 이 논제의 중요성은 더 커지게 되었다. 다르마센터에서 동성애 혐오증의 잔재는 존속하고 있었지만, 불교도 게이 남성들과 레즈비언 여성들은 남녀 승려 및 재가자로서 많은 다양한 불교 공동체의 사회적 조직으로 통합되었다. 에이즈 위기는 동성애자든, 이성애자든 많은 불교도들이 성 논제에 관한 게이와 레즈비언의 관점들에 대해 보다 더 솔직하고 직설적인 태도를 가지게 된 기회가 되었다. 그 결과 뉴욕 시 빌리지 젠도의 선생인 팻 엔쿄 오하라Pat Enkyo O'Hara가 관할하는 화이트플럼 불교 에이즈 네트워크(White Plum Buddhist AIDS Network), 그리고 샌프란시스코에서는 선 호스피스 프로젝트(Zen Hospice Project) 같은 봉사단체가 만들어졌다. 또한 에이즈 위기는 뉴욕 마이트레 도르제New York's Maitre Dorje, 그리고 샌프란시스코의 하트포드 스트리트 선 센터(Hartford Street Zen Center)와 게이불교단(Gay Buddhist Fellowship)의 창설을 촉진하기도 했다.

에이즈 위기는 게이 공동체의 종교적 욕구에 부응하기 위해 몇몇 불교도들로 하여금 보다 더 전통적인 신앙 표현들을 사용하도록 촉구하기도 했다. 메릴랜드 풀스빌에 위치한 닝마 불교사원인 쿤장 팔률 츌링Kunzang Palyul Choling에서는 그 사원에 거주하는 남녀 승려들이 에이즈에 걸려 죽은 사람들을 위해서 1990년대 말에 포와 phowa 의식을 이행했다. 포와의 목표는 죽어가는 사람의 의식을 붓다의 지혜의 마음과 융합시키는 것이다. 이 관상觀想 기법은 장기간의 명상수행 경험 없이 깨달음을 얻는 데 사용된다.

1997년 6월 게이 및 레즈비언 불교도들과 달라이 라마 간의 만남은 성평등의 이름으로 전통을 변용하는 것이 제도적으로 어렵다는 점을 현저하게 부각했다. 이 만남은 불교운동가들의 요청으로 열렸는데, 이들은 달라이 라마가 『자유로 가는 길』(The Way to Freedom)

과 『도그마를 넘어서』(*Beyond Dogma*)라는 두 저서에서 간통에 대해 언급했던 부분을 해명해달라고 요청했다. 이 만남에서 카베손, 불교평화단(Buddhist Peace Fellowship)의 로디스 아길레스Lourdes Arguelles, 그리고 불교도 에이즈 프로젝트의 공동설립자 스티븐 페스킨드Steven Peskind가 포함된 불교운동가 대표단은 두 개의 전혀 다른 관심사를 표현했다. 첫 번째는 노벨상 수상자이자 탁월한 인권 지도자로서의 달라이 라마의 위상과 게이의 인권문제에 관한 그의 견해가 대중들에 의해 어떻게 해석될 것인가와 관련되어 있었다. 두 번째는 보다 더 엄밀하게 종교적인 것이었다. 만일 동성애 행위가 붓다의 가르침을 위반하는 것이라고 간주된다면 게이와 레즈비언 불교도들은 개인의 정체성과 종교의 정체성을 어떻게 조화시킬 것인가?

우선은 인권 주창자의 입장에서, 그 다음에는 불교 승려이자 지도자의 입장에서 달라이 라마의 각기 다른 답변은 미국의 진보주의적 이상과 전통에 근거한 종교적 정통성 사이의 균형 유지하기와 관련된 복잡한 과제를 잘 보여주고 있다. 인권에 관한 한 달라이 라마는 분명하게 게이를 옹호하는 입장을 취했다. "사회가 성적인 성향을 근거로 사람들을 받아들이지 않는 것은 잘못된 일"이라고 하면서 그는 "완전한 인권을 얻기 위해 여러분이 벌이는 운동은 합당하고 논리에도 맞습니다"[9]라고 말한 것으로 알려졌다. 『샌프란시스코 크로니클』(*San Francisco Chronicle*)에 따르면 그는 "사회의 관점에서 볼 때 서로 유쾌한 동성애 관계는 서로에게 이득이 되고, 즐겁고, 무해할 수 있습니다"라고 덧붙였다.[10]

그러나 한 종교 전통의 지도자로서 달라이 라마가 내놓은 답변은 이보다 훨씬 더 복잡했다. 그는 불교의 모든 행동규범에 관한 문제는 불교 전통 및 수행의 목표, 즉 번뇌와 집착의 제거라는 목표와 관련지어서 고찰해야 한다고 설명했다. 일반적으로 집착의 가장 큰 원천 중 하나인 성적인 욕구는 모든 불교도들이 억제해야 할 것이지만, 독신의 승가서약을 한 사람들은 특히 그렇다. 그들에게 모든 성적 행위는 성적 부정행위로 간주되기 때문이다. 보다 더 구체적으로 말하자면 불교 전통은 모든 불교도에게 네 가지 기준, 즉 장소, 시간, 상대방, 그리고 신체기관이라는 기준에 의거하여 윤리지침을 제공한다. 즉 성행위가 금지되어 있는 장소로서 사원 경내가 있다. 금지된 때에는 낮 시간과 여성의 생리기간이 포함된다. 불교도들은 간음, 남녀 승려와의 성관계, 동성 파트너와의 성관계, 혹은 임신 말기의 성관계도 역시 피해야 한다. 전통에 의하면 구강성교, 항문성교, 그리고 자위행위도 모두 성적인 비행이다. 달라이 라마는 이런 규정 가운데 어느 것도 게이와 레즈비언 자신들을 가리키고 있지는 않다고 강조했지만, 경전과 전통의 권위가 크기 때문에 심지어 겔룩파 종단의 수장이자 티베트 국민의 영적 지도인인 자신조차도 그것을 일방적으로 바꿀 권한은 없다고 덧붙였다.

그러나 결론적으로 달라이 라마 성하는 불교 전통이 고대 인도의 아주 독특한 문화적 환경 아래서 형성되었다는 말도 했다. 아시아 불교의 역사를 통틀어서 다르마는 새로운 배경에서 다르게 해석되어왔다. 그는 제안하기를, 대표들이 고대의 문헌들을 현대 미국의 상황에 적합하도록 새롭게 이해하기 위해서는 미국 불교의 다양한 공동체들이 공감대를 형성하기 시작해야 한다는 것이다. 이러한 노력은 성과 관련된 다른 중요한 논란들, 이를테면 여자 승려의 지위와 여성 수계의식 같은 것들의 해결과 연계될 수도 있다. 어떤 경우가 됐든 달라이 라마가 분명히 했던 점은 게이와 레즈비언이 관용과 보편주의라는 일반적 불교 원칙을 그들이 전개하는 성평등 투쟁의 토대로 삼아야 한다는 것이었다. 행동의 지침들은 불교 전통과 수행 공동체로부터 어느 누구도 배제하지 말아야 한다.

보도 자료와 언론 보도에 따르면 이 모임은 편안하고, 따뜻하고, 화기애애한 가운데 이루어졌으며, 달라이 라마는 대표단이 불교윤리와 게이 및 레즈비언의 성적 관행에 관한 몇 가지 더 섬세한 점을 해명하려고 할 때 빙그레 웃다가 폭소를 터트리기도 했다고 한다. 대표들은 그 만남의 취지와 결과 둘 다에 대해서 만족했다고 보도되었다. 국제 게이 및 레즈비언 인권위원회의 공동의장인 틴쿠 알리 이쉬티아크Tinku Ali Ishtiaq는 "달라이 라마 성하가 우리의 권리를 지지해준 점이 매우 의미심장하다"고 언급했다. 로디스 아길레스는 "성하가 자기 자신의 전통이라는 문화 속박의 상황을 벗어나서 지금 여기에서 인간의 복잡한 욕구와 욕망에 초점을 맞추기 위해서 불합리해 보이는 금지에 대한 해결책을 찾고자 고심하는 모습은 언제나 놀랍다"고 말했다. 산호세 불교사원의 영적 지도자인 K. T. 쉬드럽 갸초Shedrup Gyatso는 이렇게 말했다. "나는 성하의 말씀에 대해 매우 기쁩니다. 이제 저의 사원으로 돌아가서 우리 게이, 레즈비언, 양성애자 회원들에게 그들이 여전히 불교도이고, 그들이 여전히 환영받고 있고 있으며, 그들이 다른 누구 못지않게 불교수행자의 자격을 구비하고 있다고 말해줄 수 있습니다." 불교도 에이즈프로젝트의 스티브 페스킨드는 이 토론이 "20세기 불교의 참모습"이었다고 결론지었다.[11] 그런데 이듬해 봄에 페스킨드는 『샴발라 선』과의 인터뷰에서 더 비판적인 태도를 보이며 이렇게 회고했다.

나는 그(달라이 라마)가 불교 전통을 넘어서 개인적이면서도 직접적인 언급을 하지 않았다는 점이 실망스러웠죠. 이 점이 성적 비행에 대한 그 가르침의 진정한 해악이고, 또 그 가르침은 현대 불교도 및 다른 사람들에게도 아무 관련이 없습니다. 내가 궁금했던 점은 많은 사람에 의해 "중생의 외침을 들어주고 방편적으로 응답해주는" 관음보살의 화신이라고 간주되고 있는 달라이 라마가 과연 성소수자 불교도들의 외침을 진정으로 듣고 있느냐는 것이었죠.[12]

성평등 운동은 재가자 지향적인 개종 불교도들 사이에서 가장 두드러진 변화를 일으켰지만, 정식 승가 공동체에도 영향을 주었다. 대다수의 미국인 불교도들은 승려의 길을 선택하지 않았다. 그러나 승려가 된 사람 중 많은 여성들은 서양에 승가 운동을 정착하는 데, 그리고 다르마에 여성의 공헌이 중요함을 부각하는 데 도움을 주고 있다.

여성 불교수행자를 가리키는 눈nun이라는 말도 역시 많은 불교용어와 마찬가지로 매우 애매하다. 이 말이 정확하게 사용되기 위해서는 아시아의 복잡한 역사적 발전상과 관련하여 이해되어야 한다. 전통적으로 여성의 승려 수계는 세 가지 형태가 있다. 구족계(具足戒: 비구니계)는 상좌부 불교 국가들에서 10세기에 소멸했고, 티베트에는 도입된 적이 없으며, 중국, 타이완, 베트남, 그리고 한국 같은 대승불교 국가에서만 존속해왔다. 대승불교 전통에서 여전히 존속하고 있는 비구니 계보를 기반으로 하여 상좌부 불교의 계보를 재수립하고 티베트 계보를 새로 만들고자 하는 시도가 이루어지고 있는데, 이러한 시도는 보통 서양 여성들의 촉구에 대한 응답으로써 이루어지고 있다. 두 번째 형태인 사미니계沙彌尼戒는 어디든 비구니 수계가 이루어지는 곳에서 찾아볼 수 있는데, 이것은 티베트 전통의 일부이기도 하다. 사미니계를 받은 여성은 스라마네리카(沙彌尼)라고 불린다. 비구니계도 사미니계도 존재하지 않는 곳에서 승려의 삶을 살고자 하는 여성들을 가리키는 여러 가지 용어가 있는데, 영어로는 흔히 '계율을 지키는 여승'(precept-holding nuns)이라고 불린다. 그들의 지위는 나라마다 상당히 다르지만, 전문적인 의미에서 그들은 완전한 재가여성도 아니고 완전한 승려도 아니다.

미국에서는 이런저런 재가 지향의 계보에서 계를 받은 미국인 불교도 여성들이 아시아의 '계율을 지키는 여성'의 모델을 따라서 스스로를 여승(nun)이라고 부를 수도 있다. 이런 관행은 일본의 전통에 의거해서 여성도 법사의 계를 받을 수 있도록 한 미국선 단체에서 다소간 표준이 되었다. 그렇지만 비구니계나 사미니계를 받는 미국인 여성은 극히 드물다. 이러한 계를 받은 여성 중 하나가 페마 초드론Pema Chodron인데, 샴발라 인터내셔널에서 그녀가 활동한 내용은 7장에서 간략하게 논의한 바 있다. 두 자녀의 어머니이며 최근

할머니가 된 그녀는 1970년대 중엽 스코틀랜드에서 16대 걀와 카르마파로부터 사미니계를 받았고, 또 그의 요청으로 1981년에는 홍콩의 중국 대승불교 계보에서 구족계를 받았다.

툽텐 초드론Thubten Chodron은 이 두 계를 받은 또 한 명의 여성이다. 그녀는 티베트 겔룩파 전통의 단체인 대승불교 전통 보존재단(Foundation for the Preservation of the Mahayana Tradition: FPMT)의 고참 선생이다. 그녀는 1975년 에프피엠티(FPMT)의 설립자 중 하나인 조파Zopa 린포체 아래서 수행을 시작하여 1977년에 사미니계를 받았고 1986년에 구족계를 받았다. 그녀는 논드로ngondro로부터 타라 사다나Tara sadhana에 이르기까지 다양한 티베트 수행을 가르치고 있는데, 타라는 티베트 전통에 속한 많은 미국 여성들이 좋아하는 티베트의 여성보살이다. 1990년대 말 툽텐 초드론은 워싱턴 시애틀의 다르마 친교재단(Dharma Friendship Foundation)에서 가르쳤다. 그녀는 이렇게 쓰고 있다. "수계자의 삶은 명확한 항해가 아니다. 우리가 어디를 가든 심란한 태도가 따라다닌다. 이러한 태도는 단순히 계를 받고, 삭발을 하고, 승복을 입는다고 없어지는 것이 아니다. 승려생활은 우리의 아름다움뿐 아니라 우리의 쓰레기와도 함께하겠다는 약속이다. 승려의 삶은 우리를 곧장 우리 자신의 모순적인 부분 앞에 세워놓는다." 그녀는 승가 계보에 소속되면서 얻게 되는 힘에 대해 이렇게 쓰고 있다.

불교에서 스승들은 계보의 중요성을 자주 언급한다. 영적 스승으로부터 구도자에게로 어떤 에너지나 영감이 전달된다. 비록 예전에 나는 이것을 믿는 사람이 아니었지만, 계를 받은 이후 나는 경험을 통해서 이런 사실을 분명히 알게 되었다. 에너지가 시들해질 때 나는 붓다의 가르침을 2,500년 동안 실천하고 실현해온 강하고 슬기로운 승려들의 계보를 떠올린다. 계를 받으면서 나는 그들의 계보에 들어갔으며, 그들이 살아온 본보기가 나의 영감을 회복해준다. 더 이상 영적인 모호함이나 좌절의 바다를 떠다니지 않고, 나는 유익한 수행과 성취 가능한 목표에 뿌리박고 있다고 느낀다. 비록 그것을 얻기 위해 모든 집착을 내려놓아야 하지만 말이다.[13]

카르마 렉쉬 초모Karma Lekshe Tsomo는 자신의 아시아학 연구 경력과 구족계를 받은 비구니의 삶 및 불교도 여성의 논제들에 대한 전념을 융합해왔다. 그녀는 1977년에 프랑스에서 제16대 걀와 카르마파로부터 사미니계를 받았고, 그로부터 5년 후 구족계를 받았다. 그 기간 동안 그녀는 미국의 대학들과 인도 다람살라 양쪽에서 아시아 언어와 불교철학을 공부하기 시작하기도 했다. 다람살라는 티베트 망명정부의 본부이자 달라이 라마의 망명 승가 거주지이다. 1987년에 그녀는 붓다가 깨달음을 성취했던 곳인 인도 보드가야에서 열렸던 제1회 불교도여성 국제회의의 결말에 즈음하여 사캬디타: 국제 불교도여성협회(Sakyadhita: Internation Association of Buddhist Women, 사캬디타란 '붓다의 딸들'이란 뜻)가 창설되는 데 힘을 보탰다. 사캬디타의 목표 중에는 수행하는 여성의 국제 네트워크를 만들고, 그들을 교육하여 법사로 양성하며, 그들의 공부와 수행을 위한 더 나은 시설을 제공하며, 구족계를 받은 여성들의 공동체가 아직 존재하지 않는 곳에 그러한 공동체가 설립될 수 있도록 도움을 주는 것 등이 포함된다.

카르마 렉쉬 초모.

태국의 방콕, 스리랑카의 콜롬보, 인도 라다크의 레, 그리고 캄보디아의 프놈펜에서 잇따라 회의가 개최되었다. 1998년 사캬디타는 남캘리포니아 피처 대학(Pitser College)에서 북미지역 최초의 회의를 열었다. 그 주제는 '통일성과 다양성'이었고, 그 목표는 학자와 수행하는 불교도 사이의 대화를 장려하고, 성과 여성의 영성을 논의하기 위한 포럼을 제공하고, 다양한 불교 전통 출신의 여성들을 위한 만남의 장소를 만들어내고, 아시아인 여성과 아시아계 미국인 여성이 광범위한 청중 앞에서 북미 안팎에서의 경험을 털어놓을 수 있게 하는 것이었다.

사캬디타 및 다른 국제적 연계 활동 덕택에 미국에서 여성에 관한 논제의 이해는 여성 운동이 역시 강력해져 있는 해외 불교도 여성의 활동에 영향 받고 있다. 예를 들어 불광 불교 승가단체 소속의 여승이자 캘리포니아 로즈메드의 시라이 대학교 교무처장인 이파Yifa는 전후 타이완에서 대승불교가 부활하는 데 여성들이 맡았던 중추적인 역할에 대해 언급했다. "타이완에서 불교는 어째서 그렇게 향기롭게 꽃피고 있는가?"라고 그녀는 1996년 그리스도교와 불교의 수도 승려들의 모임에서 물었다. "한 가지 이유는 타이완 사회에도 큰 이로움을 주어 왔던 여성 승려들의 공헌이 컸다는 점이다." 타이완에는,

대승불교의 여승들이 고등교육을 받고, 사원을 세우고, 불교에 대한 강의를 하고, 연구를 수행하고, 불교계율을 전승하고, 사원 경제를 관리하며, 다양한 자선프로그램을 운영하고 거기에 참여도 한다. …… 이 여승들은 오래된 전통 승가제도를 개혁했을 뿐 아니라 남성 불교수행자와 대등함을 입증하기도 했다. …… 그들은 불교가 사람들의 일상생활 속으로 들어가게 만들어서 타이완 사회를 깨끗하게 하는 데 도움을 주었다.[14]

현대의 성혁명은 독특하게 미국적인 형태의 다르마가 만들어지는 데 계속 영향을 줄 것이다. 60년대에 시작된 자유의 풍조가 70년대와 80년대에 줄곧 전개되면서 개종 불교도들은 고대의 영역을 가로질러 새로운 길을 만들기 시작했는데, 이러한 모든 길이 아시아 불교 영역의 전통적 윤곽을 따른 것은 아니었다. 그리고 그 길이 꼭 그래야만 한다고 생각할 이유도 없다. 왜냐하면 이 새로운 길은 신세계 다르마를 창설하려는 노력의 일환이기 때문이다. 그러므로 성평등 운동에 초점을 맞추는 것은 미국 불교의 다양성을 인정하는 것이기도 하다. 이 다양성 속에서 여성과 남성, 이성애자와 동성애자, 승가와 재가는 모두 한 공동체의 일부이며 이 속에서 혁신과 전통은 복잡하고 보통 예기치 못한 방식으로 융합되고 있다.

제12장

사회참여불교

미국 불교도들의 성평등 운동은 불교의 원칙을 현대사회의 문제에 적용하고자 하는 사회참여불교운동을 여러 가지 측면에서 보여주고 있다. 아시아에서 불교는 사회문제에 참여해온 오랜 역사를 지니고 있다. 붓다는 최초의 상가(수행 공동체)를 만들 때 엄격한 사회·종교적 위계질서인 카스트제도에 저항했으며, 기원전 3세기에 아쇼카 황제는 다르마의 원칙을 수용하여 제국을 운영했다. 수세기를 통틀어서 불교가 중생을 위한 자비를 강조해왔다는 사실은 자선활동, 교육, 환자와 말기환자 돌보기 등에서 나타났다. 그러나 '사회참여불교'(Socially Engaged Buddhism)라는 말은 일반적으로 다르마를 종교적 자선 혹은 박애보다도 더 포괄적인 사회문제에 적용하는 것을 가리키는 데 사용되고 있다. 즉 이것은 개인적 초월 추구를 집단적 사회변화로 방향전환 하고자 한다.

　사회참여불교의 많은 부분에 적용되고 있는 한 가지 원칙은 대승불교의 불이不二 사상인데, 이것은 존재의 가장 근원적인 차원에서 볼 때 남녀, 빈부, 고용인과 피고용인, 통치자와 피통치자란 상대적 구별일 뿐이며 보편적인 불심 혹은 불성 앞에서는 이러한 구별은 존재하지 않는다는 확신이다. 성, 경제적 계층, 인종 같은 구별에 집착하는 것은 개인의 해탈 체험에 장애가 된다. 이렇듯 궁극적으로 공허한 구별에서 나온 사회적 불평등은 자비로운 행동을 통해서 바로잡아야 한다. 사회참여불교는 아시아 지역분쟁에서의 평화와 화해를 위한 활동으로부터 뉴욕 시에서의 호스피스 운영에 이르기까지 그 형태가 다양하다. 그러나 사회참여불교는 일상생활의 모든 면에서 불교도들이 자비와 마음챙김(mindfulness)을 계발하는 것으로 표현되기도 한다.

이론과 실제의 측면에서 어떻게 해야 사회참여불교를 가장 잘 이해할 것인지에 대한 약간의 논란이 있다. 많은 불교도들은 세상을 등지고 출가한 후 명상을 통해 깨달음을 계발할 것을 강조한다. 사원이나 법당은 그들의 종교생활에서 중심이 되고, 세상은 붓다의 가르침인 자비, 자애, 관용을 표현하는 공간이다. 그러나 다른 사람들은 깨달음의 계발과 자비의 표현을 구별하는 것은 일종의 이원론적 사고이며, 사회참여불교에서는 이 둘의 완전한 통합이 필요하다고 본다. 이런 식으로 이해하게 되면 팔정도는 지혜, 윤리, 선정을 강조하면서도 전쟁지역에, 응급실에, 혹은 도시의 거리에 현존하는 것이 수반된다. 세상은 사실상 절이나 법당이 된다. 자비와 자애는 출가자들에 의해 세상에 확산되는 것이 아니고 사회활동을 통해 모든 존재의 상호의존성이라는 근본진리를 배움으로써 세상 안에서 실현된다.

미국의 사회참여불교는 적어도 세 가지의 서로 다른 요소를 그 영 감의 원천으로 삼고 있다. 먼저 이것은 대체로 60년대로부터 물려받 은 진보 좌익적 사회관심사를 표현한 것이다. 많은 운동가들은 처음 에 명상을 정치활동의 보완물로 여겼다가, 1970년대가 되어서 비로 소 다르마가 사회변화의 강력한 수단이 될 수 있음을 알게 되었다. 점점 더 많은 미국 불교도들이 운동과 명상을 결합하기 시작하면서 그들은 자연스럽게 시민의 권리로부터 핵무기, 환경보호, 페미니즘 에 이르기까지 현대적인 논제에 초점을 맞추게 되었다.

아시아의 불교 사회운동들은 이러한 영감의 두 번째 원천이다. 19 세기 중반 이래로 아시아 지역에서는 이런저런 유형의 사회참여불 교가 하나의 세력을 이루었는데 불교도, 힌두교도, 회교도가 다 함 께 서양 식민주의에 대응해야 했던 남아시아에서는 특히 그랬다. 20 세기를 통틀어 (아시아의) 전통불교는 서양의 정치적 자유주의, 마 르크스주의, 사회주의, 기독교 사회주의에 의거하여 다수의 아시아 지도자들에 의해 재편되었다. 미국이 아시아로부터 받은 단 하나의 가장 중요한 영감의 원천은 틱낫한(釋一行, 1926년생)이었다. 그는 베트남전 동안 동남아시아에서 '테인', 즉 선禪에 기반을 둔 사회운 동 사상을 개발하기 시작했으며, 그 무렵 '사회참여불교'라는 어구 를 창안해냈다.

세 번째로 보다 일반적인 영감의 원천은 미국의 종교 역사에서 볼 수 있는, 특히 개신교에서 강력했던 개혁성향의 전통이다. 적어도 남북전쟁이 일어나기 수십 년 전부터 개신교는 미국의 종교문화에 강력한 세속적 운동성향을 부여해주었다. 이런 운동이 현대문화에 끼친 영향은 매우 강력했기 때문에 미국 내외의 사회참여불교는 일종의 개신교화化라고 간주되기도 한다.

미국 사회참여불교 발전의 주요 노선은 두 단체와 관련 있는데, 하나는 틱낫한과 관련된 단체들의 모임이고, 다른 하나는 불교평화단(Buddhist Peace Fellowship)이다. 미국에서 이 두 단체는 그 역사를 공유하고 있으며 참여자들도 상당히 중첩되기 때문에 둘 간의 차이를 일반화하기는 어렵다. 게다가 두 집단은 으레 교리보다는 영감을 강조하고 또 그 특성이 비非종파적이고 통합주의적이다. 두 단체는 각각 이상적인 측면을 지니고 있기도 하며, 틱낫한의 접근방식은 주로 아시아라는 그의 출신 배경과 강한 시적 성향에서 우러나오는, 보다 더 철저한 신비적 특징을 보이고 있다. 틱낫한의 단체는 불교평화단보다 더 세계적 규모를 가지고 있기도 한데, 이런 사실은 그의 운동이 어떤 면에서 볼 때 더 국제적인 영역에서 이루어지고 있기 때문일 것이다.

미국인들은 틱낫한의 방대한 저작과 그 관련단체들, 이를테면 프랑스의 플럼 빌리지Plum Village, 패럴랙스 출판사(Parallax Press), 마음챙김 생활 공동체(Community of Mindful Living)를 통해서 그의 참여불교 사상을 많이 접해왔다. 그러나 틱낫한의 접근방식에서 특히 중요한 점은 그의 티엡히엔종(Tiep Hien Order, 相卽宗)이다. 이 종단은 베트남전 때 만들어졌지만, 1985년 틱낫한이 미국을 방문하면서 비로소 미국의 불교도에게 소개되었다. 이 종단은 그 헌장, 절차, 지침 등이 공동체에 의해 지속적으로 개선되어가면서 현재진행형의 상태에 있지만 그 정신은 1985년 미국여행 당시 그의 연설집인 『평화』(*Being Peace*)와 1987년 초판이 나온 후 1993년에 개정판이 발간된 『인터빙: 참여불교의 14개 지침』(*Interbeing: Fourteen Guidelines for Engaged Buddhism*)에 명확히 표현되어 있다.

틱낫한의 사상은 붓다의 가르침, 보살사상, 포괄적인 대승불교 세계관에 기반을 두고 있다. 그의 전반적인 접근방식은 사성제 중 인간의 삶 자체가 고통이라고 하는 고성제苦聖諦를 그가 어떻게 보는가에 잘 나타나 있다. 틱낫한이 "고苦만으로는 충분치 않으며" 사회의 평화는 개인들이 내면의 평화를 계발하면서 시작된다고 강조한 것은 긍정적인 태도를 전형적으로 보여준다. 명상, 게송의 염송, 그리고 다른 간단한 의식들은 세상으로부터 도피하기 위해서가 아니라 세상에 깊고도 완전하게 참여하기 위한 준비로서 사랑, 조화, 깨어있음을 계발하는 수단이다. 그의 많은 글에는 사람의 마음을 편안하게 해주는 소박함이 묻어나는데, 틱낫한의 주장에 의하면 "미소는 매우 중요하다. 만일 미소 짓지 못한다면 세상은 평화를 간직하지 못할 것이다. 밖으로 나가 핵미사일 반대시위를 한다고 평화를 가져올 수 있는 것은 아니다. 평화를 만들 수 있는 것은 미소 짓고, 호흡하고, 평화롭게 되는 역량을 갖추는 것이다."[1]

보살사상과 모든 존재의 상호의존에 관한 사상은 베트남어 티엡 tiep과 히엔hien이라는 말에 함축되어 있다. 티엡이란 자기 자신, 모든 불보살, 그리고 보편적 불성의 지혜-자비와 '접촉해 있다'는 의미다. 이 말은 또한 '지속하다'는 뜻도 있어서 붓다에 의해 맨 처음 가동된 깨달음 운동을 지속한다는 의미로 이해되기도 한다. 히엔이란 '현재', '실현하다', '나타내다'라는 의미다. 수행이란 미래나 미래의 재생을 위해서 행하는 것이 아니라 지혜, 자비, 평화, 기쁨을 현재에 실현하는 것이다. 티엡히엔이라는 말을 번역할 적절한 영어단어가 없었기 때문에 틱낫한은 인터빙interbeing이란 말을 창안해냈다. "인터빙은 새로 만든 영어단어이며, 나는 이 말이 수용되기를 바란다. 내가 있으므로 당신이 있다. 당신이 있으므로 내가 있다. 그것이 '인터빙'이란 말의 뜻이다. 우리는 인터빙이다"[2]라고 그는 『평화』에 쓰고 있다.

더 나아가 틱낫한의 참여불교 비전은 계율에 기초하고 있다. 티엡히엔종에서는 승려의 계를 받은 사람들에게 14개의 계율을, 그리고 확대된 공동체의 필수적인 구성원인 재가 수행자에게는 5계를 수여했다. 그는 이러한 사상의 전반적인 취지에 맞추어서 전통적으로 금지어로 표현되었던 계율을 긍정적인 방식으로, 다시 말해서 어떤 행위를 하지 말아야 할지가 아니라 어떤 선행을 해야 할지를 강조하는 식으로 재구성했다. 예를 들어 오계 중 한 가지는 흔히 "나는 나에게 주어지지 않은 것을 취하지 않기로 서약한다." 또는 "나는 도둑질을 않기로 서약한다"라고 번역된다. 그런데 티엡히엔종에서는 그 함축 의미 중 많은 것들을 사회 및 자연의 생명 간 상호연관성을 강조하기 위해 이끌어 와서 그것들을 현대의 문제와 일상생활에 적용한다.

나는 착취, 사회적 불의, 절도, 압제에 의한 고통을 알아차리면서 자비심을 기르고 사람, 동물, 식물, 무기물의 안녕을 위해 노력할 방법을 배우기로 서약합니다. 나는 가난한 사람들에게 시간, 정력, 물건을 나누어주면서 보시를 실천하기로 서약합니다. 나는 타인의 것을 훔치지 않고 차지하지 않기로 결심합니다. 나는 타인의 재산을 존중하면서도 타인으로 하여금 인간의 고통이나 지구상의 다른 종의 고통을 이용하여 이득을 취하지 못하도록 막겠습니다.[3]

또 하나의 계율인 불음주는 마음챙김의 삶을 위한 포괄적인 식습관 프로그램을 아우르도록 확장되었다. "나는 부주의한 섭취로 야기된 고통을 알아차리면서 내 자신, 내 가족, 내 사회를 위해 …… 육체와 정신 둘 다의 건강을 배양하기로 서약합니다. 나는 알코올 혹은 다른 어떤 취하게 만드는 것들을 이용하거나, 음식 또는 텔레비

틱낫한. 틱낫한은 베트남전 동안 평화운동가로서 '참여불교'라는 말을 만들어냈다. 그의 '마음챙김 생활 공동체'는 불교평화단과 더불어 1990년대에 미국에서 불교 사회운동의 주요한 수단이 되었다.

전 프로그램, 잡지, 책, 영화, 대화 …… 등과 같은 독소를 포함하고 있는 다른 것들을 섭취하지 않기로 결심합니다. 나는 올바른 식습관이 자기변화와 사회변화를 위해 필수적이라고 이해합니다."[4]

틱낫한의 참여불교 프로그램은 로마 가톨릭의 윤리 담론에 나오는 어구로 표현하자면 개인적, 사회적 책임에 대한 '이음새 없는 의복'(seamless garment)이다. (1971년에 로마 가톨릭의 평화주의자 에일린 에간Eileen Egan은 '사도 요한의 이음새 없는 의복'이라는 어구를 '전일全─적 생명존중'을 가리키는 것으로 사용했다. 이음새 없는 생명의 의복이란 이음새 없는 예수의 의복을 지칭한다. 이음새 없는 의복의 철학에 따르면 낙태, 사형, 군국주의, 안락사, 사회적 불의, 경제적 부정 같은 문제들에는 모두 인간생명의 신성함을 중시하는 도덕원칙을 일관성 있게 적용하는 것이 필요하다는 것이다.) 이것은 개인의 도덕적 및 영적 삶의 지침들뿐 아니라 부정과 불평등에 기여하는 사회구조와 기득권에 대한 비판적 평가의 틀을 제공해주기도 한다. 자비행에 관한 틱낫한의 견해에 발맞추어, 그의 제자들은 교육을 지원하고, 죄수를 돕고, 병들어 죽어가는 사람들을 편안하게 해주는 자선활동을 강조한다. 그들은 정치경제적으로 고통에 처한 사람뿐 아니라 정서적, 심리적으로 상처 입은 사람을 위해서도 그들 자신이 해야 할 사명이 있다고 생각한다. 그의 사회참여 방식의 영적인 특징은 "인과법칙과 만물의 상호연관성이 진리"라는 불굴의 확신에 기반하고 있다는 것이다. "모든 행위, 모든 생각은 결과를 지니게 됩니다. 내가 손뼉을 치기만 해도 그 결과는 모든 곳에, 심지어 저 먼 은하계에까지 미치게 됩니다. 앉고, 걷고, 미소 짓는 모든 행위는 여러분 자신의 일상생활뿐 아니라 다른 사람의 삶에도 역시 영향을 주기 때문에, 수행은 이 점을 기반으로 해야만 합니다."[5]

불교평화단(BPF)은 그 기원과 정신이 더욱 미국적이기는 하지만, 미국의 참여불교를 촉진하는 세 가지의 서로 다른 원천이 융합된 곳에 서 있다. 불교평화단은 1978년 소규모의 불교도 집단, 특히 로버트 아이트켄Robert Aitken, 게리 스나이더, 조애너 메이시 등이 자신들이 심취해 있던 불교명상과 60년대식 사회운동이라는 두 요소를 통합할 필요가 있다고 깨닫기 시작하면서 만들어졌다. "평화운동도 있었고 수행 공동체도 있었지만 이 둘은 전혀 다른 별개였다. 나는 보리수 아래에서 걸어 나올 때가 되었다고, 즉 우리의 거주지와 우리의 삶이 핵무기의 위험에 처했다고 생각했다. 그런데 불교도들은 침묵하고 있었고 심지어 협조하기까지 했다"라고 아이트켄은 회상한다.[6]

불교평화단의 취지는 스나이더의 「불교, 그리고 다가오는 혁명」(Buddhism and the Coming Revolution)이라는 글에 제시되어 있다. 원래 1960년대 초에 썼던 이 글에서 그는 서양의 사회혁명 중시가 동양의 계율, 선정(명상), 개인적 지혜 중시에 의해 새로운 활력을 받게 된다는 구상을 내놓았다. "명상은 이러한 (지혜)를 자기 스스로 체험하기 위해 마음속으로 들어가는 것인데, 반복적으로 명상을 하다보면 마침내 그 지혜는 자신이 지니고 있는 마음이 된다. 계율이란 개인적인 본보기와 책임 있는 행동을 통해 자신이 살아가는 방식에 그 지혜를 적용함으로써 궁극적으로 '모든 존재'의 진정한 공동체(상가)를 향하여 나아가는 것이다."[7] 영감의 또 다른 원천은 기독교 운동에서 중요한 역할을 해온 사회적 양심에 대한 호소였다. 초창기에 불교평화단은 화해 협회(Fellowship for Reconciliation)와 동맹을 맺기도 했는데, 오랜 역사를 지니고 있는 이 개신교 단체는 1차 대전 발발 당시 창설되었고, 이후 세계교회주의 운동으로 발전해갔다.

불교평화단은 또한 창설된 이래로 아시아의 참여 불교도와 많은 접촉을 지속적으로 유지하고 있다. 초창기에 불교평화단은 방글라데시, 베트남, 캄보디아에서 처음으로 사회운동 캠페인을 벌였다. 평화운동을 통해서 불교평화단의 지도자들은 틱낫한을 만났고 틱낫한의 사회참여 사상은 그들의 사상을 발전시키는 데 영향을 주었다. 불교평화단과 샌프란시스코 선 센터는 서양 불교도를 대상으로 미국에서 최초로 틱낫한의 집중수행을 개최했고 1980년대에는 그의 잇단 미국여행을 공동으로 후원하기도 했다. 1980년대 말에 한동안 불교평화단은 틱낫한과 긴밀한 관련을 맺고 있던 두 단체, 즉 패럴랙스 출판사 및 알아차리는 생활 공동체와 버클리의 사무실을 공동 사용하기도 했다. 불교평화단은 또한 참여불교 국제 네트워크(International Network of Engaged Buddhism)와 결연을 맺기도 했는데, 이 단체는 1989년에 태국의 유명한 사회참여불교 지도자인 술락 시바라카사Sulak Sivarakasa의 인솔 아래 창설되었다.

지난 20년에 걸쳐서 불교평화단은 4천여 명의 회원, 전국에 15개의 지부, 그리고 국내외의 많은 제휴단체를 거느린 조직으로 발전했다. 이 단체는 태국과 미얀마의 국경에서 의료봉사를 하고, 네팔과 인도의 티베트 난민 급식프로그램과 리볼빙대출 프로그램을 만

들고, 또 유고슬라비아의 평화와 화해를 증진하기 위해 다른 단체들
과 협력을 유지해오기도 했다. 미국에서 불교평화단은 비폭력 운동
및 핵무기, 지뢰, 권총 같은 무기 규제 촉진에 초점을 맞추는 경향이
있다. 이 단체에서 발행하는 비非종파적 계간지인 『바퀴를 굴리며』
(*Turning Wheel*)는 광범위한 사회적, 이론적 관심사를 불교도 및 다른
운동단체들에 전달해준다.

사회참여 불교연대(The Buddhist Alliance for Social Engagement:
BASE) 프로그램은 불교평화단의 가장 혁신적인 것 중 하나이다. 비
에이에스이(BASE)는 미국 재가 불교도들의 사회참여불교 능력을
함양하기 위해서 기관에서 지원하는 프로그램인데, 이러한 지원은
승가 공동체의 한 부분을 이루고 있는 아시아의 남녀 승려들에게 제
공되는 것이었다. 그러나 이 프로그램은 1970년대에 가톨릭 해방신
학의 수단으로서 창설되었던 라틴아메리카의 비에이에스이 공동체
운동으로부터 영감을 받기도 한다. 불교평화단은 1995년에 이에 대
한 최초의 시험 프로그램을 운영했다. 지원자들은 6개월 동안 사회
적으로 가치 있는 활동을 불교수행, 훈련, 성찰과 결합하는 데 전념
했다. 그들은 샌프란시스코 베이 지역봉사단체에서 활동하면서 주
2회 수행에 참여하며 매달 집중수행, 그리고 프로그램 시작 및 마무
리 집중수행에도 참가하게 되어 있었다. 훈련에는 아시아 사회참여
불교운동의 고찰, 다르마 연구, 그리고 불교수행과 사회운동의 가
장 효과적인 연관 방법에 대해 안내자와 함께하는 성찰도 포함된다.
1990년 말에 이르러 불교평화단은 비에이에스이 프로그램을 미국
의 다른 지역으로 확장하기 시작했다.

틱낫한의 티엡히엔종과 마찬가지로 비에이에스이는 사회참여를 단순히 불교 사회봉사의 모델로서가 아니라 불교수행의 방법으로서 강조하고 있다. 1995년에 시험 프로그램 동안 비에이에스의 진행책임자였던 다이애너 윈스턴Diana Winston은 샌프란시스코의 노숙자 클리닉에서의 자신의 활동이 어떻게 일상생활의 고통과 마음챙김을 성찰하는 방법이 되었는지를 회상한다. "나는 왜 이 일을 하고 있는가?"라고 그녀는 스스로에게 물었다. "만일 이 일이 단지 '도움을 주기 위한 것'이라고 생각한다면 그것은 빗나간 것이다. 나는 전후 사정을 기억할 필요가 있다. 나는 고통이 내 시야에서 벗어나지 않도록 하기 위해 이 일을 하고 있다. …… 내 자신과 타인들에게서 고통을 많이 보면 볼수록 그만큼 더 나는 고통에서 벗어날 가능성이 커질 수 있다." 그녀는 매일 아침 클리닉에 다가가면서 그날의 목적을 되새긴다. "오늘의 활동이 나 자신과 모든 존재의 해탈을 위한 인연이 되소서. 내가 현재에 머물도록 하소서. 내가 하고 있는 일에서 나의 에고가 끼어들지 않도록 하소서."[8]

비에이에스이는 개인적이고 사회적인 차원의 일상생활에서 다르마가 어떻게 실현될 수 있을 것인가에 대한 인식을 촉진하기 위해 집단활동을 강조하기도 한다. 오랜 세월 위빠사나를 수행했고 불교평화단의 이사이기도 한 도널드 로스버그Donald Rothberg는 비에이에스이에서의 이러한 체험에 대해 썼다. "우리는 이를테면 소심함과 화에 대한 나의 두려움, 지속적인 생태계 파괴에 대한 당신의 절망, 암환자를 위해 매일 일하고 있는 그녀의 고충, 도심지역의 청년에게 퇴비 만들기를 가르치는 그의 기쁨, 그리고 단체 안에서 그들

불교평화단.

의 대인관계 갈등 등을 함께 털어놓는 방법으로 서로에게 마음을 열었다." 비에이에스이는 참가자들에게 "개인 심리, 단체 역동성, 그리고 사회제도를 연결시켜준다. 점점 더 우리는 참여불교의 정신 속에서 어떤 종류의 어려움이라도 접근할 수 있게 되었다."⁹

여러 가지 면에서 불교평화단은 사회변혁에 대한 열정적인 헌신, 개인의 영적 성장에 대한 전념, 그리고 높은 수준의 자기비평 같은 60년대 시대정신의 정수를 추진하고 있다. 불교평화단에서 내세우는 주장은 이상적인 경향이 있다. 이 점은 단체의 인터넷 홈페이지에 게시된 아이트켄의 공개적 지지 표명에 잘 드러나 있다. "불교는 '새로운 대승불교'로의 심오한 변화를 겪고 있는 중이며 우리는 그 윤곽을 아직 명확히 알지 못한다. 사원의 벽은 무너졌는데, 이 말은 곧 붓다가 설한 무한한 자비가 사실상 정해진 한계가 없다는 것을 뜻한다."[10] 불교평화단의 정책은 여전히 60년대의 정치의식의 핵심에 있던 인종, 계층, 성, 생태, 반전, 그리고 평화 지향적인 문제들에 기반을 두고 있지만 이 단체는 유럽계 미국인으로 구성된 그 회원들을 넘어서 확장되는 데 어려움이 있다고 스스로 비판하고 있다. "민족 불교도들과 불교로 개종한 유색인종에게도 문호를 개방할 때에는 어떤 어려움이 있는지 현재 논의 중에 있다"라고 불교평화단의 전국 책임자인 앨런 세나우케Alan Senauke는 쓰고 있다. "나에게 중요한 문제는 아시아의 전통과 스승들이 전해준 더없이 소중한 선물의 가치를 인정하고 또 모든 오만을 내려놓는 것이다." 국가 간, 그리고 인종 간 우정의 실 가락을 엮어서 옷감을 짜나가는 이미지를 떠올리면서 세나우케는 말한다. "정중하게 우리는 우리의 영역을 넓혀 아시아의 다른 공동체들과 연계하고 있다. 특정한 성공 및 실패와는 전혀 상관없이 우리의 우정과 우리의 활동의 완전한 효과는 수치로 계산할 수 없는 것이다. 그러니 우리는 그저 계속 옷감을 짤 뿐이다."[11]

선 평화단(Zen Peacemaker Order)은 버나드 글래스맨과 그의 아내 샌드라 지슈 홈즈Sandra Jishu Holmes에 의해 창설되었다. 이 단체는 비교적 최근에 결성되었지만 미국 사회운동의 한 세력으로서 틱낫한의 단체들 및 불교평화단에 필적하는 잠재력을 가지고 있다. 글래스맨이 뉴욕 용커스의 그레이스톤 만달라에서 활동한 내역은 7장에서 논의했는데, 그는 1990년대에 여러 해 동안 미국 불교사회운동의 선두에 있었다. 그러나 선 평화단에 대한 글래스맨과 홈즈의 비전은 그 분위기가 보다 더 영적일 뿐 아니라 더 야심찬 면이 있기도 하다.

선 평화단은 1997년 형성되면서 기존 불교도들과의 연합, 그리고 기존의 다른 단체들의 협력단과 비슷한 모습을 띠기 시작했다. 선 평화단의 핵심은 이 단체 자체라고 여겨졌는데, 그 구성원을 보자면 공동설립자들인 글래스맨과 홈즈, 다른 선생들, 그리고 멘토, 도제, 초심자들이 있다. 새롭게 결성된 조직들 중에는 여러 '빌리지'(국내외 사회참여 불교도 제휴단체들)를 관리하는 중심축인 '종교 간 평화회의'(Interfaith Peacemaker Assembly), 그리고 글래스맨과 홈즈가 종교 간 협력센터로서 구상한 '한 국민의 집'(House of One People)이 포함되어 있다. 네 번째 단체인 우빠야 평화 대학(Upaya Peace Institute)은 1990년에 조안 핼리팩스에 의해 설립되었는데, 그녀의 활동에 대해서는 앞장에서 논의한 바 있다. 이 모든 단체들은 고통과 기쁨의 증인이 되고 개인과 사회를 둘 다 치유하기 위한 서로 다르면서도 연관된 방식들이라고 이해되었으며, 그 목표는 틱낫한의 티엡히엔종과 알아차리는 생활 공동체의 그것과 비슷하다. 한동안 선 평화단은 뉴멕시코 산타페의 한 주택에 본부를 두기도 했는데, 그곳은 1998년 홈즈가 죽은 이후 카사 지슈Casa Jishu라고 명명되었다. 이 책을 쓰고 있는 지금 글래스맨은 1년의 안식년을 내어 캘리포니아 팔로알토에 머물면서 이스라엘 여행을 계획하고 있기 때문에 선 평화단의 활동은 그의 조수들에 의해 진행되고 있다.

사회참여 불교도들은 많은 관심사를 다루지만, 일부 전문가들은 언급하기를 환경보호와 생태가 독특하게 미국적인 형태의 불교기반 사회운동을 형성하고 있다는 것이다. 이러한 형태의 사회운동은 때때로 '생태중심의 상가' 혹은 '녹색 다르마'라고 일컬어지기도 한다. 여러 불교단체들은 환경 프로그램을 운영하고 있다. 예를 들어 젠마운틴 사원에서는 도겐의 『산수경山水經』이 생태문제에 관한 성찰의 기준으로 사용되고 있다. 다른 단체들은 연구와 대중교육을 통해서 환경문제에 접근한다. 미국 창가학회(SGI-USA)의 제휴단체인 '21세기를 위한 보스턴 연구센터'는 유엔지구헌장에 대한 일반대중의 지지를 강화하고자 노력하면서 종교와 생태에 관한 회의를 후원해왔다. 메타 포레스트 사원(Metta Forest Monastery) 같은 단체들은 도시사회의 산만함과 집착으로부터 벗어나 집중수행하기에는 야생이 특별히 적합하다고 보면서 더욱 고전적인 방식으로 접근한다.

보다 더 관념적이면서 특히 미국적인 분위기를 풍기는 독특한 유형의 불교환경운동도 있다. 그것은 얼마간은 헨리 데이비드 소로 Henry David Thoreau, 존 뮤어John Muir, 알도 레오폴드Aldo Leopold 같은 박물학자들에 의해, 그리고 얼마간은 불교철학(특히 모든 생명이 상호 의존해있다는 사상)에 의해 영감을 받았다. 게리 스나이더는 이와 같은 불교와 생태의 통합을 개척한 미국인 중 하나였다. 1975년에 그는 『터틀 아일랜드』(Turtle Island)라는 작품으로 퓰리처상을 받았는데, 이 시집은 불교, 생태, 그리고 아메리카원주민이라는 주제와 감성을 반영하고 있다. 그러나 그때 이래로 불교환경운동은 특히 다르마에 대한 실험이 가장 열심히 추구되고 있던 서부해안에서 여러 가지 형태를 띠게 되었다.

1990년에 앨런 헌트 바디너Alan Hunt Badiner는 불교와 생태를 다룬 한 권의 책에서 이처럼 불교의 영감을 받아 부상하고 있던 운동을 '다르마 가이아'Dharma Gaia라고 불렀다. 땅을 관장하는 그리스 신화 속의 여신 가이아Gaia는 1970년대에 과학자인 제임스 러브록 James Lovelock에 의해 현대적, 생태적 의미로 처음 사용되었는데, 그의 '가이아 가설'에서는 지구가 의식적인 안내자 없이 환경변화에 스스로 적응해가는 자립적인 유기체라고 기술되어 있다. 몇몇 과학 자들은 이 주장을 무시했지만 지구의 생물다양성 파괴에 관심을 가지고 있던 환경주의자들은 이 가설을 발 빠르게 확산시켰다. 가이아 개념은 다른 사람들의 상상력에 불을 지폈고, 곧 그들은 이 이론을 미생물의 진화로부터 뉴에이지 운동의 유명한 관념인 '살아있는 어머니로서의 지구'에 이르는 일련의 사상들, 그리고 몇 가지 유형의 페미니즘 영성과 연계시켰다. 바디너는 이렇게 쓰고 있다. "다르마는 산스크리트어의 어근 dhr에서 유래하는데, 이 말은 '마음속에 확립된 것', '의식의 대상'을 뜻한다. 다르마 가이아는 그러므로 지구의식(Earth Consciousness)을 의미할 수도 있다."[12]

책의 서문에서 바디너는 자신과 다른 사람들이 가이아 가설과 모든 존재의 상호의존성 사이의 유사성이라고 여기고 있던 점들을 제시하였다. 불교는 자각과 알아차리는 삶을 강조함으로써 "모든 생명의 상호의존과 연약함에, 그리고 살아있든 죽었든, 과거든 미래든, 가까이 있든 멀리 있든 수많은 존재로부터 받아온 혜택에 눈뜨게 해준다."

만일 불교에 그 어떤 진정한 정체성이 있다면 그것은 생태 그 자체인데, 다시 말해서 이것은 끊임없는 변화를 배경으로 하는, 대규모의 상호의존적이면서 스스로 일어나는 역동적 에너지 사건이다. 화엄종의 인드라망으로부터 일본 사람들의 에쇼-푸니(생명과 환경은 하나다)라는 가르침에 이르기까지, 틱낫한의 인터빙에 이르기까지 불교철학과 수행은 이른바 프란시스 쿡Francis Cook이라는 학자가 말하는 '우주 생태학'을 이루고 있다.[13]

바디너는 또한 이 근원적으로 종교적인 세계관이 지닌 몇 가지 사회적, 정치적 함의를 탐구하기 시작했다.

불교수행은 탐욕에 기초한 성장경제보다는 필요에 기초한 지속가능한 경제와 더불어 동반관계 사회의 구축을 촉진할 수 있다. …… 선진국의 군수산업은 막대한 오염물을 만들어내고, 지구자원을 고갈시키고, 또 생명유지의 본체로서의 지구의 생존을 위협하기도 한다. 그러나 불교는 우리가 남에게 모든 책임을 돌리는 것이 헛된 일임을 깨닫도록 도와준다. 우리는 자신의 행동에서 불건전한 성향을 면밀히 바라보도록 자극받는다. 우리는 재활용하고 있는가? 우리는 양심적으로 소비하고 있는가? 올바른 생계는 우리의 깨달음의 성과이며 우리의 생명 형태의 구원이 된다.[14]

이러한 사고체계는 불교평화단의 초기 지도자이자 연합신학 대학원(Graduate Theological Union)의 교수이기도 한 조애너 메이시에 의해 더욱 발전되었다. 메이시는 아시아의 참여불교와 미국의 사회운동에 관한 글을 쓰고 나서 1991년에 『불교의 상호인과율과 일반시스템이론: 자연계의 다르마』(*Mutual Causality in Buddhism and General Systems Theory: The Dharma of Natural Systems*)를 출간했다. 이 책에서 그녀는 서양철학과 과학의 관점으로서 "실재는 과정이다" 라고 여기는 시스템이론과 자아, 상호의존, 인과율의 우연적인 성격에 관한 초기불교사상 사이의 대화를 창출해냈다. 이러한 개념을 토대로 삼아서 그녀는 『연인으로서의 세상, 자아로서의 세상』(*World as Lover, World as Self*)을 써서 자신의 사상을 보다 더 대중적으로 소개하고 있다. 『연인으로서의 세상』에서 메이시는 후기근대의 세 가지 세력이 합류하면서 그녀가 말하는 이른바 '생태자아'(eco-self)가 출현했음을 기술하고 있다. 첫 번째 세력은 대규모의 핵무기 및 환경 파괴의 위협에서 오는 심리적, 영적 고통 때문에 전통적 에고자아(ego-self)가 계속 붕괴되는 것이다. 두 번째 세력은 시스템이론인데, 그 관점을 살펴보면 삶이란 서로 분리된 개별성에 의해서가 아니라 관계의 양식들로서 볼 때 가장 잘 이해된다는 것이다. 세 번째 세력의 작용은 불이적不二的 영성 형태들이 다시 부상하는 것인데, 그 중에서 그녀가 중시하는 것은 전직 로마 가톨릭 수도승인 매튜 폭스Matthew Fox의 창조영성, 그리고 불교철학과 수행에 대한 서양인들의 새로운 관심이다. "이러한 발전상들은 자아의 근거를 약화시키거나 아니면 자아가 자체의 한계와 낡은 의미를 깨고 나오도록 돕는 방식으로 자아에 영향을 주고 있다. 우리는 에고자아 대신 생태자아가 떠오르는 것을 목격하고 있다!"[15]

메이시가 세상을 연인과 자아로서 제시하는 것은 일종의 미국 불교문학을 대표하고 있는데, 그것은 내용과 어조가 불교철학뿐 아니라 미국의 낭만적 연민과 과학주의로부터도 마찬가지로 큰 영향을 받을 수 있다. 몇몇 전문가는 메이시가 불교를 넘어서 뉴에이지 종교로 옮겨갔다고 비난하기도 하지만, 또 다른 전문가들은 그녀에게서 다르마가 서양에 들어와서 기대를 모으고 찬사를 받게 되는 그런 식의 창의성을 보고 있다. 어떤 경우가 됐든 그녀의 '자아의 녹색화' 비전이 지닌 에너지는 그녀가 우주 역사에 펼쳐지는 진화의 전말에 대한 이야기를 하면서 그것을 현대 인간의 삶과 연관시키고 있는 다음 구절에서 명백히 드러난다.

우리는 시간 속에 다시 거주하면서 하나의 종으로서 우리의 이야기를 가질 수 있다. 우리는 과거에 고요히 용해된 이 행성 위로 흘러내린 불덩이와 빗속에, 그리고 원초의 바다 속에 존재하고 있었다. 우리는 우리에게 퇴화한 아가미와 꼬리와 손 역할을 하던 지느러미가 달려있던 어머니의 자궁 속에서 그것을 기억하고 있다. 우리는 그것을 기억하고 있다. 그 정보는 우리 안에 있고, 우리 안에 깊고 깊은 유대감이 있다. 신피질의 바깥층 혹은 우리가 학교에서 배운 것 아래에서 말이다. 깊은 지혜, 우리의 발생과의 유대감, 그리고 우리의 생각을 훨씬 넘어서 있는 창의력이 있다. 그리고 이 이야기 속에 무엇을 포함할 것인지 우리의 생각을 확장시킬 때 우리는 놀라운 시간을 가지게 될 것이고 또 우리는 생존할 것이다.[16]

또 하나의 완전히 다른 형태의 미국적 사회참여불교는 존 카밧진 Jon Kabat-Zinn에 의해 행해지고 있다. 20여 년 동안 카밧진은 선과 상좌부 불교 형태의 명상을 절충적으로 혼합하여 스트레스 감소와 예방의학이라는 주제의 의료문제에 적용해오고 있다. 자기 세대의 많은 사람들과 마찬가지로 그도 역시 고등교육을 받으면서 불교철학을 탐구하기 시작했다. 그는 필립 카플로Philip Kapleau의 『선의 세 기둥』(The Three Pillars of Zen)을 읽으면서 처음으로 선불교를 접했으며, 곧 명상수행을 시작했다. 그 이후 수년 만에 그는 힌두교의 신체 단련법인 하타요가와 상좌부 불교 명상 등의 다양한 수행법을 탐구했다. 이 기간 동안 그는 매사추세츠 공과 대학교에서 분자생물학을 전공하여 박사과정을 공부하고 있었으며, 이후 매사추세츠 대학교 의료센터에서 박사후 과정으로 해부학을 공부했다.

어느 집중수행에 참가해서 카밧진은 질병과 스트레스 관련 질환의 치료를 위한 명상의 임상적, 의료적 가능성을 심사숙고하기 시작했다. 의료센터로 돌아온 그는 정형외과 의사와 회진하며 다양한 통증관련 질환을 가진 환자들을 검진하면서 그 의사와 자신의 생각을 공유했다. 그는 또한 건강(wellness), 마음챙김(mindfulness), 긴장 완화(relaxation), 그리고 스트레스감소 같은 전문용어들을 개발하여 재활치료에서 사람들의 내면적 능력을 동원하는 데 불교명상이 어떻게 사용될 수 있는지를 경계하는 환자와 조심하는 의료시설에 전달하기 시작하기도 했다.

1979년에 카밧진과 그의 동료들은 대학 내 메디컬 센터의 예방 및 행동 의학과 안에 스트레스 감소 클리닉을 설립했다. 그때 이래로 광범위한 만성질환, 질병, 그리고 통증을 앓고 있던 7천여 명의 사람들이 이 클리닉의 마음챙김 명상 8주 훈련프로그램에 참가했는데, 전국적으로 이 프로그램은 본보기가 되었다. 카밧진은 또한 판사, 교육자, 가톨릭 사제 집단들에게 이 프로그램을 적용하기도 했고 올림픽 육상선수의 훈련에 마음챙김 기법을 활용하기도 했다. 그와 그의 동료들은 나중에 도심의 저소득 소수자들을 위해 마음챙김에 기초한 스트레스 감소 프로그램을 만들었다. 1990년대 중엽에 그들은 이번에도 역시 매사추세츠 대학교의 후원을 받아서 '의학, 건강보호, 그리고 사회에서의 마음챙김을 위한 센터'를 창설하여 마음챙김 수행이 교도소, 학교, 기업체, 공장, 그리고 다른 상황에서 어떻게 적용될 수 있는지를 전파해 나갔다. 카밧진은 널리 읽히고 좋은 평가를 받고 있는 여러 권의 책을 썼는데, 『전적인 재난의 삶: 당신의 몸과 마음의 지혜를 이용하여 스트레스, 통증, 질병에 직면하기』(Full Catastrophe Living: Using the Wisdom of Your Body and Mind to Face Stress, Pain, and Illness), 『당신이 어디를 가든 당신은 거기에 있다: 일상생활 중의 마음챙김 명상』(Wherever You Go, There You Are: Mindfulness Meditation in Everyday Life), 그리고 아내 밀라Myla와

존 카밧진.

함께 쓴 『일상생활의 축복: 알아차리는 자녀양육의 내적인 작용』(*Everyday Blessings: The Inner Work of Mindful Parenting*)이 바로 그것이다.

카밧진의 활동은 미국에서 다르마가 몇몇 분야에서 전통적인 종교철학 및 수행으로부터 삶을 위한 일련의 사상과 기술로 바뀌어가면서 세속적인 고객을 위해 현대화되고 있으면서도 영성의 본질적인 핵심을 유지하기 위해 노력하고 있음을 보여준다. 1997년 보스턴에서 열린 '미국불교회의'에서 기조연설자로 나섰던 카밧진은 이렇게 회고한다. "저는 제 자신이 불교도라고 여긴 적이 있습니다만 (지금은) 사실 불교도라고 여기지 않습니다. 비록 불교명상을 가르치고 있지만 사람들을 불교도로 만들고자 하는 것이 아니고, 사람들 스스로가 붓다임을 깨닫도록 만들고자 합니다. 그런데 이 둘 사이에는 큰 차이가 있습니다." 연설하는 동안 카밧진은 붓다의 마음을 서양의 천재성 개념에 비유했다. 붓다의 마음을 체험하는 데 장애물은 주로 자기 스스로 만들어낸 것이라고 그는 말했다. 그것을 이해하는 것이 "우리의 …… 자유 추구의 일부입니다. 하지 않기, 단지 해치지 않기, 간섭하지 않기를 실행함으로써 그 천재성은 나타날 수 있습니다." 1960년대에 다르마를 발견했던 다른 많은 사람들과 마찬가지로 카밧진도 역시 헨리 데이비드 소로Henry David Thoreau를 미국 불교도의 귀감이라고 보면서 그의 『월든』(*Walden*)을 "마음챙김의 랩소디"라고 칭송한다.[17]

다양한 형태로 전개되고 있는 참여불교는 미국 불교의 중요한 요소이다. 그러나 미국의 불교도들은 다르마를 다른 방식으로, 즉 보다 더 겸손한 방식으로 사회문제와 인간의 고통을 연관시켜나가고 있기도 하다. 불교도들이 비불교도들과 합류하여 티베트 민족의 어려운 처지를 대중들에게 알려주고 있는 티베트 지원단체들도 불교 사회활동의 일환이다. 마치 10장에서 논의한 츠치재단의 의료자선이 그런 것처럼 말이다. 상좌부 불교의 승려들은 도심지역에서 비행청소년과 나이든 장애인이 포함된 지역신도들에게 봉사활동을 한다. 몇몇 대규모의 다르마센터, 사원, 그리고 사찰은 호스피스 활동과 교도소 전도활동을 후원하고 있으며, 나로파 대학교는 학생들이 명상적인 생활방식과 노인보호를 결합할 수 있는 학위 프로그램을 개발했다. 일련정종 사원이나 미국 창가학회 둘 중 어느 편과도 연계되지 않은 니치렌 불교도 모임인 니폰잔 묘호지Nipponzan Myohoji는 전통적인 불교신앙을 사회활동과 결합하고 있는데, 그들은 전 세계에 평화의 탑을 건설하고 (미국에는 평화의 탑이 뉴욕 알바니 근처에 하나, 그리고 매사추세츠 서쪽에 하나가 있다.) 아우슈비츠, 히로시마, 나가사키 같은 비인도적 행위로 유명한 유적지로 국제 평화도보행진을 이끌고 있다.

이뿐만 아니라 많은 개별적인 불자들은 그 어떤 철학적 정당성이나 세계 변화의 구호를 내세우지 않으면서 크고 작은 선행에 동참함으로써 자신의 신념을 명확히 표현한다. 그러나 미국 사회의 세속적이고 현세적인 성격을 볼 때 보다 더 관념적인 형태의 사회참여불교가 많은 불교도들에게 지속적으로 호소력을 가지게 될 가능성이 높다. 특히 '생태 중심의 수행 공동체'의 모습을 띠고 있는 사회참여불교는 아마도 독특하게 미국적인 21세기 다르마의 한 표현으로서 나타날 것이다.

제13장

불교단체 간 대화 및 종교 상호간 대화

미국에는 많은 유형의 불교가 출현함으로써 광범위한 종파와 전통에 속한 수행자들이 창의적으로 사상을 교류할 수 있는 전례 없는 기회를 얻게 되었다. 때때로 불교 내부의 단체 간 대화를 통하여 더 큰 상호이해와 협력적 모험이 일어난다. 그러나 이러한 대화를 통하여 독특하게 미국적인 새롭고 절충적인 유형의 철학과 수행이 전개되기도 했다. 그와 동시에 불교도, 기독교도, 유대교도 사이에는 종교 상호간 대화가 진행되고 있다. 이러한 대화를 통해서 다르마의 요소들은 미국의 교회와 시나고그(유대인 회당)에 도입되고 있으며, 일부 기독교도와 유대교도는 그러한 요소들을 선별적으로 수용하여 종교쇄신의 원천으로 삼기도 했다.

불교계 내부단체 간 대화

불교계 내부의 대화는 지역 및 대도시의 협회들에서 이루어지기도 하는데, 이러한 협회는 다양한 전통과 민족 집단에 소속된 이민자 및 개종자 불교도들에 의해 결성되었다. 미시간 남서부 불교도협회(The Buddhist Association of Southwest Michigan), 텍사스 불교도의회(The Texas Buddhist Council), 그리고 중서부 불교도의회(The Buddhist Council of the Midwest)가 그러한 단체들이며, 이들은 교육을 통해 불교를 홍보하거나, 지역분쟁을 중재하거나, 붓다 탄신일 행사를 조직하기도 한다. 불교도들은 지역적, 지방적 협력을 위해 이렇게 실질적인 노력을 기울이고 있으며 그 간접적인 결과로서 그들은 서로의 전통을 더 잘 이해하고 존중하게 되는 경우가 빈번하다.

이러한 대화보다 더 공식적인 또 한 가지의 불교단체 간 대화가 있는데, 여기서는 여러 전통의 대표자들이 만나서 다 함께 동의할 수 있는 교리와 신앙을 공식화하기 위해 노력하고 있다. 1990년대에 남캘리포니아 불교상가의회와 미국불교의회는 이런 종류의 대화에서 가장 중요한 위치를 차지하고 있었다. 이 단체들의 후원 아래 개종자와 이민자를 포함한 광범위한 민족 및 국민들로 이루어진 상좌부, 대승, 그리고 금강승 불교도들이 1997년에 시라이 사원(Hsi Lai Temple)에서 만났다. 그들의 목표는 '세계종교로서 불교가 지닌 다양성 가운데 통일성'이라는 비전을 표명하고 또 '우리의 공통적 입장과 사명을 반영할 일련의 원칙'을 만드는 것이었다.[1]

이 회합에서 나온 문서를 보면, 대표들은 1891년 아시아에서 시작된 불교 내부단체 간 대화에서의 주요 단계들을 재검토했다. 1891년은 미국의 신지학자 헨리 스틸 올코트Henry Steel Olcott가 '모든 불교도가 동의할 수 있는 공통의 기반'을 입안했던 때다. 당시 올코트는 스리랑카, 버마, 일본의 상좌부 및 대승불교도의 승인을 얻음으로써 범아시아적 불교통합운동의 시동을 거는 데 일조했다. 이 운동이 진전된 것은 1945년 영국인 개종 불교도인 크리스마스 험프리스Christmas Humphries가 올코트의 경우처럼 태국불교의 대종정, 스리랑카, 버마, 중국, 티베트의 유명 불교도들, 그리고 일본의 여러 전통에

헨리 스틸 올코트.

속한 지도자들로부터 승인을 받은 문서를 입안하면서부터다. 이 일을 진척시키고자 모임들이 잇따라 열렸는데, 1950년에 스리랑카에서 세계불교도회의(World Fellowship of Buddhists)가, 그리고 1987년에 미시간 앤아버에서 북미 세계불교의회(Conference on World Buddhism in North America)가 이러한 모임을 개최하기도 했다.

시라이 회합에서는 미국 불교계 내부단체 간 합의지침이 수립되었으며, 공동체 간의 차이 존중이 중요함을 역설했다. 예를 들어 대표들은 모두 고타마 싯다르타를 다르마의 역사적 원천이라고 인정했는데, 이 점은 상좌부 불교도들에게 중요한 사항이었다. 그러나 이보다는 역사성이 덜한 대승불교의 관점에 보조를 맞추어서 대표들은 많은 아라한, 붓다, 보살이 과거에도 존재했고 또 앞으로도 존재할 것임을 확인했다. 그들은 그들 자신과 모든 존재를 위해 해탈

을 얻고자 하는 공통의 열망과 삼보에 대한 헌신을 공유하고 있음을 인정했으며, 또한 현대의 많은 불교도, 특히 서양 불교도가 공공연히 의문을 제기해왔던 업과 윤회와 같은 핵심교리를 재확인하기도 했다. 그러나 대표들은 '전통 상호간의 차이 존중'이 지속적으로 중요함을 강조하면서, 교리, 제도, 의례의 독특함, 그리고 이른바 붓다의 '궁극적 진리를 열린 마음과 관용적인 태도로 탐구하기 위한 지침'이란 것도 인정했다.[2]

대중적인 입장에서는, 특히 개종자 공동체에서는 비공식적인 대화들이 진행되고 있으며 이른바 잭 콘필드가 말하는 '공유된 수행'(shared practice), 즉 선 지도자가 상좌부의 경전을 연구하거나 통찰명상 교사가 티베트 불교도와 함께 공부하는 현상 등이 일어나고 있다.[3] 이런 식의 교류는 이른바 돈 모리얼Don Morreale이 말하는 '비非종파' 불교와 '혼합전통' 불교, 다시 말해서 아시아의 전례로는 범주화하기 어려운, 혁신적 다르마의 출현을 조장하기도 했다.[4] 이와 같이 여러 전통을 공유하고 혼합하는 현상은 미국의 많은 센터에 적합하다고 할 수 있는데, 미국의 센터들에는 특정 전통에 대한 장기적 수행이력을 지니고 있는 불교도들이 함께 모여 매일 통합적인 분위기에서 수행하는 경우가 빈번하기 때문이다. 이 점은 또한 많은 미국인들의 수행에서 특징적으로 나타나는 유동성과도 밀접한 관계가 있다. 개종자들은 여러 해 동안 선, 위빠사나, 티베트명상을 하다가 자신들의 수행 방식과 기관을 바꾸는 경우가 매우 빈번하다. 이러한 절충적이고 실용적인 접근은 일반적으로 개인의 종교 체험을 소중히 여기면서도 교리적인 일관성을 매우 싫어하거나 전통적인 정통성을 참지 못하는 미국인들에게 자연스러운 현상이다.

　미국 불교에서 공유수행과 전통혼합은 특정한 공동체들의 필요에 따라서, 혹은 개종자들이 새로운 의례와 의식을 만들어내기 시작하면서 즉흥적으로 전개되는 경향이 있다. 어떤 경우 전통들은 보다 더 공식적으로 통합되기도 하는데, 쵸걈 트룽파 린포체의 다양한 관심 표출의 결과로 티베트 불교와 선이 결합된 샴발라 인터내셔널이 그렇다.

　'서양 불교교단의 친구들(Friends of the Western Buddhist Order: FWBO)'이란 단체의 창시자인 영국인 선생 상가락시타 Sangharakshita는 보다 체계적인 기반 위에서 비종파적인 형태의 다르마를 개발해냈다. 에프더블유비오(FWBO)는 영국과 호주에서 가장 중요한 불교운동 가운데 하나이지만 유럽뿐 아니라 미국의 보스턴, 시애틀, 샌프란시스코, 몬태나, 뉴햄프셔, 메인에서도 그 센터를 운용하고 있다. 상가락시타는 아시아에서 오랜 세월 머물렀다가 돌아온 후 1967년에 에프더블유비오를 창설했다. 그의 목표는 아시아 전역의 불교 전통으로부터 영감을 이끌어와 서양 불교도의 필요에 부합하는 새로운

상가락시타.

불교수행방식을 세우는 것이었다. 에프더블유비오의 수행에는 현재 선과 위빠사나 명상, 티베트 방식의 관상수행, 그리고 요가, 태극권, 마사지요법 같은 신체단련법에서 끌어온 요소들도 포함되어 있다.

새로운 형태의 서양 불교를 창안하는 것은 복잡한 과업인데, 1990년대에 불교도 선생들은 자신들이 직면한 도전에 대한 공통의 이해를 진전시키기 위해서 여러 차례의 회의를 열었다. 1993년에는 미국과 유럽 출신의 선, 금강승, 위빠사나 선생 20여 명이 인도 다람살라의 사원에서 달라이 라마를 만났다. 참석자들 중에는 미국인 툽텐 초드론, 수리야 다스, 로버트 서먼, 잭 콘필드, 그리고 영국의 스티븐과 마틴 배처러 부부, 아잔 아마로도 포함되어 있었다. 예비회의 동안 몇 개의 논제가 중심적인 관심사로서 제기되었는데, 다르마와 서양 심리학의 통합, 성평등, 서양 승가제도의 미래, 다르마와 아시아문화의 관계, 그리고 학생과 선생을 위한 윤리규범이 그런 논제들이었다.

회의과정에서 달라이 라마는 더할 나위없는 정직함과 정설에 대한 명성을 유지하면서도, 서양인 선생들이 불교를 서양에 맞게 변용하고자 하는 요구와 조화를 이루어나갔다. 배처러는 회의 마지막 날에 달라이 라마가 했던 말을 이렇게 보고했다. "과거는 과거입니다. 중요한 것은 무엇일까요? 미래입니다. 우리는 창조자입니다. 미래는 우리 손 안에 있습니다. 우리가 비록 실패한다 해도 후회는 없습니다. 노력하면 되니까요."[5] 수리야 다스에 의하면 "마지막 회의를 시작하고 한 시간쯤 지난 무렵 두 명의 전문가와 함께 회담을 논의하고 있는데, 성하께서는 직접 무릎을 치면서 '우리는 혁명을 시작

했습니다'라고 행복하게 외쳤다"고 한다.[6]

서양인 선생들은 아시아인 선생들과의 경험에서 불거진 문제뿐 아니라 개인적인 좌절감을 표현할 기회도 갖게 되었다. 예를 들어 한 미국인 선 법사는 회고하기를, 선 공안 공부 과정을 끝마치고 전법과 제자양성 인가印可를 받았는데, 만족스럽지 못했으며 기분도 좋지 않았다는 것이다. 결국 그는 자신의 일본인 스승과 결별했다. 그 스승은 자신이 인가해준 제자가 심리치료에 입문한다고 했을 때, 그것을 용납할 수 없었던 것이다. 다른 참가자들은 불교도 선생들의 윤리 문제를 제기했다. 깨달은 존재라고 주장하는 선생들의 알코올 남용, 성희롱, 이기주의, 거만함을 어찌할 것인가? 깨달은 선생은 윤리규범을 벗어나 있는가? 많은 미국 불교 공동체가 1960년대와 70년대의 자유분방한 시기에 생겨났는데, 이 공동체들의 적법한 한계는 어떤 식으로 설정해야 하는가?

서양인 선생들은 새로운 불교제도를 창안할 수 있을지 탐색하기도 했다. 몇 사람은 법사 양성과정을 만들어서 선생들이 수 년 동안 좌선을 지도하는 것이 필요하다고 역설했다. 또 어떤 선생들은 승려 양성, 불평등 철폐, 서양인의 생활방식에 맞는 다르마의 변용 문제 등을 다룰 불교장로 상가협의회를 만들자고 주장하기도 했다. 계율에 더 큰 관심을 기울일 필요가 있다는 점에는 의견이 일치하였다. 불교명상수행을 전통에 의거한 도덕과 윤리에 기초를 둠으로써 1980년대에 터져 나왔던 스캔들을 피하기 위해서다. 배처러에 의하면 달라이 라마는 서양인들이 아시아식의 법명을 고치거나, 승복을 입거나, 전통의식을 행하거나 하는 문제에는 거의 관심이 없었다

스티븐과 마틴 배처러 부부.

달라이 라마.

고 한다. 또한 달라이 라마는 불교신앙이 과학의 탐구를 통해 틀린 것으로 입증된다면 그러한 우주론에 기초한 신앙을 기꺼이 버리겠다는 말도 했다고 한다. 그러나 달라이 라마는 『율장』에 기술된 계율의 준수와 승려의 수계지침 이행에 대해서는 단호했다고 한다.

평론가들은 이 만남이 변혁의 체험이었다고 회고한다. 어떤 참가자는 이 회의에서 "더할 나위 없는 정직함을 느꼈다"[7]고 말하기도 했다. 또 어떤 참가자는 달라이 라마와의 접견을 금강승의 관정식에 비유하기도 했는데, 즉 그 접견은 다르마를 서양에 전달할 사명을 새롭게 확인시켜준 그런 관정식이라는 것이다. 수리야 다스는 미래에 대한 전망을 피력했으며, 그의 말은 미국인들 사이에서 종종 회자되기도 한다.

모든 참가자는 믿기 힘든 순간적인 시너지를 명백히 경험했으며,

424 제3부 선별된 쟁점들

나 자신도 느꼈는데, 그것은 이제 세계 전역의 불교 공동체 안팎에서 느껴지는 자발적인 에너지였다. 이것은 한마디로 말한다면 '떠오르는 미국 불교', 혹은 '서양 불교', 혹은 심지어 '신세계 불교'라고 할 수 있을 것이다.[8]

스티븐 배처러는 이보다는 더 조심스러운 입장이었는데, 그의 말은 다소 흥미롭다.

미국인들이 볼 때, 불교의 미래는 다르마에 도취된 보살들로 가득 찬 일종의 최첨단 월든 호수처럼 펼쳐져 있었다. (여기서 우리가 논의하게 될) 제도, 종파주의, 스캔들 같은 불안한 특징들은 편리하게도 증발해버렸다. 그런데 유럽인들은 이보다 더 신중한 입장이었다.[9]

나중에 많은 서양인 선생들은 '불교 공동체들에게 보내는 공개서한'에 서명했으며, 회의를 통해서 얻었던 교훈을 그 서한에 간략하게 적었다. 그 내용을 살펴보면, 서양 불교도들은 (서양에) 다르마를 적응시킨다는 명목 아래 타종교 전통의 통찰과 심리치료 같은 세속적 형태의 사상과 수행을 자유롭게 이용해야 한다. 그러나 불교의 순수성을 지켜내기 위해 스승과 제자의 관계는 상호 책임과 존중의 관계라고 이해해야 한다. 선생들은 윤리규범을 벗어날 수 없고 또한 학생들은 선생을 신중하게 선정하도록 권고 받아야 한다. 종파주의는 대화, 연구, 공유된 수행에 의해 저지될 수 있지만, 선생들의 경우 다르마와 그 문화적 표현의 차이를 구별하는 법을 배워야만 한다. 선생들이 최우선적으로 할 일은 불교 자체를 서양에 확립하는 것이 아니라 붓다의 가르침의 요체와 일치하는 생활방식을 계발하는 것이다.

불교도로서 우리의 일차적인 책임은 모든 생명 형태를 위해 더 나은 세상을 만들기 위해 노력하는 것이다. 불교를 종교로서의 촉진하는 것은 이차적인 문제이다. 친절과 자비, 평화와 조화의 진척, 그리고 타종교에 대한 관용과 존중은 우리 행동의 세 가지 지도원리가 되어야 한다.[10]

기독교도와 불교도

기독교도와 불교도의 대화 분위기는 틱낫한의 책 『살아있는 붓다, 살아있는 그리스도』(Living Buddha, Living Christ)의 한 서평에서 포착되었는데, 이 서평은 1996년에 미국 개신교의 주요 간행물인 『크리스천 센추리』(Christian Century)에 실렸다. "선불교 법사가 불단에 불상과 예수의 상을 나란히 모셔놓고 향을 피운다. 가톨릭 사제가 가부좌를 틀고 명상하면서 선 법사에게 배운 대로 호흡에 집중하고 있다." 서평은 다음과 같이 이어진다. "불교도와 기독교도가 서로의 전통을 차용하는 경우가 점점 많아지고 있으며 그 결과 두 종교에는 새로운 기회와 새로운 문제가 나타나고 있다."[11]

수십 년 동안 불교-기독교의 대화는 교리적·철학적 난제에 초점을 맞추는 경향이 있었다. 기독교는 신에 대한 믿음을 주장하지만 불교는 무신론을 주장한다. 기독교 신학은 죄와 구원에 의거하여 제시되지만, 붓다의 가르침은 무지로부터의 해방을 말한다. 대부분의 기독교 수행은 절대자에 대한 기도의 형태지만 불교도들은 명상을 통해 불심 혹은 불성을 체득하고자 한다. 기독교도들은 예수를 유일신의 아들이라고 간주하지만 고타마 붓다는 인간 스승이었다. 이런저런 차이의 결과를 탐구하며 많은 노력이 이루어졌고, 여러 세대에 걸친 이러한 노력은 기독교도와 불교도 양측의 섬세한 신학적, 철학적 연구와 깊은 성찰의 과정이기도 했다.

그러나 지난 수십 년 전부터는 종교 상호간 대화에 의해 제시된 새로운 기회에 더 큰 주안점을 두게 되었다. 많은 기독교도들이 대화를 진행하면서 과거의 문제들을 전환하기 위해 노력해왔지만, 미국 기독교에 불교를 소개하는 데 있어서 가톨릭 수사이자 사제였던 고故 토머스 머튼(Thomas Merton, 1915~1968)만큼 핵심적 역할을 했던 사람은 거의 없었다. 머튼은 1915년 프랑스에서 뉴질랜드인 아버지와 미국인 어머니 사이에서 아들로 태어났다. 세속적인 가정에서 양친에 의해 양육된 머튼은 미국에서 공부하던 1938년에 로마 가톨릭 교회

토머스 머튼 신부.

로 개종하여 입문했고, 여러 해가 지난 후 켄터키 겟세마니 수도원의 트라피스트회에 합류했다. 30대 초반이었던 1948년 머튼은 자서전 『일곱 계층의 산』(*The Seven Storey Mountain*)을 집필하여 출간했다. 베스트셀러가 되었던 이 책을 통해서 머튼은 2차 대전 이후 수십 년간 영적인 문제에 관해 가장 큰 영향력을 발휘해온 미국인 작가로서 입지를 굳히게 되었다.

그 후 20년 동안 머튼은 종교명상가로서 대중의 큰 관심을 받게 되었다. 겟세마니의 엄격한 조직에 순응하면서 그는 기도와 명상으로부터 문학과 시가에 이르기까지 광범위한 주제의 책들을 펴내기도 했다. 그는 수사, 은둔자, 사제로서의 삶과 사회정의에 대한 헌신 간의 균형을 유지하기 위해 노력하는 한편 핵무기, 에큐메니즘(세계교회주의), 인종문제, 그리고 동남아시아의 전쟁에 대한 성찰도 하면서 기독교인의 책임에 대한 사상을 발전시켰다. 1968년 태국의 방콕에서 53세의 나이로 죽음을 맞이했을 때 머튼은 대중적 인물로서 복합적인 평판을 지니고 있었다. 즉 그는 예술가, 시인, 실존철학자, 세속적 무신론자들의 대화 상대였으며 외로운 신비주의자이기도 했다.

머튼은 1950년대 말에 아시아 종교에 이끌렸으며 특히 선과 기독교 신비주의의 유사성에 관심이 있었다. 그는 신이란 인간의 모든 개념과 언어를 초월한다고 역설하는 기독교 신비주의자들의 긴 대열에 서 있었다. 그들에 의하면 신을 안다는 것은 마음의 가난, 야생, 자아의 소멸, 그리고 모름의 상태인데, 머튼은 이러한 특징들이 선공안의 불가해한 지혜에, 그리고 무엇보다도 순야타(空)라는 대승불교의 사상에 공명한다고 보았다. 선에 관심을 가지면서 머튼은 스즈키 다이세츠와 서신을 주고받게 되었고, 그 결과 1968년에 『선과 갈망의 새들』(Zen and the Birds of Appetite)을 출간하기도 했다.

같은 해 머튼은 주교의 허락 아래 태국의 방콕으로 가서 아시아의 가톨릭 수도원을 이끌고 있는 베네딕트 수사들의 모임에 참석하였다. 그런데 그는 상좌부 불교 교리의 주요한 권위자인 월폴라 라훌라Walpola Rahula, 초걈 트룽파, 그리고 존경받는 망명 라마인 차트랄 린포체 등 일련의 불교 지도자들과 만날 기회를 얻었다. 머튼은 또한 다람살라로 가서 달라이 라마도 만났는데, 이 만남을 통해 달라이 라마와 친밀한 관계를 맺으며 서로의 승가 전통을 논의하면서 3일에 걸쳐 면담을 나누기도 했다.

머튼은 불교와 기독교의 융합에 관심이 있었던 게 아니라 두 종교의 수행자들의 대화를 진척시키는 데 관심이 있었고, 또 그렇기 때문에 그는 전통의 중요성을 강조하였다. '이해의 사원'(Temple of Understanding)이라는 진보적 종교인들의 국제단체가 후원했던 '영성 정상회의'(Spiritual Summit Conference) 모임에서 연설하면서, 그는 아시아의 남녀 승려들이 서양세계 및 그 복잡함에 더욱 더 연루되어 가고 있는 그때에도 그들의 전통을 지켜나가야 한다고 열렬히 탄원했다. 제2차 바티칸 공의회 이후 가톨릭교회를 휩쓸었던 혼란을 지적하면서 머튼은 이렇게 말하기도 했다. "불멸의 가치를 지닌 많은 것들이 무책임하고 어리석게 버려지고, 궁극적으로 아무 가치도 없는 피상적이고 화려한 것들이 선호되고 있습니다. …… 나는 서양의 수도사로서 동양의 승려들에게 조금은 신중하라고 말하고 싶습니다. 당신들도 마찬가지 상황에 직면할 수 있으며 또 당신들의 고대 전통에 대해 지조를 지키는 것이 당신들에게 큰 도움이 될 때가 다가오고 있습니다. 그 지조를 두려워하지 마시기 바랍니다."[12]

머튼은 방콕에서 자신의 마지막 대중연설을 했는데, 이 연설에서 그는 기독교도와 마르크스주의자의 대화 가능성을 탐구함으로써 논쟁을 부르기도 했다. 연설을 마치고 얼마 후 자신의 방에 돌아온 머튼은 목욕을 하고 걸어 나와, 누전되고 있던 방의 환풍기를 틀었다가 감전되어 죽고 말았다. 머튼이 죽은 때는 미국에서 불교가 대중적인 종교운동이 확산되던 무렵이었지만, 그의 삶과 글은 수많은 기독교도로 하여금 아시아 종교에 대한 탐구를 시작하도록 영감을 주는 한편 기독교 전통에도 충실하게 해주었다.

1996년 겟세마니 수도원에서 기독교와 불교의 수도자와 재가자가 한자리에 모인 가운데 머튼의 추도식이 열렸다. 1993년 세계종교의회 백주년 기념행사에서 달라이 라마는 승려로서 다른 종교의 수도사들과 이야기할 수 있는 분위기를 만들어서 대화해보자는 제안을 낸 적이 있었다. 이러한 달라이 라마의 제안은 '종교 간 수도자 대화'(Monastic Interreligious Dialogue)라는 베네딕트회 수사 모임에 의해 수락되었는데, 이 단체는 기독교도와 아시아 종교 수행자 간의 대화를 이끌기 위해 1978년에 설립되었다. 켄터키의 티모시 켈리Timothy Kelly 수도원장과 수도사회가 이 행사를 주최하겠다고 신속하게 제의했고, 이어서 1996년 6월에 이 '겟세마니의 만남'(Gethsemani Encounter)에 200여 명이 모였다.

참가자 중에는 전 세계의 39개 가톨릭 수도원의 남녀 수사들, 티베트, 선, 상좌부 불교의 남녀 승려들과 선생들, 로마에서 온 가톨릭 종단들의 수장들, 그리고 다른 기독교 전통의 대표 등이 포함되어 있었다. 미국 불교도들 중에는 통찰명상센터의 조셉 골드스타인과 샤론 살즈버그, 나로파 대학의 주디스 심머-브라운, 그리고 샌프란시스코 선원의 조케츠 노먼 피셔와 젠카이 블랑쉬 하트만이 포함되어 있었다. 참석자 중 하반폴라 라타나사라Havanpola Ratanasara, 삼우 스님, 시라이 사원(서래사)과 연계된 비구니 이파는 미국 불교 공동체에서 활동하고 있는 아시아인 선생들이었다. 저명한 기독교도 중에는 기독교 '향심向心기도 운동'의 선도자인 마가렛 메리 펑크 Margaret Mary Funk, 오랜 선 수행자이자 '뉴욕 마운트세이비어 베네딕트 수도원'의 원로인사인 데이비드 슈타인들라스트David Steindl-Rast, 그리고 홍콩 소재 '환희의 성모마리아 수도원'(Our Lady of Joy Monastery)에서 일하고 있으며 기독교 신비주의에 관한 주요 저자이기도 한 바실 페닝턴Basil Pennington이 포함되어 있었다.

참가자들은 간략한 논문을 발표하기도 했지만 이 모임의 핵심은 형식적이고 학술적이라기보다는 개인적이고 체험적이었다. 매일 좌선하던 사람들은 다른 참석자의 종교의례를 체험했으며, 특정 전통과 어떤 것이 다르고 또 어떤 것이 서로 같은지 탐구했다. 그들은 비교 전통적인 준거의 틀 안에서 명상과 사회활동의 관계, 그리고 그리스도와 붓다의 중요성을 논의했다. 진행과정에서 캄보디아의 승려이자 평화운동가인 마하 고사난다Maha Ghosananda는 머튼의 무덤까지 자발적인 걷기명상을 하며 참가자들을 인솔했다. 벨기에 베네딕트회 수사인 피에르 프랑수아 더 벳휘너Pierre François de

마하 고사난다 스님.

Béthune는 나중에 쓴 글에서 겟세마니의 만남이 '새로운 개방의 기류'와 '사고의 깊은 변화'를 보여주었다고 했다. 불교도와 기독교도는 이제 자신들을 '모든 인류에게 예고된 영적 통합의 선구자들'이라고 여길 수도 있게 되었다.[13]

많은 불교도들도 역시 이 두 전통 간의 대화를 촉진하기 위해 독자적으로 노력해왔다. 성향 Barbara Rhodes 선사와 다른 선임 법사들은 관음선종회가 주도해온 불교도-기독교도의 대화에서 다양한 방면으로 참가하고 있다. 야마다 코운 노사의 법계승자이자 야스타니 노사의 사망 전 제자이기도 했던 루벤 하비토Ruben Habito는 달라스의 마리아 칸논 선 센터(Maria Kannon Zen Center)를 이끌고 있는데, 이곳은 다양한 신앙을 가진 사람들이 선을 수행할 수 있는 장소로서 1991년에 세워졌다. 불교도-기독교도 대화에 참여하고 있는 대다수의 다른 사람들과 마찬가지로 하비토 역시 기독교 신앙과 불교수행이 서로 모순된다고 보지 않는데, 1997년의 한 인터뷰에서 그는 많은 기독교도에게 중요한 문제로 남아 있는 것을 언급했다. "선이 기독교 전통에서 말하는 절대자에 대한 건전한 신앙을 위협하지 않는다는 점을 관심 있는 모든 사람들에게 확실히 해두고 싶습니다"라고 하비토는 말했다. 선이란 "직접체험으로의 초대이며 여기에는 자기발견이라는 그 여정에 참여하고자 하는 자발성만 있으면 됩니다." 기독교도든, 유대교도든, 회교도든 선은 "자신의 신앙을 이해하는 데 창의적인 혹은 긍정적인 영향"을 준다고 그는 말한다.[14]

예수회 수사, 신학 교수, 일본어 강사이면서 심리치료사로 개업 중인 로버트 케네디Robert E. Kennedy는 1970년대 중엽에 일본에서 공부를 시작했고 1991년에 버나드 글래스맨으로부터 전법한 다음, 선을 가르치도록 인가받은 최초의 미국 가톨릭 사제가 되었다.

『선의 정신, 기독교의 정신: 기독교인의 삶에서 선의 위치』(Zen Spirit, Christian Spirit: The Place of Zen in Christian Life)라는 저서에서 케네디는 불교와 기독교의 경전, 수행, 개념 등이 어떤 식으로 서로를 비춰주고 또 확연하게 다른지를 잘 보여주고 있다. 그러나 책의 서문에서 그는 분명히 밝히고 있다. "나는 결코 내 자신이 가톨릭 신자가 아니라고 생각해본 적이 없으며 또 나 자신이 불교도라고 생각해본 적도 없다. …… 내가 선에서 바라는 것은 새로운 신앙이 아니라 나 자신의 지속적인 경험에서 나온, 새로운 방식의 가톨릭 신자가 되는 것이었다." 자신의 첫 스승을 회고하면서 케네디는 이렇게 쓰고 있다.

야마다 노사가 나에게 여러 차례 말했던 바는 그가 나를 불교도로 만들고자 한 것이 아니고, 그는 오히려 스스로를 비우고, 스스로를 다 털어내고, 아무것에도 집착하지 않았던 "당신의 주 그리스도"를 본받아서 나 자신도 다 비우게 하고자 했다. 야마다 노사가 이런 식으로 가르칠 때마다 나는 이 불교도 스승이 결국 나를 기독교도로

만들고 있다는 생각을 했다.[15]

유대교도, 불교도, 그리고 유대 불교도

유대교도와 불교도의 대화는 독특한 특징을 띠고 있는데, 그 이유 중에는 붓다의 가르침을 미국에 도입하고 적응시키는 데 유대인 불교도들이 일익을 맡았다는 점도 포함된다. 미국의 유대교도들은 오랜 세월 다르마를 탐구해왔다. 최초의 미국 불교도 중 하나인 찰스 슈트라우스Charles Strauss는 1893년 시카고 세계종교의회가 끝나고 나서 불교에 귀의했다. 비트 세대에서 가장 열정적이고 영향력 있는 목소리를 냈던 사람 중 하나인 앨런 긴스버그Allen Ginsberg는 시를 쓸 때 자신이 불교도이면서 유대교도였다는 사실로부터 많은 영향을 받았다. 그런데 다른 점들도 유대교와 불교의 연계를 강화해주었는데, 전통적인 유대교 신비주의와 티베트 불교의 유사성과 차이점, 그리고 유대인과 티베트인이 공통적으로 체험하고 있는 디아스포라(分散) 공동체 생활의 공통적인 경험이 그것이다.

1994년 로저 카메네츠Rodger Kamenetz가 출간한 『연꽃 속의 유대인: 한 시인이 불교국 인도에서 유대인의 정체성을 재발견하다』 (The Jew in the Lotus: A Poet's Rediscovery of Jewish Identity in Buddhist India) 는 유대교도-불교도의 대화 추세가 늘어나는 데 주의를 기울이고 있다. 카메네츠는 많은 사람들이 주목했었지만 직접 다룬 적은 거의 없었던 유대인 불교도라는 현상을 탐구했다. 그는 불교단체들에서 유대인의 비율이 미국인 전체에서 유대인의 비율보다도 열두 배나 많았음을 보여주는 설문조사들을 인용했다. 게다가 많은 유대인은 미국의 불교 공동체에서 중요한 위치를 차지하고 있었다. 조셉 골드 스타인, 잭 콘필드, 잭클린 슈와르츠, 그리고 샤론 살즈버그는 매사추세츠 베어리에 통찰명상협회(Insight Meditation Society)를 공동 설립했다. 샴발라 출판사의 설립자 샘 버콜즈Sam Bercholz와 미국 불교 역사가 릭 필즈Rick Fields는 둘 다 나로파 대학교에서 초감 트룽파에게 불교를 배웠다. 선 평화단(Zen Peacemaker Order)의 버나드 글래스맨과 샌프란시스코 선 센터의 노먼 피셔는 선 공동체 내에서 유대인이라는 출신 배경을 지닌 다수의 지도자 중 일부다. 카메네츠는 또한 주부(Jubu: Jewish Buddhist)라는 용어를 대중화하기도 했는데, 이 말은 1960년대부터 미국 불교 공동체 내의 유대인 사이에서 통용되고 있다.

『연꽃 속의 유대인』에서 카메네츠는 또한 달라이 라마에 의해 개시되어 진행되었던 유대교도와 불교도의 교류과정을 일반대중이 잘 알 수 있게 해주기도 했다. 1980년대에 미국유대인 세계봉사단(American Jewish World Service)은 남아시아의 티베트 망명자들을 지원했다. 달라이 라마는 이 지원에 대해 고마움을 표시했고, 또 미국의 많은 불교도들이 유대인 출신이라는 것을 알고 난 후 이 기관의 지도자들에게 유대인과 유대교에 대해 더 많은 것을 알고 싶다고 말했다. 이런 요청은 마침내 1989년 달라이 라마가 미국을 여행하던 중 유대인 랍비들과 학자들과 서로 만나는 계기가 되었고, 이어서 1990년에는 다람살라에서 더 진취적인 모임이 성사되었다고 카메네츠는 명쾌하고도 흥미진진한 이 책에 기록하고 있다.

다람살라로 간 대표단은 유대교 내의 매우 다양한 입장들을 대변하고 있었지만, 그들은 각자의 공동체 내에서 진보성향의 인사들이었다. 그들 가운데 유대교 신비주의(Kabbalah)를 낙관적으로 해석한 것으로 유명한 카리스마적 랍비 잘만 샤흐터 샬로미Zalman Schachter-Shalomi와 유대교 정통파의 진보주의 진영의 대표적 인물인 어빙 그린버그Irving Greenberg와 블루 그린버그Blue Greenberg 부부도 있었다.

또한 참석자 중에는 개혁파 랍비 조이 레비트Joy Levitt, 로스앤젤레스 유대인 종교센터의 창립자이자 의장인 조나단 오메르만Jonathan Omer-Man, 그리고 『유대인 유머의 큰 책』(*Big Book of Jewish Humor*)의 저자로 잘 알려진 영성갱생 지도자 모쉬 왈독스Moshe Waldoks도 있었다. 나탄 카츠Nathan Katz는 유대인 불교학자를 대표했고, 폴 멘데스플로르Paul Mendes-Flohr는 유대교학을 연구하는 재가 학자를 대표했다. 『연꽃 속의 유대인』은 달라이 라마와의 만남에 어울리는 종교의례 논쟁에 일부 내용을 할애하고 있는데, 이 때문에 이 책은 현대 유대교의 종교적 감성에 대한 친숙한 입문서라고도 할 수 있다.

카메네츠는 책의 많은 부분에서 유대교 신비주의와 티베트 불교를 비교하고 있다. 신비주의에 대한 토론은 카발라 신비주의와 탄트라 신비주의의 비슷한 점과 다른 점을 정리한 도표를 지참하고 다람살라에 도착했던 샤흐터가 어느 오후에 달라이 라마와 단독으로 대화에 들어가면서 시작되었다. 달라이 라마는 카발라 신비주의자들이 창조의 단계들을 히브리 알파벳 및 정서 상태와 연관시킨다는 점

에 큰 흥미를 보였다. 그는 곧 샤
흐터에게 카발라의 천사에 대해
서, 그리고 그 천사와 티베트 불
교의 법 수호자 및 보살과는 어
떻게 비교될 수 있는지에 관한 면
밀한 질문들을 던졌다. 그런 다음
그들의 대화는 궁극적 실재의 무
한성을 의미하는 두 사상인, 이른
바 카발라의 아인 소프(ain sof: 무

로저 카메네츠.

한함 혹은 신을 의미함)와 대승불교의 공(shunyata) 사상에 대한 비교
로 옮겨갔다.

　이어서 달라이 라마는 유대인들이 2천 년의 디아스포라 생활 속
에서 전통을 지켜내기 위해 사용해온 전략들에 대한 논의를 시작했
다. 레비트는 시내고그가 어떻게 공동체의 문화센터가 되었고, 기도
와 학습장소가 되었으며, 공동가치의 원천이 되었는가를 말해주었
다. 블루 그린버그는 수백 년 동안 가족이 어떻게 유대인 종교생활
의 중심이 되었는지 말해주었다. 카메네츠에 의하면 비록 달라이 라
마는 티베트 민족의 지도자이기는 했지만 독신 성직자 생활에 매우
익숙해 있었기 때문에 이러한 내용이 그에게는 새로웠다는 것이다.
달라이 라마는 또한 종교와 문화를 별개로 여기는 경향이 있었기 때
문에, 세속에 살면서 유대교도가 될 수 있다는 점에 특히 흥미를 보
였다. 왈독스와 다른 사람들은 유대인들을 불교에 내주게 되어서 고
민된다고 솔직하게 말하자, 달라이 라마는 개종에 대한 자신의 견해

를 다음과 같이 밝힘으로써 대중의 지지를 받았다. "대중 법문을 통해서 나는 (개종에) 관심 있는 사람들에게 종교를 바꾸는 것이 쉬운 일이 아니라고 언제나 말합니다. 그러니 개종하지 않는 것이 더 좋고, 자신의 전통종교를 따르는 것이 더 좋습니다. 근본적으로는 거기에도 동일한 메시지, 동일한 가능성이 있으니까요."[16]

달라이 라마는 또한 갑작스럽게 현대세계로 떠밀려온 한 집단의 지도자로서 자신이 깨달았던 통찰을 대표단에게 제시하기도 했다. 그는 여러 세기 동안 비밀스럽게 간직되어온 신비주의의 가르침을, 즉 탄트라와 아주 비슷한 그 가르침을, 부활시키라고 유대인들에게 촉구했다. 뿐만 아니라 그는 사람들의 선택권을 제한해서는 아무것도 얻을 수 없다는 점을 배웠다는 말도 했다. 티베트인들은 다른 전통도 탐구하는데, 그에 의하면 모든 종교에서 가치 있는 것을 기꺼이 받아들이는 것이 가장 좋다는 것이다. 마지막으로는 달라이 라마는 전통이 현대세계에 의해 도전받을 경우, 그 현실을 직시하는 법을 배웠다고 한다. "우리가 스스로를 현대로부터 고립시키려고 한다면 그것은 스스로를 파괴하는 것입니다. 여러분은 현실을 직면해야만 합니다. 만일 여러분이 이유를 가지고 있다면, 즉 종교를 실천할 충분한 이유, 그 종교에 대한 충분한 가치를 가지고 있다면 두려워할 필요가 없죠. 만일 여러분이 충분한 이유, 충분한 가치를 가지고 있지 못하다면 그런 종교에 매달릴 아무런 이유가 없습니다. 진정으로 나는 그렇다고 느낍니다"라고 그는 말했다.

여러분도 알다시피 시간은 변하고 있습니다. 시간은 아무도 멈출 수 없죠. 신이 시간을 창조했는지, 아니면 자연이 그 이면에 있는 지 아무도 모릅니다. 그것이 실재죠. 그러므로 우리는 시간을 따라서, 실재에 맞게 살아야만 합니다. 종교 지도자로서 우리 자신에게 필요한 것은 전통을 오늘날의 생활에 더욱 유익하도록 만들기 위해 더 많이 연구하고, 더 많이 실천하는 것입니다.[17]

그로부터 여러 해가 지난 다음, 카메네츠는 '티베트를 위한 세더'(Seders for Tibet)라고 불리는 또 하나의 유대-불교도 협업을 출범시키는 데 중요한 역할을 했다. 세더Seder란 고대 히브리인들이 이집트에서 노예상태로 있다가 해방된 것을 기념하는 유월절 식사 모임인데, 이것은 유대인이 세대 상호간의 기억과 집단 정체성을 유지하는 데 중요했다. 1996년 다람살라를 또 한 차례 방문하고 돌아온 후 카메네츠는 망명 중인 티베트의 어려운 처지를 감안하여 그 의례를 재구성해보고 싶은 생각을 했다. 그 당시 그는 유대-티베트의 유대감을 키울 길을 찾아보는 중이었다. '티베트를 위한 세더'의 후원은 '티베트를 위한 국제 캠페인'(The International Campaign for Tibet), 여러 유대교 종파의 지도자들, 그리고 유대인 대학생들에 의해 시작되었다. 뜻밖에도 달라이 라마는 1997년 워싱턴 디시를 방문하는 동안 세더에 참가하고 싶다는 생각을 밝혔다.

『엘리야를 따라가면서: 오늘날의 유대교 신비주의 스승들과의 모험』(Stalking Elijah: Adventures With Today's Jewish Mystical Masters)에서 회고하고 있듯이, 카메네츠는 그해 4월 워싱턴 종교행동센터(Washington's Religious Action Center)의 랍비 데이비드 사퍼스타인

David Saperstein이 주최했던 세더에 대법관 스티븐 브레어Stephen Breyer, 비스티 보이스Beastie Boys의 애덤 요치Adam Yauch, 그리고 달라이 라마와 함께 참석했다. 그는 이렇게 쓰고 있다. "어느 순간, 작은 방안에 모인 50명의 참가자들은 티베트에서 반입된 음성녹음을 들으면서 조용해졌다."

우리는 드라프치 교도소에서 17년을 복역하고 있는 19세의 여승, 푼촉 니이드론Phuntsok Nyidron의 떨리는 목소리를 들었다. 머나먼 곳에서 그녀는 우리 세더에 자유의 의미를 부르짖고 있었다. 우리는 함께 그녀의 말을 번역해서 읽었다. "포로가 된 우리 마음의 친구들은 아무리 구타를 당해도 …… 함께 잡은 팔을 놓을 수 없습니다."[18]

세더가 끝날 무렵, 그들은 "르샤나 하바아 브예루샬라임, 내년에는 예루살렘에서"라고 전통적인 유월절 희망기도를 암송했지만, "르샤나 하바아 브라사, 내년에는 라사Lhasa에서"라고 덧붙였다.[19]

1990년의 다람살라 회합과 1997년의 '티베트를 위한 세더'는 유대인과 불교도 사이의 더 광범위한 대화과정에서 나온 두 개의 지표일 뿐이다. 현대 유대교의 진보적 저널인 『티쿤』(Tikkun)은 1998년에 "유대인 구도자들은 한 세대 넘는 기간 동안 깨달음의 여정에 나서서 모든 구도의 길을 여행했다. 이제 우리는 중년기에 들면서 우리의 긴 여정을 기술한 책들을, 즉 유대인의 책들을 출간해내고 있다. …… 이 중 특히 흥미로운 점은 유대교와 동양종교들에 관한 새로운 자료들이 쏟아지고 있다는 것이다." 이 저널에 인용된 책 중에는 카메네츠의『연꽃 속의 유대인』, 노먼 피셔Norman Fischer의『예루살렘의 달빛』(Jerusalem Moonlight), 주디스 린저Judith Linzer의『토라와 다르마: 동양종교 속의 유대인 구도자들』(Torah and Dharma: Jewish Seekers in Eastern Religions), 그리고 실비아 부어스타인Silvia Boorstein의『우습지만, 당신은 불교도 같지 않습니다: 신앙적인 유대인과 열정적인 불교도가 되는 것에 대해』(That's Funny, You Don't Look Buddhist: On Being a Faithful Jew and a Passionate Buddhist)가 있다.

부어스타인의 책에는 두 가지의 종교정체성을 성공적으로 조화시키려는 노력이 친밀하고도 쉽게 쓰여 있다. 그녀는 뉴욕 브루클린에서 성장했지만 강한 유대교 종교정체성으로부터 결국 멀어졌다. 캘리포니아 대학교에서 사회사업 석사학위를 마친 후 세이브룩 대학교(Saybrook Institute)에서 심리학 박사학위를 취득한 그녀는 심리치료사로서 개업을 했다. 1970년대 중엽 그녀는 위빠사나 명상을 시작했고, 이후 통찰명상협회에서 선생이 되었다. 1980년대에 그녀는 나로파 대학교 주최의 주요한 불교-기독교 대화모임에서 불교도 대표 중 한 사람이었다. 그렇지만 1990년대 중엽에 이르러 그녀도 역시 독실하고 경건한 유대인이라고 말하기 시작했다.

『우습지만, 당신은 불교도 같지 않습니다』에서 부어스타인은 유대교도와 불교도 둘 다가 되고자 하면서 경험했던 불편함에 대해서 회상한다. 유대인들에게 명상을 가르칠 때 그녀는 반감을 살까봐 걱정하기도 했지만 직접 겪지는 않았다. 불교도들에게는 자신이 유대인이라고 밝히기가 망설여졌다. 이 문제는 1993년 서양의 불교법사들이 달라이 라마와 만남을 가졌던 자리에서 수면 위로 떠올랐다. 그 만남의 예비회동에서 "현재 당신의 수행과 가르침에서 가장 큰 영적 어려움은 무엇인가?"라는 질문이 제기된 후였다. 부어스타인 은 "'맞아, 바로 지금이야! 이 사람들은 모든 불교계보의 주요한 선 생들이고, 또 이들은 내가 존경하는 사람들이니 그들도 나를 존중해 줄 거야.' 그래서 나의 진실을 말했다"라고 혼잣말했던 기억을 떠올 렸다.

저는 유대인입니다. 요즘 유대인들에게 불교명상을 지도하면서 많은 시간을 보냅니다. 유대인을 가르치는 일은 특별한 즐거움을 주기도 하지만 어떤 때는 특별한 문제를 안겨주기도 합니다. 그 렇지만 이 일은 저의 소명이며 제가 해야 할 일이라고 느낍니다. 여기 계신 분 중에는 제가 잘못하고 있다고 생각하는 분도 있지 않을까 걱정됩니다. "당신은 진정한 불교도가 아니야"라고 말하 면서요.

그런데 이렇게 창의적인 잠재력으로 충만한 분위기에서 이 문제 를 제기하자 해결책도 나오게 되었다. "내가 하고 있는 일이 괜찮은 것인지 달라이 라마께 실제로 물은 적은 없었다. 회의에 도착할 때 까지 이것은 내가 볼 때 질문거리가 아니었다"라고 그녀는 나중에 밝히고 있다.[20]

부어스타인이 기술하고 있듯이, 그녀는 부모의 사랑을 받으며 성 장했기 때문에, 그리고 유대인의 성향이 자신의 개인적 정체성의 근원적 부분이기 때문에 자신이 유대 인임을 이해하게 되었다. 그런데 그 녀는 불교를 경험하면서 다시 한 번 종교적인 유대인이 되었다. 맨 처음 집중수행에 참여했던 첫날부터 그 녀는 고통의 소멸에 대한 붓다의 가 르침에 매료되었던 것을 기억하는 데, 이 가르침은 그녀가 자비와 만 족감의 계발에 헌신하는 삶을 추구 할 길을 제시해주었다. 이처럼 스스

실비아 부어스타인.

로에 대한 행복감을 통해 결국 그녀는 다시 유대교로 돌아가게 되었 다. "나는 불교도가 됨으로써 신앙심 깊은 유대인이 되었다"라고 그 녀는 쓰고 있다. "불교 스승들에게 배운 명상수행을 통해서 두려움 이 줄어들었고 삶을 사랑할 수 있었기 때문에, 나는 어린 시절부터 알고 있던 '감사합니다'라는 기도언어를 저절로, 그리고 정말 기쁘 게도 회복하게 되었다."[21]

부어스타인은 유대교와 불교 전통의 유사성을 이끌어내기 위 해 책의 많은 부분을 할애하고 있다. 그녀는 유대교의 바하브타 V'ahavta 기도, 즉 "또한 너의 주 하나님을 너의 온 마음으로, 너의 온 영혼으로, 그리고 너의 온 힘을 다하여 사랑할 것이다"가 유대교 방 식의 자애수행임을 알게 된다. 그녀는 『창세기』에 아브라함이 하나 님께 "히네이니Hineyni", 즉 "여기 제가 있습니다"라고 말하는 것을 불교도들이 명상을 통해서 계발하는 마음챙김의 한 방식이라고 본

다. 회오리바람에서 목소리가 들렸다고 말하는 『욥기』의 저자는 신에 대한 체험을 암시해주는데, 이것을 그녀는 불교의 공空에 의거하여 이해하고 있다. 부어스타인은 업과 모든 존재의 상호의존에 관한 불교사상들의 이해를 논의할 때 자신이 어떻게 종교적으로 생각하게 되었는지를 여러 가지 측면으로 전달해준다.

> 자신에게 나는 말한다. "신은 지배하며, 신은 지배했다. 신은 영원히 지배할 것이다."
> 손주들에게 나는 말한다. "만사는 무엇이 됐든 오케이다. 그리고 무엇이든 망가졌다면 고치기 위해 최대한 노력할 것이다."
> 불교도 학생들에게 나는 말한다, "우주에는 법이 있다. 업은 사실이다. 모든 것은 상호 연관된 단일한 원천으로부터 전개된다. 어떤 것도 다른 것과 분리되어 있지 않다. 미래의 일은 지금 우리의 행동에 달려 있다. 우리는 덕을 이행할 의무가 있으며, 서로에게 책임이 있다. 모든 것이 다 중요하다."[22]

종교 내부의 단체 간 대화와 종교 상호간의 대화는 큰 철학적, 신학적 함의를 지닌 복잡하고도 다양한 과업이며 그것은 이 책의 주제에서 벗어나 있다. 그러나 이 선별된 발전상은 다르마가 이 나라에 뿌리를 내리면서 새롭고 도전적인 방식으로 재구성되고 있는 모습을 제시해준다. 이 과정에는 문제점도 있고 창의적인 가능성도 있다. 한편으로 볼 때, 많은 사람들은 종교 전통들을 수세기에 걸쳐 내적 견실함을 발전시켜온 것으로 간주하고 있으며, 그 경전, 교리, 의례들은 서로 협력해가면서 수행자들과 공동체들로 하여금 영성과 개인적, 집단적 정체성을 함양할 수 있는 길을 형성해가는 것이다. 다른 한편으로 볼 때, 현존하는 모든 전통들은 아주 신중하기는 하지만 다소간 부단한 변화과정에 있고, 또 미국으로 들어온 다르마는 상당한 적응과 혁신이 필요할 것이다.

미국 불교는 창의적 흥분상태에 있으며, 이런 상황에서 광범위한 종교 전통들에는 내부적으로, 그리고 상호간에 전통과 혁신의 세력이 작용하고 있다. 붓다의 근본 가르침은 그 자체가 전통적으로 다양하게 해석되고 있는데, 이제는 새로운 문화적 환경에 도입되어 활성화되고 재창조되는 과정이 시작되고 있다. 아시아 불교 국가에서 일어났던 이와 비슷한 과정들을 기술하기 위해 학자들은 간략한 사례들을 보통 사용한다. 이를테면 고대 테라와다 불교는 스리랑카 농촌의 정령신앙 전통을 흡수했으며, 인도 탄트라 불교는 중앙아시아의 샤머니즘과 융합했다는 사실이다. 미국에는 비교할 만한 사례가 아직 없지만 불교 내부의 단체 간 대화, 그리고 불교도, 기독교도, 유대교도 사이의 종교 상호간 대화가 새로운 북미 상황의 독특함을 반영하는, 전혀 다른 형태의 불교를 발전시키는 데 도움을 주고 있다는 점은 명백하다.

따라서 특정한 전통, 종파, 계보의 몇몇 지도자들이 자신들에게 응집력과 견고함을 주는 경계선에서 버티고 있다는 것은 놀라울 것이 없다. 어떤 이들은 이것을 종파적 경쟁이라고 무시해버릴 수도 있고 또 확실히 그럴 때도 있지만, 전통을 지키고자 하는 본능은 건강하면서도 권장할 만한 것이다. 다른 한편으로 볼 때, 미국이 창의적인 상호작용을 위한 전례 없는 기회를 제시하고 있다는 점은 의심의 여지가 없다. 서로 다른 많은 진영에서, 그리고 매우 다양한 방식으로 서로 다른 전통 간에 이종교배가 진행되고 있다. 이 가운데 어떤 것들은 결국 독특하게 미국적인 형태의 다르마를 형성하는 데 필연적으로 기여할 것이다.

제14장

불교의 미국화 현상 이해하기

지난 40년에 걸쳐 미국 불교는 비교적 소수의 아시아계 미국인의 종교이자 이보다 훨씬 더 소수의 선구적인 유럽계 미국인들의 내밀한 관심사로부터 이른바 하나의 대중운동으로 변화했다. 미국에서 이민, 개종, 분열, 망명에 의해 형성되었던 불교는 현재 그 변종과 연합의 양상을 총괄적으로 분류하기가 불가능할 정도로 번성하고 있다. 미국 불교도의 약 4분의 3은 새로운 이민자 공동체에 속해 있는데도 그들이 다르마의 장기적 발달에 기여한 점은 판단하기가 특히 어려우며, 종종 간과되기도 하고 또 과소평가되기도 했다고 필자는 생각한다. 미국 불교 공동체는 전체적으로 볼 때 불교의 성격과 실천에 관한 매우 광범위한 견해들을 망라하고 있다. 이 공동체 안에는 전통 보존의 욕구와 혁신의 욕구가 어떤 때는 안락하게 또 어떤 때는 그렇지 않은 상태로 공존하고 있다. 관용은 일반적으로 크게 존중되며, 다르마의 모든 표현들이 궁극적으로 하나라는 생각도 널리 수용되고 있다.

그렇지만 불교도들에게 통합을 촉구하는 압력은 거의 없다. 여행도 하고 대화도 많이 나누면서 나는 많은 공동체들 간에 얼마나 소통이 없는지 알고 나서 놀란 적이 많다. 전국, 지역, 지방 단위의 불교계 내부 간 대화, 그리고 수행법의 공유와 혼합 같은 현상들이 있었지만 많은 단체들은 매우 독자적으로 발전해가고 있다. 일부 공동체들, 특히 미국 창가학회(SGI-USA)와 정토진종은 서양인에게 친숙한 종파적 모델과 닮은 형태를 띠어왔다. 이에 비해서 다른 공동체들은 큰 전통들 내의 한 종단으로서, 이를테면 티베트 불교의 닝마와 카규 혹은 태국 테라와다 불교의 마하니까야와 담마유트 같은 종단들로서 구성되어 있으며, 이들은 가톨릭 종단들과 유사하지만 더 큰 교회기관과 교황이 있는 중심적인 본부 같은 것은 없다. 테라와다 불교와 티베트 불교는 둘 다 스승과 제자 간의 계보를 강조하는데, 이러한 방식은 선 공동체에서도 역시 두드러지게 나타나며 또한 강력하게 작용하고 있다.

결과적으로 미국 불교는 그 유래를 명확히 밝혀내기 어려운 제휴 노선에 따라 분할되어 있는 사원, 사찰, 센터 등의 광역 네트워크와 비슷하다. 나는 뉴욕 우드스톡에 위치한 카규 공동체의 사람들이 거기서 자동차로 몇 시간 떨어진 거리에 있는 이타카의 겔룩파 공동체의 발전상에 대해 전반적으로 모르고 있다는 것을 알고 놀랐다. 이 두 단체가 티베트 전통에 속해 있기 때문에 서로간의 소통을 크게 중시할 것이라고 생각하고 있었지만 그것은 착각이었다. 오히려 이 두 단체는 자기 공동체의 광범위한 발전에 우선적으로 몰두해 있었다. 한 미국 선禪 전문가는 말하기를, 미국의 선 법사 가운데 무려 80

퍼센트가 조동종 제휴단체라는 것이다. 비록 엄청나게 높기는 하지만 합당한 수치라는 생각이 든다. 그러나 문제는 이 공동체 밖에서 미국의 이 많은 선 단체들을 바라보았을 때, 조동종의 원칙이 지켜지고 있다고는 쉽사리 생각되지 않는다는 점이다.

범불교적인 견실한 전국단체들이 없다는 점이 미국 불교의 현재 발전단계를 꾸밈없이 보여주고 있는지도 모른다. 유대교와 가톨릭은 둘 다 식민지 시대에 존재하고 있었는데, 19세기 동안에 비로소 강력한 전국단체로 발전했다. 그러나 불교는 이와 비교할 만한 전국단체가 나타나지 않을 수도 있으며 현재의 분산 체재가 영구화될 수도 있다. 다르마에 대한 이러한 접근은 약점이라기보다는 장점일 수도 있다. 여태까지 이것은 나라의 이상이 지방 및 지역 규모의 다양성과 자율성에 의거해서 점차 재편되고 있는 시기에 미국 불교가 다양성과 복합성을 특징적으로 보여주고 있다는 것을 의미했다. 일부 전문가들은 미국 불교가 중국 불교를 닮게 될 수도 있다고 추정하는데, 중국에서는 특징적인 중국적 형태가 마침내 출현했음에도 불구하고 다르마는 수백 년에 걸쳐서 유동적이고, 절충적이고, 지역에 따라 변화된 상태로 남아 있었다.

지난 30여 년 동안 미국 불교의 가장 두드러진 특징은 일련의 깊은 문화적, 언어적, 사회적 차이에 의해 야기된, 이민자와 개종자 사이의 갈라진 틈이었다. 이 틈이 지니고 있는 잘 드러나지 않으면서도 매우 중요한 양상은 단연코 종교적인데, 여기서 전통과 혁신의 대조는 유독 높이 두드러져 보이는 경우가 많다.

이민자 불교도들은 아시아 불교의 풍부한 우주론적 세계관에 해

스티븐 배처러.

박한 경향이 있다. 재생과 업은 종종 실체적 사실로, 그리고 보살은 역동적이고 인격화된 힘이거나 우주적 실체로 간주된다. 해탈과 깨달음은 본래 종교적 열망이며, 의례에는 효능이 존재한다는 명백한 의미를 간직한 경우가 많다. 그러나 많은 개종자들에게는 다르마가 보다 더 세속적인 인생관과 융화해가고 있다. 재생사상을 암묵적으로 혹은 명시적으로 버린 사람도 많다. 우주적 보살은 상징으로서, 의례는 개인적, 집단적 표현수단으로서 간주되는 경향이 있다. 전통 교리와 철학은 종종 영감과 창의성에게 자리를 내주고 있다. 수행의 초월적 목표는 그 자체가 종종 심리학적으로 고찰되거나 사회변혁으로 그 방향이 전환된다. 미국의 개종자 불교계에서 영향력 있는 영국인 불교도 스티븐 배처러는 서양의 다르마가 '신앙 없는 불교'가 되어야 한다고 주장하고 있으며, 이러한 제목으로 펴낸 자신의 책에서 그는 이 말이 '실존적, 치유적, 해탈적 불가지론'을 의미한다고 기술하고 있는데, 이것은 대다수의 이민자 공동체 내에서 볼 수 있는 것과는 매우 다른 종류의 불교다.[1]

이민자와 개종자 양 집단의 미국 불교 안에서는 전통과 혁신이 수많은 방식으로 실행되고 있지만 그것을 일반화하기란 쉽지 않다. 이러한 방식들은 사례별로 하나하나씩 면밀히 고찰할 필요가 있는, 복잡한 과정의 비교문화적 해석과 관련되어 있기 때문이다. 그러나 이민자 공동체와 개종자 공동체의 분리는 다르마의 문화적, 사회적 사용에 대한 방향성의 차이를 반영하고 있다. "미국으로 들어오는 아시아인 집단의, 특히 최근 집단의 역사를 살펴보면 종교가 그들의 삶의 중심에 있습니다"라고 트라이시클의 헬렌 트워코프Helen Tworkov는 하버드 다원주의 프로젝트(Harvard Pluralism Project)와의 인터뷰에서 말했다.

그것(종교)은 그들의 역사를 보존하는, 즉 그들의 전통, 그들의 의례, 그들이 자손들에게 물려주고자 하는 것을 보존하는 한 방법으로 이용됩니다. 그러므로 그것의 전반적 성격은 보존하는 것입니다. 유럽계 미국인들이 불교로 개종했던 욕구는 아주, 아주 달랐죠. 개종자들은 보존을 원한 게 아니었고, 60년대에 불교에 입문했던 저의 세대에게는 특히 그렇지 않았습니다. 우리는 우리 문화로부터 그 어떤 것도 보존하고 싶지 않았어요. 우리가 원했던 것은 오히려 정반대였죠. 우리는 무엇이든 새로운 것을 원했으니까요.[2]

1980년대에 일부 전문가들은 1960년대 반문화 시대의 개종자들 사이에서 전개되다가 1970년대와 80년대의 잇따른 사건들에 의해 구체화되었던 다르마의 발현들을 지칭하기 위해 '미국 불교'(American Buddhism)라는 용어를 사용하기 시작했다. 이 용어는 개종자들에 의한 혁신이 표준이 되고 또 미래의 물결로 이해될 수 있는, 독특하게 미국적인 불교 형태의 근원이라는 생각을 전달하기 위한 것이었다. 비슷한 시기에 다른 사람들은 미국에 이민자와 제휴된 혹은 개종자와 제휴된 많은 다르마가 발현되어 있지만, 그 어느 것도 표준이 될 수 없다는 생각을 전달하기 위해 '미국 내의 불교'(Buddhism in America)라는 용어를 의도적으로 사용하기 시작했다. 이러한 주안점의 차이는 어느 집단이 미국에 다르마의 표준을 전달한다고 정당하게 주장할 수 있을 것인가에 대한 잇따른 논쟁들에 반영되어 있는데, 이 문제는 개종자와 이민자가 '미국적임'에 대해 뚜렷하게 다른 주장을 내세우고 있음을 말해주고 있다. 개종자들은 자신들이 본토인으로서 경험을 지니고 있기 때문에 다르마를 해석하는 데 더없이 미국적인 관점을 가지고 있다고 종종 믿는다. 이민자 불교의 지지자들은 이민 경험의 중요성을 지적하고 또 그 경험이 미국의 종교 역사에, 즉 '미국적임'에 대한 하나의 다르면서도 타당한 주장으로서의 미국 종교사에 중요함을 지적하는 경향이 있다.

세계적으로 불교 공동체가 엄청나게 다양하다는 점, 그리고 어느 종교든 새로운 문화에 뿌리내리는 데 시간이 필요하다는 점을 감안해볼 때, 나는 독특하고도 믿을 만한 형태의 미국 불교가 확립되었음을 알리기는 아직 이르다고 생각한다. 현재의 논쟁에서 어느 한편에 서기보다는 역사가의 입장에서 글을 쓰면서 나는, 개종자에 의해서든 이민자에 의해서든, 생존 가능한 형태의 불교를 구축하는 데 필요한 장기적 도전에 큰 관심이 있다. 미국 불교의 풍경에서 나타나는 현재의 활력에 주의를 기울여볼 때, 나는 어떤 불교 형태는 계속 번창하고 또 어떤 형태는 스러져가는 상황에서 향후 30년 이내에 미국 불교가 어떻게 변할지 궁금했던 적이 많았다. 이 책에서 논의하고 있는 모든 집단은 정착문제를 성공적으로 처리해왔다. 그러나 그들은 이제 장기적 생존을 위한 새로운 도전에 직면해 있다. 이러한 도전이 경제적 이유, 지도자, 그리고 승계문제에 뿌리를 두고 있든, 아니면 회원을 유지하고 보충하는 데 뿌리를 두고 있든 말이다. '미국 불교'라는 정의는 21세기의 첫 수십 년 동안 일어날 수 있는 걸러내기 과정에서 살아남는 그런 불교 형태들에 의해 결정될 것이다.

그러나 나는 앞으로 다가올 여러 해 동안 다수의 종단과 전통에 속한 불교도들은 1960년과 2000년 사이의 기간을 그들 공동체의 기반 형성기로서 되돌아볼 것이라고 확신한다. 그러나 현재의 상황을 고려해보건대, 불교도들이 직면한 도전들은 이민자, 개종자, 그리고 21세기의 벽두에 이 두 집단이 직면해 있는 그런 부류의 문제들에 의거해서 평가될 필요가 있다.

이민자 불교

2차 세계대전이나 베트남전 같은 예기치 않은 큰 재난들이 없었다면 대규모의 이민 불교 공동체들은 대부분 미국의 다른 이민단체들의 역사로부터 살펴볼 때, 익숙한 일반적 패턴을 따르면서도 신속하게 세계화하고 있는 우리 사회와 특정 전통들에서만 나타나는 독특한 이형異形들을 가지게 될 것이다. 만일 다른 이민자 단체들의 사례가 유효하다면, 각 후속 세대에 혁신과 전통주의 사조가 반복적으로 나타나면서 주류미국의 가치에 맞추어 깊이, 그리고 철저히 변용이 일어날 것이라는 예상이 가능하다.

그러나 비록 많은 공동체들, 이를테면 태국, 스리랑카, 중국 출신의 많은 이민단체들은 상당히 큰 공동체를 이루고 있기는 하지만, 대다수의 이민 불교단체들은 현재 1920년대 혹은 30년대의 정토진종 소속의 일본계 미국인들과 대체로 같은 단계에 있다. 그들은 또한 반反아시아인 정서와 집요한 인종차별에도 불구하고 미국이 전반적으로 20세기 초보다는 외견상 더 다문화적이고, 더 인종적·종교적으로 다원주의적으로 변한 시기에 정착하고 있다. 대부분의 이민 불교단체들은 이제 안정된 사원과 기관의 네트워크를 형성하고 미국 적응의 일환으로서 그들이 물려받은 전통의 요소들을 존속, 변화, 포기하는 과정을 시작했다. 이민 2세대, 그리고 많은 경우 3세대가 부상하고 있는데, 이들이 전통에 대해 가지고 있는 태도는 21세기 이민자 불교의 양상을 대체로 결정하게 될 것이다.

그러나 아시아 이민은 열려있는 상태이며, 이 말은 곧 "이민 1세대"가 지속적으로 보충되고 있다는 의미다. 이 글을 쓰고 있는 지금, 아시아에는 금융위기가 심화되면서 뜻밖에 아시아 불교도의 이민 물결이 조장될 수도 있다. 이와 같은 지속적인 이민은 과거의 종교전통에 큰 영향을 끼쳐왔다. 예를 들어 독일 루터교회의 신자들 사이에서 19세기 미국으로의 이민행렬은 제도적 분화에 기여했다. 새롭게 도착하는 독일인들이 이전 세대의 이민자들에 의해 루터교가 미국화된 것을 보고 소스라치게 놀라면서 그들 자신만의 교회 네트워크를 형성했기 때문이다. 이 단체들 간의 분열은 1세기가 지난 후에야, 즉 더 오래된 신학적, 전례의식적 논쟁들이 더 이상 분열의 쟁점이 되지 않았던 때가 되어서야 비로소 치유되기 시작했다. 현재 이와 유사한 부류의 분화가 이민 불교 공동체 사이에서도 일어날 가능성이 있다.

폴 넘리치는 1990년대 중엽에 태국과 스리랑카의 불교도 이민자들 사이에서 몇 가지 부가적이면서도 낯익은 패턴을 관찰했다. 재가자를 기반으로 하는 미국 종교운동의 힘을 고려해볼 때, 아시아 불교가 재가자화하는 현대적 추세는 특히 중요해 보인다. 많은 사원들은 원래 재가자에 의해 설립되었으며, 재가자는 금전적으로 종교적으로 많은 영향력을 지속적으로 행사한다. 이러한 추세는 이민자들이 민주적인 종교조직체 운영에 더 많은 경험이 쌓여가면서 확산될 가능성이 있다. 동시에 테라와다 승려들은 사원의 종교생활에서 필수적인 역할을 한다. 승려들의 승가교단들은 많은 신도들의 종교적 정체성에서 중요한 부분을 차지하는데, 이것은 테라와다의 종파주의를 초래할 수 있는 요인이기도 하다.

넘리치는 또한 나이든 이민자 세대와 그 자녀들 사이에 이른바 '이중적 격차'가 있음을 관찰하기도 했다. 그 중 하나는 세대차인데, 이것은 미국의 10대들에게 통과의례로서 사실상 제도화되어 있기도 하다. 그러나 더 중요한 격차는 문화적이고 언어적이다. 한 제보자가 넘리치에게 알려준 바에 따르면 시카고의 태국계 미국인 10대들은 부모의 집을 떠나 친구들과 함께 지낼 때 '갑자기 변하는' 경우가 자주 있다고 한다. 다른 제보자들은 보고하기를, 10대들이 또래 집단의 압력에 응하여 사원의 생활로부터 자취를 감추는 경향이 있다는 것이다. 그러나 많은 어린 제보자들이 넘리치에게 말한 바에 의하면 비록 그들에게 종교적인 면이 없어진다고 할지라도 사찰은 그들의 사회생활에서 중요한 역할을 한다는 것이다. 이러한 현상은 불교도 이민자에게만 나타나는 것이 아니고, 그렇다고 10대에 특유한 것도 아니다. "나는 이 사원에서 내가 누구인지에 대해서, 그리고 우리나라 사람들에 대해서 배웠어요"라고 한 10대는 넘리치의 설문에 응답했다. 또 한 15살 청소년은 말했다. "나는 이 사원을 정말 좋아합니다. 이곳은 우리 모든 어린이들에게 매우 중요해요. 우리가 누구이고 또 어디서 왔는지를 알게 해주고 자부심을 느끼게 해주니까요." 또 다른 10대는 말했다. "우리는 태국(문화)로부터 벗어나려고 하는 것이 아닙니다. 우리는 태국의 춤을 공부하고, 불교를 배우고, 태국어를 말합니다."[3]

나는 20대의 태국계 미국인 여성을 남캘리포니아의 메타사원에서 만났다. 불교와의 인연에 대한 그녀의 의견은 이례적이라고 생각될 수도 있다. 그러나 내 생각에 그것은 많은 미국의 불교도 이민자들에게 전통이 어떻게 중요해지게 되는지를 특징적으로 보여주는 것일 수도 있다. 내가 그녀에게 실천하는 불교도인지를 묻자, 그녀는 "어렸을 때 저는 완전히 미국인 같았죠"라는 취지의 말로 답변했다. 그런데 최근 태국을 여행하던 중, 그녀는 그 당시 아시아의 경제 붐이 일던 국가라는 곳에서 불교도들이 모니터 역할을 하면서 사업을 검토하고 있음을 알게 되었다. 그녀는 해외활동을 시작하고자 하는 바람을 가지고 메타사원으로 왔으며, 경영대학을 끝마치는 동안 사원에서 불교의례와 예법을 연마해가고 있었던 것이다. 그녀의 말에서 부정직한 점은 없었지만, 그녀의 정서는 특별히 신앙심이 있는 것 같지는 않았다. 전통에 대한 이와 비슷한 이해관계는 가톨릭 이민자와 유대인 이민자 사이에서 흔했는데, 이들에게는 엄격하게 종교적인 관심사들이 민족 공동체 위주로 확립된 네트워크에 의해 제공되는 실용주의적인 기회보다도 중요성이 덜한 경우가 많았다.

이러한 공동체에 속한 사람들이 아시아의 전통과 미국의 혁신을 아주 자연스럽게 아우를 것이라는 사실 덕택에 미국 불교철학의 가장 멋진 발현들과 수행 및 신앙의 전형들이 이 공동체들에서 나타날 수도 있다. 그러나 이 이민자들이 미국에 기여할 잠재성이 있음을 고려해볼 때, 초월 탐구로서의 종교 개념에만 초점을 맞추지 않고 또 민족 정체성의 정치적, 사회적 중요성을 무시하지 않는 것이 중요하다. 논평가들이 오랫동안 주목한 점은 이민자 공동체의 문화와 종교 사이의 깊지만 불안정한 관계에 있어서 궁극적으로 제일차적인 문제는 교회나 시나고그 혹은 사찰이 아닌 경우가 많다는 것이다. 종교는 정치적, 상업적, 그리고 여타 사회적 관심사들과 더불어 다소 불분명하지만 강력한 민족 정체성의 한 요소가 된다. 미국 이민사 중 많은 부분은 미국인의 민족적 자기이해의 변화 패턴들에 초점을 맞춘다. 이러한 패턴들은 인종 간 결혼으로부터 도시, 지역, 국가, 그리고 국제 정치활동에 이르는 광범위한 문제들과 관련되어 있기 때문이다.

사람들은 1990년대에 이미 불교도의 민족종교적 정체성이 형성되고 있음을 느낄 수 있다. 시라이 사원(西來寺)과 민주당 전국위원회의 모금논란은 중국계 미국인 공동체에 충격적인 여파를 일으키면서 타이완에도 영향을 주었는데, 종교적이고 정치적 측면에서 이 사건의 전면적인 여파는 아직 지켜보아야 할 단계에 있다. 베트남

정부가 베트남 내의 불교 부흥에 탄압을 가하자 남캘리포니아의 베트남계 미국인 공동체의 종교, 공동체, 기업 지도자들은 정치활동 연합체를 만드는 데 박차를 가했다. 불교도 이민자들이 장기적으로 미국에 기여할 한 가지 중요한 점은 태평양을 가로질러 많은 국가들과 활기찬 연계를 확립하는 것일 것이고, 이것은 21세기에 일련의 영향을 미치게 될 것이다.

역시 중요한 점은 개종자와 이민자 사이에 거리가 있다고 해서 그 때문에 티베트, 스리랑카, 중국, 한국, 일본, 그리고 다수의 다른 아시아 국가 출신의 이민 불교도들이 미국에서 하나의 통합세력을 이루거나 심지어 그러기를 좋아하는 것은 아니라는 점이다. 같은 종교를 믿는 민족들의 연대는 현저하게 불안정하다. 로마 가톨릭은 20세기 말 20개의 서로 다른 언어 공동체를 대표하는 이민자들을 연합하여 하나의 미국기관을 형성하는 데 여러 세대가 걸렸다. 독일, 폴란드 및 다른 국가의 이민자들이 각기 별도의 가톨릭교회를 만들고자 했으나 교황이 개입하고 나서야 이를 막을 수 있었다. 그러나 가톨릭과 비교해볼 때 이민 불교도들은 중앙 행정기관이 존재하지 않기 때문에 다양성은 곧 불교 공동체의 주요한 특징으로 남을 가능성이 있다. 1970년대 이래로 많은 활동가들은 아시아계 미국인의, 혹은 아시아 태평양계 미국인의 정치연합이라는 구상을 선호해왔지만, 미국 상황에서 이것은 지속 가능한 민족정치 세력으로서 존속하기가 어려웠다. 틱낫한과 달라이 라마 같이 저명하고 크게 존경받는 불교 지도자들은 다수의 이민자 단체들에 잘 알려져 있지만 그들은 공통의 불교적 일체감을 형성하는 데 거의 영향을 주지 못하고 있다. 외적 요인, 이를테면 미국 유대인의 정체성 형성을 촉진했던 유럽 반反유대주의의 흥기와 같이 외적인 세력을 통해서 완전히 다른 이민 불교단체들로 하여금 아시아계 미국인의 공유된 불교 정체성을 형성하도록 자극한다는 것은 상상하기 힘들다.

그럼에도 불구하고 주요 아시아 불교단체들이 21세기의 미국 불교를 만들어가는 데 결정적인 역할을 할 것이라고 말한다면 그것은 틀리지 않다. 나는 민족성에 근거한 종파주의가 미국 다르마의 발전에 장애물이라고 여기는 그런 개종자들과는 의견이 다르다. 신앙심이 있는 대다수의 사람들은 종종 민족성에 기반을 두고 특정한 방식과 특정한 공동체에서 그러한 종교성을 지니게 된다. 실질적인 문제는 이러한 공동체들이 독립적으로 남을 것인지 혹은 미국불교도의회의 하반폴라 라타나사라 같은 지도자들의 바람처럼 더 넓은 불교적, 미국적 공동체들로 뻗어나갈지 여부다. 이민자 공동체들에 그 많은 쟁점들이 있지만, 그 중 상당량은 2세대와 3세대의 선택에 맡겨진 상태다. 소수 논평가들의 주장에 의하면 이민자들의 몇몇 자녀들이 개종자 불교에 관심을 표현하기 시작하고 있는데, 여기에서 그들은 부모의 간섭을 받지 않고 그들의 일차적 문화언어인 미국어로 자신들의 유산을 탐구할 수 있다는 것이다. 이것은 있을 수 있는 일이다. 그러나 이민 불교의 주요 노선은 이민 공동체의 외부가 아닌 내부의 발달과 확고한 관련이 있게 될 것 같다.

미국의 종교 역사가들은 프로테스탄트 교회와 그 교회들이 미국의 종교 제도와 담론에 끼친 지대한 영향에 대해 오랫동안 많은 관심을 쏟아왔다. 그 결과 그들은 요즘의 불교 이민에 대한 관심이 무여겼다. 가끔씩 나는 가장 저명한 인사 몇 명이 이민 불교의 중요성을 무시하면서 불교도 이민자 수가 미국 인구의 2퍼센트도 안 된다고 말하는 것을 들은 적 있다. 이런 말을 들으면 나는 항상 놀라곤 한다. 미국 인구의 3퍼센트를 넘은 적이 없었던 유대인들도 미국의 종교와 문화에 막대하게 기여했으니 말이다. 다가오는 21세기에 아시아 불교도들도 틀림없이 이와 비교할 만한 영향을 끼칠 것이다.

그러나 이 중차대한 시기에 대규모의 불교도 이민 현상은 미국 이민사에서 많은 수의 불교도, 힌두교도, 회교도 등이 도착하고 있는 새로운 시기의 일부라는 점에서 주목할 만하다. 50년 전의 역사가들은 통상적으로 '구舊이민자'란 남북전쟁(1861~65) 때 미국에 도착했던 아일랜드인과 독일인 가톨릭교도와 서유럽 유대인을, 반면 '신新이민자'란 19세기 말 남유럽과 동유럽에서 온 유대인과 가톨릭교도를 의미했다. 이러한 역사의 종교적, 정치적 의미 중 많은 것들은 2차 세계대전 이후에 프로테스탄트, 가톨릭, 유대교가 뒤섞여 '3중의 도가니'를 만드는 데 도움을 주었는데, 이것은 장기간에 걸쳐 만들어지고 있는 미국적 자기정체성의 한 모습이다. 이후 미국은 더욱 다민족적이고 다문화적 관계 속에서 스스로를 이해하는 쪽으로 나아갔다. 그러나 이러한 역사적 관점에서 볼 때 아시아 전역에서 들어오는 대규모의 불교 이민의 중요성을 논하기에는 지나치게 시기상조다. 이것은 미국 역사에서 폭넓은 새로운 방향 설정의 일부로서 아시아의 이민을 차단하는 반동적 운동이 없는 상황에서 이제 막 시작되었을 뿐이다.

개종자 불교

개종자들은 미국 본토 출신이라는 자신들의 지위에 독특한 새로운
도전에 직면해 있는데, 이러한 도전 중 대다수는 일련의 2세대 쟁점
들과 연관되어 있기도 하다. 이 불교도들이 자녀를 어느 정도로 불
교에 맞게 양육했는가에 따라서 이 공동체는 틀림없이 미국 불교의
미래에 영향을 줄 불교도를, 즉 퀘이커교의 용어를 빌자면, '생득권
을 지닌' 불교도들을 배출할 것이다. 그러나 나는 이 공동체들 안에
서 실질적으로 이런 세대가 부상하고 있다는 구체적인 증거는 확인
하지 못했다. 창가학회의 많은 회원들은 '남묘호렌게쿄'라는 염불
을 가족생활에 통합시켰다. 샴발라 인터내셔널과 법계불교총회法
界佛教總會 같은 고도로 조직화된 공동체에서는 자녀들을 위한 정식
학교프로그램을 운영하고 있다. 나는 어린 시절을 보낸 10대들을 대
상으로 불교식 '통과의례'를 진행하는 모습을 개종자 불교 공동체에
서 가끔 목격한 적이 있다.

그러나 나는 불교출판계의 한 유명인사와 대화를 나누었던 기억
도 간직하고 있는데, 이 대화를 통해서 일화 같은 정보를 듣기는 했
지만 그 인상은 오래 갔다. 개종자들은 자녀들을 어떤 식으로 교육
시켜서 불교도로 만드는지 물어보자 그는 대답하기를, 자신이 아는
한 많은 개종자들은 '자기들의 불교'를 자녀들에게 부과하기를 꺼린
다는 것이다. 적어도 이 점은 이민자들과 암묵적으로 대조된다. 미
국 역사를 통틀어서 이민자들은 자신들의 종교를 자녀에게 전수해
주는 것이 절대적인 의무는 아니라고 해도 당연한 권리라고 여겨왔

기 때문이다.

 그러나 2세대 문제는 몇 가지 부차적인 방면에서 개종자 공동체에서 중요하다. 한 가지 핵심적인 면은 새로운 세대의 수행자를 충원하고 유지하는 것과 관련이 있다. 내가 대화를 나누었던 미국 창가학회(SGI-USA)의 젊은 회원들은 그들의 부모가 이 운동에 참여했던 것을 계기로 단체에 헌신하게 되었다지만, 창가학회는 1960년대와 70년대에 급속한 발전의 계기가 되었던 샤쿠부쿠(折伏) 운동을 그만둔 이래로 새 회원을 충원하고 있는지, 또 그렇다면 어떤 식으로 하고 있는지 잘 모르겠다. 선과 다른 명상불교들에 대해서 최근 통계수치는 좌선이 미국인들에게 계속해서 폭넓은 호소력을 지니고 있음을 보여준다. 돈 모리얼은 『불교 종합안내서』(*Complete Guide to Buddhism*)에서 이 통계수치를 역사적 관점에서 바라보면서 이것이 장기적인 추세가 될 수도 있다고 주장한다. 즉 1900년과 1964년 사이에 미국에는 21개의 명상센터가 세워졌다. 1965년과 1974년 사이에 그 수는 상당히 증가하여 117개의 센터가 새롭게 세워졌다. 1975년과 1984년 사이에는 308개가, 그리고 1985년과 1997년 사이에는 616개가 추가되었다. 모리얼은 1997년 현재 미국에 있는 1,000개 이상의 명상센터를 기재해놓았다. 이 중 다수는 명상을 가르치는, 아시아계 미국인의 선, 금강승, 혹은 테라와다 단체들이지만 대다수는 개종자 공동체와 결부되어 있다. 그러나 상기해야 할 점은 개종자 불교도의 대략적인 수가 10만에서 8십만 명에 이른다는 것인데, 오차가 매우 큰 수치다. 이것으로는 급증하는 명상센터들이 어떻게 새롭고 헌신적인 회원으로 변화시킬지 판단하기가 매우 어렵다.

이상에 가까울 수도 있는 미래에 대한 낙관에도 불구하고 미국 불교에는 '고령화'의 우려가 있으며, 이 점은 개종자 공동체들에서 이루어진 대부분의 발전이 1960년대에 불교로 전향했던 베이비붐 세대와 관련되어 있음을 상기시켜 준다. 베이비붐 세대의 선생들이 1980년대에 성년이 되기 시작하던 때에 논평가들은 그들의 혁신들, 즉 가족중심의 재가 수행, 성평등, 불교와 심리학의 통합 등을 강조했다. 이러한 종류의 혁신들은 미국 불교에 지속적으로 영향을 줄 것이라고 생각할 만한 충분한 이유가 있다. 그러나 많은 저명한 개종자들은 아직 50대이기 때문에 앞으로 20여 년은 더 공동체의 선생이나 지도자 생활을 할 수 있는데, 새로운 상황과 예기치 않은 문제가 발생하기에 충분한 시간이다. 콜로라도에서 나는 불교도들에게 다르마센터가 있는 은퇴 공동체로 조기에 들어갈 기회를 제공한다는 광고들을 보았다. 개종자 불교에게 노년기는 무엇을 의미할 것인지는 예측할 수 없지만, 이러한 광고는 지난 수십 년 동안 이루어진 많은 변용들의 명운이 궁극적으로 또 다른 세대의 손에 달려있을 것임을 상기시켜준다.

세대 문제에서 이러한 측면은 또한 개종자 공동체의 새 지도자 배출이 중요하다는 점에 관심을 돌리기도 한다. 이케다 다이사쿠Ikeda Daisaku의 활동과 모범에 크게 힘입어 미국에서 활력을 얻게 된 미국 창가학회는 머지않아 조직 전체에 명백히 영향을 미치게 될 중요한 지도자 문제와 후계자 문제에 직면할 것이다. 그러나 미국 창가학회는 공동체 내에 아마도 새로운 세대의 지도자들과 관리자들을 제공해줄 잘 발달된 청년부서들을 가지고 있다. 티베트 불교 공동체에는 여러 계보의 수행전통에 대해서 견실하고도 심층적인 분별능력을 지니고 있는 새로운 라마를 훈련시키는 각별한 과업에 많은 일이 의존해 있다. 그들이 티베트 망명자든, 미국인이든 상관없이 말이다.

선 공동체와 통찰명상운동에서는 아시아인 선생들의 지속적인 유입이 이제는 당연시되지 않기 때문에 새로운 지도자들의 배출은 계보의 지속성과 직접 관련되어 있다. 다수의 계보들에는 2세대, 3세대, 때로는 4세대의 선생들이 잘 배치되어 있는데 이들이 지도자로 활약하게 될 것이다. 그러나 모든 형태의 개종자 불교가 지속적으로 발전하기 위해서는 역할의 분화와 자금 모금인, 이사, 관리자로서 보다 더 세속적인 역량을 발휘하는 회원들의 계속적인 발전이 필요할 것이다.

개종자 불교도의 한 가지 핵심적인 문제는 미래세대를 위해 다르마의 신뢰성을 지키는 것이다. 한편으로 대다수의 불교도들은 개종자들 사이에서 발견되는 표현의 다양성을 존중한다. 불교도들이 다양한 이유, 이를테면 마음의 평화, 자기역량 강화, 개인관계의 심화, 인성 형성, 사회변혁 등을 이유로 수행을 시작하는 것은 일반적으로 무조건 환영할 일이라고 간주된다. 다른 한편으로, 일부 전문가들은 혁신에 대한 특별한 강조가 결국 붓다의 중심적인 가르침을 왜곡하고 다르마의 깊이와 순수성을 없애는 것은 아닌지 질문해왔는데, 이러한 질문은 여러 개종자 공동체들에 의해 다르게 표현되고 있다.

미국 창가학회에서는 가르침의 순수성, 교리의 정통성, 기관의 지속성 등의 문제들로 인하여 일련정종 법사들과의 긴장이 심화되었고, 그런 다음 서로 결별로 이어지는 경향이 있었다. 1991년 이래로 창가학회는 자유롭게 니치렌의 법의 심원함을 헤아리고, 마카구치, 토다, 이케다의 모범에 의지하면서, 회원들의 욕구와 보조를 맞추는 수행과 철학을 개발해왔다. 이 운동은 수행에 대한 회원들이 욕구와 열망에 대해 주목할 만하게 관용적인 것 같다. 따라서 회원들은 깨달은 의식을 계발하기 위해서, 인성을 강화하기 위해서, 혹은 경제적인 지위향상을 위해서 다이모쿠를 염송할 수 있다. 창가학회는 또한 교파 분열로부터 탄생했으며 그 점은 재가자 지향성에서 명백히 드러난다. 이를테면 창가학회의 주요 수행센터는 사람들의 가정이며, 회원들은 한때 법사들이 행했던 종교의식을 번갈아서 자발적으로 맡아오고 있다. 창가학회의 견문이 넓은 회원들은 이러한 재가자 지향성이 13세기 일본에서 니치렌이 승가체제에 저항했던 정신과 전적으로 일치하는 것이고, 또 그런 점에서 정도를 벗어난 것은 바로 일련정종라고 발 빠르게 지적하고 있다. 이처럼 관용적이고 재가자 지향적인 수행 그 자체가 장기적으로 미국 창가학회의 존속을 보증해주지는 못하지만, 이 때문에 이 운동은 미국적인 규범 안에 정착하면서 세속적인 일터와 핵가족의 요구와도 조화를 이루고 있다.

주로 좌선수행을 하는 개종자들에게는, 특히 선과 테라와다 기반의 통찰명상운동에서는, 상황이 다소 다르다. 이 두 집단의 회원들은 재가자들이 압도적인 다수를 차지하고 있는데 이들은 예전에 승려들의 전유물이었던 이 엄격한 수행을 받아들였다. 그들은 이러한 수행과 세속생활의 요구사항 간에 균형을 유지해야만 한다. 그러나

이 두 집단은 이 운동을 영속화하고 현재 가르침의 순수성을 지키기 위해 스승에서 제자로 이어지는 전법과 계보의 형성을 따라간다. 이로 인하여 집단 내부의 관측자들은 완전히 승려도 아니지만 일반 재가자보다는 우위에 있는 미국 명상수행자들의 애매한 입장에 대해서 그 귀추가 어떻게 될지 의문을 가지게 되었다. 이 수행자들은 다르마를 가장 믿을 만한 표현으로 보존하고 전승할 수 있을까? 명상 위주의 불교는 튼튼한 승려 공동체가 없이 장기간 존속할까? 다르마는 재가자의 필요, 열망, 역량을 반영하기 위해 재구성되어야만 할까?

이러한 문제들에 대한 논쟁은 너무 복합적이기 때문에 승가와 재가, 보수와 진보, 혹은 전통주의자와 혁신주의자의 단순 갈등으로 축소할 수가 없다. 이론적인 면에서 다르마는 불교철학과 수행과 일련의 인본주의 심리학들 간의 관계를 탐구하고 있는 많은 문헌들에서 다루어지고 있다. 그러나 가장 기초적인 면에서 볼 때 이 논쟁은 미국과 서양의 불교에서 현재 진행 중인 도전과 기회에 대한 견해 차이, 그리고 이에 대해서 개종자들이 반드시 제시해야 전략적인 대응이라고 할 수 있다.

『불교 종합안내서』에서 돈 모리얼이 표현했던, 논란의 여지없는 견해는 다르마를 미국 중류층의 필요에 맞추어서, 즉 일과 가족이라는 요구사항에 맞추어서 변용하는 것을 가장 우선순위에 두었던 사람들을 나타낸다고 여겨질 수도 있다. "미국 불교에서는 모든 것이 변했다. 초창기의 무모함은 끝났으며 명상은 더 이상 몇 안 되는 몽상가와 시인의 영역이 아니다. 불교는 주류가 되었다"라고 하면서 그는 이렇게 쓰고 있다. "집중수행에 참가하게 되면 바로 옆자리에 증권 중개인이나 치료 전문가나 은퇴한 사회사업가가 앉아 있을 수도 있으며, 이들은 불교도라고 주장할 수도 있고 그렇지 않을 수도 있다. 이들은 기성세대이기도 하다. 20대는 점점 줄고 있으며, 40대, 50대, 60대는 점점 늘고 있다."

> 가르치는 환경이 변했다. …… 한때 많은 선 센터의 전형이기도 했던 엄격하면서도 전투적인 기백은 더 가벼운 접근법으로 바뀌었다. 주간에 아동을 맡기고 수행에 참여하는 경우가 많으며 수행 스케줄을 융통성 있게 조정하여 일과 가족을 챙기면서 수행한다. …… 집중수행은 세속의 일과 번갈아 행하기 때문에 참가자들은 돈도 벌고, 가족과 시간도 보내면서 외딴 곳에서 수행하면서 배운 것을 접목할 수 있는 기회를 얻게 된다. …… 한때 서양의 다르마센터에 널리 퍼졌던 아시아 특유의 분위기는 매우 친숙한 북미적인 느낌을 주는 것으로 바뀌었다.[4]

주안점이 현저하면서도 실질적으로 전환되면서 다음과 같은 미국화 추세도 함께 나타났는데, 즉 위계적 사제관계 모델의 포기, 지역 공동체의 자율성, 그리고 합의에 기반을 둔 의사결정의 출현이 그것이다.

다른 해설가들은 이러한 변용을 지지하면서도, 붓다의 가르침의 정신과 바탕을 공정하게 보여주기 위해서는 어느 선에서 혁신에 종지부를 찍어야 할지 묻는다. 예를 들어 헬렌 투워코프는 「균형 잡힌

선: 그것은 미국에서 존속할 수 있을까?」라는 1994년의 기사에서 이렇게 말했다. "불교가 호화로운 생활을 버리고, 왕궁, 가족, 기술을 버리고, 안정과 온갖 안락함을 버리고 나온 한 사람에게서 시작된 것은 단순한 역사적 우연이 아닙니다. 뿐만 아니라 선이 세속적인 존재를 버리고 나온 제자들과 스승들에 의해서 승가적 환경에서 발전했다는 것도 역시 우연이 아닙니다." 이러한 관찰을 통해서 그녀는 "우리가 자신 있게 '미국화'라고 불러왔던 것이 세속적 유물주의에 의해 선을 우리 마음대로 끌어오기 위한 변명거리였던 것은 아닌지"를 물었다.[5]

비슷한 맥락에서, 큰 존경을 받고 있는 노사인 존 다이도 루리는 이렇게 말했다. "미국의 새로운 개종자들 사이에서 행해지는 대부분의 재가자수행은 승가 수행을 희석시킨 형태인데, 대다수의 승가 수행도 재가자수행과 별로 다르지 않습니다. …… 내가 볼 때, 승가 수행과 재가 수행의 중간쯤 되는 이 하이브리드(혼합) 불도수행은 탐욕과 소비주의라는 우리의 문화정신을 반영하고 있습니다. 모든 가능성이 열려 있는데도 어째서 우리는 뭔가를 포기해야 할까요? '우리는 전부를 원합니다.' 못할 게 어디 있겠습니까?"[6]

미국 불교의 자질에 대한 논쟁은 장기적으로 중요하지만 엄격하고도 보편적인 기준들이 없는 상태에서는 조만간 해결될 가망은 없다. 아시아 재가자의 신앙주의와 의례주의를 받아들이지 않은 이 공동체 내의 대다수 불교도들은 틀림없이 재가 수행의 한 형태로서 명상을 계속할 것이다. 선 센터에서든, 위빠사나 집중수행에서든, 존 카밧진의 경우처럼 보다 더 명백하게 치유적인 수행모델에서든 말이다. 이러한 다원주의적 수행법은 그 주안점이 융통성, 실용성, 개인성, 다양성에 있으므로 미국 불교의 전반적인 취지와 일치한다.

그러나 이러한 방식들이 인기 있다고 해도 그 자체는 견실한 개종자 승가 공동체가 없는 상태에서 그 어떤 활력을 잃게 될지 그 여부에 대한 답이 되지 못한다. 페마 초드론은 일상적인 언어로 승가와 재가의 서로 다른 사회·정서적 환경을 대조하면서 그들의 중요성을 제시하고 있다. "승가생활에서는 평소처럼 타인을 비난하고 자신을 옹호하는 행위를 할 수 없어요. 그랬다간 무사하지 못하죠."『트라이시클』에는 그녀의 말이 이렇게 인용되어 있다.

여러분은 남편이나 아내나 연인이나 자녀에게는 무사할 수도 있죠. 승가 공동체 안에서도 인간관계는 이와 마찬가지로 혼란과 어려움이 수반됩니다만, 여러분이 상황을 탓하거나 다른 사람을 탓하고자 하는 데에는 여러분 자신의 신경증이 크게 작용한다는 것을 깨닫지 않을 수 없습니다. 여러분은 아주 깊고도 불가피한 방식으로 자신에게 되돌아갑니다. …… 승가생활이 힘든 것은 하루 종일 힘들게 일해야 되기 때문이 아닙니다. 스스로에 대한 시간이 없기 때문에 힘든 것이 아닙니다. 수행할 시간이 없기 때문에 힘든 것도 아니고요, 힘이 드는 까닭은 아무런 출구가 없고 스스로에게 아주 가까이 다가가기 때문입니다. 제가 감포 사원의 주지스님인 트랑구 린포체Thrangu Rinpoche에게 이런 말을 하니, 그는 이렇게 말했죠. "좋아요, 바로 그것 아니겠습니까? 자신을 보는 것 말이에요."[7]

메타 포레스트 사원의 주지인 타니싸로 비구는 보다 더 전통적인 언어로 이와 비슷한 견해를 표현했다. 인터뷰 진행자로부터 치료 목적으로 불교명상을 사용하는 것에 대한 질문을 받자 그는 이렇게 대답했다. "좋은 일입니다. 그것이 토착화된 불교이고 또 그것은 항상 거기에 있을 겁니다."

태국 사람들은 죽은 친척들을 위해 공덕을 지을 수 있는 의식을 좋아합니다. 미국인들은 세상에 연결되어 있음을 느낄 수 있는 집중수행을 좋아하고요. 이것들(의식과 집중수행)은 동일한 동기에서 비롯됩니다. 그러나 딱 그 만큼이 불교의 전부라고 제시하지는 마십시오. 성공적인 영적 수행의 징표가 뜻있는 관계를 맺는 능력이라고 말하는 책들도 있죠. 열반과 무관하게 말이죠. 그러나 항상 그 이상을 원하는 사람들이 있게 마련이고, 불교는 이 사람들을 위해 거기에 있어야 합니다.[8]

현재로서는 이러한 질문들에 대한 단일한 답변은 없으며 또한 불교명상운동이 불과 1960년대 이후에야 그 기반을 다지게 되었다는 점을 강조하는 것도 중요하다. 현재의 구도는 60년대 이후 30년 동안 펼쳐진 급속한 일련의 사건들에 의해 형성되었다. 머지않아 '주말 좌선수행자', '고도의 재가자', '최고도의 승려' 등 다양한 부류의 명상수행자들이 마치 고대 인도불교에서 '예류豫流'와 '일래一來'로 수행자가 분류되었던 것처럼 분명히 구별될지도 모른다. 이런 식의 범주는 성취의 단계보다는 수행 스타일과 헌신의 정도에 기반을 두

고 있으며, 샴발라 인터내셔널과 젠마운틴 사원 같은 여러 단체들에
서 전개되는 대등한 수행에서도 마찬가지인 것처럼 보인다.

　이런저런 문제들을 고려하면서, 나는 미국화를 이해하기 위해서
현재 사건들에 대해 얼마만큼의 역사적 조망이 필요한가를 여러 번
성찰해왔다. 릭 필즈가 개종자들에게 자각적 미국화를 촉진하는 데
중요한 역할을 했던『이야기 미국불교사』(How the Swans Came to the
Lake)를 처음 출간했을 때, 그는 여전히 반反문화의 혁명적 이상주의
와 밀접하게 관련되어 있던 한 공동체에 속해 있었다. 그 당시에는
불교도든, 아니든 해설가들이 일련의 추세들, 이를테면 아시아로부
터의 이민 증가, 문화·경제의 세계화, 그리고 환태평양 국가들의 세
력 강화 등에 거의 관심을 기울이지 않았지만 이제 이런 추세들은
20세기 말의 시대를 규정하는 데 도움이 된다고 간주된다. 이후『백
조』의 개정판에서 필즈는 소로와 에머슨으로부터 비트 세대에 이르
는 선례들을 조명하며 미국태생의 법사들이 성년기에 이른 점에 관
심을 돌렸으며 미국 불교 공동체들의 매우 선별적인 견해를 영속화
했다.

　그러나 20세기 말에 이르자 1960년대와는 큰 격차가 벌어지면
서 미국 불교의 풍경은 매우 복잡해졌다. 일부는 개종자, 일부는 역
사가 오래된 중국계 및 일본계 미국인, 일부는 관련 통계수치가 정
확하지는 않지만 의미 있는 우위를 점하고 있는 것으로 보이는 새
로운 이민자들이 차지하고 있었다. 더욱이 병렬 신도집단들(parallel
congregations: 이민자 사원에서 승려들에게 불교를 배우는 미국인 개종
자) 사이에, 국제적인 학술·정치·여성 단체들 사이에, 대서양 너머

의, 그리고 태평양 너머의 수행 공동체들 사이에, 그리고 불교계 내부의 대화 네트워크들 사이에는 복잡한 관계가 형성되어 있다. 이렇게 더욱 복잡해진 시계는 미국 불교가 거대하고, 다양한 측면이 있으며, 협력적인 노력의 산물임을 제시해준다. 나는 역량이 될 때마다 개종자와 이민자 사이의 다양하고 지속적인 상호작용 중 몇 가지를 부각함으로써 이 점을 제시하려고 시도해왔다. 그러나 이러한 협력관계를 보다 더 명확하게 밝혀내기 위해서는 미국 불교의 역사가 적어도 20세기 초부터는 반드시 다시 기술되어야만 한다. 그 시기는 필즈가 매우 훌륭하게 기술하고 있듯이 아시아인, 아시아계 미국인, 그리고 유럽계 미국인 구도자 사이에서는 이러한 궁극적인 복잡성을 시사해준 방식으로 네트워크들이 만들어지기 시작하던 때이다.

내 자신의 견해는 이민자든, 개종자든 대다수의 미국 불교도들은 아직까지 그들 공동체 설립의 '영웅시대'라고 생각될 수 있는 시기에 있다는 것이다. 그리하여 미국화된 불교의 성숙한 표출이 나타날 것인가의 문제는 공동체 형성의 계속적 과정에 대한 문제보다는 시급하지 않다. 이러한 맥락에서 이민은 가장 중요한 단일한 세력으로 작용하고 있다. 이 말은 개종자의 경험보다 이민자의 경험에 특권을 주려는 의도가 아니고, 가장 열성적으로 미국화하고 있는 개종자라 할지라도 이민자의 한 사람으로서 미국에 도착한 아시아인 선생과 기껏 한두 걸음 격차가 있을 뿐이라는 사실을 부각하기 위해서다. 1980년대의 스캔들 이후의 미국 불교를 이론화하자면, 이민자 공동체들에서는 이미 잘 알려져 있던 '2세대 현상'이라는 것이 일어났을 수도 있는데, 왜냐하면 미국 본토 출신의 이민 2세대가 미국의 모든 풍물을 열렬하게 수용하면서 연장자들과 완전히 차별화를 시도하기 때문이다. 과거에 이런 현상은 보통 3세대의 전통 회귀에 의해 중화되곤 했었다. 따라서 개종자들이 불교도로서 자신들의 미국적인 성향을 확립한 후 수십 년 심지어 수 세대에 걸쳐서 아시아의 원천과 선생들에게로 회귀한다 해도 크게 놀랄 일은 못될 것이다.

이민의 지속적 중요성을 고려해 볼 때 나는 이민자든, 개종자든 미국 불교도들은 미국 내 미국불교단(BCA)과 같이 오래된 단체들의 발전에 관심을 더 많이 기울이는 게 나을 것이라고 본다. 이 오래된 단체들에서는 전통과 혁신, 종파주의와 보편주의, 영어화化와 언어 유지, 그리고 민족 정체성과 미국화 사이의 긴장이 여러 세대에 걸쳐서 전개되어왔기 때문이다. 미국불교단은 현재 직면한 도전들에도 불구하고 미국에 있는 어떤 대형 단체보다도 가장 현저한 불교적 업적을 지니고 있다. 이 단체의 역사 속에는 불교가 미국의 주류로 가는 도로에서 납부해야 할 통행세에 대한 매우 많은 교훈이 새겨져 있다.

미국 불교의 주요 인물들

실비아 부어스타인(Sylvia Boorstein)

통찰명상운동에서 잘 알려진 선생이다. 뉴욕 브루클린의 엄격한 유대교 집안에서 성장했지만 나중에 유대인의 종교적 정체성이 희미해졌다. 바나드 대학 졸업 후 캘리포니아 대학교 버클리 캠퍼스에서 사회복지학 석사 학위를 받았고, 이어서 세이브룩 대학에서 심리학박사 학위를 취득했다. 그녀는 여러 해 동안 심리치료사로 종사하다가 1970년대 중후반에 위빠사나 명상을 공부하기 시작했다. 1980년대 중엽에 이르러 매사추세츠 베어리에 있는 통찰명상센터(IMS)에서 수석법사가 되었다. 이후 그녀는 샌프란시스코 외곽에 스피릿록 명상센터(Spirit Rock Meditation Center)를 공동으로 창설했다. 그녀는 『생각보다 더 쉬워요』(*It's Easier Than You Think*)와 『무엇인가 하려고 하지 말고, 거기 앉으세요』(*Don't Just Do Something, Sit There*)라는 책을 통해 불교를 대중적으로 소개한 인물로 가장 잘 알려져 있다.

부어스타인은 종교 간 대화와 이중적 종교정체성 같은 복합적인 문제에 대한 개척자인데, 이 두 문제는 불교를 미국에 적응시키는 과정에서 중요한 쟁점들이다. 1980년대에 그녀는 콜로라도 볼더의 나로파 대학에서 열린 불교-기독교 간 대화에서 미국 불교의 대표로 나섰다. 그녀는 다르마의 서양 전승과 관련된 어려운 문제들을 논의하기 위해 1993년 달라이 라마와 만남을 가졌던 서양인 불교법사 중 하나였다. 그러나 그녀는 또한 유대인과 불교도의 종교적 헌신과 정체성의 결합을 가장 직접적으로 다루어온 미국인 법사의 한 사람이기도 한데, 이런 내용을 그녀는 자신의 저서『우습지만, 당신은 불교도 같지 않습니다: 신앙적인 유대인과 열정적인 불교도가 되는 것에 대하여』(*That's Funny, You Don't Look Buddhist: On Being a Faithful Jew and a Passionate Buddhist*)에서 탐구하고 있다.

부어스타인은 이제 자신을 독실한 유대교도이자 불교도라고 생각하고 있으며, 여전히 불교명상을 지도하면서 심리치료사로도 일하고 있다. 1990년대에 그녀는 또한 유대교 부흥운동에서 잘 알려진 인물이 되었다. 그녀는 1995년 필라델피아에서 열린 '연꽃 속의 유대인' 회합에서 유대교의 저명한 정신적 지도자들과 함께 토론자로 나서기도 했다. 이 회합은 1990년에 다람살라에서 유대인 지도자들과 달라이 라마 간의 만남으로부터 이루어진 것이었다. 그녀는 샌프란시스코 베이 지역에 있는 명상 및 영성훈련 센터인 초크매트 할레브Chochmat HaLev의 이사로, 그리고 뉴욕 주 캣츠킬 산에 있는 가족 중심의 유대인 교육센터인 엘랏 차임Elat Chayyim에서 교직원으로 일하고 있다.

초걈 트룽파(Chogyam Trungpa)

카규파의 라마이자 린포체인 트룽파는 최초로 서양에 들어와서 서양인을 가르쳤던 티베트인 선생 중 하나였다. 그는 스무 살 때까지 티베트 동부의 수르망 사원들의 지도자였다가 고국을 탈출했다. 그 후 그는 인도 달후지 Dalhousie의 '젊은 라마들의 집'(Young Lamas Home)에서 일하다가 1963년에 영국으로 갔다. 옥스퍼드 대학교에서 비교종교학을 공부하기 위해서였다. 1967년에 그는 스코틀랜드로 이동하여 서양 최초의 티베트 불교수행센터인 사메 링Samye Ling을 창설했다. 그로부터 얼마 후 그는 승가서약을 포기하고 결혼한 후 미국으로 이주하여 1960년대의 반문화운동 시기에 활동한 가장 재기 넘치고 대중적인 선생 중 하나로 부상했다. 그가 미국에 세웠던 첫 센터는 버몬트 바네트에 있는 테일 오브 타이거Tail of the Tiger였는데, 지금 이곳은 카르메 초링Karme Choling으로 알려져 있다.

1970년대에 초걈 트룽파는 콜로라도 볼더로 옮겨와 바즈라다투를 창설했는데, 이 단체는 한때 그의 많은 교화활동을 위한 상부 조직 역할을 했다. 그는 또한 전통불교의 진수를 서양인의 욕구와 열망에 초점을 맞추어서 제시할 수 있었기 때문에 명성을 얻기도 했다. 이러한 목적에 맞추어서 그는 샴발라 수련Shambhala Training이라 불리는 명상 공부와 수행의 길을 개발했다. 1980년대에 그는 독특한 방식의 가르침을 계속 개발하면서 다른 불교 형태(특히 선禪)뿐 아니라 예술과 심리치료로부터 영감을 이끌어왔다. 이 기간 동안 그가 창설한 조직은 번창하였는데, 여기에는 약 100곳에 이르는 도시 명상센터, 여러 곳의 시골 집중수행처, 그리고 노바스코샤의 케이프 브레톤 섬에 있는 한 곳의 불교사원도 포함된다. 이 사원은 현재 감포 애비Gampo Abbey라고 불린다. 1986년에 그는 노바스코샤 핼리팩스로 이주해서 자신의 활동본부를 재건했다. 그는 이듬해에 입적했고 버몬트 카르메 초링에 봉안되었다.

트룽파가 죽고 혼란기가 지나간 후 그의 장남 오셀 랑드롤 묵포Osel Rangdrol Mukpo가 지도자로 나서면서 이 운동은 총괄적으로 샴발라 인터내셔널Shambhala International이라 불리는 단체들의 집단으로 재편성되었다. 현재 이 집단에는 감포 애비, 티베트 불교의 여러 다른 종파, 캐나다·미국·유럽의 여러 수행센터, 콜로라도 볼더에 있는 나로파 대학, 그리고 볼더에서 자동차로 두 시간 거리에 있는 국제 집중수행센터인 로키마운틴 샴발라센터(Rocky Mountain Shambhala Center)가 포함되어 있다. 지금은 사콩 미팜 린포체Sakyong Mipham Rinpoche라고 알려진 장남의 지도 아래서, 초걈 트룽파 특유의 전통과 혁신의 결합은 미국 불교 공동체의 주요한 영향력으로서 지속되고 있다.

루스 데니슨(Ruth Denison)

미국에 위빠사나 명상을 도입한 개척자 중 하나다. 그녀는 동부 독일의 한 마을에서 태어나 기독교인으로 성장했다. 어린 시절에는 신비적 성향이 강했으며, 10대 시절에는 가톨릭 신비주의자 아빌라 테레사Theresa of Avila의 영향을 받았다고 회상한다. 2차 세계대전 이전에 데니슨은 초등학교 교사였다. 독일의 패배와 이어진 혼란으로 그녀는 가족을 잃고 러시아 점령군의 강제노동 수용소에 수감되기도 했다. 이 괴로운 시절에 그녀의 종교적 신념은 위안의 원천이 되었다.

이러한 생활에서 벗어난 후 그녀는 서베를린에서 교직을 얻었다가 미국으로 이주하여 로스앤젤레스에 정착했고, 거기서 대학에 다니기 시작했다. 1958년에 미래의 남편을 만났다. 결혼 전에 남편은 미국에 확립된 힌두교 단체인 베단타 협회에서 승려생활을 했으며, 당시 영적인 전위파들이었던 앨런 와츠, 심리학자 프리츠 펄스Fritz Perls 등이 포함된 집단을 여행하고 다녔다. 그들을 통해 데니슨은 아시아 종교들을 처음으로 접했다.

1960년에 그녀와 남편은 명상을 공부하기 위해 아시아를 여행했다. 그들은 일본의 선찰에서 시간을 보내기도 했지만 결국 버마의 마하시 사야도 명상센터로 가서 수행했으며, 거기서 데니슨은 처음으로 위빠사나 명상을 접하게 되었다. 그 후 그들은 우 바 킨에게 3개월 동안 배웠고, 우 바 킨은 데니슨의 스승이 되었다. 로스앤젤레스로 돌아온 후 그녀는 당시 미국에 위빠사나 선생들이 없었기 때문에 선 수행을 했지만 계속 버마를 방문하여 우 바 킨과 공부하였고, 그는 마침내 그녀에게 위빠사나를 가르쳐도 좋다는 인가를 해주었다. 1970년대 초 데니슨은 유럽과 미국에서 집중수행을 이끌기 시작하면서 심리학의 다양한 방법들을 명상에 포함하는 위빠사나 명상법들을 개발했다. 1977년에 그녀는 캘리포니아 조슈아 트리 근처의 사막에 있는 오두막을 사들였고, 이것은 1980년대에 중요한 위빠사나 집중수행센터인 담마 데나Dhamma Dena로 발전하게 된다. 데니슨은 1975년 매사추세츠 베어리에 통찰명상 협회가 창설된 후 그곳의 선생이 되었다. 1990년대를 통틀어서 그녀는 미국에서 가장 대중적인 명상 선생 중 한 사람으로서 높이 존경받았다.

조안 핼리팩스(Joan Halifax)

지난 40년 동안 한 세대의 탐구정신을 전형적으로 보여주는 행로를 따라 왔던 그녀는 1942년에 태어나서 기독교인으로 성장했다. 1960년대에 뉴올리언스에서 대학을 다녔으며 시민운동에 가담했고, 이후 뉴욕으로 가서 컬럼비아 대학교의 인류학자인 앨런 로맥스Alan Lomax와 함께 연구했다. 그로부터 몇 년 후 그녀는 티베트에 이어서 아프리카를 여행하고 나서 마침내 아프리카의 도곤Dogon족을 연구했다. 미국으로 돌아온 다음에 체코 출신의 정신과 의사인 스타니슬라프 그로프와 결혼했으며, 그와 함께 말기암환자의 치료를 위한 엘에스디LSD의 사용에 대한 연구로 마침내 의료 인류학 박사학위를 취득했다. 그로프와의 결혼생활이 끝난 후 핼리팩스는 인기 있는 신화 해석가인 조셉 캠벨과 함께 일했다. 이후에 그녀는 멕시코의 후이촐 인디언들에 의해 행해지는 샤머니즘을 연구하기 시작하면서 캘리포니아 남부에 정착하여 대안적인 공동체와 영성을 연구하는 오하이 재단(Ojai Foundation)을 공동으로 창설했다.

핼리팩스는 초창기에 스즈키 다이세츠와 앨런 와츠의 저서들을 읽고 불교에 흥미를 가지게 되었지만, 그녀는 관음선종회의 지도자인 숭산 선사의 가르침에 입문한 후 정식으로 불교에 귀의했다. 숭산에게 10년을 배우고 나서 1976년에 계를 받았다. 1980년대 중엽 그녀는 프랑스 남부의 플럼빌리지에서 틱낫한을 만난 후 공부를 계속하여 1990년에 티엡 히엔종 (相卽宗)에서 선생으로서 계를 받았다. 그해에 그녀는 산타페에 우빠야 Upaya라는 불교센터를 세워 오늘날까지 계속 가르치고 있다. 1994년부터 우빠야는 말기환자들에게 영적 상담을 제공해왔으며, 1990년대 말에 헬리팩스는 죽음과 죽음을 앞둔 사람들에 대한 연구로 불교 공동체에서 가장 잘 알려지게 되었다.

헬리팩스는 최근에 뉴욕 선 공동체의 창시자인 버나드 글래스맨Bernard Glassman의 사회참여불교에 관심을 가지게 되었다. 1990년대 말 글래스맨과 그의 아내 샌드라 지슈 홈즈Sandra Jishu Holmes에 의해 선 평화단 (Zen Peacemaker Order)이 출범했을 때, 헬리팩스는 창설 법사로서 그들과 합류했다. 그녀는 현재 조동선 전통의 승려이자 법사이다. 우빠야는 우빠야 평화연구소(Upaya Peace Institute)로 이름을 바꾸었으며, 이제는 선 평화단의 가르침을 따르는 단체 중 하나가 되었다. 헬리팩스는 여러 권의 책을 썼는데, 그 중에는 그로프와 함께 쓴 『인간이 죽음이 죽음에 직면하기』(The Human Encounter With Death), 『샤먼의 목소리: 환상적인 이야기의 연구』(Shamanic Voices: A Survey of Visionary Narratives), 『샤먼: 상처 입은 치유자』(Shaman: The Wounded Healer), 『비옥한 어둠: 지구의 몸과 재 연결하기』(The Fruitful Darkness: Reconnecting With the Body of the Earth) 등이 있다.

아사요 호리베(Asayo Horibe)

일본계 미국인 3세 출신의 센세이(先生)다. 그녀는 아칸사스 맥기히의 로워Rohwer 강제수용소에서 태어났는데, 2차 세계대전 동안 일본계 미국인들이 억류되었던 곳이다. 미시건과 시카고 지역에서 성장했으며, 시카고에서 그녀의 부모는 중서부 불교사원(Midwest Buddhist Temple)에 소속되었다. 그곳은 미국불교단의 일원으로서 정토진종 사원이다. 그러나 50년 동안 호리베는 시카고 불교사원(Buddhist Temple of Chicago: BTC)의 회원이었는데, 이곳은 1944년에 뛰어난 지역 불교도인 교마이 쿠보세Gyomay M. Kubose와 다른 일본계 미국인들에 의해 세워진 독립기관이다. 쿠보세의 목표는 진종, 선종, 그리고 다른 불교 전통의 요소들을 이용하여 모든 미국인들에게 호소력 있는 비非종파적 다르마를 만드는 것이었다.

비티시BTC에 소속된 동안 호리베는 일요학교 교사, 청소년 집단상담사, 이사, 그리고 홍보부의장으로 일했다. 1989년 그녀는 또한 일리노이 에반스톤에 위치한 하트랜드 상가Heartland Gangha의 초대 의장이 되었다. 이 공동체는 교마이 쿠보세의 비종파적 정신을 바탕으로 다르마 전파에 헌신하는 여러 단체들의 상부조직인 미국불교협회(American Buddhist Association)와 제휴를 맺고 있다. 1994년 그녀는 사원의 50주년 기념행사의 공동의장을 맡았다. 오늘날에도 계속 하트랜드 상가에서 활동하면서 사무관으로 일하고 있다.

호리베는 1992년부터 미국 최대의 불교계 내부단체인 중서부 불교도의회(Buddhist Council of the Midwest)의 회원으로 활동해왔다. 이 의회의 회원들은 광범위한 불교학파들과 일리노이, 인디애나, 위스콘신, 미시건에 있는 45개 이상의 사원과 다르마센터의 민족 전통을 대표한다. 1997년 그녀는 2년 임기의 의장으로 선출되었다. 그 자격으로 그녀는 분쟁과 오해를 중재하고 단체 간 관계 강화를 위해 돕고 있다. 그녀는 불교에 대한 대중들의 오해를 바로잡기 위해 대중 불교교육에도 나서고 있다. 가장 최근에 그녀와 시카고 지역의 다른 불교도들은 일리노이 주의 종무담당부에 다르마 관련 정보를 제공해주고 있는데, 이곳은 주 정신병원, 병원, 교도소의 종교업무를 관장하는 기관이다.

호리베는 보다 더 넓은 종교 상호간 공동체에서도 활동하면서 인종 및 종교 간 결혼과 같은 사회문제를 논의하는 심포지엄을 주최해왔다. 그녀는 일본계 미국인 봉사위원회에서 일본인 공동체를 위해 계속 봉사하면서 여러 아시아계 미국인 프로그램과 활동에도 참여하고 있다. 그녀는 홀로 세 딸을 키운 어머니이자 세 명의 손주를 둔 할머니이며, 30년 넘게 활동 해온 공인된 전문 간호사이기도 하다.

존 카밧진(Jon Kabat-Zinn)

불교명상이 건강유지와 예방의학에 치유적 유용성이 있음을 주창하고 있으며 그의 책은 널리 읽히고 있다. 그는 하버포드 대학에서 화학과 비교문학을 전공하였으며 이후 매사추세츠 공과대학교에서 분자생물학 전공으로 박사학위를 받았다. 이 기간 동안 그는 베트남전의 종식을 위한 운동에 참가하였고 '염려하는 과학자 조합'(Union of Concerned Scientists)의 설립을 도왔는데, 이 단체는 환경문제와 무기경쟁에 대한 자각을 높이고자 학자와 전문가 등이 결성한 협회다. 그는 필립 카플로의 『선의 세 기둥』(*The Three Pillars of Zen*)을 읽으면서 불교를 접하게 되었고 곧 좌선수행을 시작했다. 이후로 몇 년 만에 그도 역시 다양한 테라와다 명상 형태들을 탐구했다.

1976년에 카밧진은 매사추세츠 대학교 메디컬 센터에서 해부학 분야의 박사후 연구원이 되었다. 불교수행과 의학계를 넘나들면서 그는 통증과 스트레스 관련 질환들을 완화하기 위하여 명상의 임상적, 의학적 잠재성을 깊이 생각하기 시작했다. 1979년 그는 몇 명의 동료들과 함께 그 대학 메디컬 센터의 예방행동의학 분과 안에 스트레스완화 클리닉을 만들었다. 그때 이후로 7천여 명의 만성질환자와 통증환자가 이 클리닉의 8주 마음챙김 명상 훈련 프로그램에 참가했는데, 이 훈련모델은 미국 전역으로 퍼져나갔다. 그와 동료들은 도심의 빈곤층 소수집단을 위해 이와 비슷한 공동체 기반의 프로그램들을 출범시키기도 했다. 1990년대 중엽에 그들은 교도소, 학교, 기업, 공장 등의 환경에서 명상 활용을 장려하기 위해 매사추세츠 대학교 메디컬 센터에 '의료, 건강관리 및 사회의 마음챙김센터'를 설립했다.

카밧진은 이런 문제들과 관련된 연구 진행자이자 인기 있는 대중강사이자 워크숍 지도자이기도 하다. 그는 오프라 윈프리 쇼에 출연하기도 했고, 1993년에는 빌스 모이어스가 진행하는 피비에스(PBS) 방송의 「치유와 마음」(Healing and the Mind) 시리즈에서 특집으로 다루어지기도 했다. 저서로는 『재난으로 가득 찬 삶: 스트레스, 통증, 질병에 대항하기 위해 당신의 몸과 마음의 지혜를 사용하기』(Full Catastrophe Living: Using the Wisdom of Your Body and Mind to Face Stress, Pain, and Illness), 그리고 『어디를 가든 당신은 거기에 있습니다: 일상생활 중의 마음챙김 명상』(Wherever You Go, There You Are: Mindfulness Meditation in Everyday Life) 등이 있다. 보다 최근에 그는 『매일의 축복: 마음챙김 자녀양육의 내적 작용』(Everyday Blessings: The Inner Work of Mindful Parenting)을 아내 마일라Myla와 공동으로 집필했다.

카르마 렉쉬 초모(Karma Lekshe Tsomo (Patricia Jean Zenn))

카르마 렉쉬 초모는 아시아학의 학술 경력뿐 아니라 유럽계 미국인 중 극소수인 구족계 수지 비구니로서의 삶을 겸비하고 있다. 그녀의 학문연구는 1969년 캘리포니아 대학교에서 동양언어학 학위를 받으면서 시작되었다. 그 이후 그녀는 하와이 대학교에서 두 개의 석사학위를 받았는데, 하나는 불교철학이고 다른 하나는 아시아 종교다. 1993년 그녀는 역시 하와이 대학교에서 아시아 철학의 비교연구로 박사과정을 시작했다. 이 기간 내내 그녀는 외국에서 연구한 경우가 많았는데, 특히 '불교방언 연구소'와 '티베트 저작 및 기록보관소'를 자주 찾았다. 두 곳 모두 인도 다람살라에 있다. 그녀는 티베트어와 일본어에 유창하며 자신의 연구수행을 위해 중국어, 독일어, 힌디어, 빠알리어, 산스크리트어도 공부했다.

렉쉬는 남캘리포니아에서 나고 성장했으며, 말리부의 자유분방한 분위기에서 불교를 접했다. 그러나 그녀가 불교에 더 깊이 빠져든 것은 1960년대에 아시아를 여행할 때였다. 1977년 그녀는 프랑스에서 카르마 카규의 수장인 제16대 걀와 카르마파로부터 사미니계를 받았다. 그로부터 5년 후 대만과 한국에서 비구니 구족계를 받았다. 그 후 그녀는 여성승단 관련 문제들과 아시아 승가 전통의 서양 이식에 관한 문제들에 대해 광범위하게 글을 써왔다. 1987년 그녀는 '사캬디타 불교도 여성 국제협회'(Sakyadhita: International Association of Buddhist Women)의 창립을 도왔으며 불교도 여성과 관련된 쟁점들을 논의하는 일련의 국제회의를 조직해왔다. 그녀는 또한 캘리포니아에 등록된 비영리·비종파 단체인 자망 촐링Jamyang Choling의 후원 아래 인도 히말라야 오지에 일곱 곳의 불교 여성교육 프로그램 기관들을 세우기 위해 노력하기도 했다.

카르마 렉쉬 초모가 사캬디타와 집필활동을 통해서 벌이고 있는 활동은 불교도 여성들에 의한 노력, 그리고 그들을 위한 노력의 선봉에 있으며 이러한 활동에서 여성의 지위, 재가와 승가의 관계, 그리고 아시아계와 유럽계 미국인들의 상호작용 같은 문제들이 많이 논의되고 있다. 그녀의 주요 출판물은 『사캬디타: 붓다의 딸들, 미국 여성들의 눈을 통해본 불교』(Sakyadhita: Daughters of the Buddha, Buddhism Through American Women's Eyes)와 『고독한 자매들: 여성승가 윤리의 두 전통』(Sisters in Solitude: Two Traditions of Monastic Ethics for Women) 등이 있다.

마사오 코다니(Masao Kodani)

마사오 코다니는 일본계 3세 불교 센세이(先生)이며 미국의 일본정토진종 전통에서 성장했다. 그는 1940년 로스앤젤레스에서 태어났으며 애리조나 포스톤의 일본인 수용소에서 어린 시절을 보냈다. 전쟁이 끝난 후 그는 처음에는 동부 로스앤젤레스에서, 그 다음에는 와츠에서 성장했다. 캘리포니아 대학교 산타바바라 캠퍼스에서 학부교육을 받았으며, 전공은 동아시아학이었다. 대학 졸업 후 그는 동부해안 지역의 대학원에 진학할 생각이었지만 일본정토진종 법사의 권유로 일본 교토의 류코쿠 대학교에 진학하여 불교학 학위를 받았다.

이 기간 동안 코다니는 일본정토진종 법사가 되기로 결심했으며, 미국으로 돌아가 법사의 삶을 시작하기로 마음먹고 류코쿠를 졸업했다. 일 년 동안 아시아 전역을 여행한 후 1968년 로스앤젤레스의 센신 불교사원에서 그는 하급 성직자의 직책을 받았으며, 그곳에 30년간 머물렀다. 1978년에는 센신 사원의 상급 성직자가 되었다. 그는 로스앤젤레스 지역의 종교 상호간 업무에서 활동해왔는데, 처음에는 '로스앤젤레스 종교상호간의 회'(Los Angeles Interregious Council)에서, 그리고 최근에는 '남캘리포니아 불교상가의회'에 소속되어 있었다. 그는 또한 일본계 미국인의 문화적 정체성의 한 표현으로서 일본의 전통북치기인 다이코(太鼓)를 장려하기도 했다. 다이코는 원래 '일본정토진종'의 전통무용축제인 본 오도리(盆踊り: 백중맞이 춤) 행사 때 공연되었으나 1960년대 말에 센신 사원이 앞장서서 다이코 그룹을 결성하여 1년 내내 여러 행사 때마다 공연하도록 하였고, 곧 다른 지역의 사찰들도 이를 따르게 되었다.

일본정토진종의 다른 지도자들과 마찬가지로 코다니는 공동체의 미래를 지키기 위한 전략 개발에 관심을 가지고 있다. 그는 오랜 세월 동안 전통 보존과 종파적 정통성을 강조하는 한 제도 내에서 점진적인 변화를 주창해왔다. 센신 사원에서는 3~4세대를 아우르는 신도들에 적합한 전도방식을 개발하여 일본의 언어·문화 전통과 현대적인 형태의 다르마 영성 사이에 균형을 맞추고 있다. 코다니는 미국 정토진종 신도들의 경험이 미국에 도착한 지 얼마 안 되는 다른 불교도들에게도 소중하다고 보고 있다. 새로 온 사람들은 현재 일본정토진종 사찰들이 다르마를 적용시키면서 여러 세대에 걸쳐 겪어왔던 많은 어려움에 직면해 있지만 그들이 적응하는 속도는 매우 빨라졌다.

존 다이도 루리(John Daido Loori)

존 다이도 루리는 젠마운틴 사원(ZMM)의 주지이자, 마운틴스 앤드 리버스 종단(MRO)의 지도자이며, 다르마 커뮤니케이션스의 최고경영자이다. 그는 1968년에 선 수행을 시작했고, 해군에 복무했으며, 천연제품기업에서 일했고, 뉴욕 주에서 예술단체들을 이끌었다. 1972년부터 1976년까지 소엔 나카가와Soen Nakagawa로부터, 그런 다음 로스앤젤레스 선 센터의 설립자인 타이잔 마에즈미Taizan Maezumi로부터 선을 배웠다. 마에즈미로부터 1983년에 덴카이(傳戒: 수계)를, 1986년에 시호(嗣法: 전법)를 받았다. 1994년 그는 일본 조동종으로부터 외국인 선사의 자격을 정식으로 인정받은 덴도쿄시 인가를 받았다. 1997년 루리는 하라다-야스타니계와 임제종의 인잔 이엔(隱山惟琰, 1751~1814) 계보에서 법을 받음으로써 조동종과 임제종 양종의 법을 이어받은 세 명의 서양인 전법자 중 하나가 되었다. 루리는 두 제자에게, 즉 1996년 10월에 보니 묘타이 트리스Bonnie Myotai Treace 센세이에게, 1997년 7월에는 조프리 슈겐 아놀드Geoffrey Shugen Arnold 센세이에게 법을 전했다.

루리는 젠마운틴 사원과 마운틴스 앤드 리버스 종단에 새로운 제도들을 만들었는데, 이러한 제도는 아시아 불교를 미국의 상황에 신중하지만 창의적으로 적응시켰다는 점에서 크게 존중되고 있다. 젠마운틴 사원에서 그는 미국과 뉴질랜드의 사원, 수행센터, 좌선 단체의 네트워크를 통해서 승려와 수천 명의 재가자를 훈련하고 있다. 다르마 커뮤이케이션스의 최고경영자로서 그는 불교교육 및 봉사를 위한 주도적인 수단 중 하나를 미국에 확립했다. 그는 선 수행에 관한 열두 권의 책을 저술했는데, 여기에는 『고요한 지점: 초보자를 위한 선 명상 안내서』(*Still Point: A Beginner's Guide to Zen Meditation*), 그리고 『선의 여덟 관문: 한 미국 선 사원의 영적 수련』(*The Eight Gates of Zen: Spiritual Training in an American Zen Monastery*) 이 포함된다. 다르마 커뮤니케이션스는 또한 불교 계간지인 『산의 기록』(*Mountain Record*)과 불교 시청각 자료들을 제작하기도 한다.

사회복지사업과 예술은 젠마운틴 사원의 공부와 수행에서 주요한 요소들이다. 공동체의 구성원들은 야생의 보존으로부터 교도소 불교전도에 이르는 사회사업에 참여하고 있다. 루리는 여러 대학과 대학교에서 주간 워크숍과 월간 워크숍을 통해 전통선의 예술과 미학에 바탕을 둔 창의적 사진술을 계속 가르치고 있다. 지난 30년에 걸쳐서 그는 미국뿐 아니라 해외에서 30여 차례의 개인전과 약 50차례의 단체전에서 사진을 전시했다. 그의 작품은 『어퍼처』(*Aperture*) 사진잡지와 『타임 라이프』(*Time-Life*) 잡지에 실리기도 했다. 루리와 젠마운틴 사원은 미국 에이비시 방송의 나이틀리 뉴스(Nightly News)와 『뉴스위크』, 『트라이시클』, 『우트네 리더』(*Utne Reader*) 잡지에서, 그리고 러시아, 일본, 한국의 출판 및 텔레비전에서 특집으로 다루기도 했다.

하쿠유 타이잔 마에즈미(Hakuyu Taizan Maezumi)

하쿠유 타이잔 마에즈미는 선불교 노사老師였으며, 순류 스즈키와 더불어 조동선 전통이 미국 불교에서 가장 중요한 세력 중 하나로 부상하는 데 핵심적인 역할을 했다. 그는 1931년 일본에서 태어났으며 11세의 나이에 조동선 승려로서 계를 받았다. 그 이후 코마자와 대학교의 동양문학과 철학 분야에서 학위를 받았고 일본 조동종에서 두 개의 주요 사찰 중 하나인 소지지(総持寺)에서 공부했다. 그는 1955년 하쿠준 쿠로다로부터 법을 받았고, 이어서 임제종의 재가 선사인 코류 오사카에 의해, 그리고 임제·조동 양종을 기반으로 생겨난 독립계보 삼보교단三寶教團의 설립자 야스타니 하쿤Hakuun Yasutani에 의해 제자를 배출할 수 있는 인가를 받았다. 그러므로 마에즈미는 세 개의 선 계보에서 법 계승자가 되었는데 이것은 그의 공동체가 미국에 맞는 수행 스타일을 개발하는 데 도움이 되었다.

마에즈미는 1956년에 로스앤젤레스에 왔다. 미국 조동종 본부인 젠슈지(禪宗寺)에서 일본계 미국인 공동체를 위한 법사로 복무하기 위해서였다. 그는 곧 백인들과 다른 미국인들에게 좌선을 가르치기 시작했으며 1967년에 로스앤젤레스 선 센터(ZCLA)를 설립했다. 이 무렵 마에즈미는 미국인 여성과 결혼하여 가족을 부양하기 시작했다. 로스앤젤레스 선 센터는 이윽고 조동선 선생들과 수행자들의 네트워크를 위한 기반이 되었으며, 이것은 샌프란시스코 선 센터에 기반을 두고 있던 비슷한 네트워크와 더불어 1980년대에 두각을 나타내게 되었다.

마에즈미는 미국과 유럽에 여러 사원들을 세워서 일본 조동종 본부에 정식으로 등록했다. 여기에는 로스앤젤레스 선 센터뿐 아니라 용커스의 뉴욕 선 공동체, 뉴욕 마운트 트렘퍼의 젠마운틴 사원, 유타 주 솔트레이크시티와 유럽의 칸제온 선 센터들, 캘리포니아 마운틴 센터의 젠마운틴 센터가 포함된다. 선 공동체들은 오리건, 샌디에이고, 멕시코시티에 위치해 있으며, 유럽과 미국에 걸쳐 50개 이상의 추가적인 단체들이 있다. 마에즈미에게는 후계자라고 간주되는 열두 명의 제자가 있다. 그들은 1995년 정식으로 화이트플럼 상가White Plum Sangha라는 이름으로 법인을 조직했는데, 이 단체는 선생들 간의 느슨한 제휴로서 확대된 다르마 가족에 비유될 수 있다. 이 상가는 2세대와 3세대의 선생들을 포함하고 있으며 4세대도 시작되고 있다. 마에즈미는 1995년 도쿄에서 뜻하지 않게 죽음을

맞이하기 전까지 68명의 선 법사들에게 계를 주었으며 5백여 명의 재가
불교도에게 계를 주었다.

하바나폴라 라타나사라(Havanapola Ratanasara)

하바나폴라 라타나사라는 스리랑카에서 태어났으며 11세에 승단에 들어
왔다. 그는 실론 대학교에서 빠알리어와 불교철학을 전공하여 학사학위를
받았다. 그 이후 뉴욕 컬럼비아 대학교에 다녔고, 런던 대학교에서 교육학
박사학위를 취득했다. 여러 해 동안 그는 스리랑카 켈리니야 대학교의 교
육 및 불교학부에서 수석강사였다가 1957년에는 제12차 유엔총회의 대표
단으로 지명되었다. 1980년 미국으로 이민 갔고 다르마 비자야 불교사원
을 세우는 데 도움을 주었는데, 이곳은 로스앤젤레스 불교 이민자 공동체
에 세워진 최초의 테라와다 사원 중 하나다.

라트나사라는 로스앤젤레스 지역의 여러 불교단체 및 종교 간 단체를
창설하는 데 도움을 주었고 또 거기서 봉사도 했다. 그는 지역의 종교 간
대화를 선도한 단체인 남캘리포니아 종교간의회를 창설하고 부의장이 되
었다. 남캘리포니아 불교상가의회의 의장으로도 일해 왔다. 1980년 창
설된 이 단체는 불교단체 간 치러진 베삭행사를 후원하고 광범위한 종교
상호 간 계획들에 참여하고 있다. 라타나사라는 그 이후 전국적인 규모
로 불교도의 상호이해 증진에 힘써왔던 미국불교의회(American Buddhist
Congress)의 형성에 핵심적인 역할을 했다.

라타나사라는 또한 1983년 상가의회에 의해 설치된 로스앤젤레스 불교
학 대학의 학장이기도 하다. 이 대학은 비종파적인 관점에서 불교를 공부
할 기회를 제공하면서 서로 다른 학파와 전통 간의 이해를 증진하고 있다.
라타나사라는 미국 불교의 미래에서 승가가 중요한 역할을 할 것으로 보
고 있으며, 여성의 구족계 수계를 진전시키기 위해 로스앤젤레스에서 다

른 수계 받은 승려들과 함께 일해 왔다. 라타나사라는 미국 내에서의 활동 뿐 아니라 스리랑카의 사원 네 곳도 이끌면서 최근에는 콜롬보 외곽의 한 사원에 국제 불교학연구소를 열기도 했다. 그는 여러 권의 책을 저술했는데, 최근에 펴낸 것은 『완성의 길: 인성, 성장, 발달에 대한 불교심리학적 견해』(The Path to Perfection: A Buddhist Psychological View of Personality, Growth and Development)가 있다.

마이클 로치(Michael Roach)

마이클 로치는 티베트 불교에서 구족계를 수지한 겔룩파 계보의 승려이다. 1995년 그는 불교철학 분야의 박사학위와 대등하다고 여겨지는 게쉬 등급을 이수한 최초의 미국인이 되었다. 인도의 세라 메이 사원(Sera Mey Monastery)에서, 그리고 미국 뉴저지 하월의 켄 린포체 게쉬 롭상 타르친 Khen Rinpoche Geshe Lobsang Tharchin 아래서 20년을 공부한 결과였다. 로치는 산스크리트어, 티베트어, 러시아어 학자이며 많은 학술자료를 번역하고 출간해왔다. 그는 또한 미국 전역의 불교센터에서 수업, 워크숍, 강의를 진행하는 유력한 인기강사이기도 하다. 그는 1981년부터 미국인들에게 불교를 가르쳐왔다.

프린스턴 대학교를 졸업한 후 오랜 세월 동안 로치는 국제적인 다이아몬드 구매회사의 뉴욕 업무를 도왔는데, 어렵고 위험성이 높은 일이긴 했지만 이 사업을 통해 그는 티베트 불교와 관련된 다양한 프로젝트를 지원할 수 있었다. 그는 현재 그리니치빌리지에서 롭상 타르친의 관리 아래 있는 공공 불교명상교육센터인 '아시아 고전 연구소'(Asian Classic Institute), 뉴욕 외곽의 남녀 승려를 위한 주거 공동체인 다이아몬드 애비Diamond Abbey, 그리고 코네티컷 레딩에 위치한 갓스토우 집중수행센터(Godstow Retreat Center)의 설립자로서 가장 잘 알려져 있다. 로치는 티베트 라사에 있는 겔룩파 사원으로서 중국의 티베트 점령 이후 남인도로 이전한 세라 메이 사원의 재건에도 활발하고 지속적인 역할을 하고 있다. 이 글을 쓰고 있는 순간도 게쉬 로치와 그의 조수들은 2000년 3월에 시작하기로 예정된 3년 집중명상을 준비하고 있었다.

로치는 아시아 고전 입력 프로젝트(ACIP)를 지휘함으로써 학자들에게 대단히 높은 평가를 받고 있다. 이 프로젝트에서는 중요하고도 사라질 위기에 처한 티베트어와 산스크리트어 불교문서를 발굴해서 컴퓨터에 입력한 후 출판, 배포하고 있다. 여태까지 약 십만 쪽 분량의 경전, 주석, 승가 교재가 목판본으로부터 전사되어 디지털로 인터넷과 시디롬으로 발간되었다. 전사작업은 주로 세라 메이 컴퓨터 센터와 다른 입력 센터들에 의해 완성되었는데, 이 입력 센터들은 인도, 몽골, 러시아의 사원과 난민 공동체에 위치하여 있으며 이곳에서 망명한 남녀 승려와 재가자가 티베트 전통의 위대한 문학적 유산을 구해내면서 자립을 위한 새로운 기술을 익히고 있다.

치아 텡 쉔(Chia Theng Shen)

치아 텡 쉔은 뉴욕에 살고 있는 은퇴한 해운회사 중역이며 영향력 있는 재가불교 지도자, 학자, 자선가이다. 그는 1913년 상하이에서 태어나 1937년 상하이의 국립 자오퉁 대학교에서 전기공학 이학사 학위를 취득했다. 상하이 해운업계에서 사회생활을 시작한 후 홍콩으로 갔다가 1949년 미국으로 이주했다. 미국에 도착하자 그와 그의 아내 우주는 불교 공부와 수행에 매우 열중하게 되었으며, 수십 년에 걸쳐서 그들은 중국계 미국인 및 다른 불교 공동체들에 크게 이바지했다.

치아 텡 쉔 부부는 1964년 브롱스에 미국불교협회(Buddhist Association of the United States)를 설립하여 자선활동을 시작했는데, 이 단체는 이제 뉴욕 대도시권에서 가장 규모가 큰 중국계 미국인 협회가 되었다. 1970년 그들은 롱아일랜드에 여러 전통의 불교도들을 위한 국제적 모임장소인 보디 하우스Bodhi House를 창설했다. 그들은 또한 추앙옌 사원(莊嚴寺)을 지을 땅을 기부하고 지원을 아끼지 않았는데, 이곳은 미국 최대의 불교센터 중 하나로서 뉴욕 시 북쪽 푸트남 카운티에 있는 사원, 주거지, 연구센터들의 복합단지이다. 통합불교에 관심을 가지고 있던 그들은 카르마 카규 종단의 수반인 제16대 걀와 카르마파의 미국 활동도 지원하고 나섰다. 그는 땅을 기증했고 카르마파는 뉴욕 우드스톡의 카르마 트리야나 다르마차크라 사원에 카르마 카규종단의 북미 본부를 세웠다.

셴 부부는 불교문헌을 서양언어로 번역하는 프로젝트에도 큰 기여를 해왔다. 1968년 그들은 샌프란시스코 지역의 땅을 법계불교총회法界佛敎總會의 설립자인 쑤안후아(宣化) 선사에게 보시하여 불교문헌번역협회(Buddhist Text Translation Society)를 설립할 수 있게 했다. 3년 후 부부는 중국 불교의 정전인 중국어 삼장 번역연구소(Translation of the Chinese Tripitaka)를 대만에 설립하도록 도움을 주었다. 그들은 또한 세계종교 고등학술 연구원(Institute for Advanced Studies of World Religions)도 설립했는데, 이곳은 추앙옌 사원의 경내에 자리 잡고 있다. C. T. 셴 자신도 『금강경』의 권위자라고 간주되고 있으며, 동아시아의 대승불교 전통에 중요한 많은 다른 경전들에 대한 연구서를 출간해왔고 그에 대한 강의도 해왔다. 가장 최근에 그는 불교경전 컴퓨터 데이터베이스를 시디롬으로 만들어내기 위한 작업에 참여해왔다.

개리 스나이더(Gary Snyder)

개리 스나이더는 비트 세대에 등장한 가장 걸출한 불교 실천가이자 시인이다. 그는 샌프란시스코에서 태어나 워싱턴 주에서 성장했다. 리드 대학

(Reed College)에서 학사학위를 받았으며, 거기서 불교, 하이쿠, 중국 시에 대한 관심을 키워나갔다. 1952년 캘리포니아 대학교 버클리 캠퍼스에서 아시아 언어를 공부하기 위해 샌프란시스코로 돌아왔다. 1955년 스나이더는 '갤러리 식스의 여섯 시인들'이라는 시낭송 모임에 참가했다. 샌프란시스코에서 열린 이 행사는 미국 동·서해안의 시인들을 한군데로 모이게 하여 비트 운동의 막을 여는 데 도움을 주었다. 그는 잭 케루악의 소설『다르마의 방랑자들』(The Dharma Bums)의 등장인물 재피 라이더의 실제모델이었는데, 이 책은 불교와 비트 세대의 연관성을 대중에게 알리는 데 주요한 역할을 했었다. 스나이더는 교토에 소재한 임제종 사찰인 다이토쿠지(大德寺)에서 선을 공부하고 수행하기 위해 1956년 일본으로 향했으며, 거기서 1960년대의 대부분을 보냈다. 이 기간 동안 그는『립프랩』(Riprap)과『신화와 텍스트』(Myths and Texts)라는 그의 첫 두 권의 책을 출간했다.

스나이더는 1970년에 미국으로 돌아와서 아내와 가족들과 함께 북캘리포니아의 시에라네바다 산맥의 작은 언덕에 정착했다. 그때부터 시와 비평을 포함한 그의 글은 생태학적 문제를 점점 더 많이 다루었고 그러면서 그는 환경운동에서 널리 영향력을 지니게 되었다. 1975년 그는 불교적, 생태학적, 그리고 미국 토착적 주제와 감성을 반영하고 있는 시집『거북이섬』(Turtle Island)으로 퓰리처상을 받았다. 수십 년에 걸쳐서 그는 18권의 책을 출간했으며 이 책들은 20개 이상의 언어로 번역되기도 했다. 1997년는 볼링겐 시문학상(Bollingen Prize for Poetry)과 존 헤이 자연저술상(John Hay Award for Nature Writing)을 수상하기도 했다.

스나이더는 미국 불교에 대한 기여를 인정받아 1998년 일본의 불교전도협회佛敎傳道協會가 주는 불교전승상을 받았다. 이 상을 받은 최초의 미국인 문필가인 스나이더는 선 사상과 수행을 자연에 대한 현대적 사상과 연계시키는 데 오랜 세월 관심을 기울여온 공로를 인정받은 것이다. 가장

최근에 펴낸 작품으로는 도겐(道元) 선사의 『산수경山水經』과 중국의 산수
화에 영향을 받은 『끝없는 산하』(*Mountains and Rivers Without End*)가 있다.
1985년부터 스나이더는 캘리포니아 대학교 데이비스 캠퍼스의 창의적 글
쓰기 프로그램에서, 그리고 영어과에서 학생들을 가르쳐왔다. 그는 야생
과 창의적 글쓰기에 관한 연례회의인 '야생의 기술'(The Art of the Wild)을
창설했으며, 데이비스 캠퍼스에서 사회·환경문제를 다루는 학부생 전공
과목인 '자연과 문화 프로그램'을 개설하는 데 도움을 주기도 했다.

버지니아 슈트라우스(Virginia Straus)

버지니아 슈트라우스는 국제창가학회(SGI)에서 자신의 종교적 확신과 전
문적 관심사를 결합해왔다. 1948년 매사추세츠 월폴에서 태어난 슈트라
우스는 성공회 교회에서 성장했지만 그녀가 스미스 대학으로 갈 무렵 스
스로를 불가지론자라고 생각하였다. 스미스 대학에서, 그리고 그 후에는
스탠퍼드 대학교에서 그녀는 프랑스 실존주의와 현대 영문학을 탐구해가
면서 기독교에 대한 근본적인 의문들이 깊어져갔지만 나중에 니치렌의 불
교철학을 공부하면서 만족할 만한 답을 찾게 되었다. 슈트라우스는 또한
사회문제에 헌신하는 전문가의 삶을 살기 시작했다. 드디어 그녀는 워싱
턴 디시로 갔고 거기서 처음에는 존 앤더슨 하원의원을 위해서, 그리고 그
후에는 지미 카터의 백악관에서 공공정책 업무를 맡았다. 이 기간 동안 그
녀는 국가, 주, 지방의 정책동향에 대해 많은 것을 알게 되었다. 카터 행정
부가 끝날 무렵 슈트라우스는 뉴욕으로 가서 출판업계로 진출했다.

　대략 이 무렵쯤 한 친구가 그리니치빌리지의 한 모임에서 니치렌 불교
를 소개해주었는데, 거기서 그녀는 공연자들과 다이모쿠(題目: 나무묘법
연화경)를 염송하는 다른 예술가들을 만났다. 처음에 의구심을 가지고 있
던 그녀는 경전 한 권을 받고 집에서 염송을 시작했는데, 얼마 지나지 않

아 자신의 인생관이 바뀌기 시작하는 것을 느꼈다. 그녀는 니치렌 철학과 이케다 다이사쿠의 저작들을 탐구했고, 1983년에 고혼존(御本尊: 신앙의 대상물)을 받았다. 처음부터 슈트라우스는 니치렌 불교 실천자들의 다양성이 영감의 원천이 됨을 알게 되었고, 단체에 더 열심히 참가하게 되면서 단체는 광범위한 배경의 여성들과의 유대를 형성할 많은 기회를 제공해주었다. 1980년대 말 그녀는 일본여행 중 창가학회 운동에 관한 논란들을 직접 보게 되었다. 그녀는 일본에서 경험했던 일을 떨쳐내고, 이 운동의 비판자들보다는 지도자들에게 더 많은 감명을 받았다.

미국으로 돌아온 슈트라우스는 매사추세츠로 거주지를 옮기고 절복折伏 캠페인과 문화축제에 가담하게 되었다. 그녀는 사회문제에 더 깊이 참여하기 시작하면서 주와 지방의 정책문제를 다루는 독립적 두뇌집단인 '공공정책연구를 위한 개척자협회'(Pioneer Institute for Public Policy Research)를 설립하는 데 도움을 주었다. 1993년 이케다 다이사쿠가 국제창가학회의 제휴단체로서 평화, 생태 그리고 다른 진보적 사회문제를 연구하는 곳인 '21세기를 위한 보스턴 연구센터'(Boston Research Center for the Twenty-first Century)를 창설했을 때, 슈트라우스는 초대 상임이사로 일했다. 그녀는 이 센터에서의 활동을 두고 자신의 전문적 삶 속에 철학과 사회참여를 통합하고자 한 오랜 열망이 자연스럽게 표출될 것이라고 여긴다.

타니싸로 비구(Thanissaro Bhikkhu (Geoffrey DeGraff))

타니싸로 비구는 태국 승려 한 명과 선승 한 명과 더불어 오벌린 대학 겨울학기 프로젝트에 참가하면서 불교명상을 처음으로 접했다. 1971년 졸업 후 그는 2년 교육연구비를 따내서 태국 치앙마이에서 가르쳤으며 그 기간이 끝날 무렵 태국 숲 전통(Thai Forest Tradition)에 속한 아잔 푸앙 조티코Ajaan Fuang Jotiko로부터 명상을 배우기 시작했다. 그러다가 미국에 잠시 돌아온 타니싸로는 학자의 삶과 승려의 삶의 상대적 장점들에 대해 심사숙고했다. 한 불교학 토론회에 참가하면서 그는 자신이 재가자의 길을 넘어서고 싶은 열망을 가지고 있음을 알게 되었다. 그는 1976년 계를 받기 위해 태국으로 돌아가서, 1986년 아잔 푸앙이 세상을 떠날 때까지 그의 밑에서 공부했다.

1991년 숲 전통에 속한 또 다른 선생인 아잔 수와트 수바코Ajaan Suwat Suvaco가 그를 초청하여 북부 샌디에이고 카운티 산속의 한 언덕 꼭대기 아보카도 숲에 메타 포레스트 사원(Metta Forest Monastery 혹은 Wat Metta)을 개설하도록 도움을 주었다. 타니싸로는 1993년 그 절의 주지로 지명되었다. 1995년 그는 태국 담마유트 승단(Dhammayut Order)이 선생으로 인가해준 최초의 서양인이 되었다. 현재 미국 담마유트 승단의 이사로 일하고 있다.

타니싸로는 학자로서뿐 아니라 불교문헌과 가르침을 빠알리와 태국어에서 영어로 옮기는 번역가로서도 잘 알려져 있다. 아잔 푸앙과 함께하면서 그는 아잔 푸앙의 스승인 아잔 리 담마다로Ajaan Lee Dhammadharo의 전집을 번역한 바 있으며, 그 이후로 아잔 문Ajaan Mun, 아잔 마하부와 Ajaan Maha Boowa, 아잔 타떼Ajaan Thate와 같은 다른 숲 전통 스승들의 글을 번역했다. 그는 또한 '통찰로 가는 길'(Access to Insight)이라는 웹사이트에 『법구경』과 빠알리 경전 문집을 번역했다. 『불교 승가 계율』(*The Buddhist Monastic Code*), 『제지되지 않은 불과 같은 마음』(*The Mind Like Fire Unbound*), 『깨달음의 날개들』(*The Wings to Awakening*), 『귀의』(*Refuge*)를 저술했고, 『불교』(*The Buddhist Religion*) 제4판을 공동 저술했다. 베어리 불교학 센터(Barre Center for Buddhist Studies)의 정규교사인 타니싸로는 그 센터의 담마다나 출판자금(Dhamma Dana Publication Fund)의 설립을 돕기도 했는데, 여기는 미국에 불교문헌을 무료로 배포하는 곳이다.

틱티엔안(Thich Thien-An)

틱티엔안은 1960년대에 불교를 미국에 도입한 개척적인 아시아인 선생 중 하나이다. 그는 1926년 베트남 후에에서 태어나 불교 집안에서 성장했다. 열네 살에 승가에 입문한 이후 줄곧 교육을 받아왔다. 드디어 그는 일본 와세다 대학교에서 문학박사 학위를 취득했으며 그곳에서 임제선 훈련을 받기도 했다. 이후 그는 베트남으로 돌아왔다. 전쟁이 점차 확대되면서 그의 삶도 큰 영향을 받았다. 아버지 띠에우지에우Tieu-Dieu는 베트남전에 대한 전 세계의 관심을 끌기 위해 분신한 승려들 중 하나였고, 남베트남의 응오딘디엠Ngo Dinh Diem 정권의 몰락을 촉진하는 데 도움을 주었던 사람이다.

티엔안은 1966년 캘리포니아 대학교 로스앤젤레스 캠퍼스의 교환교수로서 남캘리포니아에 도착했는데, 그의 학생들은 학과목 이외에 불교명상을 가르쳐달라고 요청했다. 그로부터 몇 년 후 그는 영주권을 신청하고 '국제불교명상센터'(The International Buddhist Meditation Center)를 설립했다. 이곳은 로스앤젤레스 도심에 있는 주거형 수행 공동체다. 몇 년 동안 티엔안은 그의 미국인 제자들에게 비非종파적인 불교를 가르치는 데 전념했고, 이런 일을 위해서 아시아 전통을 미국적 가치와 관행에 맞추는 것이 필요했다. 많은 아시아인 선생들과 마찬가지로 그도 역시 서양 불교가 아시아의 다르마를 되살리는 데 도움을 줄 날을 기대했다.

사이공이 함락되고 미군이 철수하자 티엔안은 전혀 다른 종류의 책임에 직면했다. 몇 년에 걸쳐서 점점 더 많은 베트남인들이 미국으로 들어오기 시작한 것이다. 그들은 수년간의 난민생활로 매우 힘든 상황에 처해 있는 경우가 많았다. 이에 대응하여 티엔안은 이 센터를 난민 주거지로 바꿨다. 그의 미국인 승려들과 제자들도 몹시 절실했던 종교·사회적인 봉사를 제공하기 위해 새로이 도착하는 베트남 승려들과 합류했다. 티엔안은 곧 로스앤젤레스 중앙에 있는 한 아파트에 미국 최초의 베트남 사원인 '쭈아 베트남'(Chua Vietnam)을 세웠으며, 이것도 역시 난민 주거시설로 사용되었다. 나중에 그는 미국 베트남 불교의 초대종정으로 임명되었다. 암으로 인해 1980년 때 이른 죽음을 맞이했지만, 그 전에 그는 오늘날 이 센터의 활동에서 지속되고 있고 또한 엄격한 수행, 높은 교육, 사회봉사를 포괄하는 중요한 유산뿐 아니라 다양한 민족적 배경과 전통을 가진 불교도 간의 협력적 상호관계의 모범도 세웠다.

미국 불교 연표

1844년

헨리 데이비드 소로가 뉴잉글랜드 초절주의자들의 저널 『다이얼』(*Dial*)에 『법화경』의 발췌록을 발간함으로써 미국 낭만주의자들이 불교에 매료되었음을 처음으로 알렸다.

1853년

샌프란시스코 최초의 불교사원이 제압회(四邑同鄕會)에 의해 설립되었고, 사원은 그 단체 본부의 꼭대기 층에 위치해 있었다.

1875년

헬레나 페트로브나 블라바츠키와 헨리 스틸 올코트가 뉴욕 시에서 신지학회를 만들었다. 이 단체는 다음 세기 동안 인도와 서양 사이의 가장 중요한 연계 중 하나가 된다.

1882년

의회는 동아시아 이민자를 감축하고자 한 여러 법률 중 하나인 중국인 배제법(Chinese Exclusion Act)을 통과시켰다.

1893년

19세기 최대의 종교포럼인 세계종교의회(The World's Parliament of

Religions)가 시카고에서 개최됨에 따라 아시아의 선도적인 불교 전도자들
이 서양에 공식적으로 도착했다.

1899년

미국불교단(The Buddhist Churches of America)의 선구가 되었던 북미불교
포교회(The Buddhist Mission to North America)가 정토진종의 상주常住 전
도자들이 도착하면서 공식적으로 발족했다.

1927년

일본계 미국인들의 요구를 수용하여 로스앤젤레스에 젠슈지 조동선 사원
이 세워졌다. 그로부터 10년 후 샌프란시스코에 세워진 소코지 사원과 더
불어 젠슈지는 개종 불교도들의 주요 본거지가 된다.

1931년

샤쿠 소엔의 동료인 두 명의 임제종 선승, 센자키 뇨겐과 소케이안이 각각
로스앤젤레스와 뉴욕 시에서 가르치기 시작했다.

1932년

드와이트 고다드가 테라와다뿐 아니라 대승불교의 자료의 명문집인 불교
성전(The Buddhist Bible)을 발간하고, 그로부터 수십 년 후 이 책을 통해서
비트 세대의 잭 케루악 등은 중요한 불교경전들을 알게 된다.

1945년

북미 정토진종 불교포교회(The Jodo Shinshu Buddhist Mission to North
America)가 미국불교단(BCA)으로서 재탄생했으며, 이것은 일본계 미국인

들의 충격적인 전쟁체험에 의해 촉진된 정체성의 전환이다.

1950년대

선禪의 붐이 일어나기 시작하며 그 선두에는 컬럼비아 대학교에서 가르치던 스즈키 다이세츠D. T. Suzuki, 그리고 영국인 앨런 와츠가 있었다. 두 사람은 불교와 다른 아시아 종교들을 대중화한 가장 걸출한 인물들에 속한다.

1959년

앨런 와츠가 『비트 선, 스퀘어 선, 선』(Beat Zen, Square Zen, and Zen)을 출간한다. 이 책에서 그는 1960년대가 시작되기 전야에 미국인들이 불교를 받아들이기 시작하는 방식들을 도해하듯이 보여주고 있다. 로버드 아이트켄과 앤 아이트켄 부부가 공동으로 하와이에 한 좌선 모임을 만들었으며, 이 단체는 나중에 다이아몬드 상가Diamond Sangha로 알려지게 되었다.

1962년

슌류 스즈키Shunryu Suzuki와 그 제자들이 샌프란시스코 선 센터를 법인 등록했다. 쑤안후아(宣化) 스님이 샌프란시스코에 도착하여 마침내 법계불교총회(法界佛教總會: Dharma Realm Buddhist Association)를 창설한다.

1964년

에이도 시마노가 선학협회(Zen Studies Society)를 부흥시킨다. 이 단체는 원래 스즈키 다이세츠의 연구를 지원하기 위해 설립되었던 것이다. 미국불교협회(The Buddhist Association of the United States)가 뉴욕 시 브롱스에 그 본부를 세웠다.

1965년

'이민 및 국적법'이 통과되면서 아시아인의 이민을 효율적으로 막아왔던 이민 할당 제도가 끝났다. 불교 국가들로부터 이민자 수가 폭등한다.

1966년

필립 카플로Philip Kapleau가 로체스터 선 센터(Rochester Zen Center)를 설립한다. 워싱턴 디시에는 미국 최초의 테라와다 사원인 워싱턴 불교 비하라(Washington Buddhist Vihara)가 세워졌다.

1967년

타이잔 마에즈미Taizan Maezumi와 그의 제자들이 미국의 개척적인 선 공동체 중 하나인 로스앤젤레스 선 센터를 설립했다.

1969년

캘리포니아 주 버클리에 본부를 둔 한 순수철학서적 서점으로부터 발전해 온 샴발라 출판사가 출범했다.

1970년

티베트 불교가 반反문화 시대의 불교에서 중요한 요소가 되면서, 버몬트 주 바네트에는 테일 오브 타이거(Tail of Tiger: 나중에 카르메 촐링으로 바뀜)가 쵸감 트룽파Chogyam Trungpa에 의해 창설되었다.

1972년

한국 선승 숭산이 로드아일랜드 지역의 프로비덴스에 도착했으며, 이후 그는 관음선종회(Kwan Um School of Zen)을 설립했다.

1973년

달라이 라마가 처음으로 서양여행에 나섰고 그 이후에 몇 차례 더 서양을 방문했다. 그의 여행은 서양에 티베트 민족의 어려운 처지를 널리 알리고 티베트 불교를 대중화하는 데 기여하게 된다.

1974년

콜로라도 주 볼더에 나로파 대학(Naropa Institute)이 세워졌다. 이곳은 미국 최초로 완전히 인가받은 불교교양 대학으로 발전하게 된다.

1975년

사이공의 함락으로 베트남 사람들이 대규모로 미국에 이주하게 되었고, 그로 인하여 미국에는 많은 베트남 사원들이 세워졌다. 매사추세츠 주 베어리에 통찰명상협회(Insight Meditation Society)가 세워졌다.

1976년

법계불교총회의 후원 아래 캘리포니아 주 탈매지Talmadge에 만불성성(萬佛聖城: The City of Ten Thousand Buddhas)이 세워졌다.

1978년

불교명상과 사회활동의 연계를 촉진하기 위해 불교평화단(The Buddhist Peace Fellowship)이 창설되었는데, 이러한 경향은 나중에 사회참여불교라고 알려지게 된다.

1979년

캄보디아 난민들에 의해 창설된 많은 사원 중 첫 번째인 캄보디아 불교협회(The Cambodian Buddhist Society)가 매릴랜드 주 실버스프링에 세워졌다. 존 카밧진과 그의 동료들이 매사추세츠 대학 의료센터에서 스트레스 완화 클리닉을 출범시킨다.

1980년
서양 불교단의 친구들(Friends of the Western Buddhist Order)이 뉴햄프셔에 공동체를 설립하였는데, 이곳은 미국의 여러 공동체 중 첫 번째다. 남캘리포니아 불교상가의회(The Buddhist Sangha Council of Southern California)가 로스앤젤레스에서 결성되었다.

1983년
리처드 베이커가 샌프란시스코 선 센터의 주지직에서 사임하였고, 그 이후 이 센터는 공동체의 지도자를 선출에 의해 임명하는 새로운 형식을 실험하기 시작했다.

1987년
사캬디타 국제 불교여성협회(The International Association of Buddhist Women)가 인도 보드가야에서 창립되었으며, 이 단체는 불교도 여성들 간의 국제 네트워크가 점차 중요해지고 있음을 보여주고 있다. 북미 세계불교회의(The Conference on World Buddhism in North America)가 미시건 주 앤아버에서 열렸다.

1988년
대만에 본부를 둔 불광 불교운동의 일환으로 시라이 사원(Hsi Lai Temple, 西來寺)이 캘리포니아 하시엔다 하이츠에서 문을 열었으며, 이곳은 서양 최대의 불교 승려 단지가 되었다.

1989년
제14대 달라이 라마 텐진 갸초가 노벨평화상을 수상했다.

1990년
미국의 유대인 지도자들이 인도 다람살라로 가서 달라이 라마와 더불어
유대교와 불교에 대해 토론했다.

1991년
일련정종日蓮正宗과 국제창가학회(SGI)가 공식적으로 분열되었다. 불교 공
동체의 의견을 대변하는 독립 저널인 『트라이시클 불교평론』이 출간되기
시작했다.

1993년
서양 불교의 선생들이 서양에서 다르마를 가르치는 문제를 두고 달라이
라마와 논의하기 위해 다람살라로 찾아갔다. 세계종교의회 100주년 기념
행사가 시카고에서 열렸다.

1995년
불교평화단이 처음으로 사회참여를 위한 불교도 연대(BASE) 프로그램을
가동했다. 젠카이 블랑쉬 하트만이 조케츠 노만 피셔와 합류하여 샌프란
시스코 선 센터의 공동주지가 되었다.

1996년

기독교 수도사와 불교 승려, 그리고 재가 수행자들이 지속적인 불교-기독교 대화 운동의 일환으로 켄터키 게세마네 수도원에서 모임을 가졌다.

1997년

다양한 민족 및 국가 단체 출신의 테라와다, 대승불교, 금강승 불교가 불교도의 통합 정강을 만들기 위해 시라이 사원에서 만났다. 게이와 레즈비언 활동가들이 불교의 가르침과 성에 관한 문제들을 논의하기 위해 달라이 라마와 만났다.

1999년

미국에서 가장 오래된 제도불교인 미국불교단(BCA)이 100주년 기념행사를 열었다.

2001년

수미 런던 김Sumi Loundon Kim의 『청바지를 입은 붓다』(*Blue Jean Buddha*)가 출간되면서 새로운 세대의 유럽계 미국인 불교수행자들의 출현에 관심이 집중되었다.

2001~03년

불교 명상가와 전문예술가로 구성된 '깨달음 컨소시엄'(The Awake consortium)이 시각, 설치, 공연 예술에 대한 불교의 공헌을 다시 논의했다.

2004년

사회 명상심 센터(The Center for Contemplative Mind)에서 출간된 마이아

두에르Maia Duerr의 『강력한 침묵』(A Powerful Silence)이 마음챙김과 다른 명상 수련들에 대한 급증하는 관심을 추적하여 보여주었다.

2007년

'상가에서 여성의 역할에 대한 국제의회'(The International Congress on Women's Role in the Sangha)가 독일 함부르크에서 개최되어 전 세계 불교 공동체의 성性 개혁에 대한 광범위한 기대감을 표시해주었다.

2009년

태국 숲 전통에 속하는 네 명의 비구니에 대한 수계의식이 여성 구족계 수계의 정당성에 대한 전 세계적인 논쟁을 촉발시켰다.
하쿠유 타이잔 마에즈미 노사의 법계승자이자 트렘퍼 산의 젠마운틴 사원의 창건자인 존 다이도 루리John Daido Loori 노사가 77세를 일기로 입적했다.

2010년

미국 선불교의 개척자이자 하와이 다이아몬드 상가의 창시자인 로버트 아이트켄Robert Aitken 노사가 93세의 나이에 입적했다.

2011년

시러큐스 선 센터의 주지인 쉐리 차야트Sherry Chayat 노사가 다이보사츠 젠도 사원의 주지로 임명되었다. 다이보사츠는 에이도 타이 시마노Eido Tai Shimano 노사에 의해 설립된 주도적인 임제선 센터로서 쉐리가 1967년에 선 수행을 시작했던 곳이다.

주註

제1부: 종교사적 배경

1. 미국 불교의 풍경

1. Field Notes, Senshin Buddhist Temple, Los Angeles, July 6, 1997.

2. Lawrence Shainberg, *Ambivalent Zen: A Memoir* (New York: Pantheon, 1995), 129-30.

3. Quoted in Jack Kornfield, *Living Dharma: Teachings of Twelve Buddhist Masters* (Boston: Shambhala, 1996), 61.

4. Martin Baumann, "The Dharma Has Come West: A Survey of Recent Studies and Sources," *Journal of Buddhist Ethics* (online) 4 (1997), http://jbe.la.psu.edu/ (11/6/98).

5. David Van Biema, "America's Fascination with Buddhism," *Time* (Oct. 13, 1997), 75.

4. 미국 불교의 역사적 배경

1. Quoted in Rick Fields, *How the Swans Came to the Lake: A Narrative History of Buddhism in America*, 3rd rev. ed. (Boston: Shambhala, 1992), 194.

2. Quoted in ibid., 184-85.

3. *Time* (Feb. 4 , 1954), 65-66.

4. *Time* (July 21, 1958), 49.

5. Quoted in Carole Tonkinson, ed., *Big Sky Mind: Buddhism and the Beat Generation* (New York: Riverhead, 1995), 31.

6. Ibid., 178-79.

7. Rick Fields, "Results from the Tricycle Poll: Help or Hindrance, A High History of Buddhism," *Tricycle: The Buddhist Review* (Fall 1996):44-58.

제2부: 주요 불교 전통

제2부 서문

1. Sumi Loundon Kim, "What Young People Want," *Buddhist Geeks* (April 5, 2010), http://www.buddhistgeeks.com/2010/04/bg-166-what-young-people-want/ (2011년 1월 30일 검색).

2. Vincent Horn, "Pragmatic Dharma," http://www.buddhistgeeks.com/pragmaticdharma/ (2010년 12월 29일 검색). 빈센트 혼, 저자와의 전화 인터뷰, 2010년 11월 12일; "Turning the Microphone Around Rohan Gunatillake Interviews Vincent Horn" (2010년 12월 20일), http://www.buddhistgeeks.com/2010/12/bg-200-turning-the-microphone-around/ (2010년 12월 29일 검색).

3. Ethan Nichtern, "The Generation Gap," (2010년 11월 14일), http://www.shambhalamountain.org/programs/562#c_article (2011년 1월 30일 검색).

4. "Composting Desire with Ethan Nichtern," http://theidpproject.org/media/podcast/composting-desire-ethan-nichtern (2011년 1월 20일 검색); Nichtern, "The Generation Gap"; Interdependence Project, http://www.theidpproject.org/.

5. "Welcome to the Dharma Overground," The Dharma Overground, http://www.dharmaoverground.org/web/guest/home (2010년 12월 30일 검색); "Daniel Ingram's Free Book and Handouts," Welcome to Daniel Ingram's Dharma Web Site, InteractiveBuddha.com, http://interactivebuddha.com/mctb.shtml (2010년 12월 30일 검색).

6. Ibid.

7. David F. Smydra Jr., "Zen and the Art of Slam Dancing: Buddhist Punks

Find Enlightenment in the Pit," *Boston Globe* (2004년 9월 19일), http://
www.boston.com/news/globe/ideas/articles/2004/09/19/zen_and_
the_art_of_slam_dancing/ (2011년 1월 15일 검색).

8. Noah Levine, 저자와의 전화 인터뷰, 2010년 12월 1일.

5. 정토진종, 미국의 구舊불교도

1. Quoted in Nyogen Senzaki, *Like a Dream, Like a Fantasy: The Zen Writings and Translations of Nyogen Senzaki*, ed. Eido Shimano (Tokyo and New York: Japan Publications, 1978), 22-23.

2. "A Shin Buddhist Stance on School Prayer" (San Francisco: Buddhist Churches of America, n.d.).

3. Quoted in Tetsuden Kashima, *Buddhism in America: The Social Organization of an Ethnic Religious Institution* (Westport, Conn.: Greenwood, 1977), 122-23.

4. Evelyn Yoshimura, "The Point of Being Buddhist, Christian or Whatever in America," Rafu Shimpo, May 12, 1995. See also at *Hou—u: Dharma Rain* [online] 1:1 (Jan. 1997), http://www.geocities.com/Athens/5443/dr11_pnt.htm (11/1/98).

5. Originally published in full in *Prajna: Light of Compassion* 41 (4) (April 1995). Quoted at Rev. Masao Kodani, "The History of the Buddhist Churches of America: Problems of Propagation and Projections for the Future," *Hou—u: Dharma Rain* [online] 1:1 (Jan. 1997), http://www.geocities.com/Athens/5443/dr11_hst.htm (11/1/98).

6. Quoted in Kenneth K. Tanaka, Ocean: *An Introduction to Jodo Shinshu Buddhism in America* (Berkeley: Wisdom Ocean Publications, 1997), 73.

7. Masao Kodani, "Horafuki (Blowing One's Own Horn)," (Jan. 1984) in Masao Kodani, *Dharma Chatter* (n.p., n.d. Senshin Buddhist Temple Commemorative volume).

8. Masao Kodani, "Positive Self-Image and All of That" (July 1991)

in Masao Kodani, *Dharma Chatter* (n.p., n.d. Senshin Buddhist Temple Commemorative volume).

9. Quoted on *Becoming the Buddha in L.A.* (video). WGBH Educational Foundation, 1998.

6. 창가학회와 일련종의 인본주의

1. Quoted in Dayle M. Bethel, *Makaguchi the Value Creator: Revolutionary Japanese Educator and Founder of Soka Gakkai* (New York: Weatherhill, 1973; pbk. ed., 1994), 105.

2. Ibid.

3. Quoted in Jane D. Hurst, *Nichiren Shoshu Buddhism and the Soka Gakkai in America: The Ethos of a New Religious Movement* (New York: Garland, 1992), 140-41.

4. For statistics on membership and ethnic breakdown, see ibid., 141, 143.

5. Craig Bratcher, "One of My Experiences, Part I, Tozan: 4-4-97-4-11-97" (online), http://www.cebunet.com/nst/cb.html (11/1/98).

6. Telephone interview with Linda Johnson, May 3, 1998.

7. 선과 주요 선 센터

1. "On Transmission and Teaching: Excerpt from a Question and Answer Session with Toni Packer at the Buddhism in America Conference, Boston, January, 1997," edited and expanded for the Springwater Center newsletter by Toni Packer (online), http://www.servtech.com/spwtrctr/bostonQA.html (10/6/98).

2. Quoted in Helen Tworkov, *Zen in America: Five Teachers and the Search for an American Buddhism* (New York: Kodansha International, 1989), 41.

3. Quoted in Louis Nordstrom, ed., *Namu Dai Bosa: A Transmission of Zen Buddhism to America* (New York: The Zen Studies Society, 1976), 214.

4. Quoted in Tworkov, *Zen in America*, 217.

5. Erik Fraser Storlie, *Nothing on My Mind: Berkeley, LSD, Two Zen Masters, and a Life on the Dharma Trail* (Boston: Shambhala, 1996), 67–69.

6. Quoted in Tworkov, *Zen in America*, 231.

7. "Buddhism at Millennium's Edge" [online], http://bodhi.zendo.com/ sfzc/ Pages/millennium/index.html (10/6/98).

8. Dennis Genpo Merzel Roshi, "A Message From the President of White Plum Sangha" [online], http://www.neis.net/kanzeon/Plum.html (1/12/98).

9. Telephone conversation with John Daido Loori Roshi, September 17, 1998.

10. Quoted on *Mountain Seat Ceremony: Abbot Installation of Reverend John Daido Loori, October 14, 1989, Zen Mountain Monastery, Mount Tremper, New York* (video). Zen Mountain Monastery, Dharma Communications, 1989.

11. Quoted at "Peacemaker Community" [online], http://www.zpo.org/ peace_community.htm (10/6/98).

8. 티베트 친화적 사회환경

1. Quoted in "Beastie Boys: The Big Show, On the Road with Adam Yauch," *Tricycle: The Buddhist Review* (Winter 1994):89.

2. Will Blythe, "Mr. Popular," *Outside Magazine* (Nov. 1997) [online], http:// outside.starwave.com/magazine/1197/9711pop.html (11/4/98).

3. "Statement by H.H. Penor Rinpoche Regarding the Recognition of Steven Seagal as a Reincarnation of the Treasure Revealer Chungdrag Dorje of Palyul Monastery" [online], http://www.palyul.org/statement. html (11/4/98).

4. William Ellison, "From the Himalaya to Hollywood: The Legacy of *Lost Horizon*," *Tricycle: The Buddhist Review* (Winter 1997):62.

5. Kennedy Fraser, "A Private Eye; Buddhism's Flowering in America: An

Inside View," *New York Times* (Nov. 3, 1997).

6. Phone conversation with Larry Gerstein, November 14, 1997.

7. Quoted at Erik Davis, "Digital Dharma," *Wired* (Aug. 20, 1997) [online], http://www.wired.com/wired/2.08/departments/electrosphere/dharma.html (1/8/98).

8. Layne Russell, "Kalu: Kalu Rinpoche arrives in Vancouver, 1972," [online], http://www.sonic.net/layne/kalu.html (9/10/98).

9. "Medicine Buddha Sadhana by Thubten Gyatso," [online], http://www.ism.net/osel/meditate/medicine.html (11/4/98).

10. Joshua Glenn, "The Nitty-Gritty of Nirvana: An Interview with Robert Thurman," *Utne Online* (1997), http://www.utne.com/lens/bms/12bmsthurman.html (9/10/98).

11. Robert Thurman, *Inner Revolution: Life, Liberty, and the Pursuit of Real Happiness* (New York: Riverhead, 1998), 286.

12. Ibid., 287-88.

9. 테라와다의 영역

1. Walpola Piyananda, "The Difficulties of a Monk." *On Common Ground: World Religion in America*, Diana L. Eck and The Harvard Pluralism Project (CDROM) (New York: Columbia University Press, 1997).

2. Letter from Robert W. Fodde, Investigative and Protective Service, Florissant, Missouri to Phravisuddi Sombodhi, Wat Vajiradhammapadip, Mount Vernon, New York, October 23, 1990. Copy in possession of the author.

3. *Blue Collar and Buddha*, produced by Taggart Siegel. (Filmmakers Library, 1989). 57 minutes.

4. "Nine Loving Memory," Wat Promkunaram, Phoenix, Ariz. (Temple brochure, 1993), n.p.

5. Eric Kaplan, "Arizona Killing Fields: Monks from the East Meet Death

in the West," *Tricycle: The Buddhist Review* (Spring 1992):46-50.

6. "Bowing To Life Deeply : An Interview with Ruth" *Insight Magazine Online* (Spring 1997), http://www.dharma.org/insight/ruth.htm (8/16/98).

7. Jack Kornfield, "American Buddhism." In Don Morreale, ed., *The Complete Guide to Buddhist America* (Boston: Shambhala, 1998), xxix.

8. Ibid., xxix-xxx.

9. Don Morreale, "Everything Has Changed in Buddhist America." In *The Complete Guide to Buddhist America*, xvi-xvii.

10. "Empty Phenomena Rolling On: An Interview with Joseph Goldstein," *Tricycle: The Buddhist Review* (Winter 1993):13-18.

11. Paul David Numrich, *Old Wisdom in the New World: Americanization in Two Immigrant Theravada Buddhist Temples* (Knoxville: University of Tennessee Press, 1996), 63-74.

12. "Going Upstream: An Interview with Bhante Henepola Gunaratana," *Tricycle: The Buddhist Review* (Spring 1995):38.

13. Thanissaro Bhikkhu, "The Economy of Gifts: An American Monk Looks at Traditional Buddhist Economy," *Tricycle: The Buddhist Review* (Winter 1996):58.

14. Letter from Thanissaro Bhikkhu to the author, August 19, 1998.

10. 태평양 주변지역의 다른 이민자들

1. Rone Tempest, "Furor Over Donations to Democrats Bewilders Asian Contributors," *Los Angeles Times*, Oct. 28, 1996.

2. C. T. Shen, "Mayflower II: On the Buddhist Voyage to Liberation" (New York: Institute for Advanced Studies of World Religions, 1983), iv-vi.

3. Katherine Kim, "From Elation to Shame: Korean Americans Riding an Emotional Roller Coaster," *Jinn: The Online Magazine of the Pacific News Service* (Dec. 30, 1997), http://www.pacificnews.org/jinn/stories/3.26/971230-koreans.html (10/6/98).

4. All quoted material from Samu Sunim is found in *World Buddhism in North America: A Documentary*, produced by the Zen Lotus Society, Ann Arbor, Michigan, 1989.

5. Seung Sahn, "Roots of American Buddhism." *Primary Point* 1:4 (Fall 1984) [online], http://www.kwanumzen.com/primarypoint/v01n4-1984-fall-DSSN-RootsOfAmericanBuddhism.html (10/6/98).

6. Seung Sahn, "Wearing a Kasa, Carrying the World: Uncovering the Mystery of Form." *Primary Point* 6:2 (Oct. 1989) [online], http://www.kwanumzen.com/ primarypoint/v06n2-1989-fall-DSSN-WearingAKasaCarryingTheWorld.html (10/6/98).

7. Andrew Lam, "Vietnam After Normalization: Vietnamese in America Bid Farewell to Exile Identity," *Jinn: The Online Magazine of the Pacific News Service* (July 11, 1995), http://www.pacificnews.org/jinn/stories/columns/pacific-pulse/950711normal.html (10/6/98).

8. Quoted in Andrew Lam, "A Vietnamese Temple On The Edge Of Cyber-Space." *Jinn: The Online Magazine of the Pacific News Service* (Feb. 9, 1996), http://www.pacificnews.org/jinn/stories/2.03/960209-temple.html (3/16/98).

9. Quoted in Bert Elger, "Big Plans for Little Saigon." *Asian Week* (May 17–23, 1996) [online], http://www.asianweek.com/051796/LittleSaigon.html (9/10/98).

10. Ibid.

11. Quoted in Jeffrey Brody, "Homage to a Buddha, Temple, Garden Grove Comes to Terms," *Orange County Register*, Jan. 15, 1990.

12. Lynn Smith, "Prayer to Buddha: Faithful Celebrate Families, Values," *Los Angeles Times*, Orange County Edition (Aug. 26, 1991).

13. Quoted in Nam Nguyen, as told to Andrew Lam, "In Their Own Words— Viet Magazine 's Nam Nguyen." *Jinn: The Online Magazine of the Pacific News Service* (Jan. 2, 1997), http://www.pacificnews.org/jinn/

stories/3.22/971028-viet.html (10/6/98).

14. Quoted in Sallie B. King, "Thich Nhat Hanh and the Unified Buddhist Church," in Christopher S. Queen and Sallie B. King, eds., *Engaged Buddhism: Buddhist Liberation Movements in Asia* (Albany: State University of New York Press, 1996), 338-39.

제3부: 선별된 쟁점들

제3부 서문

1. Paul Knitter, Without Buddha I Could Not Be a Christian (Oxford: Oneworld Publications, 2009), 217.

2. Thea Mohr and Jampa Tsedroen, Dignity and Discipline: Reviving Full Ordination for Buddhist Nuns (Boston: Wisdom, 2010), x. http://books.google.com/books/wisdompubs?id=PkHHxy-GposC&printsec=frontcover&source=gbs_v2_summary_r&cad=o#v=onepage&q&f=false (2011년 1월 6일 검색).

3. "Chaplaincy Training: One Student's Reflections" Upaya Institute and Zen Center, http://www.upaya.org/training/chaplaincy/reflections.php (2011년 1월 15일 검색).

4. Willa Miller, phone interview with author December 9, 2010.

5. Maia Duerr, "A Powerful Silence: The Role of Meditation and Other Contemplative Practices in American Life and Work" (Northampton, Mass.: The Center for Contemplative Mind in Society, 2004), 24, www.contemplativemind.org (2011년 2월 17일 검색).

6. Diana Winston, phone interview with author, December 10, 2010.

11. 성평등

1. Kathy Butler, "Encountering the Shadow in Buddhist America," *Common Ground* (May/June 1990):16.

2. Ibid., 16-17.

3. "Authority and Exploitation: Three Voices," *Tricycle: The Buddhist Review* (Fall 1991):67.

4. Ibid., 68-69.

5. Helen Tworkov, "Zen in the Balance: Can It Survive America?" *Tricycle: The Buddhist Review* (Spring 1994):52.

6. Yvonne Rand, "Abortion: A Respectful Meeting Ground." Quoted in Karma Lekshe Tsomo, ed., *Buddhism Through American Women's Eyes* (Ithaca: Snow Lion, 1995), 89.

7. bell hooks, "Waking Up to Racism," *Tricycle: The Buddhist Review* (Fall 1994):44.

8. Joan Halifax, *The Fruitful Darkness: Reconnecting with the Body of the Earth* (San Francisco: HarperSanFrancisco, 1993), 139-40.

9. "Minutes of Meeting Between His Holiness the Dalai Lama and Gay and Lesbian Leaders, San Francisco, June 11, 1997," Maitre Dorje Gay and Lesbian Buddhist Society (online), http://www.geocities.com/WestHollywood/9033/minutesf.html (9/10/98).

10. Don Lattin, "Dalai Lama Speaks on Gay Sex," *San Francisco Chronicle* (June 11, 1997).

11. "The Dalai Lama Meets with Lesbian and Gay Leaders." Press release (June 11, 1997), International Gay and Lesbian Human Rights Commission (online), http://www.iglhrc.org/press/pr_970611.html (10/9/98).

12. Steve Peskind, " 'According to Buddhist Tradition': Gays, Lesbians, and the Definition of Sexual Misconduct." *Shambhala Sun* (March 1998) (online), http://www.shambhalasun.com/PESKIND.htm (3/14/99)

13. Thubten Chodron, "You're Becoming a What? Living as a Western Buddhist Nun." In Marianne Dresser, ed., *Buddhist Women on the Edge: Contemporary Perspectives from the Dharma Frontier* (Berkeley: North Atlantic,

1996), 226-27.

14. Yifa, "The Women's Sangha in Taiwan." Quoted in Donald W. Mitchell and James Wiseman, eds., *The Gethsemani Encounter: A Dialogue on the Spiritual Life by Buddhist and Christian Monastics* (New York: Continuum, 1998).

12. 사회참여불교

1. Thich Nhat Hanh, *Being Peace*, ed. Arnold Kotler (Berkeley: Parallax, 1987), 9.

2. Ibid., 85-87.

3. Thich Nhat Hanh, *Interbeing: Fourteen Guidelines for Engaged Buddhism*, rev. ed. (Berkeley: Parallax, 1993), 57.

4. Ibid., 58-59.

5. Nhat Hanh, *Being Peace*, 56.

6. Quoted in Susan Davis, "Working with Compassion: The Evolution of the Buddhist Peace Fellowship," *Tricycle: The Buddhist Review* (Spring 1993):59.

7. Gary Snyder, "Buddhism and the Coming Revolution," Quoted in Carole Tonkinson, ed., *Big Sky Mind: Buddhism and the Beat Generation* (New York: River-head, 1995), 178-79.

8. Diana Winston, "Making a Dent?" Excerpted from *Turning Wheel* (Winter 1996) and quoted at "Immediate Family, Extended Family, Expanded Family by members of BPF's BASE Program" (online), http://www.igc. org/bpf/baseart.html (10/11/98).

9. Donald Rothberg, "I Experienced the BASE Program as Temporary Family." Excerpted from *Turning Wheel* (Winter 1996) and quoted at "Immediate Family, Extended Family, Expanded Family by members of BPF's BASE Program" (online), http://www.igc.org/bpf/baseart.html (10/11/98).

10. Quoted at "Buddhist Peace Fellowship" (online), http://www.igc.

org/bpf/ index.html (10/11/98).

11. Alan Senauke, "History of the Buddhist Peace Fellowship: the Work of Engaged Buddhism" (online), http://www.igc.org/bpf/engaged. html (10/11/98).

12. Alan Hunt Badiner, *Dharma Gaia: A Harvest of Essays in Buddhism and Ecology* (Berkeley: Parallax, 1990), xvii.

13. Ibid., xiv-xv.

14. Ibid., xvii-xviii.

15. Joanna Macy, "The Greening of the Self." In Arnold Kotler, ed., *Engaged Buddhist Reader: Ten Years of Engaged Buddhist Publishing* (Berkeley: Parallax, 1996), 173-74.

16. Ibid., 180.

17. Jon Kabat-Zinn, "Toward the Mainstreaming of American Dharma Practice: A Case Study." *Buddhism in America: A Landmark Conference on the Future of Buddhist Meditative Practices in the West*, January 17-19, 1997, Boston, Mass. (audio recording) (Boulder, Colo.: Sounds True Recordings, 1997).

13. 불교단체 간 대화 및 종교 상호간 대화

1. Buddhist Sangha Council of Southern California Buddhists and the American Buddhist Congress, "Buddhist Inter-traditions: Consensus on Commitment and Practice." Hsi Lai Temple, Hacienda Heights, Calif. (Mar. 15, 1997), 2.

2. Ibid., 11-12.

3. Jack Kornfield, "American Buddhism." In Don Morreale, ed. *The Complete Guide to Buddhist America* (Boston: Shambhala, 1998), xxii.

4. Ibid., xviii, 323-79.

5. Stephen Batchelor, "The Future is in Our Hands," Dzogchen Foundation (online), http://www.dzogchen.org/wbtc/sbatchelor.html

(5/8/98).

6. Surya Das, "Inquire, Find Out &Speak Out," Dzogchen Foundation [online], http://www.dzogchen.org/wbtc/speakout.html (5/8/98).

7. Batchelor, "The Future is in Our Hands" (5/8/98).

8. Surya Das, "Inquire, Find Out &Speak Out," Dzogchen Foundation [online], http://www.dzogchen.org/wbtc/speakout.html (10/14/98)

9. Stephen Batchelor, "The Future is in Our Hands," Dzogchen Foundation [online], http://www.dzogchen.org/wbtc/sbatchelor.html (10/14/98).

10. "Open Letter to the Buddhist Community," Dzogchen Foundation [online], http://www.dzogchen.org/wbtc/openletter.html (10/14/98).

11. Leo D. Lefebure, review of *Living Buddha, Living Christ* by Thich Nhat Hanh. Christian Century 113 (Oct. 16, 1996): 964.

12. Quoted in Michael Mott, *The Seven Mountains of Thomas Merton* (Boston: Houghton Mifflin, 1984), 544.

13. Quoted in Donald W. Mitchell and James A. Wiseman, eds., *The Gethsemani Encounter: A Dialogue on the Spiritual Life by Buddhist and Christian Monastics* (New York: Continuum, 1998), xii.

14. "Interview: Envisioning the Future With Ruben Habito," Maria Kannon Zen Center [online], http://www.mkzc.org/intervie.html (11/8/98).

15. Robert E. Kennedy, *Zen Spirit, Christian Spirit: The Place of Zen in Christian Life* (New York: Continuum, 1996), 13-14.

16. Rodger Kamenetz, *The Jew in the Lotus: A Poet's Rediscovery of Jewish Identity in Buddhist India* (San Francisco: HarperSanFrancisco, 1994), 228-29.

17. Ibid., 231.

18. Rodger Kamenetz, *Stalking Elijah: Adventures With Today's Jewish Mystical Masters* (San Francisco: HarperSanFrancisco, 1997), 327-29.

19. "A Complete Seder For Tibet Haggadah," International Campaign for Tibet (online), http://www.savetibet.org/action/seder/hagg.htm

(11/8/98).

20. Sylvia Boorstein, *That's Funny, You Don't Look Buddhist: On Being a Faithful Jew and a Passionate Buddhist* (San Francisco: HarperSanFrancisco, 1996), 3.

21. Ibid., 5.

22. Ibid., 58-59.

14. 불교의 미국화 현상 이해하기

1. Stephen Batchelor, *Buddhism Without Beliefs: A Contemporary Guide to Awakening* (New York: Riverhead, 1997), 15.

2. Helen Tworkov, "Buddhist Voices: Two Buddhisms." In *On Common Ground: World Religion in America*, Diana L. Eck and The Harvard Pluralism Project (CD-ROM) (New York: Columbia University Press, 1997).

3. Paul David Numrich, *Old Wisdom in the New World: Americanization in Two Immigrant Theravada Buddhist Temples* (Knoxville: University of Tennessee Press, 1996), 100, 105.

4. Don Morreale, "Everthing Has Changed in Buddhist America." In Don Morreale, ed., *The Complete Guide to Buddhist America*, edited by Don Morreale (Boston: Shambhala, 1998), xv.

5. Helen Tworkov, "Zen in the Balance: Can It Survive America?" *Tricycle: The Buddhist Review* (Spring 1994):56.

6. John Daido Loori, "Clouds and Water: The Monastic Imperative," *Tricycle: The Buddhist Review* (Winter 1995):70.

7. Ane Pema Chodron, "No Place to Hide: A Talk by the Director of Gampo Abbey," *Tricycle: The Buddhist Review* (Winter 1995):43-45.

8. Thanissaro Bhikkhu, "Survival Tactics for the Mind," *Tricycle: The Buddhist Review* (Winter 1998):66.

미국 불교 연구자료

선별된 참고문헌

이 참고문헌은 미국의 불교 연구자들을 위한 선별된 학술문헌과 이차자료를 포함하고 있지만 이 책의 각주에 인용된 모든 자료들을 망라하고 있지는 않다.

Baas, Jacquelynn. *Smile of the Buddha: Eastern Philosophy and Western Art from Monet to Today.* Berkeley: University of California Press, 2005.

Baas, Jacquelynn and Mary J. Jacob. *Buddha Mind in Contemporary Art.* Berkeley: University of California Press, 2004.

Badiner, Alan Hunt. *Dharma Gaia: A Harvest of Essays in Buddhism and Ecology.* Berkeley: Parallax Press, 1990. Excerpted essays on the relationship between Buddhism and environmentalism by Asian teachers, American social activists, and proponents of eclectic spiritual philosophy.

Begley, Sharon. *Train Your Mind, Change Your Brain: How a New Science Reveals Our Extraordinary Potential to Transform Ourselves.* New York: Ballantine, 2007.

Bethel, Dayle M. *Makiguchi the Value Creator: Revolutionary Japanese Educator and Founder of Soda Gakkai. 1973;* New York and Tokyo: Weatherhill, 1994. Study of the impact of Makiguchi's ideas on the origins and evolution of Soka Gakkai in Japan, with some attention to the life and work of Josei Toda and Daisaku Ikeda.

Bhushan, Nalini, Jay L. Garfield, and Abraham Zablocki. *TransBuddliism: Transmission, Translation, Transformation.* Amherst; Northampton: University

of Massachusetts Press; in association with the Kahn Liberal Arts
Institute of Smith College, 2009.

Buddhist Churches of America. *Buddhist Churches of America.* 2 vols. Chicago:
Nobart, 1974 Seventy-fifth anniversary publication chronicling the
history of the BCA from 1899 to 1974.

Butterfield, Stephen T. *The Double Mirror: A Skeptical Journey in Buddhist
Tantra.* Berkeley: North Atlantic Books, 1994. Memoir of events in
the American Tibetan practice community circa 1970 to 1990 by a
disaffected student of Chogyam Trungpa.

Cadge, Wendy. *Heartwood: The First Generation of Theravada Buddhism in
America.* Chicago: University of Chicago Press, 2004.

Chen, Carolyn. *Getting Saved in America: Taiwanese Immigration and Religious
Experience.* Princeton: Princeton University Press, 2008.

Coleman, Graham, ed. *Handbook of Tibetan Culture: A Guide to Tibetan Centres
and Resources Throughout the World.* Boston: Shambhala, 1994. Brief
histories of Tibetan schools, biographies of leading teachers, and an
extensive listing, with short notations, of Tibetan and Tibet-related
religious and cultural organizations worldwide.

Dresser, Marianne, ed. *Buddhist Women on the Edge: Contemporary Perspectives
from the Dharma Frontier.* Berkeley: North Atlantic Books, 1996. More than
twenty-five essays written in a variety of styles, dealing with a cross-
section of issues encountered by convert Buddhist women in the
United States.

Eck, Diana L. and The Harvard Pluralism Project, eds. On *Common Ground:
World Religions in America CD-ROM.* New York: Columbia University Press,
1997. Introduction to issues related to American religious pluralism
and to a wide range of traditions including Buddhism, with brief
accompanying texts, all in a multimedia CD-ROM format.

Ellwood, Robert S. *Alternative Altars: Unconventional and Eastern Spirituality in*

America. Chicago: University of Chicago Press, 1979. Dated but useful interpretation in the context of the general interest in Buddhism in and around the 1960s.

Fields, Rick. *How the Swans Came to the Lake: A Narrative History of Buddhism in America* 3rd rev. ed. Boston and London: Shambhala International, 1992. Classic chronicle of the development of Buddhism in the United States, told from the perspective of 1960s-era converts.

—————. *Taking Refuge in L.A.: Life in a Vietnamese Buddhist Temple.* New York: Aperture Foundation, 1987. Descriptive account with interview material related to daily life at Chua Vietnam, a major immigrant temple in Los Angeles, with photographs by Don Farber.

Furlong, Monica. *Zen Effects: The life of Alan watts.* Boston: Houghton Mifflin, 1986. Sympathetic but skeptical account of Watts's life and career, with particular attention to developments in the United States in the 1950s and '60s.

Gate of Sweet Nectar: Feeding Hungry Spirits in an American Zen Community. DVD. Produced by Peter N. Gregory and Lesley J. Weaver. Los Angeles: Zen Center of Los Angeles, 2004.

Goldberg, Natalie. *Long Quiet Highway: Waking up in America.* New York: Bantam, 1993. Memoir of years spent in and around San Francisco Zen Center, Minneapolis Zen Meditation Society, and the Santa Fe Buddhist scene, by a well-known convert community writer.

Goldstein, Joseph. *One Dharma: The Emerging Western Buddhism.* San Francisco: HarperSanFrancisco, 2002.

Huang, C. J. *Charisma and Compassion: Cheng Yen and the Buddhist Tzu Chi Movement.* Cambridge, Mass.: Harvard University Press, 2009.

Hurst, Jane D. *Nichiren Shoshu Buddhism and the Soda Gakkai in America: The Ethos of a New Religious Movement.* New York: Garland, 1992. Sociological and historical look at the SGI movement on the eve of its break with

Nichiren Shoshu.

Kashima, Tetsuden. *Buddhism in America: The Social Organization of an Ethnic Religious Institution.* Westport, Conn.: Greenwood Press, 1977. Sociological and historical study of the evolution of the Buddhist Churches of America since the late nineteenth century.

Knitter, Paul F. *Without Buddha I Could Not Be a Christian. Oxford:* Oneworld, 2009.

Kornfield, Jack. *The Rise Heart: A Guide to the Universal Teachings of Buddhist Psychology.* New York: Bantam, 2008.

Kotler, Arnold, ed. *Engaged Buddhist Reader: Ten Years of Engaged Buddhist Publishing.* Berkeley: Parallax Press, 1996. More than forty excerpts from the writings of Asians and Americans on Buddhist social activism.

Layman, Emma McCloy. *Buddhism in America.* Chicago: Nelson Hall, 1976. Early journalistic exploration of a wide range of Buddhist traditions in the United States.

Learman, Linda. *Buddhist Missionaries in the Era of Globalization.* Honolulu: University of Hawaii Press, 2005.

Levine, Noah. *Dharma Punx: A Memoir.* New York: HarperSanFrancisco, 2003.

Lopez, Donald S. *Buddhism and Science: A Guide for the Perplexed.* Chicago: University of Chicago Press, 2008.

——————. *Prisoners of Shangri-La: Tibetan Buddhism and the West.* Chicago and London: University of Chicago Press, 1998. Discussion and interpretation of the way Tibet has been imaginatively perceived in the West and the impact of this romantic view on contemporary religious, academic, and political issues.

Loundon, Sumi. *Blue Jean Buddha: Voices of Young Buddhists.* Boston: Wisdom, 2001.

McMahan, David L. *The Making of Buddhist Modernism.* Oxford; New York:

Oxford University Press, 2008.

Metraux, Daniel. *The History and Theology of Soka Gakkai: A Japanese New Religion.* Lewiston, N.Y.: Edwin Mellen Press, 1988. In-depth treatment of Nichiren Shoshu and Soka Gakkai philosophy and practice.

Mitchell, Donald W. and James Wiseman, eds. *Gethsemane Encounter: A Dialogue on the Spiritual Life by Buddhist and Christian Monastics.* New York: Continuum, 1998. Papers and presentations, along with some descriptive material, from the Buddhist-Christian dialogue and encounter at Gethsemani monastery in June 1996.

Mohr, Thea, Tsedroen Jampa, and Bhiksuni. *Dignity and Discipline: Reviving Full Ordination for Buddhist Nuns.* Boston: Wisdom, 2010.

Moore, Dinty W. *The Accidental Buddhist: Mindfulness, Enlightenment, and Sitting Still.* Chapel Hill, N.C.: Algonquin Books, 1997. Popular account of an American searching out Buddhism in the mid-1990s, with occasionally useful vignettes of selected centers.

Morreale, Don, ed. *The Complete Guide to Buddhist America.* Boston and London: Shambhala, 1998. Guide to and descriptions of meditation centers, together with selected vignettes and articles on developments in American Buddhism, as seen from the perspective of the lay convert community.

Nordstrom, Louis, ed. Namu Dai Bosa: *A Transmission of Zen Buddhism to America.* New York: The Zen Studies Society, 1976. Selected texts, including historically useful memoirs, of leading figures in the Rinzai lineage associated with Eido Shimano of the Zen Studies Society.

Numrich, Paul D. *North American Buddhists in Social Context.* Leiden; Boston: Brill, 2008.

————. *Old Wisdom in the New World: Americanization in Two Immigrant Theravada Buddhist Temples.* Knoxville: University of Tennessee Press, 1996. In-depth look at historical developments, ritual life, and social adaptation in Theravada temples in Los Angeles and Chicago.

Prebish, Charles S. *American Buddhism.* North Scituate, Mass.: Duxbury Press, 1979. Early exploration of American Buddhism as it emerged in the 1970s by an academically trained Buddhologist.

——————. *Luminous Passage: The Practice and Study of Buddhism in America.* Berkeley: University of California Press, 1999. Survey of Buddhist communities with in-depth analysis of selected issues in the development of distinctly American forms of Buddhism.

Prebish, Charles S. and Kenneth K. Tanaka, eds. *The Faces of Buddhism in America.* Berkeley: University of California Press, 1998. Collection of essays by academics and practitioners on a range of convert and immigrant traditions.

Preston, David L. *The Social Organization of Zen Practice: Constructing Transcultural Reality.* Cambridge: Cambridge University Press, 1998. Sociological study of Zen Center of Los Angeles in the 1980s.

Prothero, Stephen. *The White Buddhist: The Asian Odyssey of Henry Steel Olcott.* Bloomington: Indiana University Press, 1996. Interpretation of the contributions of an American founder of Theosophy to modern Buddhism in South Asia.

Queen, Christopher, S. and Sallie B. King, eds. *Engaged Buddhism: Buddhist Liberation Movements in Asia.* Albany: State University Press of New York, 1996. Essays dealing with the history, institutional expression, and teachings of contemporary social activists and movements, some bearing closely on socially engaged Buddhism in the United States.

Rapaport, Al, ed. *Buddhism in America: The Official Record of the Landmark Conference on the Future of Meditative Practices in the West.* Boston: Tuttle, 1997. Record of and addresses from a gathering of prominent figures in convert Buddhism held in Boston in 1997.

Rothberg, Donald. *The Engaged Spiritual Life: A Buddhist Approach to Transforming*

Ourselves and the World. Boston: Beacon Press, 2006.

Seager, Richard Hughes. *The World's Parliament of Religions: The East/West Encounter, Chicago, 1893.* Bloomington: Indiana University Press, 1995. Interpretation of one of the signal events in the history of American Buddhism in the nineteenth century.

Senzaki, Nyogen. *Like a Dream, Like a Fantasy: The Zen Writings and Translations of Nyogen Senzaki,* edited by Eido Shimano (Tokyo and New York: Japan Publications, 1978). Selected writings of one of the early Japanese Zen teachers in this country.

Shainberg, Lawrence. *Ambivalent Zen: A Memoir.* New York: Pantheon, 1995. Memoir reflecting events in the Zen world in New York circa 1970 to 1990.

Smalley, Susan L. and Diana Winston. *Fully Present: The Science, Art, and Practice of Mindfulness.* Cambridge, Mass.: Da Capo Lifelong Books, 2010.

Storlie, Erik Fraser. *Nothing on My Mind: Berkeley, LSD, Two Zen Masters, and a Life on the Dharma Trail.* Boston: Shambhala, 1996. A 1960s-era memoir of events related to the flowering of Buddhism in the Bay area, the development of the San Francisco Zen Center, and the founding of the Minneapolis Zen Meditation Center under Dainin Katagiri Roshi.

Tamney, Joseph B. *American Society in the Buddhist Mirror.* New York and London: Garland, 1992. Sociological interpretation of four eras during which native-born Americans turned to Buddhism.

Tanaka, Kenneth K. *Ocean: An Introduction to Jodo Shinshu Buddhism in America.* Berkeley: Wisdom Ocean Publications, 1997. Exposition of philosophy and practice in the contemporary Buddhist Churches of America and other Jodo Shinshu groups by an academically trained historian of Asian Buddhism.

Tonkinson, Carole, ed. *Big Sky Mind: Buddhism and the Beat Generation.* New York: Riverhead, 1995. Anthology of Buddhist-related Beat poetry with historical and biographical introductions.

Tsomo, Karma Lekshe, ed. *Buddhism Through American Women's Eyes*. Ithaca: Snow Lion, 1995. Thirteen first-person accounts of life in the dharma by some of America's leading Buddhist woman.

——, ed. *Satyadhita*: Daughters of the Buddha. Ithaca: Snow Lion, 1988. Abridged speeches from the International Conference on Buddhist Nuns in Bodhgaya, India in 1987, including the remarks of a number of prominent American women.

Tuck, Donald. *Buddhist Churches of America: Jodo Shinshu*. Lewiston, N.Y.: Edwin Mellen Press, 1987. Interpretive account with particular attention to Protestantization.

Tweed, Thomas A. *The American Encounter with Buddhism, 1844—1912: Victorian Culture and the Limits of Dissent*. Bloomington: Indiana University Press, 1992. Analysis of the extent and quality of the Buddhist vogue in America in the nineteenth century.

Tweed, Thomas A. and Stephen Prothero, eds. *Asian Religions in America: A Documentary History*. New York and London: Oxford University Press, 1998. Anthology of material on Asian religions in the United States from the antebellum era to the present.

Tworkov, Helen. *Zen in America: Five Teachers and the Search for an American Buddhism*. New York: Kodansha International, 1989. In-depth examination of five prominent American Zen teachers—Robert Aitken, Jakusho Kwong, Bernard Glassman, Maurine Stuart, and Richard Baker.

Williams, Duncan Ryuken and Christopher S. Queen, eds. *American Buddhism: Methods and Findings in Recent Scholarship*. Surrey, U.K.: Curzon Press, 1998. Essays on contemporary developments in selected Asian and convert communities.

Wilson, Jeff. *Mourning the Unborn Dead: A Buddhist Ritual Comes to America*. New York: Oxford University Press, 2009.

Wuthnow, Robert and Wendy Cadge. "Buddhists and Buddhism in the United States: The Scope of Influence." *Journal for the Scientific Study of Religion* 43, no. 3 (2004): 363—380.

선별된 인쇄물과 온라인 저널, 잡지, 소식지
1999년 5월 26일 검색

Buddhist-Christian Studies. Journal of the Buddhist-Christian Studies Society devoted to historical, philosophical, and theological issues. c/o David Chappell, Department of Religion, University of Hawaii at Manoa, 2530 Dole Street, Honolulu, HI 96822.

Cybersangha: the Buddhist Alternative Journal. Online back issues of articles treating controversial topics in American Buddhism to 1997. http://www.santavihara.org/CyberSangha/

Fearless Mountain Newsletter. Information related to the Thai Forest tradition in northern California. Abhayagiri Buddhist Monastery, 16201 Tomki Road, Redwood Valley, CA 95470. http://www.dharmanet.org/Abhayagiri/fmtn.html

Inquiring Mind. National journal of the vipassana meditation movement. P.O. Box 9999, North Berkeley Station, Berkeley, CA 95709.

Insight Magazine Online. Journal published by the Insight Meditation Society. http://www.dharma.org/insight.htm

Jinn, the Online Magazine of the Pacific News Service. Articles related to Asian and Asian-American issues. http://www.pacificnews.org/jinn/stories/columns/pacific-pulse/950711-normal.html

Journal of Buddhist Ethics. Academic journal devoted to Buddhist ethics, but with attention to related topics. http://jbe.la.psu.edu/

Living Buddhism (formerly *Seikyo Times*). General readership publication of Soka Gakkai International-USA addressing issues in American society.

Subscriptions Department, SGI-USA, 525 Wilshire Boulevard, Santa Monica, CA, 90401.

Mandala. News magazine of the Foundation for the Preservation of the Mahayana Tradition. FPMT International Office, P.O. Box 800, Soquel, CA 95073. http://www.fpmt.org/Mandala/

Mindfulness Bell. Journal of the Order of Interbeing and Thich Nhat Hanh's Community of Mindful Living. P.O. BOX 7355, Berkeley, CA 94707.

Mountain Record. Quarterly published by Dharma Communications, affiliate of the Mountains and Rivers Order and Zen Mountain Monastery. P.O. Box 156 MR, South Plank Road, Mount Tremper, NY 12457. http://www.zen-mtn.org/mr/journal.shtml

The Pacific World. Journal of the Institute for Buddhist Studies, primarily devoted to Shin Buddhism. 650 Castro Street, Suite 120-202, Mountain View, CA 94041.

Primary Point. Journal of the Kwan Um school of Zen. 99 Pound Road, Cumberland, RI 02864. http://www.kwanumzen.com/pzc/pzc-body.shtml#archives

Sakyadhita Newsletter. Information on international issues and events related to Buddhist women. Sakyadhita: International Association of Buddhist Women, 400 Hobron Lane #2615, Honolulu, HI 96815. http://www2.hawaii.edu/tsomo/NewsLetters/newsindx.htm

Shambhala Sun. Buddhist-inspired bimonthly magazine historically associated with Shambhala International. 585 Barrington Street, Suite 300, Halifax, Nova Scotia, Canada B3J 1Z8. http://www.shambhalasun.com/

Tricycle: The Buddhist Review. Leading independent quarterly review of American Buddhism. 92 Vandam Street, New York, NY 10013. http://www.tricycle.com/

Turning Wheel. Journal of the Buddhist Peace Fellowship devoted to

national and international news and articles related to BPF and
engaged Buddhism.

Buddhist Peace Fellowship National Office, BoX 4650, Berkeley, CA
94704 http://www.igc.apc.org/bpf/tw.html

Western Buddhist Review. Articles and papers with a focus on the tradition
within the Friends of the Western Buddhist Order. http://www.fwbo.
org/wbr/

World Tribune. Soka Gakkai International weekly newspaper devoted to
organizational and world news. Subscriptions Department, SGI-USA,
525 Wilshire Boulevard, Santa Monica, CA 90401.

비디오테이프

이 비디오테이프들은 아시아계 미국인들의 정치사회적 이슈들을 다룬 제목
들을 포함하고 있다. 배포되고 있는 비디오테이프에 대해서는 그에 대한 정
보를 제시했다. 주요 다르마센터들은 그들의 선생과 전통에 관련된 광범위
한 비디오를 제공하고 있다.

Blue Collar and Buddha. Produced by Taggart Siegel and Kati Johnston for
Filmmakers Library, 1989, 57 minutes. Obstacles faced by Laotian
Buddhists in establishing a community and temple in Rockford,
Illinois in the 1980s. National Asian American Telecommunications
Association, 346 Ninth Street, 2nd Floor, San Francisco, CA 94103
(hereafter NAATA).

Becoming the Buddha in L.A. Produced by WGBH Educational Foundation,
1993, est. 57 minutes. Introduction to Buddhism in Los Angeles, with
special attention to convert, Cambodian Theravada, and Jodo Shinshu
Buddhism. The Pluralism Project at Harvard University, 25 Francis
Avenue, 201 Vanserg Hall, Cambridge, MA 02138.

Cambodians in America: Rebuilding the Temple. 1992, 58 minutes. Cambodian refugees work to establish their religious lives. WGBH Educational Fund, Boston, MA.

Creating Enlightened Society. Produced by Kapala Recordings, 1997. 75 minutes. Restored footage of Chogyam Trungpa teaching in Boston in 1982 from Shambhala International's Vajradhatu archive. Kapala Recordings, 1084 Tower Road, Halifax, Nova Scotia, Canada B3H 2Y5.

Exploring the Mandala. By Pema Losang Chogyen, n.d., 10 minutes. Computer- simulated three-dimensional mandala created by a monk from Namgyal monastery and researchers at Cornell University's computer graphics program. Snow Lion Publications, P.O. BOX 6483, Ithaca, NY 14851-6483.

Embodying Buddhism. Produced for Thinking Allowed, a series of KCSM-TV, San Mateo, CA, n.d. Sylvia Boorstein on the Four Noble Truths and mindfulness meditation. Thinking Allowed, 2560 9th Street, Suite 123, Berkeley, CA 94710.

Heart of Tibet. Produced by Martin Wassell and directed by David Cherniak, 1991, 6o minutes. The life and work of the Dalai Lama, with particular attention to his 1989 United States tour. Mystic Fire Video, P.O. BOX 422, New York, NY 10012—0oo8 (hereafter Mystic Fire).

Human Rights and Moral Practice. Directed by Robin Gathwait and Dan Griffin, n.d., 35 minutes. The Dalai Lama speaks on moral responses to contemporary issues at the University of California at Berkeley. Mystic Fire.

Maceo: Demon Drummer from East L.A. Directed and produced by John Esaki, 1993, 30-minute and 44-minute formats. A Chicano inspired by drumming in L.A. Buddhist temples is recruited by Ondekoza, a world-famous taiko troupe. NAATA.

Meeting at Tule Lake. Directed and produced by Scott T. Tsuchitani, 1994. 33 minutes. Seven internees recall their experiences at the Tule Lake

534

camp. NAATA.

Memorial Video of the Life of Venerable Master Hua and the Cremation Ceremony. Produced by the Dharma Realm Buddhist Association, n.d., est. 60 minutes. The life, work, and death of the founder of DRBA as told by his followers. City of Ten Thousand Buddhas, P.O. Box 21, Talmage, CA 95481.

Now I know You: A Tribute to Taizan Maezumi Roshi. Produced by Dharma Communications, 1997. 60 minutes. Maezumi Roshi, his death and funeral, and his successors in the White Plum Sangha. Dharma Communications, P.O. Box 156 DC, Mount Tremper, NY 12457.

Ossian. Produced by the Public Broadcasting Service, 1990, 30 minutes. Documentary about a four-year-old American boy recognized as a tulku, shot in a Nepal monastery, with attention to his daily life with his teacher, other monks, and his mother. Mystic Fire.

Oryoki: Formal Monastic Meal, Master Dogen's Instructions for a Miraculous Occasions. 1995. Instructional guide to oryoki, with dharma commentary by John Daido Loori. Dharma Communications, P.O. Box 156 DC, Mount Tremper, NY 12457.

Peace Is Every Step. Directed by Gaetano Kazuo Maida, n.d., 6o minutes. Thich Nhat Hanh's life and work from Plum Village to Washington, D.C. and his work with American veterans. Mystic Fire.

Reflections: Returning to Vietnam. Produced by KCSM-TV60, San Mateo, CA, 34 minutes. Vietnamese refugees reflect on exile twenty years after the fall of Saigon. NAATA.

Shadow Over Tibet: Stories in Exile. Produced by Rachel Lyon and Valerie Mrak, 1994, 57 minutes. Struggle of Tibetans in exile to preserve their culture, seen through the experiences of a refugee in Chicago and of the Dalai Lama. NAATA.

Sun Rising East: Zen Master Seung Sahn Gives Transmission. 1993, 34 minutes.

Record of a dharma transmission made in 1992 and the twentieth-anniversary celebrations of the Kwan Um school. Primary Point Press, 99 Pound Road, Cumberland, RI 02864.

Tibet in Exile. Produced by Barbara Banks and Meg McLagan, n.d., 30 min. The plight of Tibet, focusing on exile communities in Nepal and India. The Video Project, zoo Estates Drive, Ben Lomond, CA 95005.

Timeless Wisdom: Being the knowing. n.d., 60 minutes. Two western monastics, Thubten Chodron, an American Tibetan nun, and Ajahn Amaro of Abhayagiri Forest monastery, discuss aspects of Buddhist teachings in Seattle. Snow Lion Publications, P.O. BOX 6483, Ithaca, NY 14851—6483.

Touching Peace. Directed by Gaetano Kazuo Maida, n.d., 90 minutes. Thich Nhat Hanh teaching before an audience of 3,500 in Berkeley, California. Mystic Fire.

Wataridori: Birds of Passage. Directed by Robert A. Nakamura and produced by Visual Communications, 1976. 37 minutes. Tribute to the Issei with attention to the internment camp experience. NAATA.

World Buddhism in North America: A Documentary. 1989, 120 minutes. Selected presentations and commentary on the Americanization of Buddhism from the Conference of World Buddhism in North America, Ann Arbor, MI, 1987. Zen Buddhist Temple, 1710 W. Cornelia, Chicago, IL 60657.

Zen Center: Portrait of an American Zen Center. Written and produced by Anne Cushman and directed by Lou Hawthorne, 1987, 53 minutes. Life in ZCLA in the mid-1980s, during a period of crisis.

선별된 인터넷자료

인터넷에는 미국불교에 대한 많은 양의 정보가 있다. 비록 개종불교도의 흥미와 관심사를 보여주는 웹자료들이 압도적으로 많지만 말이다. 다음 자료들은 많은 웹사이트 가운데 접근 가능한 몇 군데를 선정한 것이다. 1999년

5월 26일 검색.

Access to Insight. Texts and traditions in Theravada Buddhism, including modern material and directories of temples and centers. http://world.std.com%7Emetta

Asian Classics Input Project. http://www.asianclassics.org

Asian Classics Institute. http://www.world-view.org/

Buddhist Association of the United States. http://www.baus.org/

Buddhist Peace Fellowship. http://www.igc.apc.org/bpf/

Buddhist Studies WWW Virtual Library: The Internet Guide in *Buddhism and Buddhist Studies.* Side range of scholarly material, including some related to selected American centers, lineages, and teachers. http://www.ciolek.comb/WWWVL-Buddhism.html

DharmaNet International. Gateways to a wide range of American centers, resources, and links. http://www.dharmanet.org/journals.html

Dharma Realm Buddhist Association. http://www.drba.org/

Dharma Ring Index. Descriptive index to zoo-plus sites linked in the Dharma Ring. http://www.webring.org/cgi-bin/webring?ring=dharma&list

Hsi Lai Temple English Homepage. http://www.hsilai.org/english2/index-e.html

Insight Meditation Society. http://www.dharma.org/ims.htm

International Campaign or Tibet. http://www.savetibet.org/index.html

International Tibet Independence Movement (Rangzen). http://www.rangzen.com/

Jinn: The Online Magazine of the Pacific News Service. http://www.pacificnews.org/jinn/stories/columns/pacific-pulse/950711-normal.html

Karma Triyana Dharmachakra. http://www.kagyu.org/

Kwan Um School of Zen. http://www.kwanumzen.com/

Links Pitaka World Directory. Shin Buddhist sites in the United States and Buddhist Churches of America. http://www.ville-ge.ch/musinfo/ethg/

ducor/dirshin.htm#usa

Nichiren Shoshu. Unofficial gateway to selected sites. http://vanbc.wimsey.
com/~glenz/nichsite.html

Quiet Mountain Tibetan Buddhist Resource Guide. Comprehensive index to
Tibetan Buddhist centers in the United States, organized by major
schools. http://quietmountain.com/

Sakyadhita: The International Association of Buddhist Women. http://www2.hawaii.
edu/~tsomo/

San Francisco Zen Center. http: //www.sfzc.com/index.html

Spirit Rock Meditation Center. http://www.spiritrock.org/

Shambhala International Center. http://www.shambhala.org/

Soka Gakkai International-USA. http://sgi-usa.org/

Tibetan Cultural Center. http://www.tibetancc.com/

White Plum Sangha. http://www.zen-mtn.org/zmm/white-plum.shtml

Women Active in Buddhism. http://members.tripod.com/~Lhamo/

Zen Center of Los Angeles. http://www.zencenter.org/

Zen Mountain Monastery/Mountains and Rivers Order. http://www.zen-mtn.org/

Zen Peacemaker Order. http://www.peacemakercommunity.org/zpo/index.
htm

Zen Studies Society. http://www.daibosatsu.org/

부록: 미주 한국 불교 50년의 발자취와 나아갈 길

미주현대불교 발행인 겸 편집인

1960년대 초반 한국 사찰의 시작

미주 한국 불교의 시작은 지금으로부터 50년도 더 전인 1964년 8월 서경보 스님이 미국을 방문하면서부터이다. 서경보 스님이 1965년도에 샌프란시스코에 세웠다고 하는 조계선원은 그 흔적을 찾지 못했으나, 1966년 필라델피아에 세를 얻어 조계선원이란 간판을 붙이고 한국선을 전파한 곳은 「미주현대불교」에서 찾아냈고, 이 선원에 다녔던 사람들도 아직 여러 명 생존해 있다. 그러나 이 사찰은 서경보 스님이 버지니아로 이주하면서 역사의 뒤안길로 사라졌다. 그 이후의 사찰은 1970년에 미국에 들어온 고성 스님이 1972년 펜실베이니아 주 이스턴에 건립한 혜능선원으로, 1975년까지 3년을 운영하였다.

1972년 4월에 미국에 온 숭산 스님은 그해 9월 프로비던스에서 홍법원을 발족하고 현판을 달았다. 이 홍법원이 현재 프로비던스에 있는 The Kwan Um School of Zen(관음선원)이다.

1972년 3월 시라큐스 대학교로 유학 온 법안 스님은 1974년 봄 맨해튼의 어느 한인 식당에서 식사를 하다가 우연히 여신도들을 만났다. 이들은 식당에서 법안 스님에게 절을 하고 반가워했다. 이들의 요청으로 1974년 부처님 오신 날 봉축행사를 플러싱에서 하고 난 후, 법안 스님은 절을 하자는 신도들을 숭산 스님에게 소개시켜 주었다. 이후 숭산 스님은 일본에 있는 구윤각 스님을 초청하여 원각사 초대 주지를 맡겨 맨해튼에서 법회를 열었는데, 이것이 뉴욕에서 한국 사찰의 시작이다

이들 사찰들은 모두 임대를 하여 자기 건물이 아닌 경우인 데 비하여, 카멜 삼보사는 이한상 거사가 많은 돈을 들여 직접 절과 종각을 세워 제대로 규모를 갖추었다. 이 상태에서 본국에서 운허 스님, 구산 스님, 정달 스님과 미국에 있던 숭산 스님과 박성배, 랭커스터 등 불교학자들이 참석하여 1973년 1월 28일 정식으로 역사적인 개원식을 하고 출발하였다. 일주일 후에는 숭산 스님에 의해 LA에 달마사가 개원되었다.

1976년까지 지도부 형성되고 거점 확보

서경보 스님의 뒤를 이어 1967년 삼우 스님, 1969년 박성배, 이장수, 강건기, 이선옥 등이 미국에 입국하거나 방문하였고, 1970년 고성 스님, 1971년 7월 이한상 거사, 1972년 법안 스님, 숭산 스님, 계정 스님, 정정달 법사(당시 스님), 구산 스님, 1973년 손영익 법사(후에 출가하여 지학 스님), 1974년 심검도 김창식 총재, 1975년 대원 스님, 도안 스님, 무착 스님, 1976년 캐나다 토론토로 비구니 광옥 스

540

님이 입국하였다. LA 고려사 현호 스님은 1976년 방문으로 와 미국에 5개월 체류하였고, 이어 1978년 입국하여 영주권을 받았다. 이들이 1976년까지 서부의 LA와 샌프란시스코, 동부의 뉴욕과 보스턴, 워싱턴 DC와 시카고를 중심으로 한 중부, 그리고 하와이 지역과 캐나다 동부 지역에 한국 불교의 포교 거점을 확보하였다. 스님들뿐만 아니라 이한상 거사, 이장수 법사 등 재가신자들도 활동을 하면서 1976년에 현 미주 한국 불교의 골격을 만들었다고 볼 수 있다. 즉 1976년까지 미국의 동부, 서부, 중부, 하와이 지역과 캐나다 동부지역을 중심으로 삼우 스님, 박성배, 이장수, 손영익, 림대지, 최일당, 강건기, 이한상, 숭산 스님, 계정 스님, 정정달, 법안 스님, 대원스님, 도안 스님, 광옥 스님, 심검도 김창식 총재를 지도부를 하는 미주 한국 불교계의 골격이 짜여진 것이다. 이때는 미국에 한인 이민이 시작되어 이민 인구가 급속하게 팽창하던 시기와 정확하게 맞물린다.

본국 정부에서는 1968년부터 조건을 갖춘 유학생들에게 여권을 발급하였는데 이후부터 유학생들이 미국으로 많이 들어오기 시작하였다. 이에 해당하는 사람들로는, 먼저 일당 거사 최홍렬 씨의 경우에는 연세대를 졸업하고 1968년 휴스턴 대학교(University of Houston)로 유학을 왔다. 현재 시카고에 살고 있는 일당 거사는 시카고 불타사 창립 신도이다. 또한 1968년 태국에 국비유학생으로가서 남방 불교 유학을 거쳐 1969년에 미국에 입국한 이장수와 강건기, 댈러스 감리교 신학대학교 유학을 위해 곧바로 미국에 입국한 박성배, 이선옥 씨, 그리고 1972년 법안 스님이 뉴욕 시라큐스 대학교로 유학을 왔다. 당시 한인 사회에는 1969년부터 서독에서 광부와 간호사로 일하던 사람들이 들어왔고, 본국에서는 의사들이 미국 이민대열에 들어서던 시기였다. 이후 1976년까지 미국 이민자들이 기하급수적으로 늘어나 미국 전 지역에 자리를 잡기 시작했다.

한국 사회는 미주 이민 사회와 정반대로 종교인구 비율로 볼 때 불교신자가 가장 많다. 이민자들은 자신의 종교를 가지고 들어왔고, 이들의 요구에 의해 자연스럽게 미 전 지역에 한국 불교가 뿌리 내리기 시작했고, 1976년까지 입국한 스님들이나 법사들을 지도자로 하여 오늘날의 미주 한국 불교의 골격이 형성되었다고 볼 수 있다. 그러나 조계종단을 비롯한 한국 불교계는 이러한 흐름에 전혀 준비가 되어 있지 않았다.

1977년부터 1981년 사이에는 약간의 변화가 있었다. 1977년 2월에 인환 스님이 캐나다 토론토로 입국하여 영어 공부를 하면서 이 해에 부처님 오신 날 기념행사를 하였는데, 그 직전에 대각사를 창건하였다. 박성배 교수는 버클리에서 뉴욕으로 와 1977년부터 뉴욕주립대에서 한국 불교에 대한 강의를 시작하였으며, 이 해에 미시건주 디트로이트에 고려사가 창건되었다. 1978년에는 타코마 지역에 한 보살이 봉황사라는 절을 시작하였고, 1979년에 텍사스 주 휴스턴, 조지아 주 애틀랜타, 미시간 주 디트로이트, 1980년에 타코마 시 애틀 지역에 도철 스님에 의해 성불사, LA 지역에서는 현호 스님에 의해 고려사가 송광사 분원으로 문을 열었고, 환속한 정정달 법사가 1980년에 로스앤젤레스 근교 오렌지카운티에 정혜사를 개원하여 한국 불교의 지형을 넓혔다.

1981년에 이르러서는 법안 스님에 의해 필라델피아에 원각사가, 정심행 보살 등 신자들과 한국에서 환속하였던 혜수라는 사람이 다시 삭발을 하고 오리건 주 포틀랜드에 성불사를 출범시켰다. 이 해 9월에는 삼우 스님이 미시간 주 앤아보 아파트에서 선려사를 열었고, 10월에는 하와이에 불은사가 개원하였다. 이 해에 하와이 달마사 초청으로 입국한 비구니 정업 스님은 숭산 스님이 지도하는 프로비던스 홍법원으로 가서 당시 브라운 대학교 유학생이던 현 서강대 박광서 교수의 부탁으로 프로비던스에서 보스턴과 프로비던스 한인들과 유학생들을 대상으로 불교모임을 시작하였다. 보스턴에는 정업 스님이 오기 전에 신도들이 이미 불교모임을 꾸리고 있었다. 이들은 심광사에서 모임을 갖다가 나중에 범어사로 발전을 한다. 콜로라도 덴버, 플로리다 주, 그리고 애리조나 주를 제외한 현 한국 불교계의 지형이 이때 거의 완성되었다. 또 수없이 많은 절들이 이후부터 주로 LA와 뉴욕을 중심으로 생겨나고 없어지기 시작한다.

이때까지 입국한 사람들을 보면, 1977년 현 타코마 서미사 일면 스님, 1978년 백림사 주지 혜성 스님, 불심사 법춘 스님, 1979년 뉴욕 원각사에서 사형 법안 스님을 보좌한 혜관 스님, 뉴욕 전등사를 건립한 혜등 스님, 하와이 불은사 자은 스님, 조지아 애틀랜타 칠보사 무승 스님, 1980년에 불교신문을 발행하였던 도철 스님, 샌프란시스코 여래사 설조 스님 등이 있다.

이들의 포교 대상과 활동을 분류하면, 삼우 스님과 숭산 스님은 주로 미국인들을 대상으로 하였고, 고성 스님과 박성배 교수는 미국 사회와 한국 사회 양쪽을 다 하였다. 이선옥 씨는 무용을 통해, 심검도 김창식 총재는 검도를 통해 미국인들에게 동양사상과 불교를 전하였다. 나머지 사람들은 주로 한국인들을 대상으로 하였다. 이들 중에서 미국인 포교는 숭산 스님과 삼우 스님이, 한국인 포교는 고성, 도안, 법안, 대원 스님이 단연 두각을 나타냈다. 이 여섯 스님이 미주에서 한국 불교를 선두에서 이끌어 왔다고 볼 수 있다. 그런데 뉴욕 대학교에서 박사학위를 받고 가장 크게 기대를 모았던 법안 스님이 1988년 병으로 활동이 중지되면서 뉴욕의 한국 불교계에는 큰 변화가 생겼다. 이후 뉴욕에는 1988년 불국사, 상운사를 비롯하여 1989년 한마음선원 등 많은 사찰이 들어서기 시작하였다. 한마음선원은 산호세, 알래스카 지역에 먼저 개원하였지만 현재 이 두 곳은 폐쇄되었으며 뉴욕, LA, 시카고, 버지니아, 토론토 5곳에 선원을 두고 있다. 2004년 10월에 캐나다 밴쿠버에 한마음선원이 들어섰지만 얼마 후 폐쇄되었다. 한마음선원은 현재 미국과 캐나다에 5개의 지원을 두고 있고, 통도사는 뉴욕 원각사, 백림사, 포틀랜드 보광사, 애리조나 감로사, 캐나다 대각사, 그리고 2016년 4월 개원한 버지니아 연화정사 등 6개 사찰을 두어 미주에서 가장 많은 포교당을 가지고 있다. 일면 스님이 워싱턴 주 타코마 서미사를, 태웅 스님이 캐나다 밴쿠버 서광사를 건립하였는데, 이 스님들도 통도사 출신이다.

1990년대 팽창하는 한국 사찰
이후 1990년대에 수많은 한국 사찰이 미 전역에 건립된다. 1990년 버클리에 현웅 스님에 의한 육조사 건립을 시작으로 1991년 LA 대각사, 1992년 보스턴 문수사, 1993년 마이애미 죽림정사, 토론토 한

544

마음선원, 필라 관음사, 킬린 영원사, 1994년 뉴욕 정명사, 버지니아 한마음선원, 1995년 샌디에이고 관음사, 휴스턴 소림사, 버지니아 한마음선원, 뉴욕 관음사, 1996년 하와이 관음사와 뉴욕 불광선원, 필라델피아 화엄사, 1998년 버지니아 알렉산드리아에 세계사까지 약 20개의 사찰이 미 전역에 들어선다. 2000년대에 들어서서는 텍사스 댈러스 태광사, 뉴욕 마하선원, 2001년 샌디에이고 연화사, 2002년 8월 뉴저지 원적사, 2006년 조지아 동화사, 2007년 2월에 오클라호마에 원융종 신흥사, 3월에 북가주에 형전 스님에 의해 보리사가, 6월에는 LA에 태고종 봉원사, 2012년에 남가주에 각황선원이 들어섰다. 이런 식으로 2000년대에 들어서도 개원하는 사찰이 있었으나 몇 년을 지탱하지 못하고 폐쇄하는 경우도 많았다. 하지만 가족형 이민자가 줄어들면서 사찰 개원은 주춤해졌다. 최근에 개원한 사찰로는 조지아 주 애틀랜타에 불국사가 2014년 11월 개원을 하였다. 또 2016년 4월에 버지니아에 연화정사가 개원하였는데 연화정사는 2015년부터 가정법회를 하면서 개원 준비를 해왔다. 버지니아 매릴랜드 지역은 한국인들이 많이 거주하는 지역인데 이 지역에는 활성화된 사찰이 없다.

최초의 신행단체 시카고 불교연구원, 최초의 불교언론 LA 관음사 운영 불교방송

신행단체나 불교언론은 이 뒤를 뒤따른다. 불교언론의 경우에는 1979년에 본국에도 없던 불교방송을 LA 김도안 스님이 1979년 3월에 당시 LA 지역의 KBC 방송망을 통해 매주 월요일 1시간 방송하고 저녁에 재방송하는 것으로 시작하여 약 3년 동안 지속하였다. 이것이 미주 불교언론의 시작이다. 이어 1985년 3월에 하와이 대원사에서 사보인 〈대원신문〉이 발행되어 하와이 지역에 배포되었으며, 4월에는 도철 스님이 뉴욕에서 〈미주불교〉란 이름으로 한국의 불교신문에 1면을 붙여 12면을 발행하기 시작했다. 뉴욕 원각사에서는 1986년 5월부터 사보인 〈원각〉을 2년 넘게 발행하였다. 그러나 이들은 대부분 언론이라기보다는 절 소식을 위주로 하는 사보였고 수명이 짧았다. 1989년 〈미주현대불교〉가 나오면서 본격적인 불교언론이 시작되었고, 차츰 미 전 지역을 대상으로 취재와 보급을 하기 시작하여 현재까지 발행되고 있다.

재가신자에 의해 첫 번째 깃발을 올린 신행단체는 시카고 불교연구원이다. 이 불교연구원은 일찍이 시카고에서 이장수 법사에 의해 1969년 말에 문을 열었다. 이 단체는 이 지역 불교신자의 친목을 도모하고 불타사 창립의 견인차 역할을 하였다. 그리고 미주에서 재가 불교계로는 가장 빠른 시기인 1977년 1월에 불교연수회와 9월에 불교회관을 역시 이장수 법사가 중심이 되어 열고 여러 가지 불교활동과 봉사활동을 하였다. 이렇듯 불교연구원의 활동은 눈부셨다. 뒤를 이어 1981년 9월 LA 지역에서 〈상록회〉란 봉사활동을 지향하는 신행단체가 결성되었다. 그리고 1984년에 LA 관음사 도안 스님이 사회복지 비영리법인 〈한미불교봉사회〉를 설립했다. 또한 1985년에 LA에서 〈남가주불교청년연합회〉가 태동하여 10년 이상 활발한 활동을 하였다. 1991년에는 김학순 박사를 중심으로 〈보리승가회〉라는 재가 신행단체가 결성되었는데, 곧 이름을 〈우담바라회〉로 바꾸어 오늘에 이르고 있으며, 매년 회지인 〈우담바라〉를 발간하고 있다.

뉴욕에는 1986년 후반기에 당시 본국 불교계의 통일운동에 영향을 받아 박성배 교수가 지도하는 〈민족불교연구회〉가 출범하여 2년 동안 경전공부를 하면서 경전과 불교사상에 입각한 사회참여를 모색하며 활동하기 시작하였다.

미국 대학에서의 한국 불교에 대한 강의는 1966년 서경보 스님이 템플 대학교에서 한 것이 지금까지 알려진 첫 번째이다. 이후 고성 스님이 1972년도에 펜실베이니아 주 이스턴에 있는 리하이 대학교에서 불교 강의를 3년간 하였다고 주장하고 있다. 1977년 박성배 교수가 뉴욕주립대 스토니부룩 캠퍼스에서 강의하면서부터 미국 대학에서의 불교 강의는 본격적으로 시작된다. 이후 법안 스님이 1981년 2월부터 New School University에서 1986년 6월까지 강의하였고, 이후 UCLA에서 버스웰 교수를 비롯하여 애리조나 주립대의 박포리, 아메리카 대학교의 박진영, 듀크 대학교의 일미 스님, 코스탈 캘롤라이나 대학교의 성원 스님, 뉴욕주립대학교에서 주현 박사 등이 미국 대학에서 한국 불교를 강의하고 있다. 오랫동안 뉴욕주립대 스토니부룩 캠퍼스에서 강의를 한 박성배 교수는 2015년 8월에 퇴임하였다.

보살계로 불교신자 배출하기 시작

오계는 불교신자가 부처님의 다섯 가지 가르침을 지키면서 살아가는 것을 약속하는 것이다. 이 계를 받으면서 불문에 입문한 사람은 정식으로 불교신자가 되는 것이다. 오계를 받는 사람이 생긴다는 것은 불교가 없던 지역으로서는 아주 중요한 일이다. 미주 한국 불교의 경우는 이민 오기 전 본국에서 오계를 받고 온 사람들이 많이 있어 그 의미는 반감되지만, 어쨌든 이 땅에서 한국 스님들에 의해 오계를 받는다는 것은 미주 땅에 한국 불교를 전승한다는 큰 의미가 있는 것이다. 지금까지 정확하게 알려진 한국 불교 스님에 의한 오계 수지자는 1968년에 서경보 스님에 의해 계를 받은 돈 길버트, 존 밀러, 샘 버콜즈, 마이클 등 미국인들이다. 1909년 출생한 돈 길버트는 이후 비구계도 받아 스님으로 활동하다가 2006년 12월 97세로 북가주에서 입적하였다.

숭산 스님은 1972년 11월 8일 Jacob Perl, Barbara Rhodes, Larry Rosenberg, Stephen Mitchell, George Bowman, Lincoln 등에게 오계를 주었다. 한국인들을 대상으로 한 첫 번째 보살계는 숭산 스님과 계정 스님을 계사로 하여 1973년 5월 6일(음력 4월 8일) LA 달마사에서 25명이 받았다. 이 뒤를 이어 1978년 1월에 LA 관음사와 하와이 대원사(현 무량사)에서 보살계 수계식이 있었다. 관음사에서는 1월 15일에 윤고암, 이능가 스님들을 초청하여 수계식을 하였고, 하와이에서는 윤고암, 숭산, 도안 스님 등이 증사로 하여 수계식을 하였다. 이후 한국에서 큰스님들이 미국을 방문하면 이 큰스님들을 증사로 수계식을 자주 가졌다.

출가자 배출

불교의 법은 스승과 제자 사이의 사자상승으로 이어진다. 한국 불교의 스님들은 은사 밑에서 머리를 깎고 출가한 후에 만행을 하면서 제방 선방으로 여러 선지식을 찾아다니면서 수행을 한다. 미국에서 한국 스님들에 의해 머리를 삭발한다는 것은 곧 한국 불교계에 입문하는 것을 의미한다. 첫 번째 서양인 출가자는 1973년 7월 13일, 서경보 스님에게서 "서양인에게 맞게 불법을 펼쳐보라"는 당부와 함께 대혜(The Great Wisdom)라는 법명을 받은 돈 길버트이다. 숭산 스님의 밑에서의 한국인 첫 번째 출가자는 1974년 5월에 시카고 불타사 주지로 있던 손영익 법사로, 불타사에서 지학이란 법명으로 출가를 하였다. 손지학 스님은 영주권자는 아니었고 나중에 불타사에서 영주권을 받았다고 한다. 숭산 스님의 서양인 출가 제자 중 지금까지 활동하는 스님은 1981년 출가한 현 로스앤젤레스 달마선원 무상 스님이다. 이어 1983년 무승 스님, 1985년 도안 스님 순이다. 이외에도 숭산 스님은 결혼한 사람이지만 불교 일에 헌신할 사람들에게 보살승이라 하여 계를 주고 법복을 입도록 하였다고 김창식 심검도 총재는 말하고 있다. 김 총재도 1981년 40명과 함께 원광이란 법명을 받고 보살승계를 받았다.

영주권이나 시민권을 갖고 미국 땅에서 살다가 출가한 첫 번째 출가자는 1979년 9월 시카고 불심사 법춘 스님에게 출가한 비구니 혜인 스님으로, 현재는 한국에서 수행과 포교를 하고 있다. 캐나다에서 살던 현 뉴욕 조계사 주지 도암 스님이 도관이라는 법명으로 1986년 12월 프로비던스에서 숭산 스님에게 출가하였다. 묘지 스님은 도관 스님의 속가 누님인데, 도관 스님보다 늦게 숭산 스님에게 출가하였다. 이한상 거사 부인으로 이 거사와 함께 삼보사 불사를 하였던 상품화 보살은 이 거사가 죽은 후인 1987년 11월 본국 비구니 법성 스님을 은사로 출가하였다. 2014년 문을 닫은 태고종단의 뉴욕 전등사 주지 지환 스님은 태고종 종정 혜초 스님을 은사로 1992년 출가하였다. 뉴욕에서 한의원을 하던 김종선 씨는 1994년 말 청화 스님을 은사로 선정이라는 법명을 받고 출가하였다. 또 대연불보정사 대산 스님, 불타사 현성 스님, 조지아 전등사 마야 스님 등이 출가한 후 미국에서 수행과 포교를 하고 있다. 이민 1.5세로 출가한 사람은 버지니아 보림사 경암 스님 상좌인 해인이고, 현성 스님은 아주 늦은 나이인 50살이 넘어 1999년에 사미니계를 받았다. 이 외에 서정 스님이라는 비구니 스님이 있는데, 중국 달마사에서 계를 받았다고 본인이 말한다. 텍사스 주 킬린에 살던 한 보살은 1993년 일승종으로부터 정우라는 법명을 받고 1995년부터 삼봉사를 건립하여 활동하다가 2002년 입적하였다. 또 한 보살은 1999년 법성종에서 수화라는 법명으로 출가하여 이 해 9월에 살던 집을 금강사라는 절로 만들었다. 이후 금강사는 문을 닫고 2015년부터 킬린 성불사에서 활동하고 있다.

이 외에도 몇 명의 이민 1.5세나 2세가 한국에서 출가하여 활동하고 있다. 예를 들어 뉴욕에서 오랫동안 거주하다 북가주로 이사한 박종성 거사의 아들 환산 스님은 하버드 대학교를 졸업하고 용화사 송담 스님에게 출가하였다. 하지만 현재 1.5세나 2세로 한국에서 출가한 사람들의 숫자는 정확하게 파악되지 못하고 있다.

영주권자나 시민권자가 아니지만 미국에서 삭발한 사람으로는 김일엽 스님의 아들로 일본과 한국에서 중진 화가로 활동하던 김태신

화백이 있는데, 60이 넘은 나이에 1988년 전관응 스님에게 뉴욕 원각사에서 삭발식을 하여 일당이란 법명을 받으며 출가함으로써 당시 뉴욕 언론들이 크게 보도하였다. 일당 스님은 직지사 중암과 일본을 오가며 승려 생활을 하다가 2015년 입적하였다. 2015년도 기준으로 200만 부 이상 팔린 『멈추면 비로소 보이는 것들』이란 책의 저자 혜민 스님은 유학생으로 와 프린스턴 대학교에서 박사학위를 받았는데, 하버드 대학교 대학원에도 입학하고 뉴욕 불광선원의 휘광 스님을 은사로 출가를 하였다.

한국 불교가 미주 땅에서 뿌리를 굳건하게 내리려면 1.5세나 2세로 언어 장애가 없고 미국 사회를 잘 아는 사람들이 많이 출가하고, 이들이 미주 한국 불교의 최전방에 나서야 한다는 것이 중론이다. 그러나 최근에는 1.5세나 2세들이 출가를 해도 미국에서 하지 않고 한국의 큰 사찰이나 유명 스님들에게 가는 경향이 있다. 미주에서 출가를 하면 이들을 제대로 교육시킬 수 있는 여건이 안 되기 때문이다.

열반한 스님들

고국을 떠나 이역만리 머나먼 미국 땅에서 전법활동을 하다 이 세상과 인연을 다하고 승복을 입고 입적한 스님들은 20여 명에 이른다. 첫 번째 입적은 1990년 11월 3일, 지금은 없어진 LA 수도사 주지 한계정 스님이었다. 1973년 LA 달마사 초대 주지였던 계정 스님은 이후 1976년 수도사를 창건하였고 입적 당시 수도사 주지였다. 두 번째 입적은 비구니 도명 스님이다. 1985년 9월 뉴욕 조계사 주지로 취임한 도명 스님은 보문종 스님으로 잦은 주지 스님 교체로 흔들리던 조계사 주지로 취임하여 기도를 열심히 하고 절 살림을 규모 있게 하여 많은 신도들이 따랐다. 그러나 도명 스님은 암으로 고생하다 1995년 6월 서울로 가 치료를 받다가 8월에 입적하였다. 1979년 미국에 입국하여 1989년 6월에 LA에서 원명사를 개원한 비구니 원명 스님은 1996년 음력 6월 13일에 입적하였다. 이어 1996년 5월 15일 뉴욕 원각사 주지 혜관 스님이 입적하였다. 혜관 스님은 사형인 법안 스님을 도우러 1979년에 미국에 입국하였다. 이어 뉴욕 전등사 혜등 스님이 1997년 4월 10일 충주 용화사에서, 뉴욕 연국사 혜영 스님이 1998년 5월 27일 연국사에서 입적하였다. 3년에 걸쳐 뉴욕에서 매년 스님이 입적한 것이다. 이 세 스님은 1980년 초부터 각각 약 15~16년에 걸쳐 뉴욕 불교계에서 활동하면서 뉴욕 불교계의 기초를 닦은 스님들이다.

2002년 5월 10일에는 평화사 주지로 있던 정산 스님이 심장마비로 입적하였고, 하와이 대원사(현 무량사)에서 대원 스님을 도와 대원사 불사를 하다가 관음사를 개원한 비구니 지법 스님이 2003년 2월에 하와이 땅에서 입적하였다. 2002년에는 일승종 비구니 정우 스님이 킬린 삼봉사에서 입적하였다. 2004년에는 숭산 스님이 한국에서 입적하였고, 2006년 8월에는 도안 스님이 LA에서 입적하였다. 그리고 법안 스님은 2007년 3월에 입적하였다. 미주 한국 불교 1세대의 중요한 스님들인 숭산, 도안, 법안 스님이 잇달아 입적한 것이다. 2010년 2월에는 시카고 봉불사 비구니 영주 스님이, 2011년 11월에는 뉴욕 조계사 비구니 묘지 스님이 입적하였다. 2014년 1월에 북가주 대승사 정윤 스님, 5월에 버지니아 보림사 경암 스님, 그리고 뉴욕에서 한의원을 하다가 늦깎이로 청화 스님에게 출가한 선정 스님은 2014년 9월에 입적하였다. 여기에 기록되지 않은 LA 관음사 문수 스님 등 몇 분이 더 있다.

이 외에 영주권이나 시민권자는 아니지만 미국과 관계가 있는 두 스님의 열반이 있다. 평소 "다음 생에는 미국 땅에서 태어나 출가를 하여 미국인 포교를 하고 싶다"고 말하던 일타 큰스님이 1999년 11월 29일 하와이 와불산 금강굴에서 입적하였다. 하와이 대원사 대원 스님의 불사를 많이 후원하였던 전 조계종 종정 윤고암 큰스님은 1988년 3월 26일 손상좌 김홍선 스님이 세운 북가주 산호세 정원사 개원식에 설법을 하러 공항에서 정원사로 오던 중 큰 교통사고가 났다. 이 사고로 크게 다친 고암 큰스님은 급히 한국으로 갔지만 10월에 입적하고 말았다.

스님은 아니지만 삼보사를 창건하여 미국의 한국 불교계에 큰 족적을 남긴 이한상 거사는 1984년 8월 이 세상을 떠났다. 이후 삼보사는 운영상의 큰 어려움을 겪었다.

미주의 각 지역 대표 사찰들

미국과 캐나다에는 약 110개 정도의 한국 사찰이 있다. 하지만 정기 법회에 참가 숫자가 15명 미만인 사찰도 많다. 영세한 규모인 것이다. 미주 전역에는 한인들이 많이 거주하는 지역을 중심으로 사찰들이 있지만 캘리포니아 로스앤젤레스 지역과 뉴욕, 뉴저지 지역에 각각 15개 정도의 사찰이 집중되어 있다. 도안 스님 생전에는 관음사가 LA를 대표하는 사찰이었으나, 2006년 입적 후에는 신도가 많이 줄었고 60대 이후 신도들이 많다. 지금은 정혜사, 법왕사, 고려사, 달마사가 이 지역을 대표하는 사찰이라고 볼 수 있다.

뉴욕은 휘광 스님이 주지로 있는 불광선원이 상주하는 대중스님도 많고 프로그램도 많다. 불광선원은 전 미주 한국 사찰 중에서 정기법회에 출석하는 신도가 가장 많다. 일반신도와 학생들 모두 합해서 평균 150여 명 정도 된다. 뉴욕 원각사는 뉴욕 지역의 가장 오래된 사찰로 현재 나무로 한국 전통 사찰을 짓고 있다. 대웅전, 선방, 요사채, 그리고 납골당을 지어서 면목을 일신할 예정이다. 정우 스님이 이사장, 지광 스님이 주지로 있다. 뉴욕 한마음선원은 10여 년을 공사하여 108평 규모의 문화재급 대웅전 공사를 2015년에 마무리하였다. 정기법회에 나오는 신도들은 100명이 넘고 4~5명의 스님들이 함께 대중생활을 하고 있다. 이 외에 백림사, 맨해튼 조계사, 청아사, 뉴저지 원적사, 대관음사가 일요법회에 30여 명의 신도들이 참석하고 있다.

학생들이 많은 보스턴 지역에는 1992년 2월에 도범 스님에 의해 개원한 문수사가 이 지역의 거점 사찰 역할을 하고 있다. 코네티컷 주 대연불보정사는 미주 한국 사찰로는 미국인 신도가 가장 많은 사찰이다. 한국인과 미국인들이 함께 신앙생활을 하고, 또 미국인 출가자를 매년 배출하고 있는 대연불보정사가 미주 한국 사찰의 가장 모범적인 모습일지도 모른다. 필라델피아에는 원각사, 화엄사, 관음사가 법회에 20여 명 정도 참석하고 있다. 워싱턴 DC 지역은 정우 스님의 제자 성원 스님에 의해 4월에 개원한 연화정사가 이 지역 불교를 선도하는 사찰이 될 것이라는 기대를 받고 있다.

조지아에는 가장 오래된 전등사와 최근 개원한 불국사, 시카고는 불타사가 중부 지역 한국 불교의 중심 역할을 하고 있다. 텍사스는 휴스턴 남선사, 댈러스 보현사가 그 지역 불교인들의 중심 신앙처이다. 북가주는 미주 최초의 한국 사찰 삼보사가 이 지역 중심 사찰이었으나 최근에는 잡음이 들리고 있다. 실리콘 밸리 지역에 있는 대승사는 창건주 정윤 스님의 입적 후 2014년 대흥사 말사로 되면서 주목을 받고 있다. 대흥사 회주 보선 스님이 원력을 가지고 이 대승사를 모범적인 사찰로 만들려고 하는데 신도들로부터 좋은 호응을 받고 있다. 하와이 무량사는 한국 전통식 대웅전과 넓은 문화원 공간을 가지고 있다. 아름다운 대웅전으로 이름이 나 있는 캐나다 밴쿠버 서광사는 캐나다의 한국 불교를 대표한다.

요약하면, 미주에 있는 100여 개의 사찰 중 위에 언급한 30개 정도의 사찰이 한국 불교의 대표 사찰이라고 볼 수 있다. 하지만 한인 이민자가 줄기 때문에 앞으로 미주 한국 불교계 사찰은 10년 안에 서서히 줄어들 것으로 예상된다. 현재 객관적인 입지 조건이 좋은 지역은 한인들이 많이 사는 로스앤젤레스 지역과 북가주 실리콘 밸리, 뉴욕 맨해튼, 워싱턴 DC와 가까운 버지니아 지역이다. 로스앤젤레스 지역은 한인들이 많이 거주하기 때문에 이곳에 한국 사찰 몇 개는 생존할 수 있으리라고 생각한다. 북가주 실리콘 밸리와 뉴욕의 맨해튼 지역은 젊은 사람들이 일할 수 있는 직장이 많아 한인 2세들이 많이 거주할 것으로 생각된다. 미국의 수도인 워싱턴 DC도 일자리가 많고 사업하는 사람들이 많이 거주하기 때문에 한인 2세들과 그 가족들이 많이 거주한다. 이 지역에서 연화정사를 이끌 성원 스님은 영어를 잘 구사하기 때문에 주류 미국인들과 관계를 잘 맺을 수 있을 것이다.

미주 한국 불교 대표 스님들

미주 한국 불교가 시작된 이래 미국의 한국 불교 하면 '서경보 스님, 숭산 스님' 혹은 '숭산 스님, 법안 스님, 도안 스님, 대원 스님'이 떠오른다. 이 스님들이 미주 한국 불교의 대표 주자였던 것이다. 지금은 대부분 입적하고 이제는 하와이 정법사 대원 스님만이 생존해 있다. 하지만 대원 스님은 이제 활동이 별로 없다. 다음 세대들이 이 스님들을 대체하면서 이름을 알려야 하는데, 아직은 이 스님들처럼 미주 한국 불교의 전체 얼굴로 거론되는 스님이 없는 실정이다. 지역별로 미주에서 오랫동안 활동한 스님들을 소개해 본다.

미국에는 한국 스님들이 130명 정도 활동하고 있다. 대부분 스님 혼자서 기도와 법회, 그리고 신도들의 애경사에 참석하고 신도들의 신앙을 지도한다. 그러나 뉴욕의 한마음선원, 불광선원 등은 대중스님이 4~5명 된다. 매릴랜드 한국사 고성 스님과 하와이 대원 스님은 1970년대에 도미한 스님들로 1세대 스님이라고 볼 수 있다. 고성 스님이 개원한 한국사는 2016년 6월 문을 닫았으며, 대원 스님은 최근에는 별다른 활동이 없다.

타코마 서미사 일면 스님, 디트로이트 무문사 도만 스님 등도 미국에 일찍 온 스님들이다. 나이 탓인지 대외적인 활동은 하지 않고 있다. 뉴욕에는 '조계종 미동부해외특별교구' 교구장 휘광 스님과 부 교구장인 원각사 주지 지광 스님이 뉴욕 한국 불교의 얼굴이라고 볼 수 있다. 백림사 혜성 스님은 뉴욕보다는 주로 부산에 있고, 1년에 3~4차례 방문하여 개산대재 등 백림사의 큰 행사를 집전한다. 한마음선원의 원공 스님과 혜봉 스님은 경내활동 위주로 활동을 하며, 조계사 도암 스님은 수행에 집중하면서 목사, 신부들과 함께 원불교 다르마센터에서 종교간의 대화 차원에서 함께 수행 프로그램을 하고 있다. 원적사 성향 스님은 원적사를 시작으로 포틀랜드 보광사, 시카고 불타사에서 포교활동을 수년간 하다가 다시 2016년부터 원적사에 주지로 왔다. 보스턴의 도범 스님은 미 동부 스님들이 어른 스님으로 예우를 하고 있다. 필라델피아는 법장 스님이 이 지역의 한국 불교를 대표한다고 볼 수 있다. 신문에 칼럼도 꾸준히 쓰고 절과 외부에서 서예 지도도 한다.

로스앤젤레스는 현일 스님과 현철 스님이 미주 한국 불교의 중심축이다. 부처님 오신 날 합종행사를 비롯하여 불교계 행사에 나가서 축사도 하고 설법도 한다. 남가주사원연합회 회장으로 있는 고려사 주지 묘경 스님은 현철 스님과 함께 원불교, 가톨릭 등 타종교인들과 함께 종교간의 대화 모임을 하고 있다. 이 지역에는 그 외에도 종매 스님, 한마음선원 혜중 스님, 보문사 인권 스님이 이 지역에서 오랫동안 활동하고 있다. 석타 스님은 정혜사를 맡아 큰 규모의 도량으로 이전시키고 청소년 포교에 큰 관심을 기울였다. 시카고는 불타사 현성 스님이 중심 역할을 하고 있고, 한마음선원의 혜지 스님은 오랫동안 이 지역에서 포교활동을 하고 있다. 산호세와 샌프란시스코는 여래사 설조 스님이 중심 역할을 하였지만 최근에는 한국에 많이 가 있다. 지금은 태고사 주지로 있는 형전 스님은 이 지역 보리사 주지로 있을 때 청소년 불교에 많은 노력을 하였다. 북가주 청년들의 모임인 '타라'는 형전 스님의 공이 크다. 현재 하와이는 3개의 한국 사찰이 있는데, 대원 스님과 도현 스님이 이 지역의 중심 스님이다.

정우 스님은 통도사 주지를 역임하였고, 2016년 3월 현재 조계종 군종특별 교구장이다. 미국에 거주하는 스님은 아니지만 법안 스님이 기반을 다진 뉴욕 원각사에 2004년 11월 주지로 취임을 하면서 공식적으로 인연을 맺었다. 그리고 한국에서 많은 지원을 받아 원각사 도량을 정비하고, 2016년 3월 현재 원각사에 목조로 한국 전통식 대웅전, 선방, 요사채 등을 짓는 대작불사를 하고 있다. 현재 뉴욕 원각사, 애리조나, 포틀랜드 보광사, 캐나다 토론토 대각사 이사장으로 있다.

기울어져 가는 미주 한국 불교계를 회생시킬 책임은 일차적으로 스님들에게 있다. 어느 스님이 갑자기 한국에서 미국으로 와 하루아침에 미주 한국 불교를 부흥시키는 것은 기대할 수 없다. 미국에서 활동하는 스님들 중에서 찾아야 한다고 생각한다. 미국에 최소 10년 이상 거주하면서 주지 경험이 있어야 하고, 미국 사회와 미국의 한국 신도들을 알아야 하며, 영어를 구사할 수 있어야 된다. 여기에 가장 중요한 것은 미주 한국 불교 발전을 위한 원력이 있어야 한다. 그리고 계행에 흠결이 없어야 하고 설법 능력이 있어야 한다. 이 범위에 드는 스님은 매우 제한적이다. 이 모든 조건을 완벽하게 구비하지 않더라도 이런 조건들을 대체적으로 갖춘 스님이 현재는 3~4명 있다고 필자는 생각한다. 사찰에서 활동하는 스님 외에 하버드 대학교 신학대학원에 뉴욕 정명사 주지였던 도신 스님이 재학 중이고, 2016년 3월에 원적사에서 포교활동을 했던 세등 스님이 하버드 신학대학원에 전액장학금으로 합격했다는 소식이 있다.

미국에서 활동하다 다시 한국으로 되돌아간 스님들

미국에서 포교활동을 하다가 다시 한국으로 되돌아간 스님들은 아주 많다. 미국 포교의 대명사처럼 되어 있는 숭산 스님은 미국에 뼈를 묻지 않고 2004년에 한국에서 입적하였다. 입적 수 년 전에 한국으로 가서 미국에 오지 못하고 화계사에서 지내다가 입적을 했다. 이 점은 미국에서 입적한 LA 관음사 도안 스님과 대비된다. 너무나 많은 스님들이 미국에서 포교하다가 갔기 때문에 이곳에서 사찰을 창건했거나 주지를 10년 정도 한 스님들, 10년 이상 이곳에서 활동한 스님들 중 대표적인 몇 스님만 소개하려고 한다. 한국으로 되돌아간 스님들의 이유가 분명한 경우는 많지 않다. 인환, 지명, 일진 스님 같은 경우는 학업을 마치고 갔다. 오홍선 스님은 불교대학에 교수로 갔다. 선우, 송운 스님은 출가 본사의 사찰에 소임을 맡으러 갔다. 이런 스님들은 돌아갈 때 사유를 밝히고 갔다. 그러나 미국보다 한국이 포교와 활동 여건이 좋아 되돌아간 스님들이 대부분이다. 이들은 미국 포교에 대한 아무런 준비 없이 왔고 영어 장애 등 미국의 포교 환경을 극복하지 못한 것이다. 돌아갈 때 사찰을 처분하여 돈을 챙기고 간 스님들도 상당수가 있다. 뉴욕의 H 비구니 스님은 사찰을 팔아서 맨해튼에 건물을 사 놓고 갔다. 신도들은 사찰을 신앙 공동체로 생각하였고, 이 스님들은 본인의 개인 재산으로 생각한 것이다. 북가주 보현사 현묵 스님의 경우에는 신도들이 조계종단에 진정을 넣었지만 아무런 회신도 받지 못했고, 이에 신도들은 실망만 더 커졌다.

한국으로 돌아간 스님들의 미국 포교 행적과 한국 근황

법타 스님은 미국을 거쳐 간 스님 중 한국에서 가장 성공적인 활동을 하는 스님이다. 1980년대 중반에 미국에 와서 덴버 용화사에 잠시 머무르다 로스앤젤레스로 이동하였다. 여기에서 신불교 운동도 하다가 1991년 LA 관음사에서 열린, 남북 해외동포 불교계가 한자리에 모였던 '조국통일기원법회'를 계기로 이 행사에 관련되었던 '조국의 평화와 통일을 위한 미주불교인 협의회'란 단체 활동을 한국으로 옮겨 1992년 2월 송월주 스님을 모시고 '조국평화통일불교협회(이하 평불협)'란 단체를 결성하여 활동의 장으로 삼았다. 이 단체는 불교 유일의 통일 전문 단체였다. 이 단체의 미주법인 '미주평불협'이 1998년에 북한에 국수공장을 설립했다. 동국대 정각원장으로 재직하던 시기에 법타 스님은 2011년 대전 문화재청에서 북한 불교 문화재에 대한 보존과 관리에 남다른 노력을 기울인 점을 인정받아 은관문화훈장을 받기도 했다. 미국 생활은 약 7년 정도로 짧았지만, 미국에서 시작한 평불협은 북한과 관련 있는 단체 활동으로 북한 불교 분야의 선두주자가 되었다. 이후 총무원 총무부장, 제10

교구본사 은해사 주지, 동국대학교 정각원장 등을 역임했으며, 현재 사단법인 조국평화통일불교협회 회장, 은해사 회주, 그리고 2016년 3월에는 조계종 '민추본' 본부장으로 선임되었다.

지명 스님은 1980년 미국에 관광 차 와서 LA 달마사에서 짧은 기간 주지도 했으며, 1982년에는 LA 반야사를 창건하였다. 그리고 1985년부터 약 5년간 필라델피아 템플 대학교에서 유학생활을 하던 기간에 필라델피아 원각사 주지 소임을 맡기도 하였다. 1993년과 1994년 '불교방송'에서 〈교리 강좌〉와 〈열반경 강의〉를 하였다. 2004년에는 무無를 닦기 위해서 요트를 타고 미국 샌디에이고에서 한국까지 태평양을 횡단했다. 한국 일간지에 칼럼을 쉽고 재미있게 써서 인기를 얻었다. 한국에 돌아가 의왕 청계사 주지, 조계종 중앙종회 사무처장, 총무원 기획실장을 하였고 9대, 12대 중앙종회의원, 속리산 법주사 주지를 역임하였다.

묘봉 스님은 1989년 필자가 발행한 「미주현대불교」 창간호에 축사를 쓴 스님이다. 하지만 필자는 이 스님을 만나보지 못했다. 1987년 묘봉 스님은 휴스턴에 남선사를 개원하였다. 묘봉 스님은 『천수경』을 영어로 번역하면서 포교활동을 하다가 1999년 귀국하였다. 지금은 『금강경』에 대한 저서도 내고 한국의 불교교양대학 등에서 강사로 활동하고 있으며, 화계사에 주석하면서 외국 스님과 신도들을 대상으로 선을 지도하고, 불교방송에서 강의를 하는 등 다양한 활동을 한다는 언론 보도가 있다.

광옥 스님은 1976년 11월에 캐나다 토론토로 신도들의 초청을 받아서 왔다. 그 직후 불광사를 개원하고 포교활동을 하였다. 한국 불교계의 비구니 스님으로서는 공식적으로 첫 번째 스님이다. 불광사에서 포교활동을 하다가 1994년 10월부터 서울 약수사 주지를 두 차례 연임하였다. 1994년부터 한국으로 간 것으로 볼 수 있다. 그 후 관악구 봉덕사라는 조그만 암자에 주석하면서 1년에 서너 차례 토론토 불광사를 방문하다가, 능인선원의 지광 스님에게 불광사를 인계해 주었다. 조계종 전국비구니회 사회부장 등을 역임하였다.

윤성해 스님은 뉴욕 맨해튼 불국사 주지로 1989년부터 활동하다가 2011년 다시 한국으로 들어갔다고 스스로 말하고 있다. 2000년대 들어서서는 한국에 주로 거주하면서 미국을 방문하였다. 스님은 10년 이상 미국에서 포교활동을 하였는데, 성해 스님의 최대 공적은 맨해튼에서 한국 불교 주도로 '뉴욕불교국제봉축퍼레이드'를 2011년까지 개최한 것이다. 2011년에는 한국으로 완전히 돌아가 제주도에 거주하면서 활동하고 있다. 제주도에 머물면서 서울에서도 매월 정기적으로 법회를 한다고 한다.

범주 스님은 1980년에 숭산 스님의 초청으로 달마사로 왔다. 캘리포니아에서 5년을, 그리고 뉴욕에서 정법사를 개원하는 등 5년간 활동하여 총 10년간 미국에서 활동하였다. 미국 현지인들을 대상으로 선문화, 선화를 가르쳤고, 아시아 소사이어티 문화센터에서 퍼포먼스를 하기도 했다. 1980년대 말에는 한국으로 돌아가 수행에 전념하였다. 2006년부터는 APEC 세계정상 영부인 초청 퍼포먼스 등 30여 회의 국내외 퍼포먼스를 통해 선화와 선문화를 세계에 널리 알렸다. 현재 상주 달마선원 원장으로 있다.

제원 스님은 1982년 2월에 미국에 입국하였고, 동년 8월 Silver

Spring에서 법주사란 이름으로 법회를 하였다. 10년 이상 미국에서 포교활동을 한 제원 스님은 한국으로 돌아가서는 길음종합사회복지관장을 하고 있다. 이 공로로 2013년에 포교 대상 수상자로 선정되었다.

서광 스님은 1992년에 운문사 명성 스님을 은사로 출가했으며, 1993년부터 미국에서 유학을 시작하였다. 보스턴에서 서운사를 개원하였으며, 이후 미국에서 종교심리학 석사와 박사(자아초월 전공) 학위를 취득했다. 2002년에는 영어권에서 사용하는 불교용어를 수록한 『한영불교사전(The Korean-English Buddhist Dictionary)』을 펴냈다. 현재 한국명상심리상담연구원 원장, 한국불교심리치료학회 운영위원, 운문승가대학 교수를 맡고 있다.

일진 스님은 1990년대에 하와이와 로스앤젤레스에서 지내면서 활동했다. 필라델피아 원각사에서는 어린이 한글학교를 운영하였고 뉴욕 불광선원에서 청소년을 지도하였다. 유엔 방문을 통하여 현장 학습의 기회를 가졌고, 다른 나라 사찰을 방문도 하고, 달라이 라마 성하 친견 등 폭 넓은 경험을 하였다. 또한 「미주현대불교」가 가입한 UN/DPI-NGO에서 미주현대불교의 '국제불교활동가 양성프로그램'에 선발되어 2001년부터 2003년까지 뉴욕의 유엔에서 활동하면서 타종교인들과 많은 교류활동을 하였다. 뉴저지 몬크레어 스테이트 대학에서 종교학을 전공했고, 웨스트 대학에서 종교학으로 석사학위를 받았다. 현재는 청도 운문사 승가대학 학장으로 있다.

봉선사 문중인 선우 스님은 1986년 11월 17일에 카멜 보림사로 왔다. 그리고 1987년 필라델피아 원각사 총무를 하다가 프로비던스 홍법원에서 2만기 결제를 하였다. 그 후 보스턴 범어사에서 활동하다가 1990년 12월 샌프란시스코로 가서 보림사 주지를 하였으며, 1998년 가을 한국으로 돌아갔다. 선우 스님은 또 1989년 월간잡지 「미주현대불교」 창간 때부터 기획실장으로 미주현대불교에 큰 도움을 주었다. 현재는 남양주 보광사 주지로 있으면서 조계종 중앙선거관리위원회 위원, 언해불전연구소 관장으로 있다.

무착 스님은 1975년 12월에 뉴욕으로 와서 원각사에서 법안 스님을 모시고 2년간 포교활동을 하다가 1977년 LA로 갔다. 그곳에서 학교를 다니며 영어 공부도 하고, 지금은 없어진 해인사와 고려사에서 포교활동을 하다가 1985년에 필라델피아 원각사에서 주지를 하였다. 미국에 10년 넘게 있다가 한국으로 갔고 지금은 봉선사에 있다.

인환 스님은 1977년 2월에 영어를 공부하러 캐나다 토론토로 입국했다가 1982년 2월에 한국으로 돌아갔다. 1977년에는 대각사를 창건하였다. 1979년에 임시로 시카고 불타사 주지를 잠깐 하다가 홍선 스님을 불타사로 초청하였다. 인환 스님은 동국대학교 불교대학 학장을 지냈다. 홍선 스님은 1980년 5월 15일 불타사에 주지로 와서 불타사 기반을 잘 닦아놓고, 1990년 7월 서울 중앙승가대 교수로 부임하였다. 현재는 범어사에 있다.

1992년 「미주현대불교」 초청으로 미국을 방문한 청화 스님은 그해 팜스프링에서 동안거를 하고 돌아갔다. 이후 1993년 12월 삼보사를 인수하여 조실로 추대되었다. 그리고 활동 무대를 옮겨 LA 지역에 미주금강선원을 창건하여 주석하면서 3년 결사를 하는 등 수행자로서 모범을 보였다. 그러다가 2000년대 초에 한국으로 돌아가서 2003년 입적하였다.

이 외에도 1975년도에 입국하여 뉴욕, 로스앤젤레스, 필라델피아 등지에서 활동하던 무착 스님, 뉴욕 플러싱에 정명사를 창건한 길상 스님, 불은사 자은 스님, 산호세 정원사를 창건한 홍선 스님, 불교신문을 발행했던 안양 한미사 주지 도철 스님, 샌프란시스코 불광사를 창건한 송운 스님, 버지니아에 세계사를 창건한 보화 스님, 덴버와 오리곤에서 포교활동을 했던 정현 스님, 뉴욕 상운사 주지를 역임한 보문종 효원 스님 등이 있다.

한국 불교와 인연 맺은 미국인 스님, 법사, 교수들

한국 불교와 인연 맺고 스님, 법사, 교수 등의 직책으로 활동하는 미국인들은 200여 명 미만으로 추산되는데, 이를 정확하게 파악하기는 매우 어렵다. 태고종으로 출가한 스님들이 대략 100명 정도 되는데 이들을 파악하기가 어렵기 때문이다. 뉴저지 소심사 명안 스님, 무상 스님 등은 미국인과 한국인 등을 대상으로 동시에 포교활동을 하고 있다. 이 소심사 스님들은 애초에 태권도를 미국에 가르친 심혁근 거사의 주선으로 태고종단 스님이 되었지만, 대개의 경우 미국인들에게 한국 가사를 입게 해준 사람들은 주로 한국 스님들이다. 1968년에 서경보 스님에 의해 계를 받은 돈 길버트, 존 밀러, 샘 버콜즈, 마이클 등을 시작으로 하여 경보 스님은 많은 미국인 제자들을 두었다. 이 중 돈 길버트는 1973년 8월에 '대혜'라는 법명으로 출가를 하였다. 숭산 스님은 1972년 11월 8일 Jacob Perl, Barbara

Rhodes, Larry Rosenberg, Stephen Mitchell, George Bowman, Lincoln를 시작으로 대광 스님, 무상 스님, 대봉 스님, 태고사를 건립한 무량 스님, 뉴욕 불광선원에 있는 대성 스님, 무심 스님, 『만행』의 저자 현각 스님 등 가장 많은 미국인 제자를 두었다. 숭산 스님은 특히 현각 스님 때문에 한국 사회에 널리 알려지게 되었다. 삼우 스님도 몇 명의 미국인 제자들이 있는데 숫자도 적고, 이들은 한국 불교계에 잘 알려지지 않았다. 이 외에 구산 스님은 한국에서 많은 외국인 제자를 두었는데 UCLA 버스웰 교수는 환속한 제자이고, LA 지역에서 활동하는 스리랑카인인 혜월 스님도 구산 스님 제자이다. 현재미국에서 한국 불교계로 출가하는 미국 백인들의 소식은 잘 들리지않는다. 그 이유는 미국인들이 출가하는 경우도 많지 않지만 미국사회에서 한국 불교의 위상과 더 큰 관련이 있다. 미국에서는 현재티베트 불교가 강세이며, 남방 불교, 일본, 중국, 베트남 불교에 비하여 한국 불교는 그 위상이 매우 낮다. 다만 코네티컷 대연불보정사를 통해 미국인들이 백림사 혜성 스님을 증사로 계를 받는 일이 매년 있다. 대연불보정사에서 출가한 미국인 스님들은 반야 스님, 지연 스님, 보각 스님, 보경 스님, 보성 스님, 향연 스님, 보현 스님 등 7명이나 된다.

재가자 역할 두드러진 미주 한국 불교계

미주 한국 불교는 이민 사회가 먼저 형성이 되고, 이민 사회의 필요에 의해 본국에서 스님을 초청하거나, 아니면 미국을 방문하는 스님을 만나 사찰을 세웠다. 이 과정에서 미국 사회에 먼저 정착하여 언어 장애를 덜 느끼며 미국 사회를 좀 더 많이 아는 재가신도들이 사찰 건립 과정에 필요한 재정 조달을 하면서 중요한 역할을 하는 경우가 많았다. 뉴욕 지역은 원각사를 처음 시작한 명심행 보살, 원각사 초대 신도회장을 지내고 보광선원을 열었던 이순배 거사, 뉴욕불교진흥원을 통해 불교방송을 하고 원각사를 비롯한 사찰과 자비원을 비롯한 여러 신행단체에 재정후원을 많이 하는 한미불교진흥재단의 조일환 이사장, 불교장학회를 설립한 고 최무직 거사, 캐나다 토론토 불광사 개원하는 데 큰 역할을 하고 여러 사찰에 재정후원을 하였으며 원각사 여신도회장을 역임한 이강혜 보살, 이경식 전 원각사 신도회장, 원각사 불사추진위원장 정화섭, 뉴욕 원각사에서 청년회장을 역임하고 뉴욕 지역의 여러 불교행사에 적극 참여한 김연문 거사, 원적사의 우진옥 보살, 불교문화원 김정광 회장, 불광선원 신도회장 고창래 거사, 백림사 정성애, 서봉 거사, 한마음선원의 권오준 거사 등이 있다. 시카고 지역에는 초기 시카고 불교를 선도한 이장수 법사, 설날을 전후해 매년 '하정 평화통일기원법회'를 시카고 지역의 큰 행사로 만들었던 임대지 거사, 불타사에서 합창단 활동을 오랫동안 한 이정법심 보살과 남편 김태경 박사, 최일당, 태고심 보살 부부, 김승한, 한마음선원의 임백풍 거사 등이 있다. 캘리포니아 남가주 지역에는 달마사, 고려사 원주를 거치면서 30년 동안 불교계에 헌신한 LA의 대도행 보살, 달마사 초대 신도회장을 한 선덕화 보살, 오렌지카운티 지역에 정혜사와 법보선원을 세웠으며 미주불교법사회 회장을 역임한 정정달 법사, 불교방송을 운영했던 이강준 법사, 나란다 불교아카데미를 운영한 김소연 약사와 박재욱 법사, 미국인 무량 스님의 태고사 불사를 많이 도왔고 또 재불련과 불사모 활동을 한 이원익 법사, 남가주 한국 불교회관을 이끌고 있는 임보장, 로메리카 대학교 학장을 지낸 김안수 법사, 합창단 활동을 많이 한 김영균 지휘자와 「미주현대불교」 후원회장을 역임한 김진모 거사, 해인회 황묘련화 보살, 포교사 단장을 역임한 김영숙, 이철우 포교사, 마하선원 원장 김재범 법사, 현재 불교방송을 운영하고 있는 문월봉 거사, 고려사 김수근 신도회장 등이 있다. 이 중에서 이원익 법사가 현재는 남가주 지역 불교계를 대표하는 재가신도로 볼 수 있다. 북가주 지역에는 카멜 삼보사를 세우고 미주 한국 불교계에 큰 족적을 남긴 고 이한상 거사, 삼보사 신도회장을 15년 동안 한 이윤우 거사, 북가주 불교인의 밤 행사에 중추적인 역할을 한 한혜경 보살, 미주현대불교 편집위원 송광섭 박사, 수선회 회장 이임성 박사 등이 있다. 하와이에서는 정계성, 2015년 사망한 구진성(본하), 차형권, 김덕조 법사, 그리고 애리조나 주의 안응환 거사 등이 현재도 그 지역에서 불교 발전을 위해 노력하고 있다. 이 밖에 워싱턴 DC 지역의 고 유대비심 보살, 연꽃축제 준비위원장을 역임하고 이 지역 불사에 힘쓴 성진모, 정진남, 유달희, 황인수 씨 등과 변준범 박사, 포틀랜드 지역의 고 정심행 보살, 디트로이트에서 활동하였고 타코마 서미사와 뉴욕 백림사 대웅전 건립에 큰 공이 있는 고 김청정심 보살, 정성애 보살, 필라델피아 지역의 장영록, 박승수, 차동섭, 이범운, 황규명, 남기현, 김기홍 거사, 정환순 박사와 지문자 보살 등이 있다. 텍사스 주 댈러스의 안학선, 조유상 법사, 샌디에이고의 최미자, 이길자 보살, 보스턴 지역에는 문수사 신도들, 마이애미 지역의 김정각성 보살 등을 비롯한 기타 여러 사람들의 헌신적인 노력이 있었다. 문화예술 방면에서 활동한 사람들도 많이 있다. 화가로는 뉴욕에서 활동하고 있는 김희자, 김희정, 권영, 케이트 오, 천세련, 박정민 씨 등이 있고, 무용 부문에서는 시카고에서 활동한 정유진, 뉴욕에서 활동한 이선옥 박사, 전명숙, 이송희 씨가 있으며, 박수연 씨는 이매방 승무 이수자로서 문화단체를 이끌면서 가장 폭넓게 활동하고 있다. 로스앤젤레스에는 김미자 씨가 한국무용을 미국 사회에 소개하였다. 미주 불교는 기본적으로 스님이 부족한 상태이고, 본국에서 스님들이 온다 하여도 언어장애 등으로 활동에 제약이 많기 때문에 앞으로도 재가 불교인들의 활동 여하에 따라 미주 한국 불교 발전은 큰 영향을 받을 것이다. 하지만 지금은 미래 세대 미주 한국 불교의 일꾼이어야 할 30대와 40대 활동가들이 별로 보이지 않아 매우 걱정스럽다.

수치로 본 미주 한국 불교 현황

미주 불교계는 사찰과 선원이 미국에 대략 100여 개, 캐나다에 7개가 있다. 스님은 대략 140~150명 정도가 사찰에 거주하면서 활동하고 있다. 종단별로 보면 보문종이 2개, 진각종이 2개, 태고종 사찰이 남가주 보광사, 봉원사, 매릴랜드 보현사, 뉴저지 소심사 등 4개, 불승종은 버지니아 구곡사 1개, 원융종은 오클라호마 신흥사가 있고, 캐나다 토론토에 천태종 1개, 불교교단 영산법화사 소속이 1개, 일관도 2개, 종단소속이 없는 사찰도 4~5개에 이른다. 나머지 80%는 조계종단에 속한다. 여기에 출석하고 있는 신도 수는 LA와 뉴욕 지역을 기준으로 볼 때 각각 700명 내지 600명 정도의 사람만이 정기 법회에 참석하고 있다.

그러나 속을 자세하게 들여다보면 그 상황은 열악하기 짝이 없다. 텍사스 영원사, 매릴랜드 한국사 등은 이제 문을 닫을 예정이다. 콜로라도 보타사, 애리조나 법흥선원, 오리곤 주의 서래선원을 비롯하여 6~7개 사찰은 주지 스님이 장기간 한국에 체류하거나 공백으로 비어 있어 사찰로서의 역할을 하지 못하고 있다. 또한 시카고 불심사, 로스앤젤레스의 영산법화사 등 6~7개 사찰은 70이 넘은 노스님이 혼자 사찰의 모든 일을 하고 있다. 스님들이 노령화되어 있는데 젊은 스님들로 대체하지 못하고 있다.

불교신행단체로는 LA에 나란다 불교센터, 미주불교교육문화원, 달마법우회, 조계종포교사단, 사원연합회합창단. 정토회, 해인회, 상록회, 남가주한국불교회관 등이 꾸준한 모임과 활동을 하고 있는데 신규 회원 충원은 거의 안 되고 있다. 언론으로는 일주일에 한 시간 방송되는 불교방송이 있다. 뉴욕에는 주로 언론기관이 많이 있다. 1989년부터 27년 동안 월간으로 「미주현대불교」가 뉴욕에서 발행되고 있다. 조일환·조순자 부부가 '한미불교진흥재단'을 설립하여 불교방송 운영, 잡지 발행, 미국대학교 도서관에 한글대장경 무료 보급, 신행단체 재정 지원을 하였다. 그리고 동국대학교 경주 캠퍼스 불교학과 학생들을 초청하여 미국 대학교에서 어학연수를 할 수 있도록 재정 지원을 6~7년 동안 하고 있다. 김자원 씨와 곽재환 씨가 각각 일주일에 한 시간씩 라디오 불교방송을 하고 있다. 또 사회봉사기관으로는 자비원이 1999년부터 15년 동안 운영하다가 문을 닫았다. 이 외에도 불국사 성해 스님이 1989년부터 시작한 맨해튼 퍼레이드는 이제 큰 행사가 되었는데, 이 퍼레이드를 전문으로 하는 '뉴욕불교국제봉축위원회'가 있다. 성해 스님이 한국으로 가면서 2011년부터는 조계종 미동부해외특별교구에서 주최를 하고 있다. 「미주현대불교」에서는 1999년부터 2009년까지 UN/DPI-NGO에 가입하여 활동을 하였다. 또한 2004년부터 워싱턴 DC 연방수생식물원에서 열리는 연꽃축제를 식물원 측과 공동주최로 개최하고 있다.

스님들의 단체로 활동력이 있는 단체로는 남가주사원연합회가 로스앤젤레스를 대표하는 단체이다. 뉴욕에는 대한불교조계종 뉴욕불교사원연합회, 미동부승가회 등이 2011년 '조계종 미동부해외특별교구'가 출범하면서 특별교구로 모두 통폐합되어 활동이 중단되었다. 미주 사회의 신행단체와 언론기관은 대체적으로 규모가 작고 영세성을 벗어나지 못하고 있는 실정이다.

교육기관으로는 동국대학교에서 운영하는 '동국로얄한의과대학'이 LA에 있는데 이곳에는 불교와 관련된 교육은 없다. 대한불교조계종 신도전문 교육기관으로 도안 스님이 학장으로 있는 2년제 '로메리카 불교대학'이 있었지만 도안 스님이 열반한 2006년 이후부터 어려움을 겪다가 지금은 운영되지 않는다. 그 대신에 2015년부터 '미주불교교육문화원(Buddhist Education & Cultural Center of America)'에서 조계종으로부터 정식 인가를 받아 'LA 불교대학'을 열고 조계종 포교사 양성 교육을 하고 있다. 2009년에 강의를 시작한 LA 소재 '나란다 불교아카데미'는 불교신자들이나 불교에 관심 있는 일반 대중들을 위한 기관이다.

미주 한국 불교의 실태 및 극복해야 할 문제

미주 한국 불교의 지형은 1981년에 거의 완성되었다고 볼 수 있다. 어느 지역이나 사찰이 개원하면 신도들이 많이 찾아왔다. 그러나 그로부터 30여 년이 지난 오늘날 신도 수를 비롯하여 현지인 포교, 어린이 포교 및 청소년 포교, 봉사활동 등 모든 면에서 이 시기의 상황을 크게 벗어나지 못하고 있다. 사찰의 숫자는 4배 가까이 늘어났지만 신도를 많이 확보하지 못했고, 프로그램도 크게 진전된 것이 없다. 한국에서 하던 방식을 여기에 알맞게 정립하지 못하고 한국과 똑같이 하기 때문이다. 정기법회 방법을 비롯하여 지금까지 사찰 운영에 대한 점검이 필요하다고 본다. 또 70% 정도가 스님 혼자서 모든 일을 하고 있는 것도 문제점으로 지적돼 왔다. 다만 스님들의 숫자와 공간 확보는 20여 년 전에 비해 크게 나아졌다.

그럼 현재 미주 한국 불교계가 직면한 문제와 극복해야 할 가장 큰 문제는 무엇인가?

미국의 한국 불교계가 직면한 문제는 스님들과 신도들의 고령화, 신도 수의 감소, 스님들의 계율 문제, 그리고 미국 사회에 정착화 등이라고 생각한다. 신도들의 고령화와 감소는 이민자의 감소로 인한 문제인데, 이 문제를 해결하기 위해서는 2세들과 미국인들을 위한 교육기관을 설립해야 하지만 현재로 봐서는 아주 요원한 일이다. 신도들의 고령화와 감소는 결국 사찰 운영을 어렵게 하여 10년 안에 많은 사찰들이 문을 닫을 것으로 예상된다. 한국 불교를 미국 사회에 뿌리 내리려면 앞날을 보고 긴 세월에 걸쳐 작업을 해야 한다. 2세를 출가시켜 이곳에서 활동하게 하고 또 2세 활동가와 지도자를 양성하여야 한다. 하지만 우리에게는 아쉽게도 일본 정토진종의 교구장으로서 하와이에서 활동한 에묘 이마무라 스님이나 스리랑카 스님으로 바바나협회(Bhavana Society)를 이끌고 있는 웨스트버지니아 헤네폴라 구나라타나Heenepola Gunaratana 스님처럼 미국 사회에 한국 불교를 뿌리 내리게 하는 스님이 없었다. 지금부터라도 이 문제를 해결하기 위한 작업을 시작해야 할 것이다.

종교에 있어 계율에 관한 문제는 가장 중요한 문제이다. 계율이 바르지 못하면 어느 종교든지 성공할 수가 없다. 미주 한국 불교는 이 계율을 감독할 기구와 법적 체계가 매우 허약한 상태이다. 한국 불교계로서는 태고종이 2006년에 미주 전체를 관할하는 '해외특별기구'를 출범시켰다. 조계종은 2011년 동부 지역에 '미동부해외특별교구'라는 조계종 공식 행정기구를 뉴욕에 설립하였다. 하지만 이러한 교구에는 인력도 부족하고 관할 구역이 넓어 계율 문제를 잘 감독한다고 생각되지 않는다. 계율은 스님들이 사찰 재산을 개인 자산으로 여기는 문제와 비구 스님에게는 여자 문제, 이 두 가지가 중요하게 문제가 된다. 이 문제들이 여기저기에서 수없이 발생하고 있으며 지금도 진행형이다. 2002년에는 신도들과 아무런 상의 없이 절을 팔고 떠나버린 스님들도 3명이나 있었다. 사찰 재산 문제에 대한 잡음을 끊으려면 여러 가지 방법이 모색되어야 하는데, 그 중의 한 가지 방법이 사찰 재정을 공개하는 것이다. 4월에 개원한 연화정사 주지 성원 스님은 재정을 공개하여 신도들이 관리하도록 할 계획이다. 이런 방법이 다른 사찰에도 확산되면 돈으로 인한 잡음은 사그라질 것으로 생각한다.

지금은 입적한 유명한 스님의 여자 문제는 『미국불교사』에도 기술되었고 구글에 검색하면 미국언론에 보도된 내용이 수십 페이지가 올라와 있다. 하지만 한국 불교계에서는 이에 대한 언급을 회피하고 있고, 이 문제를 거론하면 문중 차원에서 매우 거칠게 반응하고 있다. 이런 여자 문제, 돈 문제는 불교계 전체에 대한 불신을 조장하는 데 결정적으로 큰 역할을 한다. 이런 일들이 가능했던 것은 미주 지역이 불교계에서는 종법의 사각지대이고, 또 스님들의 윤리의식 부재라고 지적하지 않을 수 없다

이러한 문제에 대해 2006년에 입적한 도안 스님은 평소에 미주 한국 불교계를 걱정하면서 "가장 시급한 문제는 청정승단의 정비 문제이다. 지도자인 스님들부터 신도들에게 흠집 없는 모습과 당당한 모습을 보여야 하는데 그렇지 못하다. 계율이 느슨하고 그럭저럭 사는 스님들이 많다. 또 스님들의 지적 수준을 높이기 위해 자체적으로 교육기관을 설립하든지, 미국 교육기관에 나가야 한다"라고 승단 정비와 교육 문제가 가장 시급한 문제라고 지적하였다. 이와 더불어 "신도들도 교리에 대해 확고히 이해하는 데 노력해야 한다"라고 말했다. 필자는 도안 스님의 주장에 전적으로 동의한다. 불교인들이 절에 부처님 보러 간다고 하지만 조형된 불상은 어느 사찰에나 다 있다. 실은 대부분의 신자들은 불상이 아니라 스님을 보고 절을 간다. 그러므로 스님들의 청정한 계행은 한국 불교의 미래를 위해

매우 중요한 문제이다.

　1964년 서경보 스님의 도미로 시작된 미주 한국 불교는 이후로 삼우 스님, 고성 스님, 이장수 법사, 박성배 교수, 이한상 거사, 법안 스님, 숭산 스님, 도안 스님 등이 입국하면서 본격적으로 포교를 시작한다. 하지만 언어와 문화와 종교가 전혀 다른 서양에서의 포교 경험이 없는 한국 불교계로서는 해외 포교에 대한 아무런 지식과 경험이 없었다. 어떠한 방법과 내용으로 포교를 할지 몰랐던 것이다. 숭산 스님은 미국인들에게 선을 지도하는 것으로 방향을 잡았다. 도안 스님은 도미 전 서옹 스님을 찾아뵙고 자문을 하였더니 "문화적인 내용으로 포교를 해라"는 말을 들었다고 한다. 그 조언을 수용하여 도안 스님은 문화적으로 하려고 노력하였다. 그 외에 나머지 스님들은 대부분 한국에서 하던 법회 방식 그대로 미국에서도 하였다. 낯선 환경에서 사는 이민자들을 위한 이민 불교, 미국 사회에 뿌리내리는 현지화는 거의 없었다. 1970년대부터 시작된 명상의 열풍이 지나가도 그 바람을 알지 못했다. 한국에서 하던 예불과 제사를 중요시하는 방식이었다. 미국에 맞는 방법을 제대로 시도하지 못하는 사이에 50년이 흘렀다. 코스탈 캐롤라이나 대학교 성원 스님, 전 삼보사 주지 범휴 스님 등 몇몇 스님들만이 미국 현지화를 고민하고 있는 실정이다.

　위에 언급한 이러한 문제 때문에 미주 한국 불교계는 국제적으로는 타민족 불교계에, 한인 사회 내에서는 타종교에 비해 경쟁력이 부족하다는 평가를 받고 있다. 남방 불교 5개국, 북방 불교 5개국과 서양 불교인 등 모든 불교가 공존하는 미주에서 타민족 불교는 각각 독특한 프로그램이나 교육기관을 설립하여 전진하고 있지만, 한국 불교계는 더 이상 앞으로 나아가지 못하고 있다. 한인 사회 안에서만 보아도 불교계는 조직, 인적 구성, 프로그램 개발 등 모든 면에서 타종교에 비해 현저하게 열세에 있다. 즉 경쟁력에서 열세를 면치 못하고 있는데 이것은 한인 사회의 사람과 돈이 타종교에 많이 몰리게 하는 요인으로, 불교계가 시급하게 극복해야 할 문제이다.

미주 한국 불교계의 나아갈 길

불교 승가는 비구, 비구니, 남자 신도, 여자 신도가 모인 사부대중으로 이루어져 있다. 본국 불교계는 이제 불교 집안의 모든 부분에서 신도들의 참여도가 높아지고 있다. 미국 내에서 한국 불교계는 스님들의 숫자도 모자라고 한국에서 온 스님들은 미국 적응에 시간이 걸린다. 현재 불교계가 나아가는 방향이나 주변 상황을 볼 때, 사찰 운영에 있어 스님들의 일방적인 운영에서 벗어나 사부대중이 참여하는 방향으로 가야 한다. 이런 방향으로 나가려면 신도들이 믿고 의지하는 스님이 되어야 하고, 신도들도 이 절 저 절 전전하지 않고 원찰을 정하여 스님과 일심동체가 되어야 할 것이다. 또 스님과 신도들의 상호 신뢰관계가 형성되면 스님들은 수행 지도와 법회 지도를 하고 사찰 운영은 신도들이 맡아서 하는 것도 일부에서 제기되고 있는 방법이다. 미국에서는 미국 사회에 맞게 한국 불교를 현지화하여 미국 땅에 뿌리 내리는 일을 체계적으로 진행시켜야 한다.

또 하나의 방향은 한국인들의 정체성 확립에 관한 일이다. 미주 한국 사찰의 역할은 전에는 이민자들의 정착을 돕는 일이 중요했다. 하지만 앞으로는 정신적인 귀의처, 수행 지도, 한국문화 지도, 코리안 아메리칸(Korean American)으로서 정체성 확립을 돕는 일 등이 되어야 할 것이다. 미국 불교가 잘하고 있는 사회참여불교도 눈여겨 볼 대목이다. 이러한 역할을 보면 미국의 한국 불교는 본국 불교와 뚜렷하게 구분되는 점이 있다. 정체성 확립에 관한 일과 한국문화 활동 강화, 그리고 지역사회 봉사활동 강화는 미주 한국 불교계가 이곳에 존립하는 근거가 된다.

미주 한국 불교계가 주목하고 강화해야 할 부분은 한국인의 정체성을 확립시켜 주는 불교계가 되어야 한다는 점이다. 미국에서 이민자로 살아가는 사람들은 이민 생활이 길어질수록 한국인도 아니고 미국인도 아니게 된다. 이민 생활이 길어질수록 본국 사람들과 생각이 다르고 보는 관점이 달라진다. 더구나 이곳에서 성장하는 이민 1.5세나 2세들은 이 정체성이 큰 문제가 되는 경우가 많다. 이들이 미국 땅에서 코리안 아메리칸으로 살면서 한국인의 후손이라는 자긍심을 가지려면 한국의 언어, 역사, 문화, 철학, 풍습 등을 잘 알아야 한다. 한국적인 문화와 풍습의 원형이 가장 많이 남아있는 곳은 한국 불교의 사찰이기 때문에 미주 땅에서 한국인의 정체성 확립에 큰 역할을 하여야 하는데도 한국어 학교를 운영하는 사찰이 극소수에 지나지 않는 것이 현실이다. 현재 미주 한국 불교계에서 2세들을 대상으로 한국학교를 잘 운영하는 사찰은 뉴욕의 불광선원과 한마음선원, 청아사, 그리고 시카고의 불타사 정도이다. 숫자가 너무 적다. 이것은 2세 포교와도 직접적인 관계가 있는 문제이다. 비록 LA

관음사 도안 스님의 입적으로 막을 내렸지만, 관음사가 시도했던 '연화유아원' 같이 앞날을 멀리 보고 많은 재원을 들여 크게 시도할 필요가 있다. 미주 한국 불교계는 이 한국학교 운영 문제가 미래 한국 불교의 장래를 결정한다는 점을 깊이 명심하고 혼신의 노력을 기울여야 한다. 미주 한국 사찰은 한국인의 핏줄을 이어 받아 미국 땅에서 살아가는 사람들의 정체성 확립 문제에 좀 더 많은 관심과 노력을 기울여야 할 것이다.

찾아보기

옮긴이의 글

뉴욕 해밀턴 대학 종교학부 교수 리처드 휴지스 시거Richard Hughes Seager의 『*Buddhism in America*』(New York: Columbia University Press)는 1999년 처음 출간되었고, 2012년에 확대개정판이 나왔다. 이 책은 전체 3부로 구성되어 있으며, 확대개정판에는 각 부의 첫 부분에 서문을 새로이 추가한 것을 제외하고 초판과 내용이 동일하다. 번역은 이 확대개정판을 저본으로 삼았다. 옮긴이는 이 책의 한국어 번역판 출간이 다음과 같은 점에서 의의가 있다고 본다.

  첫째, 이 책은 미국 불교에 관한 학술자료로서 큰 가치가 있다. 미국 불교의 역사, 주요 전통, 주요 의제를 미국 종교사의 관점에서 서술하고 있는 이 책은 한국어로 된 미국 불교 자료가 턱없이 부족한 현실에서 한국 불교학계와 대중 독자들에게 이전에 접해보지 못한 새로운 정보와 지식을 전달해주고 있다. 얼마 되지 않은 미국 불교 자료 가운데 릭 필즈의 『*How the Swans Came to the Lake*』와 토마스 트위드의 『*The American Encounter with Buddhism*, 1844~1912』의 한국어판이 『월간 미주현대불교』의 번역 지원 아래 각각 『이야기 미국 불교사』(한창호 역, 운주사, 2009)와 『미국과 불교의 만남』(한창호 역, 운주사, 2014)이라는 제목으로 이미 출간된 바 있다. 이 책들을 살펴볼 때 트위드는 주로 미국 불교 초기의 역사를, 그리고 필즈는 개종 불교도들을 중심으로 한 미국 불교의 역사를 다루었다. 그런데 시거의 『미국 불교』는 미국 불교의 다양한 전통과 이슈들을 미국 종교사라는 폭넓은 관점에서 여타의 책들에서 다루고 있지 않은 부분을 분석하고 있다.

둘째, 이 책은 미국의 이민민족 불교에 대한 창의적 관점을 제시하고 있다. 구체적으로 미국 불교의 구성요소를 '유럽계 미국인 위주의 개종자 공동체', '60년대에 도미한 아시아 이민 공동체', '19세기 중엽의 중국계 및 일본계 이민 4~5세대 후예들'이라는 세 집단으로 구분한 후, 이 중 이민민족 불교의 역할을 새롭게 조명하고 있다. 시거에 의하면 이 집단들은 미국에 불교를 처음으로 전파한 주역일 뿐만 아니라 현재까지도 아시아와 지속적으로 교류하면서 아시아의 전통적 요소들을 도입함으로써 미국 불교에 영향을 주고 있다고 한다. 케네스 타나카라는 불교학자는 미국의 불교도를 약 300만으로 보고 있으며 이 중 유럽계 미국인 개종 불교도가 약 135만, 아시아 민족 불교도가 160만 정도라고 추산하고 있다. 이렇게 수적으로도 개종 불교도를 앞지르는 이민민족 불교도는 이전에 제대로 주목 받지 못하고 있다가 비로소 시거에 의해 그 역할과 활동의 중요성이 부각되고 있다. 필즈가 유럽계 미국인들이 주축을 이룬 개종자들의 역할과 활동에 초점을 맞추었다면 시거는 1960년대 중반 이후 미국으로 이주한 이민민족 불교도의 역할을 새롭게 조명하여 그들이 실질적으로 미국 불교 발전의 가장 중요한 요소라고 주장하고 있다.

셋째, 이 책에서 기술하고 있는 미국 불교의 현황은 한국 불교계에도 시사하는 바가 크다. 익히 알려져 있는 것처럼 한국에서 불교학의 흐름은 철학적, 형이상학적 교학에 경도된 경향이 있으며, 우리의 삶에 불교의 통찰을 적용하고자 하는 응용불교, 실용불교의 연구는 많이 외면당하고 있는 실정이다. 전 세계의 거의 모든 불교 전통이 한자리에 모인 미국사회에서 불교는 탈전통, 탈종교, 사회참여, 일상생활의 수행으로 정착되어 가고 있으며, 이러한 경향은 한국 불교가 열린 마음으로 고찰할 필요가 있다고 본다. 종교의 사회적 역할에 대한 기대감이 그 어느 때보다도 높아져 있지만 그에 부응하지 못하여 종교 인구가 감소하고 있는 현실을 감안해볼 때, 한국 불교는 미국 불교의 사례를 면밀히 분석하고 이해할 필요가 있다. 전통과 현대의 접점에 서 있는 한국 불교에게 미국 불교의 발전사례는 타산지석이 될 수도 있기 때문이다.

이 책의 한국어판은 「미주현대불교」의 김형근 대표와 운주사 김시열 대표의 희생과 열정이 없었다면 세상에 나오지 못했을 것이다. 어려운 여건에 처해 있음에도 불구하고 번역을 지원(「미주현대불교」에 2014년 1월부터 2016년 7월까지 연재)하고 출판에 나서주신 두 분께 깊이 감사드린다.

2017년 5월

장은화

지은이 리처드 휴지스 시거Richard Hughes Seager

뉴욕 해밀톤 대학의 종교학부 교수. 전공은 미국 종교이며 이민, 종교 및 환경, 세계화 시대의 문화적 만남이 관심분야다. 시거는 아시아 종교의 미국 전파에 관한 글을 널리 써왔으며, 그의 첫 번째 두 권의 저서도 동서양이 만난 역사에서 중요한 사건인 1893년 시카고 세계종교의회에 대한 것이었다. 그 이후 이 책『Buddhism in America』(1999)를 출간했고, 이어서 창가학회에 대해 쓴『Encountering the Dharma』(2006)를 내놓았다. 창가학회는 일본에서 가장 영향력 있고 논란이 많은 종교운동 중 하나이며, 전 세계적으로 폭발적으로 성장하고 있는 종파다. 현재는 요가가 인도로부터 서양으로 이동한 역사를 연구하고 있다.

옮긴이 장은화張銀化

1961년생. 경희대 영문과를 졸업하고 동 대학원에서 영어학 석사를, 동국대 불교대학원에서 박사학위를 취득하였다. 동국대 불교학과 강사를 역임했고, 현재 동국대 평생교육원 불교학 학위과정 강사를 맡고 있다. 또한 국사편찬위원회『조선왕조실록』영문판 보급사업의 실록 영역자英譯者로서 아울러 불교 관련 자문으로서 매진하고 있다.
저서로 영문 단행본인『Journey to Korean Temples and Templestay』(2009), 역서로『Mountain Monasteries of Korea』(근간),『중국인의 삶과 불교의 변용』등 다수가 있다.
주요 논문으로「미국의 선 수행, 그 전개와 변용의 연구」,「An Investigation of Seung Sahn Seon: Don't Know Mind, Ten Gates, and Hierarchy and Authorization」,「일본계 미국선의 '여성참여'와 '사회참여', 그리고 간화선 세계화의 담론에 대하여」등이 있다.

미국불교

초판 1쇄 인쇄 2017년 6월 16일 | 초판 1쇄 발행 2017년 6월 23일
지은이 리처드 휴지스 시거 | 옮긴이 장은화 | 펴낸이 김시열
펴낸곳 도서출판 운주사

    (02832) 서울시 성북구 동소문로 67-1 성심빌딩 3층

    전화 (02) 926-8361 | 팩스 0505-115-8361

ISBN 978-89-5746-475-5 03220 값 30,000원

http://cafe.daum.net/unjubooks 〈다음카페: 도서출판 운주사〉